Ava Minatti

Engel helfen heilen

Lass deine Flügel wieder wachsen

D1723425

Bitte fordern Sie unser kostenloses Verlagsverzeichnis an:

Smaragd Verlag
In der Steubach 1
57614 Woldert (Ww.)
Tel.: 02684.978808
Fax: 02684.978805
E-Mail: info@smaragd-verlag.de
www.smaragd-verlag.de

Oder besuchen Sie uns im Internet unter der obigen
Adresse.

© Smaragd Verlag, 57614 Woldert (Ww.)
Deutsche Erstausgabe Januar 2006
Umschlaggestaltung: preData
Satz: Heuchemer, Smaragd Verlag
Printed in Czech Republic
ISBN 3-938489-06-5

Ava Minatti

Engel helfen heilen

Lass deine Flügel wieder wachsen

Smaragd Verlag

Über die Autorin

Als Ava Minatti als Kind den Namen „Atlantis" hörte und erfuhr, dass dieses eine versunkene Stadt im Meer sein sollte, war sie entschlossen, diese zu entdecken. Damals begann ihre Suche nach der Quelle allen Seins, der sie im Laufe der Zeit ein gutes Stück näher gekommen ist.

Nach verschiedenen Ausbildungen sieht sie heute ihre Hauptaufgabe darin, als Botschafterin der Geistigen Welt zu dienen. Unter der Führung von Erzengel Gabriel stellt sie sich der Weißen sowie der Solaren Bruderschaft, den Engelwelten und dem Kleinen Volk zur Verfügung, damit diese durch sie sprechen und ihre Energien übermitteln können.

Sie lebt in der Nähe von Innsbruck, wo sie in Seminaren und Einzelsitzungen anderen Menschen die Möglichkeit bietet, ihrerseits mit der Geistigen Welt in Kontakt zu treten. Sie ist Mutter von zwei Kindern der Neuen Zeit – Rowena, 7 Jahre, und Jona, 6 Jahre.

Inhalt

Einleitende Worte

Während meiner Ausbildung zum Medium durch Trixa Gruber und Michael Grauer-Brecht meldeten sich die Engel als meine Wegbegleiter: Gabriel, als mein vertrauter Freund, der von da an die Aufgabe des Vermittlers zu den unterschiedlichsten Wesen und Dimensionen übernahm, Zadkiel, als die Kraft der Transformation, die in alles strömen würde, was ich mit meinen Händen berühren sollte, und Metatron, der meinte, er würde mich aus den Büchern der Liebe lehren und mir nach einiger Zeit ein Buch diktieren.

Am Anfang wartete ich ungeduldig darauf, dass er sich wieder melden und endlich mit dem Diktieren beginnen würde – nichts dergleichen geschah und ich vergaß das gemeinsame Vorhaben. Dennoch begleiteten die Engel mich weiter in meiner Arbeit, wie auch in meinem persönlichen Leben.

Eines Tages war ich gerade bei der Fertigstellung und Überarbeitung eines anderen Manuskriptes, als sich Gabriel, während ich die Wohnung aufräumte, meldete und mir erklärte, dass es jetzt Zeit wäre für das gemeinsame Buch über Engel. Ich verdrehte die Augen und dachte mir: „Typisch, ausgerechnet jetzt, wo es mir überhaupt nicht in den Kram passt." Ich putzte demonstrativ weiter, um ihm zu zeigen, mit welch „wichtigen" Dingen ich gerade beschäftigt wäre. Doch Gabriel ließ sich davon nicht beirren und sprach weiter:

„Erlaube dir, bewusst zu atmen, geliebtes Menschenkind, und erlaube dir, eins zu sein mit diesem Moment, diesem Augenblick. Wir sind Gabriel und treten ein in deinen Raum, in dem du gerade bist, und berühren dein Herz. Wir sind viele. Wir sind wie die Luft und ihre Bewegung, der Wind, manchmal unsichtbar, unscheinbar, nicht bemerkt und dennoch überall und

immer in deinem Leben. Wir stehen für Klarheit, und mit ihr und durch die Weisheit des weißen Strahls begegnen wir dir, um dich zu lehren.

Jeder Mensch lebt in seinem eigenen Universum, du bist Regisseur und Schauspieler zur gleichen Zeit, und wir möchten dich dort abholen, wo du gerade bist, in deiner persönlichen Schöpfung der Wirklichkeit, deiner eigenen Wahrheit. Darüber werden wir dir noch Näheres mitteilen. Wir möchten dir dienen, um deine Wahrnehmung zu erweitern und um dich zu schulen, flexibel zu sein. Wir möchten dir ein tieferes Verständnis von deinem wahren Wesen schenken und die Möglichkeit, dich als Einheit mit Allem-was-ist zu erfahren und diese zu fördern. Wir möchten dich erneut an die Freude des Seins, die du bist, erinnern und darauf ausrichten.

Bitte erkenne, dass wir, als liebendes Bewusstsein, immer mit dir sind, dir ganz nahe sind und darauf warten, dich begleiten zu dürfen, um gemeinsam mit dir und durch dich zu wirken, denn das ist unsere Aufgabe. Wir möchten dich berühren, um dich zu öffnen für die mannigfaltigen Möglichkeiten, die mit dir sind. Deshalb wiederholen wir in unseren Botschaften immer wieder, dass wir nicht weit von dir entfernt, sondern dir ganz nahe sind und dich begleiten, um die Dritte Dimension, deine Realität und deine Wahrheit zu verändern.

So werden wir uns auch immer wieder auf die Verbindung zwischen unseren Kräften und unserem Licht und deinen Körpern und auf die Erschaffung (d)eines bewussten Umfeldes beziehen, damit Heilung der Dualität ist. Wir als Gabriel möchten dir Befreiung schenken von der Enge deiner Betrachtungen und Vorstellungen, und wir möchten dich unterstützen, abzulegen, was dich belastet und verspannt. So erlaube erneut, dass wir dich berühren und als ein Hauch, eine Brise, ein direkter Wind, der dich in die Weite bringt, umtanzen dürfen. So möge dieses Buch dir dienen, um dich zu erinnern an die Einheit, die du *bist. Möge es deine Wahrnehmungen von und deine Freundschaften zu den Engeln erneuern und erweitern. Möge es dir Leichtigkeit, Freude, Frieden und Liebe schenken. Mögest du dadurch ein tieferes Verständnis für die unendliche Kraft des Lebens erfahren. Möge es eine Quelle der Inspiration für dich sein und mögest du dir Atemzug für Atemzug und Zeile für Zeile selbst begegnen. Möge es dein Herz öffnen und deine Sinne sensibilisieren für die Liebe, die überall ist und alles durchdringt. Möge es dir Harmonie bringen und Wohlergehen in all deinen Ebenen fördern. Möge es dich anregen, das, was du findest, weiterzugeben. Wir sind Gabriel, der Eine in vielen, und die vielen des Einen. Wir segnen dich, wir grüßen dich und werden dich allezeit begleiten. Erkenne uns im Flügelschlag eines Vogels, genauso wie in den weißen Schneeflocken*, die zart zur Erde fallen, im Windhauch und in jeder Bewegung der Luft, die ist. Wir sind immer und überall mit dir. Sei gesegnet.*

Wir sind Gabriel."

*Anmerkung Ava:

Wir hatten dieses Jahr einen schneereichen Winter, und ich muss gestehen, dass mich der Anblick von Sonnenstrahlen nach wie vor mehr entzückt als der von fallenden Schneeflocken. Jedes Mal, wenn ich in diesem Winter gerade wieder einmal meinen Unmut über den Schneefall ausdrücken wollte, erinnerte Gabriel mich an die vorangegangene Botschaft und betonte dabei, dass ich ihn in den Schneekristallen erkennen sollte.

Der Schnee dient uns in dieser Zeit, und es ist kein Zufall, dass wir heuer mehr davon hatten als in den letzten Jahren. Gabriel kommuniziert mit uns über den Schnee und speist seine Energien der Klarheit und der Reinheit mit hinein, die somit die Erde berühren. Diese Qualitäten unterstütz(t)en uns Menschen gerade in einer emotional manchmal aufgewirbelten Zeit, von der wir in den folgenden Kapiteln immer wieder sprechen werden, um zu verstehen, welche Themen uns Menschen auf unserem Weg in die Fünfte Dimension gerade begleiten. Durch Gabriels Botschaft habe ich versucht, den winterlichen Schnee mit anderen Augen zu sehen, mich über ihn zu freuen, ihn willkommen zu heißen und ihm, und dabei natürlich auch Gabriel, für seine Unterstützung zu danken...na ja es ist mir nicht immer gelungen! Ich werde im nächsten Winter weiterüben! Doch vielleicht fällt dir das viel leichter als mir, sodass du von nun an bei jeder Begegnung mit einer Schneeflocke, bei jedem Anblick eines dieser Eiskristalle, die Anwesenheit Gabriels voll Freude erkennen und genießen kannst.

Begrüßung durch Metatron

Nachdem Metatron durch seinen ursprünglichen Impuls, ein „Engelbuch" zu schreiben, maßgeblich an der Entstehung der vorliegenden Seiten beteiligt war, bat ich ihn um eine Botschaft zur Einstimmung auf das Licht der Engel.

„Dieses ist die Kraft, die Metatron genannt wird.

Ich bin Liebe, und ich bin das liebevolle Sein, das dich berührt, um dich daran zu erinnern, dass Gottvater und Gottmutter allezeit mit dir sind. Wirf ab alles, was belastet, und übergib es der Kraft der Liebe. Liebe heilt. Liebe ist. Ich bin Liebe. Du bist Liebe. Erinnere dich. Und so lehre ich dich die Kraft der Liebe, indem ich dich daran erinnere, dass du Liebe bist. Ich zeige dir, die Liebe in Allem-was-ist zu erkennen, indem du beginnst, mit den Augen der Liebe zu sehen. Ich komme zu dir in Farbe, Klang und Tanz. Ich liebe Farbe, Klang und Tanz. Ich werde auch Engel der Shekaina, Engel der göttlichen Mutter, genannt. Ich bin Liebe, und ich ströme ein, in jedes Wort, in jede Zeile, auf jede Seite, um dich zu erinnern, dass hinter allem Liebe ist. Die Engel, die mir folgen und mit mir sind, haben verschiedene Aufgaben und stellen unterschiedliche Aspekte der Quelle allen Seins dar. Das, was sie und uns alle vereint, ist die Liebe, aus der sie und wir geboren wurden und die sie und wir sind.

So kannst du dir auch vorstellen, dass jede Farbe eine besondere Kraft, einen besonderen Ausdruck, ein besonderes Geschenk in sich trägt und die Menschen daran teilhaben lassen möchte. Doch hinter Rot ist Liebe, hinter Blau ist Liebe, hinter Grün ist Liebe usw. Die Liebe heilt, die Liebe vereint.

Du fragst dich vielleicht, warum es dann die einzelnen Farben braucht, wenn es doch ohnehin die Liebe ist, die hinter allem steht, die die Kraft der Heilung ist. Empfindest du den Regenbogen nicht als ein Bild, eine Wahrnehmung der Schönheit, das bzw. die berührt und dein Herz erfreut? Allein dadurch hat er seinen Sinn vollkommen erfüllt. Denn warum sonst sollten so viele Seelen in diesem Universum inkarnieren und Form annehmen in der Fülle der Möglichkeiten, wenn sie doch auch alle im Ursprung Liebe sind – und Liebe eint und heilt? Weil es eine Freude ist, die Fülle der Andersartigkeit zu sehen, zu erkennen und zu erleben. Und so möchte ich dich begleiten durch dieses Buch. Ich bin die Liebe, die hinter allem ist und die alles durchdringt. Ich bin die Liebe, die auch hinter den Worten, hinter den Zeilen und den Seiten ist. Ich bin da, wo auch immer du bist. Ich bin mit dir und bei dir. Ich bin Liebe. Ich bin Metatron. Sei gesegnet. Liebe ist!"

Eine Reise der Liebe

Bevor du weiterliest, möchte ich dich nun einladen, eine kleine Meditation mit mir zu machen, bzw. eigentlich mit Metatron, denn er wird dich auf der folgenden Reise begleiten.
Dazu lege jetzt bitte für einen Moment das Buch zur Seite und schließe kurz die Augen.

Nun erlaube dir, ein paar bewusste Atemzüge zu nehmen und gehe dabei mit der Aufmerksamkeit ganz zu dir und in dich. Erlaube dir, mit deinem Atem durch dich zu fließen und dich einfach wahrzunehmen, dich zu spüren. Vielleicht kannst du bemerken, wie die Energien durch dich strömen, ob dein physischer Körper verspannt oder locker und weich ist. Vielleicht kannst du fühlen, wie es dir gerade geht, was dein emotionales Sein dir zeigen möchte. Vielleicht nimmst du wahr, ob dein Verstandesselbst ruhig ist oder ständig neue Gedanken kreisen lässt? Erlaube dir bitte, es einfach zu beobachten und dass es so ist, wie es ist. Alles ist gut, alles ist in Ordnung.
Bleibe bitte mit deiner Aufmerksamkeit weiter bei dem Fluss deines Atems, bei dir und in dir, auch während du deine Augen wieder achtsam öffnest und das Buch erneut zu dir nimmst.

Erlaube dir, eine bequeme Haltung einzunehmen, bleibe gleichzeitig immer noch in dir und bei dir, und dann lies weiter. So bist du in einer Offenheit und Bereitschaft, damit Begegnung stattfinden kann. So einfach ist es. Und so ist es auch in anderen Bereichen deines Lebens. Wenn du ganz in dir und bei dir bist, im Hier und Jetzt, wenn du dich ganz auf das einlässt, was gerade ist bzw. was du tust, dann bist du damit eins. Das bedeutet, dass es keine Trennung mehr zwischen dir und den

Worten und Energien gibt, wenn du in dir und bei dir bist und dabei gleichzeitig mit deiner gesamten Aufmerksamkeit beim Lesen verweilst und darin vollkommen eintauchst. Dann bist du mitten in der Berührung und in der Begegnung mit dem, worüber bzw. was du liest. So ist die Meditation, die Heilung, oder was auch immer, im Hier und Jetzt. Das bedeutet ebenso, dass du keine Übung wiederholen brauchst oder dir erst auf eine Kassette sprechen musst, um sie machen zu können, denn sie ist im Jetzt. Wobei du jede Anregung natürlich mehrmals umsetzen darfst, wenn du möchtest und es dir gut tut! Doch wie schon erwähnt, **musst** du nicht, denn deine bewusste Präsenz im Hier und Jetzt reicht aus, damit es ist! Und so erlaube dir bitte, Wort für Wort, Zeile für Zeile so zu lesen, als wäre es ein Stück Schokolade oder etwas anderes Köstliches, das du liebst und voller Genuss auf der Zunge zergehen lässt: Vollkommen bewusst, mit all deinen Sinnen und ganz verbunden damit. In solch einem Moment bist du pures Sein. Auch wenn der Vergleich ein bisschen hinkt (wie die meisten es tun)...☺. Doch ich glaube, du weißt schon, wie ich es meine. Und so lädt dich Metatron jetzt, in diesem Augenblick, ein, ihm zu lauschen, während er dir eine „Liebesgeschichte" erzählen möchte:

Wir sind Metatron.

Wir umarmen dich in der Liebe, die wir sind. Hörst du den Klang der Quelle allen Seins? Hörst du die göttliche Harmonie? Wir sprechen zu der Seele, die du bist, geliebtes Kind, und wir möchten dich einladen, mit deiner Aufmerksamkeit nach innen in dein Herz zu gehen, um zu hören. Erlaube dir wahrzunehmen, dass in dir ein Raum ist, der unendlich ist, und diesen möchten wir jetzt mit dir betreten. Und in diesem Raum sind Liebe, Licht, Farbe und Klang, alles genau so, wie du es im

Moment benötigst, um dich wohlzufühlen und dein Bewusstsein zu erweitern. Der innere Raum ist erfüllt von Freude, und dort sind all die Engelwesen und feinstofflichen Freunde, die dich als Seele durch deine Inkarnationen und durch die unterschiedlichsten Ebenen und Dimensionen begleitet haben. Sie sind mit dir, und alle laden dich ein, nun weiter zu reisen.

Vor dir formt sich ein leuchtender Strahl des Lichtes, und dieser zieht dich an und hebt dich sanft empor. Er führt dich an einen Ort, der jenseits von Zeit und Raum ist. Es ist eine Ebene der Erinnerung an dein Sein, bevor du in dieses jetzige Leben getreten bist. Alles ist Liebe, alles ist Licht. Auch hier sind die Engelwesen und deine feinstofflichen Begleiter aus deinem Herzen, deinem inneren Raum anwesend, und du begegnest dort noch viel mehr Aufgestiegenen Meistern und Meisterinnen, Sternengeschwistern und Lichtwesen. Und auch jene Seelen sind da, denen du während deines folgenden Lebens auf der Erde begegnen wirst. Du und alle, die mit dir hier sind, ihr seid voller Liebe und voller Einverständnis. Du bist eine Symphonie aus Licht und immer im Fluss, immer im Austausch, immer in der Begegnung, in der Berührung mit allen, die mit dir sind. Es gibt keine Einschränkungen, keine Bewertungen, keine Grenzen – nur Liebe, nur Liebe, nur Liebe! Du und alle, die mit dir hier sind, sind Liebe, du badest darin und du bist davon umhüllt. Die Kommunikation mit den anderen und mit Allem-was-ist ist Liebe und fließt über und durch die Liebe. Alles **ist** einfach. Deine Wahrnehmung gleicht einem tiefen, liebevollen inneren Wissen. Ja, das ist der Ort, woher du als Seele kommst, die Ebene, von der du stammst. Das ist deine Heimat, deine Seelenheimat, wenn du so möchtest, die du niemals verlassen hast. Hier bist du Liebe und in Liebe mit Allem-was-ist. Über diesen liebevollen Austausch wird das kreiert, was du Seelenplan nennst – das ist vergleichbar mit einer Fahrkarte quasi für die Dritte Dimension, deine Richtlinie für dein Sein in der Linearität. Hier findet

Formung statt. Hier findet deine eigentliche Geburt statt, lange bevor dein Körper auf der Erde schlüpft, noch bevor eine drei-dimensionale Empfängnis geschieht. Da es in deiner Seelen-heimat keine Wertung gibt, sondern nur Liebe, ist alles, was du als Seele auf der Erde erfahren, leben und sein möchtest, von diesem Sein aus betrachtet Liebe. Hier gibt es keinen Krieg, keinen Kampf – nur Liebe und Verständnis (auch für die An-dersartigkeit).

Warum betonen wir das immer wieder so? Um dich daran zu erinnern, was du wirklich bist: Liebe. Um dich daran zu er-innern, woraus du geboren bist: Liebe. Um dich daran zu erin-nern, dass alle Wesen, die mit dir hier auf der Erde wirken und die dir begegnen, Liebe sind. In deiner Seelenheimat wird dein Leben vorbereitet bzw. bereitest du es mit vor. Hier wird so-zusagen der Rahmen gestaltet für dein folgendes Lebensbild, das du dann, während deiner Inkarnation, selbst malen kannst, wobei du viele, nur erdenkliche künstlerische Freiheiten haben wirst. Hier wird, mit dir gemeinsam, der „rote Faden" deines Le-bens, dem du folgen wirst, erstellt.

Erkenne, wie es ist, eins zu sein mit dieser deiner Seelen-heimat und was für ein Fest es ist, Liebe zu sein. Und wisse, dass auf der Ebene deiner Seelenheimat auch jene Menschen und Wesen sind, mit denen du in deinem jetzigen Leben noch nicht im Frieden bist, und dass auch sie, hier an diesem Ort, Liebe sind und letztendlich auch in deinem Leben der Liebe dienen. Wenn du diese Ebene, die einem Bewusstsein gleicht, bereist, wenn du nach Hause kommst, ist das so, als ob du die Dinge, die dich in deinem irdischen Dasein belasten, von einem anderen Standpunkt aus betrachten kannst. Du kannst sehen, dass alles Liebe ist. Genieße diese Erkenntnis und bade in ihr, atme sie ein und fülle dich mit ihr auf.

Die menschlichen Seelen haben sich als kollektive Aufgabe gestellt, diese Liebe, die sie in ihrem wahren Wesen sind, auf die Erde zu bringen. Und somit ist es wichtig, dass du weißt, wer du bist, damit du dich immer wieder daran erinnern kannst, bis du es nicht mehr vergisst. Deine Seele liebt und ist Liebe. Sie kann alles willkommen heißen, so wie es ist, und das kannst du auch, denn du bist Seele.

Wir Engel dienen dir, um dein persönliches Sein mit deiner Seele zu vereinen, und erlaube dir, zu erkennen, dass diese Verschmelzung gut und dass es Liebe ist. Dein persönliches Sein sind deine Bilder über dich selbst und das Leben, deine Gedanken, deine Emotionen, deine Körper, das, was du quasi um deinen göttlichen Kern aufgebaut hast. Es ist nicht deine Essenz, die du bist.

Wenn wir von der Vereinigung deiner Persönlichkeit mit deiner Seele sprechen, meinen wir damit, dass das, was du um dein Innerstes gelegt hast, vom Licht deiner Seele berührt und durchdrungen wird und somit zu heilen beginnt. Du lebst dann aus deiner Seele, aus deiner Liebe, nicht mehr aus deinen Verletzungen und Erfahrungen heraus. Wenn deine Seele und deine Persönlichkeit für dich in der Illusion der Getrenntheit sind, bedeutet dieses, dass du dein Leben nicht im Namen deiner Liebe, sondern deiner Angst lebst. Somit wird das, was wir Vereinigung zwischen Seele und Persönlichkeit nennen, in anderen Zusammenhängen auch die Transformation, Läuterung oder Heilung deines Egos genannt. Wir, Metatron, und die Engel, die sind, helfen dir dabei. Das ist unsere Aufgabe.

Da diese Verschmelzung zwischen deiner Seele und deiner Persönlichkeit, die noch viele andere Bezeichnungen findet, jetzt für die Menschen in ihrer Entwicklung auf dem Weg in die Fünfte Dimension so wichtig ist, vertieft sich auch der Kontakt in dieser Zeit zwischen dir und uns. Doch bitte erlaube dir wahrzunehmen, dass die Vereinigung, von der wir sprechen, als auch der Kontakt mit uns in Liebe ist. Denn der Weg des Lichtes ist ein Weg der Liebe. Und wenn ihr Menschenkinder euch erlaubt, dieses in und mit eurem Herzen zu verstehen, werdet ihr den Weg auch als Liebe erfahren und erleben. Dabei begleiten wir euch und dich.

Manches Mal erzeugt die Vorstellung über diese Vereinigung deiner Seele mit deinem persönlichen Sein Angst. Denn durch die Illusion des Getrenntseins, mit der sich viele Menschen noch identifizieren, haben sie die Wahrnehmung, ihre Seele nicht zu kennen, sie nicht zu hören, nicht zu fühlen und somit auch nicht zu wissen, was sie eigentlich möchten. Dadurch fehlt das Vertrauen in ihre Führung. Deshalb sagen der Verstand und das mentale Sein, dass es sicherer ist, ihm zu folgen und ihm die Kontrolle über dein Leben zu schenken, denn dann weißt du wenigstens, worauf du dich einlässt. Somit entsteht eine Spannung in deinem Sein, die du selbst aufbaust, – was letztendlich ein Versuch ist, dich selbst zu schützen. Doch gerade das ist es, was Schmerz in dir erzeugt, – nicht die tatsächliche Vereinigung deiner Persönlichkeit mit deiner Seele und die Hingabe an ihre Führung. Denn deine Seele ist Liebe, und somit führt sie dich in Liebe, wenn du es erlaubst. Kannst du das verstehen? Und so möchten wir dich bitten, dass du diesen Ort, deine Seelenheimat, immer wieder aufsuchst, um dich zu erinnern an dein wahres Wesen, an die Liebe, die du bist. Wir bzw. meine Engelgeschwister werden dir die Wichtigkeit, dich zu erheben zu dem, was du im Innersten bist, immer wieder nahe bringen. So möge die Erkenntnis über die Liebe, die du bist, in dir wachsen.

Und nun erlaube dir, mit uns zurückzukehren ins Hier und Jetzt als Liebe, die du bist. Denn es geht nicht darum, irgendwo außerhalb zu verweilen. Es geht für dich darum, im Hier und Jetzt Brücke und Einheit zu sein.

Die Reisen, die wir mit dir unternehmen, dienen der Erkenntnis und der Erweiterung deines Bewusstseins, so dass es dir leichter fällt, im Jetzt zu sein. Du bist die Vereinigung von

Himmel und Erde durch deine Inkarnation, und wir laden dich ein und bitten dich, dir dessen gewahr zu sein und dieses zu leben. Du hast die Möglichkeit dazu. Wir können es nicht, denn wir haben keinen physischen Körper. Wir können dich dabei nur unterstützen, und das mit vollem Sein. Und deshalb erlaube dir nun als Liebe, die du bist, zurückzukehren ins Hier und Jetzt, und dein Leben mit den Augen der Liebe zu betrachten, so wie es ist, ohne es zu bewerten. Und erkenne, dass es vollkommen ist in diesem Moment der Liebe, der ist.

So erlaube dir auch, dich selbst, und die Menschen in deinem Leben als Liebe, die du bist, neu zu sehen. Und wir werden dich daran immer wieder erinnern, denn wir sind an deiner Seite, um eins mit dir und der Liebe, die du bist, zu sein. Wir werden dich begleiten und auf den unterschiedlichsten Ebenen mit dir kommunizieren, durch die verschiedenen Aspekte, die wir als Engelkräfte sind. Dadurch möchten wir ein tieferes Verständnis für dich selbst als auch von diesem Universum in dir schaffen, damit Liebe ist! Sei gesegnet und erlaube dir, als Liebe, die du bist, durch diesen Tag zu gehen. Minute für Minute, immer wieder neu, Augenblick für Augenblick erlaube dir, die Liebe zu sein, die du bist. Das ist der Beginn der Ewigkeit. Wir umarmen dich erneut mit der Liebe, die wir sind, und die du bist. Sei gesegnet. Wir sind Liebe. Wir sind Metatron!

Meine persönliche Engelgeschichte

Engel begleiten mich durch dieses Leben, so weit ich zurück denken kann.

Als Kind bat meine Mutter jeden Tag meinen Schutzengel darum, mir zu Seite zu stehen und auf mich aufzupassen. So war es mir von klein an vertraut, dass es Engel gibt, ohne mich besonders damit zu beschäftigen, weil ich es einfach so „normal" fand, dass diese feinstofflichen Begleiter uns Menschen unterstützen, und ich weder darüber nachdenken noch diesbezüglich Fragen hätte stellen müssen.

Im Laufe meines Lebens hatte ich immer wieder Erlebnisse, bei denen ich die Anwesenheit meines Schutzengels deutlich erkennen konnte. So bin ich bis heute zutiefst davon überzeugt, dass ich meine Matura (Abitur) niemals ohne die Hilfe meines Engels bestanden hätte. Was das Lernen in der Schule betraf, war ich nie ein besonders gutes Vorbild gewesen. Meistens wartete ich auf den letzten Abdruck, um mir vor einer Prüfung noch das Nötigste einzuprägen, und im Laufe der Jahre, so muss ich gestehen, hatte ich es gelernt, mich geschickt durchzumogeln.

Und so begann ich erst wenige Tage vor der Matura, mich mit dem anstehenden Prüfungsstoff auseinanderzusetzen. Aber als mir am Vorabend meiner mündlichen Abschlussprüfung klar wurde, dass ich es nicht einmal mehr schaffen würde, den noch verbleibenden Stoff durchzulesen, geschweige denn zu lernen, bekam ich es mit der Angst zu tun. Die ganze Nacht büffelte ich und versuchte, noch so viel Wissen wie möglich in meinen Kopf zu pressen. Am Morgen war ich müde und begann schließlich zu beten und meinen Schutzengel um Hilfe zu bitten. Ich spürte seine Anwesenheit, und sie begleitete mich durch den Tag und durch die Prüfung. Ich war relativ ruhig und gelassen, die Prüfungskommission freundlich, und ich erhielt Fragen, die ich beantworten konnte. Dabei hatte ich die ganze Zeit das Gefühl, als ob mein Engel seine Hand über mich halten und mich so führen würde. Somit konnte ich das Kapitel Schule letztendlich doch erfolgreich abschließen.

Etwas Ähnliches erlebte ich einige Jahre später noch einmal. Wieder befand ich mich in einer Prüfungssituation. Ich wollte den Führerschein machen. Dieses Mal hatte ich rechtzeitig mit dem Lernen begonnen und war viel besser vorbereitet. Doch ich war so aufgeregt, dass ich den ersten Prüfungstermin kurzfristig verschieben musste. Ich war eine sehr emotionale Autofahrerin, das heißt wenn ich mich wohl fühlte, in meiner Mitte und zentriert war, dann fuhr ich sicher und umsichtig. War ich allerdings aufgewühlt, ärgerlich oder aufgeregt, fuhr ich ruckartig und übersah leicht etwas.

Am Vortag meines zweiten Prüfungsanlaufs hatte ich die Eingebung, eine kleine Meditation zu machen, bei der ich die Engel bat, mich zu unterstützen und mich zu begleiten. Erzengel Michael nahm Raum und hüllte mich in sein blaues Licht des Friedens ein, und tiefe Gelassenheit und Entspannung breiteten sich in mir aus. Doch er dehnte seine Energie noch weiter aus und hüllte das Prüfungsgebäude, die Fahrzeuge und alle Menschen, – sowohl die Prüfer als auch jene Anwärter, die mit mir gemeinsam ihren Führerschein bekommen wollten –, in sein blaues Licht. Ich wurde ganz ruhig, schloss die Lehrbücher und verbrachte einen ruhigen, angenehmen Abend, schlief gut und erwachte, immer noch eingehüllt in das blaue Friedenslicht von Michael, das mich durch den ganzen Tag begleitete. Ich schaffte diese Prüfungshürde mit Leichtigkeit.

Ich glaube, dass ich die Hilfe der Engel gerade in Prüfungssituationen so deutlich wahrgenommen habe, weil es für mich immer wieder eine Herausforderung darstellte, bis zu einem gewissen Termin einen bestimmten Lehrstoff zu lernen, der mich nicht unbedingt begeisterte und für den ich auch noch beurteilt werden sollte.

Doch es gab und gibt immer wieder Situationen in meinem Leben, in denen ich einfach nur den Engeln „Danke" sage, weil ich weiß, dass sie mich oder meine Kinder begleiten und auf uns achten, damit wir heil und gesund nach Hause kommen (konnten) und Ähnliches.

Und vielleicht ist jetzt auch für dich ein guter Augenblick, um kurz innehalten, tief durchzuatmen, mit der Aufmerksamkeit in dein Herz zu gehen, um nachzugehen oder nachzuspüren, wo in deinem Leben du die Gegenwart der Engel schon wahrgenommen hast. Vielleicht erinnerst du dich an eine flüchtige Begegnung, vielleicht aber auch an ein Gefühl von „Glück gehabt", etwas im letzten Moment doch noch gemacht oder nicht getan zu haben. Wandere einmal in deiner Vorstellung durch verschiedene Stationen deines Lebens, und vielleicht nimmst du die Anwesenheit und die Unterstützung deiner Engel wahr, manchmal ganz zart, sanft und unauffällig, und manchmal sehr klar und direkt. Achte einfach darauf, ob dir etwas zu der Frage einfällt, ganz spontan, und wenn dir nichts dazu in den Sinn kommt, macht es auch nichts, denn du hattest sicher schon Begegnungen mit deinen Engelwesen, selbst wenn du dich im Moment nicht erinnerst oder es entsprechend wahrnehmen kannst. Vielleicht fällt dir im Laufe des weiteren Lesens ja noch etwas dazu ein.

Jetzt möchte ich dich jedenfalls einladen, mit mir tiefer in das Land der Engel einzutreten, und dazu folge bitte mir bzw. erneut Metatron in eine Meditation.

Wir begleiten dich

Bitte lege auch jetzt wieder das Buch für einige Minuten zur Seite, bevor du weiter liest.

Erlaube dir, einige tiefe Atemzüge zu nehmen und gehe mit deiner Aufmerksamkeit in deine Körper, um wahrzunehmen wie es dir, bzw. ihnen in diesem Moment wirklich geht. Beobachte es. Wenn du irgendwo in deinem System eine Verspannung oder eine Verengung erkennst, kannst du diese verändern, indem du darauf hörst, welcher deiner Körper welche Farbe oder Energie benötigt, die du ihm mit Hilfe deiner Vorstellungskraft zur Verfügung stellst, damit er sich wohler fühlt und die Energien in der Gesamtheit, die du bist, harmonischer in dir zusammenwirken können. Du kannst das, was und wie du es wahrnimmst, aber auch genau so gut stehen lassen und so annehmen, wie es ist.

Nun nimm bitte einen tiefen Atemzug und gehe mit deiner Ausrichtung in dein Herz. Atme in dein Herz, aus deinem Herzen und über dein Herz ein und aus und nimm dabei wahr, wie es ganz weit und offen wird. Und so dehnt sich die Liebe, die du bist, in der Gesamtheit deines Seins aus. Jetzt bist du ganz bei dir und gleichzeitig bist du, während du nun weiterliest, eins mit den Worten und den Energien. Und die Begegnung ist im Hier und Jetzt.

Wir sind Metratron, und wir treten ein und berühren dich und dein Herz, geliebtes Menschenkind. Sei gesegnet und erlaube dir, einen tiefen Atemzug zu nehmen und mit deiner Aufmerksamkeit erneut in dein Herz zu gehen. Erkenne, dass

dort ein Symbol Raum genommen hat, das dir vielleicht schon aus anderen Begegnungen mit der Geistigen Welt vertraut ist. Es ist eine weiße Taube. Die weiße Taube ist ein Zeichen des Friedens. Sie ist ein Symbol für und von Muttergott. In manchen Bereichen wird die Taube dem Heiligen Geist zugeordnet, und wenn du mit der christlichen Religion vertraut bist, kennst du die Geschichte von Pfingsten, als der Heilige Geist auf die Menschen herniederkam und sie mit Engelszungen zu sprechen begannen, so dass sich alle, selbst wenn sie in unterschiedlichen Sprachen redeten, verstehen konnten. Denn es waren Worte der Liebe, die aus ihnen und durch sie flossen. Wir, Metatron und alle Engelgeschwister, kamen zu den Menschen, um die Liebe der Muttergottheit Shekaina zu bringen.

So war und ist die weiße Taube immer noch ein Zeichen für Verheißung auf das gelobte Land, und das ist die Erde der Fünften Dimension, eine Erde des Friedens und der Liebe. Die weiße Taube ist ein Ausdruck der Reinheit und der Weisheit des Herzens. Sie verkörpert auch die wahre Liebe, die Liebe der Seele, die Liebe der Quelle allen Seins. Das ist auch der Grund, warum zwei weiße Tauben häufig als Zeichen der Vereinigung zweier Menschen bei Vermählungen, Hochzeiten und Ähnlichem genutzt werden. Die weiße Taube ist ein Symbol, das für den jetzigen Weg der Menschheit, den sie beschreitet, steht, denn es ist ein Weg des Herzens, ein Weg der Liebe, ein Weg der Quelle allen Seins. Es ist wichtig, dass du erkennst, geliebtes Menschenkind, dass jedes Symbol, jedes Zeichen mehrere Ebenen hat, durch und über die es mit dir kommuniziert, und wir möchten dich einladen, hier in die Weite deiner Wahrnehmung zu gehen, um dieses zu verstehen. Und so, wie die weiße Taube sich erheben kann, so kannst auch du dein Bewusstsein erweitern, um in Begegnung zu gehen und dein wahres göttliches Wesen zu sein. So erlaube dir nun, diese weiße Taube wahrzunehmen, die in deinem Herzen ist. Sie bittet dich, auf ihren Rücken zu steigen. Sie möchte dich tragen, mit dir fliegen, und so hebt sie mit dir ab, und gemeinsam fliegt ihr durch eine Säule des Lichtes, die sich in deinem Herzen formt und dich darüber hinausführt. So erhebst du dich mit der weißen Taube empor, weit hinaus aus deinem alltäglichen Sein. Sie trägt dich dabei durch die verschiedenen Stationen deines Lebens hindurch, bis an deinen Ursprung, zu jenem Zeitpunkt, den du deine Empfängnis nennst: Wir bitten dich, innezuhalten und bewusst zu atmen, und Zeuge dieses wundervollen und einzigartigen Augenblicks zu sein.

Ja, deine späteren physischen Eltern sind in diesem Moment in einem tiefen Ausdruck der Liebe vereint, denn unabhängig davon, unter welchen Umständen diese Empfängnis stattgefunden hat, ob sie geplant war oder nicht, ob sich beide Menschen in diesem göttlichen Augenblick frei fühlten oder nicht, so war es doch ihre Sehnsucht nach Liebe, die sie in diese Situation, in diese Begegnung geführt hatte. Es kam aus ihrem tiefen inneren Wissen um Einheit, auch wenn sich dieses in der Dritten Dimension manchmal in einem schmerzhaften Versuch, diese wahrzunehmen, ausdrückt. Was wir dir damit zu verstehen geben möchten, geliebtes Kind, ist, dass du somit, egal wie auch immer die Umstände gewesen sind, letztendlich in Liebe gezeugt worden bist. Denn in Liebe vereinigte sich die Eizelle mit dem Spermium, Vatergott begegnete in diesem Moment Muttergott, und daraus wurden du, das göttliche Kind, und dein physischer Körper geboren, und daraus entwickeltest du dich weiter. Es ist wichtig, in diesem Moment zu verweilen und ihn anzunehmen, damit Heilung geschehen kann. Denn jenen unter euch, denen es nach wie vor nicht leicht fällt, hier auf dieser Erde zu sein, dient diese Reise, diese Wahrnehmung, diese Erinnerung erneut als Möglichkeit, die Liebe zu erkennen, die allem innewohnt. So ist die Liebe auch hinter der (deiner) Entscheidung gewesen und hat sie durchdrungen, auf dieser

Erde zu inkarnieren. Und sie steht auch hinter den Umständen, die zu deiner Empfängnis, deiner Geburt und dem Aufwachsen in deinem familiären Umfeld geführt haben. Die Liebe steht hinter allem, was du je erlebt und erfahren hast! Erlaube dir, dieses zu erkennen. Und so möchten wir dich als Seele, die du bist, einladen, diesen feierlichen Moment deiner Empfängnis und Zeugung zu betrachten, und zu erkennen, wahrzunehmen und anzunehmen, dass diese Vereinigung auf der physischen und feinstofflichen Ebene einem unendlichen Tanz von Energien gleicht. Dieser Tanz ist wie eine Symphonie und erzeugt einen Ton. Das ist dein ursprüngliches Lied, dein Seelenklang, an den du dich während deiner Inkarnation immer wieder versuchst durch die unterschiedlichsten Anregungen, die es dazu gibt, zu erinnern und ihn zu aktivieren. Und während der Tanz und der Klang und die Vereinigung der Kräfte ist, bist du als Seele ein Teil davon, und gleichzeitig beobachtest du das alles. Deine Empfängnis, deine Zeugung ist ein heiliger Moment, etwas ganz Besonderes und Einzigartiges, und das gesamte Universum erfreut sich gemeinsam mit deiner Seele daran. Und so sind viele geistige Wesen in diesem Augenblick mit dir. Beispielsweise sind die Erzengel Gabriel, Raphael, Uriel und Michael, als Hüter der Elemente, mit diesen Kräften anwesend, um sie dir zur Verfügung zu stellen, denn daraus formt sich dein Körper. Doch auch dein Sonnenengel und dein Mondengel sind hier sowie dein Schutzengel, und gemeinsam legen sie dir in dein Sein und in deine Körper, die sich gerade entwickeln, die Saat deiner eigenen Engelgegenwart. Ebenso sind andere Engelwesen, die deiner Seele vertraut sind, da, um dich zu begleiten. Sie lenken ihre Energien, ihr Licht und ihre Liebe, um dir zu helfen, damit du dich als Seele mit deinem Körper vertraut machen kannst. Sie unterstützen deine Seele als auch deinen Körper (und damit meinen wir die Gesamtheit deines Körpers, auch das, was du später als emotionale und mentale

Bereiche unterscheiden wirst), damit eine Vereinigung dieser Bewusstseinsebenen stattfindet. So begleiten sie dich während der gesamten Zeit, die deine Schwangerschaft ist. Erlaube dir als Seele, die du bist, wahrzunehmen, wie du während all der Monate vor und nach deiner Geburt beginnst, die Gesamtheit deiner Körper zu beziehen und darin Raum zu nehmen, und zu erkennen, dass du als Seele ihre Entwicklungen mitgestaltest, formst und veränderst. So erlaube dir, dich vollkommen wohl zu fühlen in deinen Körpern.

Wenn du möchtest, kannst du auch wahrnehmen, dass mit all deinen feinstofflichen Begleitern ein reger Austausch ist und die Kommunikation, wie vor deinem Schlüpfen auch, danach ganz selbstverständlich fließt. Sie ist für dich als Seele klar und deutlich. Auch mit deinen Eltern kommunizierst du als Seele auf diese Art und Weise. Auf einer tiefen Ebene eures Seins ist unendliche Liebe und vollkommenes Einverstandensein, unabhängig davon, wie auch immer später deine Wahrnehmung bezüglich deiner Eltern, deiner Empfängnis, Schwangerschaft und Geburt sein wird.

Und dann ist der Zeitpunkt deiner irdischen Geburt:

Erlaube dir wahrzunehmen, wie viele deiner feinstofflichen Begleiter dich dabei begleiten und anwesend sind, so dass der Raum erfüllt ist mit ihrem Licht und ihrer Liebe. Es ist so, als würdest du einen Vorhang öffnen und auf die Bühne treten. Du wechselst die Seiten. Das ist ein wichtiger Moment, denn ab jetzt beginnt die Identifikation deines mentalen Seins mit deinem physischen Körper und deinem Emotionalfeld. Erlaube dir bitte, im Augenblick deiner Geburt zu verweilen. Erlaube dir, der Kräfte, die mit dir sind, der Engel, bewusst zu sein, die dich begleiten und an deiner Seite sind und es auch für den Rest deiner Inkarnation sein werden. Kannst du erkennen, geliebtes Menschenkind, wie sehr du geborgen bist und genährt wirst? Und kannst du vor allen Dingen erkennen, dass du ein Kind der Liebe bist, ein Kind der Fülle von Vater- und Muttergott? Erlaube dir, dieses anzunehmen, und so folgt Wohlergehen in allen Bereichen deines Lebens. Erlaube dir, in dem Gewahrsein der Liebe, die du bist und die alles ist, und in der Begleitung deiner Engel die Erde neu zu betreten, ohne dass der Schleier des Vergessens erneut über dich gelegt wird. Erlaube dir, deine Ankunft und dein Sein auf der Erde als auch Gaia selbst so zu erleben, wie es die Kinder der Neuen Zeit heute tun. Das heißt, bleibe in der Offenheit deiner Sicht und deiner feinstofflichen Wahrnehmungen und erkenne immer wieder und immer noch, wie viele und welche Begleiter seit dem Anbeginn deines Lebens mit dir sind. Erlaube dir, diesen erweiterten Standpunkt nicht mehr zu missen. Allezeit sind deine Engel mit dir, und du bist niemals allein. Du bist Seele, die eins ist mit Allem-was-ist, und die Liebe ist.

In diesem Bewusstsein erlaube dir, dein Leben neu zu erfahren und ab jetzt neu zu leben. Wir sind hier, um dich an dein Seelesein zu erinnern, das ist Heilung für all das, was der Heilung bedarf. Wir sind hier, um dich daran zu erinnern, dass du göttliche Essenz bist, und wir bitten dich zu erkennen, dass somit dein Leben Licht und Liebe ist, egal wie es war, ist und sein wird. Erlaube dir, zu atmen und dieses anzunehmen. Dadurch verändert sich deine Geschichte, und du kannst das heile Sein, das du bist, erfahren und leben. So wie du während deiner Empfängnis und Zeugung, deiner Schwangerschaft und deiner Geburt einfach Seele warst, die an dem wundervollen, kraftvollen Schöpfungsakt deiner Körper beteiligt gewesen ist, so bist du dieses immer gewesen und bist es immer noch. Erinnere dich an die Seele, die du bist, an die Liebe, die du bist. Das ist die Annahme deines heilen Seins, das dein göttliches Erbe ist. Somit ist dieses eine Ergänzung für die Neuerschaffung und Neuprogrammierung deines Lebens, deiner Kindheit, so wie es dir aus dem Zusammenwirken mit deinem Inneren Kind vielleicht schon vertraut ist. Die Annahme, dass du Seele, dass du Liebe bist und alles, was um dich geschieht und geschehen ist, auch Liebe ist, bringt dich in ein tiefes Einverstandensein und in eine Wahrnehmung der Einheit mit Allem-was-ist. Erlaube dir bitte, die Worte in deinem Herzen wirken zu lassen. Erlaube dir, die Liebe zu erkennen, die immer und überall ist. Erlaube dir, die Liebe zu sein, die du bist, du als Seele.

Wir sind Metatron. Wir danken dir für dein Zuhören, wir danken dir für deine Bereitschaft der Annahme, und wir segnen dich im Namen der Liebe, die einfach ist. Sei gesegnet, geliebtes Menschenkind.

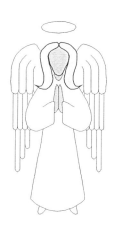

Die Aufgabe der Engel

Engel gibt es seit dem Bestehen unserer Erde. Sie sind von der Quelle allen Seins geschaffene Wesen, um uns Menschen zur Seite zu stehen, um uns zu dienen, uns zu begleiten und die Entwicklungen innerhalb dieses Universums zu unterstützen. Engelwesen haben keinen freien Willen, das heißt, sie brauchen unsere Einladungen, unsere klaren Anweisungen, Bitten, Aufforderungen und Anregungen, um mit und für uns wirken zu können. Sie übernehmen jegliche Form von Aufträgen, die sie erhalten, und erfüllen sie. Das ist ihre Aufgabe.

Auch in der Zusammenarbeit mit den Engeln, so wie es generell für den Kontakt mit feinstofflichen Wesen hilfreich ist, geht es in dieser Zeit darum, dich von möglichen Vorstellungen, sie könnten weiter entwickelte Wesen als du sein, zu lösen. Sie sind nur anders.

Vor vielen Jahren erzählten Engel in einem Channeling, dass vieles, was für uns Menschen ganz normal ist, uns berühren zu können und zu umarmen, beispielsweise für Engel nicht möglich sei und wir diese Qualitäten viel zu wenig als solches schätzen würden. Wir erkennen darin häufig keine „Besonderheit".

Auch in der Zusammenarbeit mit der Geistigen Welt passiert es uns immer wieder, dass wir auf eine noch sehr menschlich übliche Art und Weise den Fokus eher auf das, was wir nicht können, richten, anstatt unsere eigenen Stärken und Fähigkeiten zu sehen. Das heißt, wir betrachten uns aus einer Energie des Mangels heraus und nähren dieses Bild dadurch, statt aus unserem göttlichen Bewusstsein der Fülle, die ist, zu handeln, zu begegnen, und zu sein, und so unsere Kraft mit den anderen, beispielsweise den feinstofflichen Begleitern, zu teilen. Das stellt auch die Grundlage für eine funktionierende Teamarbeit dar. Dabei hat jedes einzelne Wesen, unabhängig davon, in welcher Dimension es lebt, seine eigene Aufgabe, die es aufgrund seiner Befähigungen optimal erfüllen kann. Allerdings geschieht dieses ohne Wertung, und somit gibt es keine Hierarchie im Sinne von „besser als", „weiter als", „älter und weiser als" oder Ähnliches mehr.

Die Hauptaufgabe der Engel ist es, uns Menschen an unseren göttlichen Ursprung zu erinnern und uns dabei zu unterstützen, unser kosmisches Erbe, das in uns ist, anzunehmen und zu leben. Obwohl Engel androgyne Wesen sind, kann es sein, dass du die einzelnen, die dir begegnen, eher als weibliche oder als männliche Energie wahrnimmst. Häufig wird dieser Eindruck durch die Wahl des Namens verstärkt. Dennoch sind sie Energiewesen, Lichtgestalten, die keinem Geschlecht zugehörig sind. Genauso werden Engel häufig mit Flügeln dargestellt bzw. kannst du diese in einer Begegnung sehen, obwohl sie eigentlich keine haben. Die Flügel sind mehr ein Symbol, eine Übersetzung für eine bestimmte Energie, für die sie stehen. Die Flügel weisen darauf hin, dass sie himmlische Wesen sind, also nicht von dieser Erde stammen, und Botschaften bringen und durch die unterschiedlichsten Dimensionen, die es gibt, reisen können, um zu vermitteln und zu vereinen. Wie auch immer sich die Engel dir zeigen und du sie wahrnimmst, vertraue dir!, denn sie versuchen immer, jene Formen und Gestalten anzunehmen, die für den Menschen, mit dem sie kommunizieren, verständlich und annehmbar sind.

In Seminaren wird immer wieder die Frage gestellt, ob Engel Inkarnationen auf der Erde hatten. Dazu gibt es die unterschiedlichsten Aussagen (auch in Form von Channlings durch verschiedene Medien). Erlaube dir, diese Frage, falls sie dich beschäftigt, in deinem Herzen zu bewegen und finde deine eigene Wahrheit dazu. Manchmal scheinen sich Botschaften auf den ersten Blick zu widersprechen. Doch häufig ist es dabei wichtig, darauf zu achten, für wen, also für welche „Zielgruppe", zu welcher Zeit oder auch für welchen Aspekt, für welche Ebene in dir eine Aussage bestimmt ist. Doch darauf möchte ich in einem späteren Kapitel näher eingehen.

Im Zusammenhang mit den möglichen Leben von Engeln auf dieser Erde ist meine Wahrnehmung (meine Wahrheit innerhalb *meines* Universums – und das ist relativ...☺) so, dass ich keinen Engel kenne, der sich durch die Geburt als menschliches Wesen auf die „übliche" Art und Weise inkarniert hätte. Was ich sehr wohl weiß ist, dass sie sich manifestieren und materialisieren und dadurch anderen Menschen in einem dreidimensionalen Körper erscheinen und ihnen begegnen können. Somit nehmen sie häufig eine menschliche Gestalt an, um uns ihre Botschaften und ihre Hilfe zuteil werden zu lassen. Wenn ihr Dienst erfüllt ist, lösen sie ihren dichteren Körper wieder auf. Dazu gibt es viele Erzählungen von den unterschiedlichsten Menschen überall auf dieser Erde, die von Begegnungen dieser Art mit Engeln berichten. Das fühlt sich für mich sehr stimmig an. Doch bitte, wie vorher schon erwähnt, erlaube dir diesbezüglich deine eigene Wahrheit zu erkennen und dazu zu stehen. Das eine schließt das andere nicht aus, es ist nur die Erweiterung einer Wahrnehmung.

In meiner Kindheit gab es eine Fernsehserie, die ich sehr liebte. Sie hieß „Ein Engel auf Erden", und Michael Landon spielte darin die Hauptrolle. Mittlerweile wurde das Thema auch in neueren Filmen und Serien weiter verarbeitet. Doch damals war es relativ neu, darzustellen, dass ein Engel die Aufgabe erhielt, in einem menschlichen Körper auf der Erde zu sein, um anderen Menschen, vor allem in Notsituationen, beizustehen. Sobald sein Dienst erfüllt war, zog er zu seiner nächsten Bestimmung weiter.

Diese Sendung gefiel mir deshalb so gut, weil für mich darin dieses Selbstverständnis deutlich gezeigt wurde, dass es Engel, die von Gott ausgesandt wurden, gibt und die uns begleiten, uns unterstützen und nahe sind. Natürlich habe ich mir damals sehnsüchtig eine Begegnung mit einem Engel auf diese Art und Weise gewünscht. Zusätzlich motivierte mich die Serie sehr, denn ein bisschen wollte ich selbst auch wie ein Engel sein.

Der Engel in dir

So, wie alles andere, das in diesem Universum existiert, ein Teil von dir ist, sind es auch die Engel und ihre Kräfte. Manches Mal wird dieser Engelaspekt, der in dir ist, auch dein Sonnenengel genannt. Dein Sonnenengel ist nichts anderes als eine weitere Möglichkeit, dich durch die Aktivierung seiner Energie in deinem Sein an deinen göttlichen Ursprung zu erinnern. Das wiederum unterstützt dich, das Licht und die Liebe, die du wahrlich bist, in deinem alltäglichen Leben zu sein.

Für Menschen, die eine besondere Nähe zu den Engeln empfinden, ist die Aktivierung ihres Sonnenengels eine wunderbare Möglichkeit, ihren Weg in die Fünfte Dimension und ihre Heilung der Dualität zu fördern. Es wird gesagt, dass bei der Erschaffung der menschlichen Körper Engel anwesend waren, die in jeden Einzelnen von uns einen Engelsamen legten. Dieser sollte immer in uns bleiben, damit wir uns allezeit an unser göttliches Sein erinnern können. Der Same wurde Sonnenengel genannt. Somit stimmt die Wahrnehmung, die manche Menschen von sich haben, ein Engel zu sein. In dem Falle ist ihr Sonnenengel aktiviert und sie verkörpern ihn auf dieser Erde.

Obwohl jeder Mensch diese Saat in sich trägt, wird sie nicht jeder zum Wachsen bringen. Das hängt beispielsweise von der Aufgabe ab, die sich seine Seele für dieses Leben ausgewählt hat. Das Erwecken des Engelsamens, des Sonnenengels in dir, wird manchmal auch die Aktivierung deines Engelbewusstseins genannt. Häufig empfangen Menschen dabei einen Namen, den ihr Sonnenengel trägt und den sie von nun an für die Kontaktaufnahme mit ihm oder für andere Meditationen und Energiearbeiten nutzen können. Manches Mal ist dieser Name auch eine Vermischung mit ihrem Sternennamen.

Einige Menschen haben bei der Aktivierung ihres Sonnenengels die Wahrnehmung, als würden ihnen große, ätherische

Flügel wachsen. Das erging mir auch so. Als ich vor vielen Jahren den Sonnenengel in mir erweckte, spürte ich das Wachsen der Flügel und nahm sie eine ganze Weile bewusst wahr. Während ich durch die Straßen schlenderte, blickte ich immer wieder in große Schaufenster, weil ich es einfach nicht glauben konnte, dass man die Flügel nicht sah, obwohl ich sie doch so intensiv erlebte!

Die Kommunikation mit deinem Sonnenengel dient dir dazu, wenn er erweckt wurde, dich immer wieder auf deinen göttlichen Fokus auszurichten. Das ist ähnlich wie in dein Herz zu gehen, um das Licht und die Liebe, die du bist, zu sein. Ebenso kannst du während deines alltäglichen Lebens deinen Sonnenengel einladen, jetzt in den Vordergrund zu treten, um dich zu lehren und dich zu unterstützen, als Engel, der du bist, deine Entscheidungen zu treffen, anderen Menschen zu begegnen etc. Wenn du das eine Zeitlang versucht hast, wirst du merken, dass sich dadurch deine Einstellungen, Sichtweisen und dein Leben ganz allgemein verändern, so dass deine Mitmenschen es auch erkennen werden.

Du kannst deinen Sonnenengel immer wieder bitten, durch dich zu wirken. Dadurch wirst du mehr und mehr zu einem Werkzeug der Quelle allen Seins, und dein persönlicher Wille vereint sich mit deinem göttlichen.

Häufig erleben die Menschen die Begegnung mit ihrem Sonnenengel als liebevoll und als sehr berührend. Falls dich dieses jedoch nicht ansprechen sollte und die Aktivierung deiner Engelsaat für dich nicht stimmig ist, hindert dich dieses in keiner Weise an einer freien Kommunikation und einem klaren Austausch mit den anderen Engeln.

Ich leitete das Erwachen der Engelgegenwart in vielen Engelseminaren an, und es ist immer wieder schön, die Veränderung in den Menschen beobachten zu dürfen, die dabei stattgefunden hat. Im folgenden Kapitel wirst du eine Meditation zur

Verschmelzung mit deiner Engelsaat finden.

Was für mich selbst bei der Vorbereitung dieser Seiten neu war, ist die Anwesenheit des Mondengels als Vorbereitung der Aktivierung des Sonnenengels in dir.

Ich begegnete dem Mondengel vor vielen Jahren, als ich eines meiner ersten Engelbücher las (Silvia Wallimann, „Erwache in Gott", Bauer Verlag). Doch seit damals hatte ich keinen Kontakt zu ihm, umso erstaunter war ich jetzt, als er sich ankündigte und seine Botschaft gab.

Der Mondengel steht für die Fähigkeit des Empfangens, und dazu wird er dir auf den nächsten Seiten selbst noch mehr erzählen. Für mich stellte diese Begegnung einen weiteren Hinweis auf die Zeitqualität dar. Mehr und mehr erkennen wir, dass die dynamischen (männlichen) und rezeptiven (weiblichen) Kräfte nicht voneinander getrennt sind. Sie bilden immer eine Einheit. Das wissen wir, und die Geistige Welt weist uns wieder und wieder darauf hin, Ying und Yang quasi in uns ins Gleichgewicht zu bringen, damit auch im Außen Harmonie und Frieden sind. Das Zusammenwirken mit den Engeln hilft uns dabei. Die geheilte Dualität als Ausgewogenheit der Kräfte wurde für mich durch die Begegnung mit dem Mondengel bei der Aktivierung des Sonnenengels erneut sichtbar und bestätigt.

Dein Sonnenengel kommt, wie sein Name schon sagt, aus der Zentralsonne und hilft dir, dein göttliches Sein in der Materie zu leben. Manche Menschen erleben ihre nahe Verbindung zu den Engelreichen ganz allgemein durch und über ihn besonders deutlich. Dennoch kann es sein, dass für einige die Aktivierung ihres Engelbewusstseins nicht so von Bedeutung ist. Sie haben sich aus der Fülle der Möglichkeiten für andere Wege entschieden, um sich auf ihre eigene Göttlichkeit zu besinnen und ihren Auftrag als Botschafter des Lichts und der Liebe zu erfüllen. Andere wiederum fühlen sich zur Erweckung ihres Engelbewusstseins hingezogen, weil sie vielleicht, zwischen ihren

Erdinkarnationen, Leben innerhalb der Engelreiche führten. Die Vorliebe für einen bestimmten Erzengel könnte zum Beispiel darin begründet sein, dass du unter seiner Leitung, innerhalb seiner Legionen oder Emanationen, deine Erfahrungen gesammelt hast. Es könnte aber auch ein Hinweis darauf sein, dass du als Mensch früher schon mit ihm in Kommunikation gewesen bist oder ebenso während deiner Sternenweseninkarnationen mit den besagten Engelkräften in diesem Universum eng zusammengewirkt hast. Vielleicht ist der Kontakt zu den Engeln aber auch für dich in diesem Leben etwas ganz Neues, das deine Seele sich vorgenommen hat, um so dein Interesse an der Aktivierung deines Sonnenengels zu erwecken.

Das Erwachen meines Sonnenengels erlebte ich mehrmals auf verschiedene Arten und Weisen. Solara, eine spirituelle Lehrerin, schrieb ein Buch zu diesem Thema, das ich dir nach wie vor wärmstens ans Herz legen kann. Es heißt: „Dein Sonnenengel und wie du ihn erweckst" und ist eine Anleitung zur Aktivierung deines Engelbewusstseins, bei der du den Namen deines Sonnenengels erfährst. Ava ist ein Teil meines Engel- bzw. Sternennamens, den ich damals bei dieser Meditation für mich erhielt.

Wie du bestimmt weißt, hat jeder Name eine besondere Bedeutung, und es ist kein Zufall, warum du den trägst, den du zum Beispiel bei der Geburt erhalten hast. Er steht für eine bestimmte Qualität, die in einer gewissen Form deiner Seele bei der Umsetzung dessen, was sie sich vorgenommen hat, behilflich ist.

Eigentlich hast du viele Namen, denn du existierst zur gleichen Zeit auf mehreren verschiedenen Ebenen in diesem Universum. Wenn du mit jeder dieser Seinsformen, die du bist, im Einverstandensein leben kannst, nennt man dieses geheilte Dualität. Dann ist es auch nicht mehr so wichtig, welchen Namen du für dich nutzt, weil alle auf eine gewisse Art und Weise stimmig und kraftvoll für dich sind.

Jeder Name hat, wie alles in unserem Dualen Universum, eine erlöste und eine gehemmte Seite. Bei deinem Namen geht es darum, das Potenzial und das Geschenk in ihm zu erkennen und es für dich in Anspruch zu nehmen und zu leben. Es gibt auch Meinungen, nach denen du deinen Vornamen nicht abkürzen solltest, da dieses einer „Verniedlichung" deines Wesens gleicht und dich nicht fördert, in deiner Kraft zu sein. Aber du kannst für dich selbst in deinem Herzen prüfen, ob diese Aussage für dich stimmig ist oder nicht.

Falls du den Namen, den du trägst, nicht magst, hast du die Möglichkeit, mit deinem Inneren Kind in einen Dialog zu gehen, um herauszufinden, warum dieses der Fall ist. Was verbindest du mit deinem Namen, das du nicht magst und nicht annehmen kannst? Durch die Antwort und durch einen weiteren Austausch mit deinem Inneren Kind erhältst du Anregungen, die dich bei der Aussöhnung mit deinem Namen unterstützen werden, wenn du dieses möchtest. Denn du weißt sicher, dass dir alles, mit dem du in die Aussöhnung gegangen bist, ein großes Stück Freiheit schenkt.

Meine Eltern gaben mir den Namen Claudia. In der nicht erlösten Form bedeutet er die Lahme, in der erlösten steht er für Standhaftigkeit. Ich kenne beide Qualitäten an und in mir. Die Hl. Claudia war eine Märtyrerin, die für ihren Glauben gestorben ist – na ja, das ist auch eine unerlöste Seite, die mir, allerdings nicht aus diesem Leben, ebenso vertraut ist. Das Potenzial dazu zeigt sich als Durchhaltevermögen und Ausdauer. Das kann ich auch leben, wenn es denn sein sollte.

Je länger ich meinen spirituellen Weg ging, umso häufiger nutzte ich meinen Engelnamen, von dem, wie gesagt, Ava ein Teil ist. Der ganze wäre viel zu lange, und da Ava sogar ein Name ist, den es auf unserer Erde gibt, stellt er für mich eine wunderbare Verbindung zwischen meinem eigenen Himmel-und-Erde-Sein dar.

Eines Tages beschloss ich, dass es jetzt Zeit wäre, ihn ganz zu übernehmen, zumal es immer wieder zu Verwirrungen bei anderen Menschen geführt hatte, die nicht wussten, wie ich jetzt „wirklich" heißen würde. Seither nenne ich mich Ava. Es gibt noch einige Menschen, die es gewohnt sind, mich Claudia zu nennen und dabei geblieben sind. Das ist auch in Ordnung für mich.

Als ich dieses Kapitel schrieb, erhielt ich „zufälligerweise" von einer lieben Freundin ein Buch geschenkt. Es lautet „Frau Ava", wurde von Lener Mayer-Skumanz geschrieben und ist im Dachs Verlag erschienen. Es ist die historisch belegte Geschichte einer Frau, eben von Ava, die im Jahre 1100 als eine der ersten deutschsprachigen Dichterinnen in der Nähe eines Klosters bei Wien lebte. Ich musste so schmunzeln, als ich über sie las, denn sie befasste sich, nach dem Tod ihres Mannes, mit dem Leben Jesu. Sie wollte seine Geschichte in deutscher Sprache wiedergeben (denn damals war es noch üblich, die Messen und heiligen Texte in Latein zu lesen), um sie mehr Menschen zugänglich zu machen. Dabei richtete sie ein besonderes Augenmerk auf die Rolle der Frauen rund um Jesus.

Ich habe mich selbst lange Zeit mit feministischer Theologie befasst und dazu Vorträge und Referate gehalten, in denen mir vor allen Dingen Maria Magdalena und Maria von Nazareth sehr nahe waren. Frau Ava, wie sie in dem Buch genannt wird, hatte auch immer wieder das Gefühl, nicht so oft zum Schreiben zu kommen, wie sie es gerne getan hätte. Häufig wurde sie durch die Menschen in ihrem Umfeld abgelenkt, denen sie mit Rat und Tat zur Seite stand. Tja, ich kann nachvollziehen, was sie damit meinte...☺ Als ich das Buch las und mich darin wieder erkannte, war es für mich eine weitere Bestätigung dafür, dass dieser Name gleich passend ist wie Claudia.

Jeder Name hat so etwas wie ein eigenes Morphogenetisches Feld. Das heißt, dass alle Menschen, die den gleichen

Namen tragen, über die kollektive Ebene miteinander in Verbindung stehen. Darüber erhalten sie auch so etwas wie eine gemeinsame Aufgabe, die sie erfüllen. Sie bilden ein eigenes Schwingungsfeld, das genau so, wie es ist, eine wichtige Funktion innerhalb des großen Ganzen innehat, was Aufstieg in die Fünfte Dimension genannt wird. Wenn nun die Geistige Welt jemandem, der Bernhard heißt, eine Botschaft übermittelt, tut sie dieses gleichzeitig auch ein bisschen für alle Bernhards dieser Erde, indem sie zum kollektiven Feld aller Bernhards spricht. Es ist dir vielleicht schon aufgefallen, dass es zu verschiedenen Zeiten einige wenige Namen gibt, die immer wieder vorkommen. Plötzlich heißen viele Menschen beispielsweise Julia oder Clemens. Hier kannst du davon ausgehen, dass die Energie und das Geschenk des entsprechenden Namens für die Entwicklung der Menschheit gerade hilfreich sind und deshalb von so vielen Seelen als passender Schwingungsträger gewählt werden.

Unabhängig von dem Namen, den du als Kind bekommen hast, bezieht sich dein Engelname also auf den Engel in dir. Was ist nun mit dem Begriff „Sternenname" gemeint?

Dieser übersetzt eine Schwingung, die du als Sternenwesen, das du gewesen und immer noch bist, auf den Wegen durch das Universum verkörpert hast. Der Sternenname ist der Versuch, ein Sein, außerhalb von Zeit und Raum, in einen linear geprägten Ausdruck in Form von Sprache zu bringen, was nicht immer einfach ist, wie du dir vielleicht vorstellen kannst. Die Silben, die den Sternennamen formen, sind nur Hülsen, die eigentliche Qualität steht wieder einmal dahinter. Der Sternenname soll dich, und hier ist die Übereinstimmung mit deinem Engelnamen, unterstützen, damit du dich leichter an dein wahres, göttliches Wesen in der Materie erinnern kannst. Das heißt, er kann dir helfen, wenn du das möchtest und es für dich stimmig ist, dich von den Illusionen und den damit verbundenen

Identifikationen zu lösen, damit du dein heiles Sein erkennen und erfahren kannst, was nicht heißt, diese Illusionen nicht zu verdrängen und zu bewerten, sondern sie zu lieben und mit ihnen Frieden zu schließen. Der Sternenname steht für deine Verbindung zu den Sternenenergien, -völkern und -ebenen. Der Engelname bezeugt deine Freundschaft zu den Engeln.

Für mich ist in diesem Leben beides präsent, und deshalb ist mein Name eine Vereinigung beider Qualitäten. Da jeder Mensch eine eigene Aufgabe in dieses Leben mitbringt, ist auch sein Zugang zu den Geistigen Welten unterschiedlich und seine Fähigkeiten, die er auf die Erde mitgebracht hat. Deshalb kann es sein, dass für den einen der Engelname wichtig ist, für den anderen der Sternenname, für wieder einen anderen eine Verbindung aus beiden, und den Nächsten interessiert es überhaupt nicht, denn du kannst auch ohne dieses Wissen wunderbar leicht und glücklich deinen Weg gehen und deine Aufgabe erfüllen. Jeder wird zu den Hilfsmitteln geführt, die ihm optimal dienen.

Falls du Menschen kennen solltest, die ihren Sternennamen tragen, ist dir dabei vielleicht schon aufgefallen, dass sich einige Namen sehr ähnlich sind. Das ist ein weiterer Hinweis auf das kollektive Wesen, das wir tief in unserem Inneren sind. Je mehr wir uns sozusagen mit der Quelle allen Seins wieder vereinen, umso mehr zeigt sich die Einheit mit Allem-was-ist in jedem unserer Ausdrücke, und umso mehr erleben wir unser kollektives Sein.

Vor einigen Jahren war es in der Eso-Szene einmal sehr „in", seinen Sternen- und Engelnamen zu wissen und ihn vor allen Dingen zu tragen. Diese Welle glich eher einer bunten Blüte als wirklich dem Impuls des Herzens. Viele Namen und ihre Bedeutung wirkten gekünstelt, und manches Mal schien es, als ob die Schwingung des betreffenden Menschen nicht mit dem Sternen- oder Engelnamen übereinstimmen würde. Warum auch immer. Was ich damit sagen möchte und was mir in diesem Zusammenhang am Herzen liegt, ist, dass es bei den Sternen- und Engelnamen nicht darum geht, eine Besonderheit hervorzuheben, sondern dass es für die Gesamtheit, die du bist, eine liebevolle Stimmigkeit in sich trägt, ihn zu kennen und zu nutzen. Es geht also nicht darum, deine Persönlichkeit zu polieren, sondern um eine tiefe Wahrheit deines Herzens, der du folgst.

So lade ich dich ein, in dein Herz zu gehen und über die Kommunikation mit ihm zu erfahren, ob der Sternen- bzw. Engelname für dich überhaupt wichtig ist und auf welche Art du ihn für dich nutzen solltest und kannst. Du selbst trägst die Antwort dafür in dir.

Viele Menschen wenden den Sternen- oder Engelnamen wie ein Mantra an. Sie wiederholen ihn immer wieder, manches Mal singen oder tönen sie ihn auch. Dadurch fördern sie die Aktivierung der Erinnerung an ihren göttlichen Ursprung in ihrem Sein. Andere Menschen nutzen ihn zur Einstimmung auf ihre Energie- und Lichtarbeit, um sich so bewusst auf ihre göttliche Stimme auszurichten und sich ihr hinzugeben. Wiederum anderen Menschen fällt es durch das (stille) Nennen ihres Sternen- und Engelnamens in alltäglichen Situationen leichter, sich nicht von den emotionalen Betroffenheiten, den eigenen Verletzungen und Resonanzen heraus leiten, sondern sich von der Quelle allen Seins, die sie sind, führen zu lassen. Einige Menschen nutzen den Namen nur für sich, manche in Kleingruppen, Meditationskreisen oder in ihrem privaten Umfeld. Andere wiederum übernehmen ihn ganz. Das kannst du auch selbst mit und für dich entscheiden, so wie es für dich und deinen Weg stimmig ist.

Da es in diesem Buch um Engel geht, möchte ich noch einige Worte speziell zu deinem Engelnamen sagen. Wenn du deinen Engelnamen kennst und für dich nutzt, kannst du dieses tun, um dich dadurch auf deine Engelgegenwart auszurichten, das heißt, du erlaubst dem Engel, der du bist, durch dich zu wirken. Je öfter du ihn dazu einlädst, umso offensichtlicher wird dieses für dich sein, umso deutlicher wirst du seine Anwesenheit wahrnehmen. Du kannst deinen Engelnamen aber auch ganz allgemein als Einstimmung auf den Kontakt zu den Engelreichen nutzen. Wenn du dir deines eigenen Engelseins gewahr bist, kannst du nämlich die anderen Engel, die dich umgeben, leichter wahrnehmen. Alle Anregungen, die du aus der Geistigen Welt erhältst, und dazu gehört beispielsweise auch dein Engelname, dienen dir, um dich im Hier und Jetzt zu unterstützen, um das zu erfüllen, was in diesem Augenblick für dich gerade zu tun und zu sein gilt. Das bezieht sich auf alle Bereiche deines Lebens, auf deine Partnerschaft, genauso wie auf deine Familie und deinen Beruf.

Die Schwingung deines Engelnamens ist dein kosmisches Erbe. Der Engel, der du bist, hat niemals vergessen, wer du wirklich bist. Bitte erinnere dich daran – jeder Mensch trägt einen Engelsamen in sich! Ob er ihn zum Wachsen bringt oder nicht, ist unterschiedlich und hängt von seiner Entscheidung ab, die sicher auch im Zusammenhang mit seiner irdischen Aufgabe steht. Der Engel in dir ist wie eine innere Führung, wie eine innere Stimme, die der Quelle allen Seins gleicht. Und nachdem wir jetzt solange darüber gesprochen haben, möchte ich dich zu einer Meditation einladen, um den Engel in dir näher kennenzulernen.

Deine Engelsaat erwacht

Ich lade dich ein, mit mir auf eine Reise zu gehen.
Vielleicht möchtest du vorher noch ein entspannendes Bad
oder eine warme Dusche genießen, bei dem bzw. der du all
deine alltäglichen Sorgen der heilsamen Kraft des Wassers
übergibst und dich dabei mit Ruhe und Gelassenheit auffüllst?
Oder eine entspannende Musik auflegen und einige Kerzen
entzünden? Oder den Duft von Jasmin oder Rose oder etwas
Ähnlichem, das dir gefällt und deine Öffnung auf dein göttliches
Wesen fördert, verströmen lassen? Wofür auch immer du dich
entscheiden magst, mache es dir bitte bequem.

Erlaube dir, ein paar tiefe und bewusste Atemzüge zu nehmen und komme so in dir, im Hier und Jetzt an. Reise mit deiner Aufmerksamkeit durch deine Körper, bis sie sich mehr und
mehr entspannen und ganz weich und weit werden und sind.
Dann gehe mit Hilfe deines Atems, mit deinem Gewahrsein in
dein Herz und erinnere dich an dein göttliches Licht, an deine
göttliche Liebe, die du bist. Erlaube dir, das Bewusstsein deiner
Göttlichkeit, beispielweise in Form von reinen weißen oder goldenen Strahlen, von deinem Herzen aus durch die Gesamtheit,
die du bist, fließen zu lassen und nimm so wahr, dass so Ebene
für Ebene und Zelle für Zelle eins wird mit deinem göttlichen
Sein, eins wird mit deiner Seele. Dieses Licht, diese Liebe richtet dich aus, es baut dich auf, es erneuert dich, es heilt und
bringt Ausgleich dort, wo du es benötigst. Dieses Licht und diese Liebe entlasten dich von deinen Sorgen, Nöten und Ängsten
und schenken dir die Freiheit, dich auf das Wesentliche, das du
als göttliches Wesen bist, zu besinnen. Erlaube dir zu atmen
und werde dir des Lichtes und der Liebe, die dich durchströmt
und die du bist, gewahr und erkenne, dass dieses Licht und diese Liebe dich einfach lieben und dich so annehmen, wie du bist.

Und das Licht und die Liebe deines göttlichen Seins strahlen unendlich. Sie fließen über dein Sein hinaus und erfüllen den Raum, in dem du gerade bist. Alles ist Licht, alles ist Liebe. Alles ist Licht deiner Seele und Liebe deiner Seele.

Erlaube dir, das Pulsieren wahrzunehmen, das dich umgibt, das dich durchströmt und das du bist. Es gibt keine Trennung mehr zwischen dir und dem Raum, in dem du bist, und zwischen dir und dem göttlichen Licht, der göttlichen Liebe und der Seele, die du bist. Alles ist eins. Erlaube dir innezuhalten, zu atmen und dir dessen gewahr zu sein.

Nun erlaube dir, mit deinem bewussten Sein auf eine Reise zu gehen, und dazu erschaffe jetzt bitte ein Bild, in das du eintreten und eintauchen kannst. Stelle dir einen Garten vor, der liebevoll gepflegt ist und durch den viele unterschiedliche Wege führen. Manche sind mit Moos bedeckt und ganz weich, manche sind aus bunten Kieselsteinen, andere führen über einige Brücken und machen Bögen und Kurven, wieder andere sind gerade und direkt. Doch überall entdeckst du schöne, außergewöhnliche Pflanzen, Blumen und Bäume, und immer wieder führen die einzelnen Wege an kleinen Bächen und Teichen vorbei, in denen Lotusse blühen und Fische schwimmen. Erlaube dir, diesen Garten mit deinem Atem ganz in dich aufzunehmen und sei eins mit ihm im Hier und Jetzt. Es ist ein Ort des Friedens und der Harmonie und ein Ort der Kraft.

Und nun erlaube dir, dich für einen Weg zu entscheiden, den du gehen möchtest. Tue dieses bewusst und folge ihm Schritt für Schritt. Dabei erlaube dir wieder ganz bei dir, ganz im Hier und Jetzt zu sein. Fühle mit jeder Zelle deines Seins den Weg, den du gewählt hast, und werde so mit jedem Schritt selbst zu deinem eigenen Weg. Und die Geistige Welt sagt dazu:

Nimm bitte wahr, dass alle Wege ins gleiche Zentrum führen. So ist es auch in deinem Leben. Alle Wege, die du ge-

gangen bist, und alle, die du noch beschreiten wirst, sind somit „richtig" für dich und führen dich in das Zentrum, in das alle Wege münden. Alle Wege führen dich an dein Ziel. Erlaube dir, dich in deinem Leben ganz auf deinen Weg und deine jeweiligen Schritte zu fokussieren. So bist du im Hier und Jetzt und kannst das, was wir sagten, für dich erkennen. Wir möchten dich bitten, dass du den Weg (deines Lebens) annimmst so, wie er ist, und ihn dadurch beginnst zu lieben und ihn auch genießen kannst."

Während du in deinem Garten deinen Weg weitergehst, erlaube dir bitte, die Worte in deinem Herzen zu bewegen.

Nun nähert sich dein Weg dem Zentrum, und dort steht ein rot-goldener Tempel. Er trägt viele Verzierungen und Schnitzereien, ist offen und einladend und ähnelt den Tempeln in asiatischen Ländern. Es ist ein Ort der Segnung. Viele Vögel mit leuchtendem Gefieder, die immer wieder ihren Gesang zum Lobpreis der Quelle allen Seins erheben, umgeben ihn. Rundherum sind kleine Brunnen, und du hörst Wasser plätschern. Dein Weg führt direkt zum Eingang dieses heiligen Hauses. Bevor du es betrittst, erlaube dir noch einmal kurz innezuhalten, tief ein und aus zu atmen und dir der Energie, die ist, gewahr zu sein.

Dann gehe weiter. Finde die Mitte des Tempels, und dort bleibe bitte stehen, dort verweile. Erlaube dir den tiefen Frieden, das Angekommensein von all deinen Suchen wahrzunehmen und lass dich davon erfüllen. Hier ist Stille. In diesem Zentrum gibt es nichts mehr zu tun, alles ist. Atme und nimm dieses in dich auf und lasse es wirken. Und während du einfach bist, nimmst du wahr, dass ein sanftes, warmes Licht von oben aus der Mitte des Raumes beginnt zu strömen und dich einzuhüllen. Ein Licht der Geborgenheit, der Zärtlichkeit durchfließt und umgibt dich, und der Tempel, in dem du dich gerade noch befunden hast, beginnt sich aufzulösen. Durch das Licht, das dich durchströmt, verändert sich deine Wahrnehmung und du bist jetzt in einem Raum aus reinem Licht, aus reinem Bewusstsein. Darin gibt es keine Form mehr, es ist reines Sein. Es ist so, als hättest du eine Lichtebene, eine feinstoffliche Ebene an diesem Ort betreten, die über dem Tempel als auch in und durch ihn ist, die ihn durchdringt. Es ist nicht leicht, die passenden Worte dafür zu finden, und deshalb erlaube dir, es einfach wahrzunehmen. Und wiederum hilft dir dein bewusster Atem, die Energie mit der Gesamtheit deines Seins zu verstehen.

Und während du dieses tust, geschehen lässt und gleichzeitig einfach bist, formt sich ein silberblau leuchtendes Lichtwesen vor dir. Es kommt auf dich zu und beginnt zu sprechen:

„Wir sind verbunden mit der Kraft des Mondes. Wir sind die Energie, die du als Mondengel bezeichnen kannst. Wir kommen von den Sternen, um dich an deinen Ursprung zu erinnern. Bitte erkenne, dass du als Mensch Gefäß bist, Kelch bist, der aufnimmt, um weiterzugeben. Du weißt, du bist ein Mittler zwischen Himmel und Erde, und wir, die wir der Kraft des Mondes dienen, haben seit jeher mitgewirkt, um dich dabei zu unterstützen, Gefäß zu sein. Unsere Kraft der Rezeptivität gaben wir hinein in deinen Körper, als du erschaffen wurdest. Wir sind hier, um dich daran zu erinnern, und dich zu bitten, dich einzuladen, das silbrigblaue Licht einströmen zu lassen in dein Sein, um erneut zu erkennen, dass du Gefäß bist, dass du empfangendes Prinzip bist. Durch unser Sein, durch die Begleitung, durch die Formung der Körper, an denen wir wirkten, bist du als Menschenkind empfänglich geworden für die Kräfte des Mondes, die du Ebbe und Flut nennst, und seine Zyklen. Darüber hinaus liegt darin auch deine Verbindung zum Lauf der Gestirne begründet. All das ist in deinem Körper gespeichert. Dein lunares Prinzip wurde in der Materie durch uns gespeist, die wir Mond-

engel genannt werden. *Wir sind die Hüter deiner Träume und deiner Visionen, und erkenne, dass wir dir dienen, um diese zu verwirklichen. Denn du bist aus dem Stoff, aus dem die Träume sind, sagte einst eine Wesenheit, die du Shakespeare nennst. Das ist richtig, denn du wurdest von uns geträumt und hast dadurch hier in der Materie Form angenommen. Wir verbanden die Sternenkräfte miteinander, wir senkten hinein die Kraft des Empfangens, und somit war der Same geboren, aus dem du gewachsen bist.*

Wir möchten dich bitten, dass du in der Begegnung und in der Berührung mit uns nun erlaubst zu empfangen, empfänglich zu sein, Kelch zu sein, Gefäß zu sein, um das Licht, um die Göttlichkeit, die du bist, vollkommen in dir aufzunehmen. Wenn du deine Göttlichkeit lebst, bist du eins mit Allem-was-ist. Das ist Heilung.

So erlaube dir bitte, wahrzunehmen, wie wir dich berühren. Stelle dir vor, wie du ein Gefäß bist. Wir laden dich ein, bewusst und tief zu atmen, um das Licht des Mondengels, der wir sind, in jeder deiner Zellen zu empfangen. Wann immer du mit uns in Kontakt treten möchtest, erlaube dir, dich mit einer deiner Zellen, die wir jetzt berühren und mit unserem Licht segnen und dieses darin wieder aktivieren, zu verbinden. Erinnere dich dabei an die Rezeptivität, die du bist, an das lunare Prinzip, das du bist, unabhängig davon, welchen Körper du bewohnst. Das hilft dir, in ein tieferes Verständnis deines eigenen Wesens und kosmischer Zusammenhänge einzutauchen. Es hilft dir, die Rhythmen und die Gesetzmäßigkeiten deines Lebens zu erkennen und sie für dich zu nutzen und nicht länger gegen dich. Erlaube dir bitte wahrzunehmen, dass du dadurch Mutter bist, für dich selbst und für alles Leben dieser Erde. Denn erkenne, das lunare Prinzip bedeutet: „Ich bin Nahrung auf jeder Ebene für alle, die sind." Bitte erlaube dir zu erkennen, wie wichtig es ist, Nahrung zu sein.

So berühren wir dich mit unserem silberblauen Licht, Zelle für Zelle, um die Erinnerung, die wir einst in deinen Körper gaben, zu erwecken. Diese besagt, dass du Mutter bist und mütterliches Prinzip. Bitte erlaube dir zu verstehen, was wir meinen. Falls es dir schwer fallen sollte, dieses anzunehmen und du Widerstand in dir wahrnimmst, ist dieses eine wundervolle Möglichkeit zu erkennen, dass Verletzung in dir darauf wartet, in die liebevolle Heilung gebracht zu werden.

In diesem Falle gehe in der Folge bitte mit deiner Inneren Weiblichkeit und deinem Inneren Kind in die Friedensarbeit, denn diese Erde und deine Inkarnation sind ein Ort und ein Weg der Heilung. In diesem Sinne ist das mütterliche Sein, von dem wir sprechen, einer der Gründe deines Hierseins. Denn jede Seele ist da, um den Weg der Rezeptivität, den Weg der Intuition, den Weg des mütterlichen Prinzips zu gehen, zusätzlich zu dem, was sich jede einzelne Seele noch ganz speziell als Erfahrungsmöglichkeit gewählt hat. Das ist es, was Gaia, die Erdenmutter, ermöglicht. Das ist es, was Gaia, die Erdenmutter, lehrt. Von den Sternen aus gibt die Energie des Mondes seine Unterstützung dazu, um zu verstehen und umzusetzen.

Erlaube dir wahrzunehmen, dass wir sehr wohl wissen, dass es vielen von euch wichtig ist, ihn Mondin zu nennen, um auch in dieser Form die rezeptive Kraft in ihm hervorzuheben. Bitte erlaube dir wahrzunehmen, dass wir bewusst bei der Bezeichnung Mond bleiben möchten, um die Vereinigung der Kräfte, die Einheit, die ist, zu zeigen, denn Trennung wurde genug auf dieser Erde gefeiert. Und so laden wir dich ein, dich zu öffnen. Erlaube dir, das Bewusstsein deiner Zellen für dein tiefstes inneres Wesen, das du bist, zu öffnen. So strahlen wir unser silbrigblaues Licht aus. Wir durchströmen dein Sein. Wir bereiten vor. Wir aktivieren die Fähigkeit des Empfangens in dir neu. So erlaube, dass wir nun, während wir weiter durch dich wirken, hinter dir Raum nehmen und bei dir bleiben werden, solange du dieses möchtest, bis du dein lunares Prinzip neu in deinem Sein integrierst hast. Dabei passen wir uns deinem Rhythmus und deinem Tempo der Evolution an. Wir unterstützen dich auf liebevolle Art und Weise, bis deine Aufgabe, die du als Seele hier auf dieser Erde hast, den Weg der Mutter zu gehen, erfüllt ist. Bitte erlaube dir noch einmal zu erkennen, dass dieser Weg nichts zu tun hat mit den Vorstellungen, die du mit Muttersein verbindest und die aus der nicht geheilten Dualität geboren sind. In unserem Verständnis heißt es, dass du offen bist, weit bist, um alles willkommen zu heißen, das ist, um allem Antwort zu geben und um für alles deine Obsorge zu tragen, dass es wächst. Das ist eine Erweiterung deines Seins, keine Einschränkung.

Und so möchten wir dich nun weiter unterstützen, wie wir sagten, in einer Form, dass wir hinter dir Raum nehmen und unser Licht strömen lassen in der Art, wie du es annehmen kannst. Ein Neubeginn ist geschaffen, und erkenne, dass wir nichts anderes tun, als dich an den Sinn deiner Inkarnation zu erinnern. Das ist geschehen. Alles andere fließt von selbst. So dienen wir, so haben wir dieses immer getan und werden dieses immer tun. Und so begleiten wir dich. Nenne uns „Licht des Mondes", nenne uns „Engel des Mondes", wenn du möchtest. Und wir werden dir Antwort geben. Sei gesegnet, sei begleitet, sei durchdrungen mit der Kraft, die wir sind. Sei gesegnet, auch als Gefäß, das du bist. Allezeit. Amen."

Und so erlaube dir zu atmen und die Energie wirken zu lassen und dann kurz in der Stille zu verweilen. Erkenne die Kraft der Rezeptivität und habe keine Furcht vor ihr. Sie ist mit dir und in dir, um dir zu dienen, damit du heil, damit du ganz sein kannst.

Nun möchten wir dich einladen, den Fokus deiner Aufmerksamkeit auf etwas zu richten, das sich in der Zwischenzeit vor dir geformt hat und einem goldenen, leuchtenden Kokon gleicht, ähnlich einem goldenen Ei. Nimm bitte die Wärme, die unendliche Kraft, die Weisheit und die Liebe wahr, die von diesem Ei, von diesem Kokon ausstrahlt. Mache dir bewusst, dass es pulsiert und sich zu öffnen beginnt, ganz sanft, ganz behutsam, ganz langsam. Je weiter es sich öffnet, umso mehr Energie der Liebe, der Weisheit und der Wärme, der Sonne strömt aus seinem Innersten hervor. So erkenne bitte, dass sich aus dem Inneren des Eis, des Kokons, ein Lichtwesen aus reinem, goldenen Sein formt. Es ist groß. Es ist strahlend. Es lächelt dich an, und dabei fließt all seine unendliche Liebe zu dir, so dass dein Herz ganz weit und weich wird. Es steigt aus dem Ei, dem Kokon, heraus und kommt auf dich zu. Es blickt dir mit unbeschreiblicher Güte und Wärme in die Augen und beginnt zu sprechen:

„Wir sind das Bewusstsein deines Sonnenengels in dir. Erlaube, dass wir dich grüßen. So sind wir du, und du bist wir. Wir haben lange Zeit darauf gewartet, dir erneut zu begegnen. Bitte erkenne, da du jetzt bereit bist zu empfangen, kann die Verschmelzung mit uns sein. Wir sind die Kraft des Solaren Seins, das heißt, wir sind Dynamik. Wir sind Erschaffung. Bitte erkenne, dass der empfangende Teil in dir und wir zusammengehören, wie zwei Seiten einer Münze. Wir sind deine Ergänzung, ohne das eine kann das andere nicht sein. So erkenne, dass wir heute als dein Sonnenengel zurückgekehrt sind. Auch wir waren einst vor langer, langer Zeit, als Körper gerade in die Erschaffung gebracht wurden, daran beteiligt. Und so ließen wir unsere Energie, unseren Samen, als Erinnerung an dein wahres Sein mit einfließen, damit beides zu gegebenen Zeiten würde wachsen können. Dieses ist jetzt. Hier und heute. Wir nannten diesen Teil deinen Sonnenengel, wir nannten es deine Engelgegenwart, dein Engelbewusstsein. Wir sind heute hier,

um dieses in dir zu aktivieren, was bedeutet, dich an deinen Ur-
sprung zu erinnern, dich an deine Verbindung zu den Engelrei-
chen und deine Freundschaft mit ihnen zu erinnern; dich daran
zu erinnern, dass auch du ein Engelwesen bist. Ich, als dein
Sonnenengel, repräsentiere dieses und somit erlaube, dass ich
dich jetzt berühren darf. Und so sende ich das Licht der Engel,
das Licht des Sonnenengels, der ich bin, aus, um damit dein
Herz zu berühren, und über dein Herz fließt das Licht des Son-
nenengels durch die Gesamtheit, die du bist.

Spüre, dass die Vereinigung unseres Seins, die Verschmel-
zung, begonnen hat. Das ist ein Akt der Bewusstwerdung, er-
laube, und das ist nur möglich auf der Basis deiner Rezeptivi-
tät. Und so geschieht nun Verschmelzung mit dem, was ich als
dein Sonnenengel bin. Ich durchströme nun Ebene für Ebene,
Schicht für Schicht dein Sein. Und ich flüstere dir dabei zu, dass
du bist wie ich, dass du wie wir (Engel) bist und wir wie du sind,
– ein Wesen des Lichts, ein Engelwesen, ein Kind der Quelle
allen Seins.

Erlaube dir bitte, zu atmen und den Energien zu folgen, wie
sie durch dich fließen und in dir wirken und neues Bewusstsein
schaffen. Ich bin dein solares Engelbewusstsein, und durch die
Vereinigung mit dir gibt es keine Trennung mehr zwischen dir
und mir, zwischen mir und dir. Wir sind eins. Du bist ein Engel
auf Erden. Ich, als dein Sonnenengel in dir, habe einen Namen,
und diesen möchte ich dir nun nennen. Bitte habe den Mut, ihn
zu hören. Erlaube dir, ihn einfach in deinem Herzen zu empfan-
gen. Er steigt in dir empor. Das initiieren wir nun. Erlaube dir,
den Namen, deinen Namen, zu hören. Jetzt!

Pause

Und erneut erlaube dir, deiner Wahrnehmung zu vertrauen. Das ist der Name deiner Engelgegenwart hier auf dieser Erde, die du bist. Ebene für Ebene, Schicht für Schicht, Körper für Körper, Zelle für Zelle sind wir, bin ich dein Sonnenengel, eins mit dir. Erlaube dir wahrzunehmen, dass das goldene, warme Licht durch deine Körper strömt und dadurch die Lichtfrequenz, den Lichtquotienten in deinen Zellen, verändert. Dein aurisches Sein beginnt anders zu leuchten. Jetzt gleicht es dem eines Engelwesens, denn du <u>bist</u> ein Engelwesen. Und so kannst du dir, wenn du möchtest, gewahr sein, dass sich allmählich im Bereich deiner Schulterblätter große energetische Flügel aus-dehnen, und bitte erkenne, dass auch dieses ein Zeichen für die Integration und die Verschmelzung mit deiner Engelgegen-wart ist, die ich bin. Von nun an existieren wir durch dein Sein. Du bist ein Engel auf Erden, und wir heißen dich willkommen. Wir heißen dich willkommen in allen Engelebenen und Engel-reichen, die es gibt. Du bist uns ab nun nicht länger lieb als Mensch, Schwester und Bruder, sondern auch als Engel, der du bist. Erkenne dieses, und sei dieses! Erlaube dir, Engel zu sein im Hier und Jetzt! Wir sind du! Ich bin du! Du bist wir und ich! Es ist keine Trennung mehr zwischen diesen Welten. Wir danken dir für dein Sein. Sei gesegnet allezeit. Amen."

Und nun atme bitte tief ein- und aus und nimm die Berüh-rung wahr, die Vereinigung. Lasse die Energien in dir wirken und genieße sie, solange du möchtest. Dann bringe dich sanft in dei-nem eigenen Tempo und auf deine eigene Art und Weise zurück ins Hier und Jetzt. Deine Freundschaft mit den Engeln ist erneu-ert, ist erweitert. Deine Engelgegenwart ist aktiviert. Was du dar-aus machen möchtest, ist deine freie Entscheidung. Dein Weg ist gesegnet. Erlaube dir, zentriert zu sein. Erlaube dir, geerdet zu sein, tief verwurzelt in diesem Moment. Erlaube dir, präsent zu sein. Erlaube dir, das zu sein, was du bist: ein Engel!

Dein Schutzengel

Jeder Mensch hat einen Schutzengel, der ihn durch die Inkarnation begleitet. Seit deiner Geburt ist er immer an deiner Seite. Er spricht über mentale Eingebungen, Gefühle, Wahrnehmungen und über deine Intuition mit dir.

Vor vielen Jahren hatte ich, während eines Engelseminars, eine sehr berührende und bewusste Begegnung mit meinem Schutzengel. Dabei zeigte er sich in einem feurigen orangegoldenen Licht.

Wie du weißt, sind Farben Schwingungen, die eine eigene Sprache sprechen. Das heißt, dass jeder Farbe bestimmte Qualitäten zugeordnet sind. In der Farbenlehre geht es um die Ausgewogenheit der Kräfte. Du und dein grob- als auch dein feinstoffliches Sein können in eine Farbsprache übersetzt werden. Anhand dessen ist es möglich, beispielsweise deine Stärken und ebenso das, was du noch entwickeln darfst und solltest, zu erkennen. Aus diesem sehr alten Grundwissen haben sich im Laufe der Zeit viele verschiedene Farb- und Lichttherapien entwickelt.

Was hat das nun mit deinem Schutzengel zu tun?

Ich habe in all den Jahren immer wieder beobachtet, dass sich der Schutzengel eines Menschen sehr häufig über eine Farbe des Regenbogens ausdrückt, wobei für mich in diesem Falle auch Farbschwingungen wie Rosa, Türkis, Olivgrün und ähnliche Zwischentöne und Farbnuancen zu den Regenbogenfarben gehören, von denen ich hier spreche. Der Schutzengel wählt häufig eine Farbe, die dich unterstützt, ein Potenzial, das in dir ruht, zu entwickeln. Er ist sozusagen, zusätzlich zu der Aufgabe, dich zu behüten, eine Ergänzung zu deinem Sein, zu deiner Grundschwingung, die es dir hier auf der Erde erleichtern soll, deinen göttlichen Plan zu erfüllen.

Wenn ich beispielsweise meine Grundenergien in Farben

übersetzen würde, so wären dieses niemals Orange, obwohl mir Orange sehr gefällt. Lebensfreude, Kreativität und Lebendigkeit, wofür orangefarbenes Licht steht, zu entwickeln, ist und war allerdings immer wieder eine Übungsaufgabe in meinem Leben. So wählte mein Schutzengel diesen Farbausdruck, um mich dabei zu unterstützen.

Eine meiner Freundinnen, die von ihrem Grundtyp als orangerot beschrieben werden könnte, hat einen türkisgoldfarbenen Schutzengel an ihrer Seite. Ihr hilft er bei der Entwicklung ihrer Kommunikations- und Ausdrucksfähigkeit in jedem Bereich. Auch wenn sich Menschen nicht bewusst mit Spiritualität beschäftigen, ist der Glaube an Schutzengel doch so verbreitet, dass viele von ihnen davon ausgehen, dass es einen gibt.

Die Wahrnehmung des Schutzengels indessen kann ganz unterschiedlich sein: Manche Menschen spüren ihn, einige sehen oder hören ihn, wieder andere riechen ihn oder wissen einfach, wenn er da ist.

Auch im Zusammenhang mit deinem Schutzengel begegnet uns das Thema „Namen" wieder, denn viele Leute fragen, wie ihr Schutzengel denn heißen würde und möchten seinen Namen wissen. Eigentlich ist es ganz einfach, ihn zu erfahren. Habe noch ein bisschen Geduld bis zum nächsten Kapitel. Dabei wirst du in der Begegnung mit deinem Schutzengel Gelegenheit haben, ihn nach seinem Namen zu fragen. Falls du aber schon ein bisschen ungeduldig sein solltest, kannst du jetzt gleich das Buch kurz zur Seite legen.

Erlaube dir, die Augen zu schließen und bewusst und tief zu atmen. Erlaube dir dann bitte, mit deiner Aufmerksamkeit ganz zu deinem Herzen zu gehen. Nimm dein Herz als einen Ort der Entspannung wahr, einen Ort der Erholung, das kann ein Raum in einem Haus oder in einem Tempel sein oder irgendwo in der Natur. Dann erlaube dir, an diesem Ort zu sein und genieße die Liebe und die Energie, die er ausstrahlt. Nun kannst du deinen Schutzengel einladen und ihn bitten, zu dir an diesen Ort zu kommen. Erlaube dir wahrzunehmen, wie er erscheint, wie er Raum nimmt, wie er da ist. Vielleicht siehst du ja auch seine Farbe oder weißt einfach, welche Farbe er hat. Nun kannst du mit ihm in die Kommunikation treten und ihn nach seinem Namen fragen. Und vertraue dem, was du dabei wahrnimmst. Auf diese Art und Weise kannst du mit ihm in Kontakt bleiben, solange du dieses willst. Wenn es für dich stimmig ist, bedanke dich bitte bei ihm und sage ihm, wenn du möchtest, dass du ihn jetzt vielleicht öfter bewusst um etwas bitten wirst; dass du vielleicht ab jetzt die Freundschaft mit ihm vertiefen wirst; und dann nimm wahr, wie er sich sanft zurückzieht. Du kannst nun noch ein paar Mal tief ein und aus atmen und alles auf dich wirken lassen.

Dann gehe bitte mit deiner Aufmerksamkeit zu deiner Verbindung zur Erde und nimm wahr, wie deine Wurzeln tief und stabil in der Erde sind, und werde dir der Einheit, die du mit Erde bist, gewahr. Werde dir auch deiner Körper und explizit deines physischen Körpers gewahr, und dann öffne bitte deine Augen, sei vollkommen im Hier und Jetzt, und wenn du möchtest, kannst du nun das Buch wieder in deine Hände nehmen, um weiterzulesen.

☆☆☆

Eigentlich bedarf die Kommunikation mit der Geistigen Welt nichts weiter als eines kurzen Innehaltens, um nach innen zu gehen und zuzuhören, so wie wir es jetzt gerade gemeinsam getan haben. Alles ist ganz einfach, auch der Kontakt zu den Engeln.

Doch vielleicht bist du dabei ein bisschen aufgeregt oder

unsicher gewesen, so dass dir deine Wahrnehmung in diesem Zusammenhang noch nicht klar genug zu sein schien. Das ist kein Problem. Du kannst immer noch die Meditation im nächsten Kapitel machen, um deine Eindrücke zu ergänzen und zu erweitern. Je mehr Übung du in der Kommunikation mit den Engeln hast, umso leichter, fließender und einfacher ist dein Zugang zu ihrer Welt.

Wenn Menschen nach dem Namen ihres Schutzengels fragen, erhalten sie oft ganz „normale" Antworten, wie beispielsweise Peter, Paulchen oder Susanne. Schutzengel lieben Namen, die hier auf der Erde gängig sind, um ihre Nähe zu den Menschen auszudrücken und zu betonen. Gleichzeitig zeigen sie damit auch immer wieder, welch humorvolle Wesen sie sind. Dein Schutzengel hat jederzeit ein offenes Ohr für dich, und somit kannst du dich mit allem, was dich bewegt und beschäftigt, an ihn wenden.

Es gibt Menschen, die sich ausschließlich mit ihrem Schutzengel unterhalten und ihm alle ihre Anliegen vorbringen und den Rest der Geistigen Welt nicht kennen. Es ist deine freie Entscheidung, mit wem du kommunizieren und wen du um Hilfe bitten möchtest.

Du kannst deinen eigenen Schutzengel auch beauftragen, sich mit den Schutzengeln anderer Menschen zu verbinden, um so zum Beispiel in einer konfliktreichen Situation Entspannung zu bringen. Oder falls dein Kind Schwierigkeiten mit seinem Lehrer haben sollte, könntest du deinen Schutzengel einladen, sich mit den Schutzengeln deines Kindes und der Lehrperson auszutauschen, damit diese auf ihre Schützlinge einwirken, um einen friedlichen Umgang miteinander wachsen zu lassen in einer Form, wie es zum Wohle aller Beteiligten ist. Wenn du deinem Engel klar deine Bitte übergeben hast, darfst du deine Vorstellungen, wie die Erfüllung deines Wunsches aussehen sollte, loslassen, denn häufig haben die Engel einen besseren und stimmigeren Vorschlag dazu. Doch darum brauchst du dich nicht zu kümmern. Überlasse es getrost den Schutzengeln.

Eine Freundin von mir machte sich Sorgen um ihre fünfzehnjährige Tochter, die voll in der Pubertät war. Die Schule interessierte sie nicht mehr, Zukunftsperspektiven hatte sie keine, sie verkehrte in entsprechenden Kreisen, in denen viel geraucht und ausprobiert wurde, was sonst nicht unbedingt erlaubt war.

In einer Einzelsitzung sagte die Geistige Welt ihr, sie solle sich nicht sorgen, sondern sich an den Schutzengel ihrer Tochter wenden.

In einer Nacht, in der ihre Tochter wieder unterwegs war und sie, die Mutter, deshalb nicht schlafen konnte, fiel ihr diese Aussage ein, und sie lud die Schutzengel ein, ihrer Tochter beizustehen. In dieser Nacht wurde das Mädchen schwanger. Sie bekam das Kind, und es war, auch wenn es auf den ersten Blick nicht so aussah, ein absoluter Segen. Abgesehen davon, dass es ein wunderbares Kind ist, half es seiner Mutter auch, ihr Leben um hundertachtzig Grad zu wenden. Sie machte die Schule fertig, veränderte ihren Freundeskreise, nahm keine Drogen mehr und kümmerte sich liebevoll um ihr Kind. Zuerst verstand meine Freundin nicht, dass die Schutzengel nicht eine andere Lösung hätten finden können, denn sie hatte wahrlich eine andere Vorstellung von der Erfüllung ihres Wunsches gehabt.

Das ist nun schon einige Jahre her. Vor kurzem sagte ihre Tochter zu ihr: „Weißt du Mama, ich habe mir damals so viel Zeug hineingeworfen, wenn ich nicht schwanger geworden wäre, weiß ich nicht, ob ich noch leben würde!". Nach dieser Aussage begriff meine Freundin: Alles, was geschah, war in vollkommener göttlicher Ordnung geschehen!

Dein Schutzengel würde dich nie zu etwas drängen, was nicht auch im Sinne deiner Seele und ihres Planes wäre.

Um mit deinem Schutzengel zu kommunizieren, reicht es

aus, an ihn zu denken. Er ist da und hört dir zu. Du kannst aber auch seinen Namen sagen oder seine Farbe visualisieren, falls du ihn bzw. sie kennst. Er ist immer an deiner Seite!

Die Zwiesprache mit deinem Schutzengel kann laut oder in deinen Gedanken sein und gleicht manches Mal einem Gebet, denn jedes Gespräch, das du aus dem Herzen führst und das somit ehrlich ist, ist für mich eine Form von Gebet.

Wie kraftvoll ein Gebet sein kann, hast du bestimmt schon gehört oder selbst erlebt. Es ist befreiend. Es bringt Frieden, und Frieden ist der Bruder und die Schwester der Vergebung.

In England gibt es Versicherungen, bei denen die Beiträge für meditierende und betende Menschen geringer sind, weil man davon ausgeht, dass diese weniger oft krank werden als diejenigen, die das nicht tun.

Gerade heute las ich in einer Zeitschrift einen Artikel über die Kraft des Gebetes und seine befreiende und vergebende Wirkung, über die ich schmunzeln musste:

Laut einer Studie verloren schwer übergewichtige italienische Frauen schnell ihre Kilos, weil sie begonnen hatten zu beten und dabei ihren Männern immer wieder das vergaben, was sie ihnen aus ihrer Sicht an Verletzungen zuteil werden hatten lassen.

Während du auch so mit deinem Schutzengel sprechen und dabei deine Anliegen und Bitten formulieren kannst, erhältst du im inneren Dialog auch seine Antworten dazu, wenn du möchtest.

(Dazu fällt mir gerade Don Camillo und Peppone ein: Das müssen wohl die italienischen Frauen gewesen sein, die mir die Erinnerungen aus meiner Kindheit an die köstlichen Schwarz-weiß-Verfilmungen der beiden oben genannten Herren hervor brachten. Don Camillo sprach zwar nicht mit seinem Schutzengel, sondern mit seinem Herrn Jesus Christus persönlich – dennoch kannst du dir die Antworten und die inneren Dialoge mit deinem Schutzengel ähnlich vorstellen! ...☺).

Manches Mal kommunizieren die Engel aber auch über äußere Impulse, Zeichen oder Hinweise. Sei einfach offen für jegliche Möglichkeiten des Austausches und der Begegnung mit deinem Schutzengel. Je öfter du dich auf dein Herz besinnst, darauf hörst, dort hineingehst und so den Ort deines Herzens aufsuchst, umso klarer und deutlicher wird deine Kommunikation mit den Engeln im Allgemeinen und deinem Schutzengel im Besonderen. In deinem Herzen zu sein dient dir, dich auf das Wesentliche, das du bist, dein göttliches Sein, zu besinnen. Das erweitert deine Sicht und deine Wahrnehmung und erleichtert die Ausdrucksfähigkeit in jeder Hinsicht.

Auch wenn ein Mensch niemals bewusst mit seinem Schutzengel spricht, sondern sich nur mit anderen feinstofflichen Freunden unterhält, ist dieser an seiner Seite und begleitet ihn durch sein Leben. Manchmal bekommen Menschen, wenn sie nach dem Namen ihres Schutzengels fragen, „Michael" oder „Gabriel" zur Antwort. Das kann verschiedene Gründe haben: Es kann sein, dass dein Schutzengel zu den entsprechenden Erzengelemanationen und Legionen eine besondere Nähe hat (und somit auch du) und deshalb diesen Namen für sich wählte. Es kann aber auch sein, dass du gar nicht mit deinem Schutzengel, sondern mit einem Erzengel gesprochen hast, der dein Freund und Mentor und deshalb als dein Begleiter in deiner Nähe und in deinem aurischen Sein sichtbar ist. Selbst wenn du auf diese Weise einen Erzengel an deiner Seite hast, ist er nicht dein Schutzengel in der üblichen Form. Das heißt, du hast dennoch, unabhängig von dem Erzengel, noch einen ganz „normalen" Schutzengel bei dir.

Deine Verbindung zu dem Erzengel kann, wie bereits in einem früheren Kapitel über den Engel, der du bist, angesprochen, verschiedene Gründe haben. Vielleicht warst du schon in früheren Leben im engen Austausch mit ihm oder bist sogar in seinen Ebenen inkarniert gewesen. Wenn du möchtest, kannst du also alle deine Anliegen dem Erzengel, der dich begleitet, vortragen, anstatt deinem Schutzengel. Du hast so viele feinstoffliche Begleiter (deinen Schutzengel, andere Helfer aus dem Reich der Engel, Aufgestiegene Meister, Sternenwesen, Wesenheiten aus dem Reich der Natur etc.) an deiner Seite, und sie sind alle gemeinsam ein wunderbares Team, – dein wunderbares Team! Sie helfen dir alle, egal, mit wem du kommunizieren möchtest. Es gibt eine Autofahrerwerbung, die du vielleicht kennst und die lautet: „Fahre nicht schneller, als dein Schutzengel fliegen kann!" Dieser Satz gefällt mir. Er zeigt für mich auch, dass uns Engel Entscheidungen nicht abnehmen, wohl aber uns unterstützen und begleiten können, wenn wir ihnen die Erlaubnis und die Möglichkeit dazu geben.

Vor einigen Jahren wurde in einem Seminar, an dem ich teilnahm, gesagt, wir wären selbst unsere Schutzengel. Als ich das damals hörte, war ich wütend. Ich wollte nicht mein Engel sein. Es war mir viel lieber, dass es eine „fremde" Wesenheit war, die sich um mich kümmerte. Aber ich musste erkennen, dass dieser Zorn aus meinem Wunsch, Verantwortung für mein Leben abzugeben, geboren war. Wenn wir davon ausgehen, dass alles, was ist, ein Teil von uns ist, ist die Aussage, dass wir selbst unser Schutzengel sind, stimmig. Dennoch muss ich gestehen, dass ich, wenn ich mit meinem Schutzengel kommuniziere, ihn mir als ein Gegenüber vorstelle, mit dem ich mich auf diese Art und Weise austausche. Er ist für mich ein Lichtwesen, das an meiner Seite ist und mich so begleitet. Ich nehme ihn immer wieder ganz klar wahr, auch wenn ich mich mit anderen Engeln viel mehr unterhalte als mit ihm.

Nun möchte ich dich aber einladen, deinen eigenen Schutz-engel näher kennen zu lernen, damit du dann selbst entschei-den kannst, wie du die Freundschaft und die Kommunikation mit ihm pflegen möchtest.

Begegnung mit deinem Schutzengel

Nimm dir jetzt ein bisschen Zeit für dich, – nichts ist im Moment wichtiger als du und dein Sein. Vielleicht möchtest du eine Kerze anzünden und einer leisen, für dich entspannenden, Musik lauschen. So nimm bitte ein paar tiefe und bewusste Atemzüge, lasse alles aus dir strömen, was dich bisher beschäftigt hat und dir im Laufe deines heutigen Tages begegnet ist. Gleichzeitig erlaubst du dir, dabei mehr und mehr in deiner Mitte, in deiner Ruhe, in deinem Sein im Hier und Jetzt anzukommen. Mache es dir bitte bequem und suche dir eine Haltung, im Liegen oder im Sitzen, die dir und deinen Körpern gut tut.

Erlaube dir nun, in die Begegnung mit dir einzutauchen und reise mit deinem Atem durch deinen physischen Körper. Nimm dabei wahr, welche Energie, welche Farbe des Regenbogens er braucht, um sich wohlzufühlen und ganz weit und weich zu sein. Und dann lass bitte den Impuls, den du zu deinem physischen Körper erhalten hast, in und durch ihn fließen, solange, bis du merkst, dass es genug ist. Wenn dein physischer Körper satt ist von all den energetischen Geschenken, die du ihm gegeben hast, dann bedanke dich bitte bei ihm und ebenso bei den Farben, die dich unterstützten.

Nun erweitere mit Hilfe deines Atems deine Aufmerksamkeit und schenke sie deinem emotionalen Körper. Nimm auch hier wahr, welche Farben des Regenbogens er benötigt, um sich zu entspannen und wohl zu fühlen.

Und so, wie du die Energien deinem physischen Körper zur Verfügung gestellt hast, gib dies nun auch deiner emotionalen Ebene. Dabei ist es nicht wichtig, dass du genau weißt, wo dein emotionaler Körper beginnt und wie viele Zentimeter er von deinem physischen Sein entfernt ist. Denke einfach an ihn, und schon bist du mit ihm verbunden. Es ist ganz leicht.

Dann lass bitte die Farben, die dir im Zusammenhang mit

deinem Emotionalkörper gekommen sind, fließen und wirken. Wenn du spürst, dass er zufrieden ist, dass auch er satt ist, dann bedanke dich bei ihm und bei den Energien, die dich unterstützten.

Nun möchte ich dich einladen, auch noch deinen mentalen Körper zu fragen, welche Farben ihm jetzt gut tun, und dich bitten, ihm diese zur Verfügung zu stellen auf die dir bereits vertraute Art und Weise. Lass dir dabei die Zeit, die du benötigst, damit du ganz bei dir, in deiner Mitte, in deiner Geborgenheit, in deinem eigenen Frieden und deiner Gelassenheit ankommst und sein kannst.

Und nun tue dasselbe mit deinem spirituellen Körper.

Als nächstes möchte ich dich bitten, einen tiefen und bewussten Atemzug zu nehmen und dabei mit deiner Aufmerksamkeit in dein Herz zu gehen. Erlaube dir bitte, jetzt einfach in deinem Herzen zu sein und dich dabei an dein göttliches Sein zu erinnern und es strahlen und wachsen zu lassen. Und es ist! Sonst gibt es nichts zu tun, nur zu atmen und zu sein.

Erlaube dir wahrzunehmen, dass sich vor dir, in deinem Herzen, eine große, goldene Tür zeigt. Ganz sanft öffnet sie ihre Pforten, und ein zartes Licht strömt zu dir und berührt dein Sein. Es lädt dich ein, ihm zu folgen und durch das Tor zu schreiten. Bitte tue dieses und erkenne, dass dich die Tür in eine Landschaft führt. Vor dir breiten sich unendliche Felder, Wiesen, Wälder, Flüsse und Seen aus. Doch das Interessante daran sind das Licht und die Farben, die es hier gibt. Alles leuchtet und strahlt ganz intensiv und dennoch transparent und zärtlich. Die Pflanzen und die Bäume, das Wasser und alles andere, was du hier siehst, schimmert teilweise in Farben, die du ihnen aus der Welt, wie du sie kennst, nicht zuordnen würdest. Das Gras ist rosa, der Baum orange, das Wasser weiß, türkis und gelb. Und dennoch berührt dich der Anblick dieser Landschaft tief in deinem Inneren, so als ob dadurch eine längst vergessene Erinnerung geweckt und wie die Saite eines Instruments zum Schwingen gebracht würde. Schmetterlinge, Libellen und andere Geschöpfe tanzen sanft um dich herum, und auch ihre Farben stimmen nicht ganz mit jenen überein, die du von dieser Erde her kennst. Und dann sind da noch die vielen Feen, Elfen und Naturwesen, die hier leben und die du klarer und klarer erkennen kannst, je mehr du dich auf diese Ebene, auf diese Welt, in der du dich gerade befindest, einlässt und je vertrauter sie dir wird.

Ja, du bist in einem Zwischenreich gelandet! Das ist wichtig im Moment, weil es dir als Vorbereitung auf die Begegnung mit deinem Schutzengel dient, denn dadurch verändert sich die Schwingung deiner Körper, so dass die Wahrnehmung deines Engels klarer und deutlicher für dich möglich ist. Ganz sanft und behutsam geschieht dieses, während du dir jetzt noch ein bisschen Zeit nehmen darfst, um diese Welt, in der du bist, näher kennenzulernen. Erlaube dir, dich umzusehen – beobachte, erkenne und lerne. Atme alle deine Eindrücke immer wieder bewusst in dich ein und lass zu, dass sie in dir wirken, und dann lass sie mit deinem Ausatmen wieder aus dir herausströmen. Erlaube dir, ein wenig spazierenzugehen in diesem Reich, und wähle dabei bitte einen Weg, der dich nun schnell zu einer perlmuttschimmernden, transparenten Lichtpyramide bringt. Obwohl sie klare Konturen hat, ist sie nicht fest. Sie ist durchlässig.

Wir möchten dich bitten, dass du vor ihr stehen bleibst und sie dir genau betrachtest. Die Pyramide schmiegt sich wundervoll in diese Landschaft. Schau das Spiel der Farben, das auf ihrer Oberfläche, durch das Einstrahlen des Sonnenlichtes, ist. Die Lichtpyramide steht für die Reinheit deines Herzens. Diese Energie strahlt sie aus, und wir möchten dich einladen, wahrzunehmen, wie diese Qualität zu dir und durch dich fließt. Dadurch kann alles von dir abfallen, was du nicht mehr brauchst, was dir nicht länger dient, was dich daran hindert, du zu sein.

Dabei verändert sich dein Sein, du beginnst von innen heraus zu strahlen, ganz klar. Und dein Bewusstsein erweitert sich, ganz sanft und liebevoll. Selbst die Kleider, die du bisher getragen hast, werden neu, ganz weiß.

Und nun möchten wir dich einladen, in das Innere der Pyramide zu treten, ganz einfach, indem du durch die flüssige Wand, die vor dir ist, hindurchgehst. Und schon bist du im Inneren der Pyramide. Du nimmst wahr, dass es dort sehr hell und leuchtend ist. Es ist einfach Licht, das dich berührt. Es ist einfach Liebe, jenseits jeglicher Vorstellung, die dich berührt. Und nun gehe behutsam in das Zentrum, in die Mitte der Pyramide. Dort bleibe stehen. Wie von weither kommen leise Klänge zu deinem Ohr. Sie werden lauter und du kannst eine sanfte Melodie erkennen, die dir fremd und dennoch vertraut zu sein scheint. Die Töne umschmeicheln dich und lenken deine Aufmerksamkeit nach oben, so dass du ihnen mit deinen Augen folgst. Die Pyramide scheint in die Unendlichkeit zu ragen, denn du kannst ihre Spitze nicht erkennen. Die Musik umgibt dich immer noch, und es scheint eine Einladung und ein Ruf zu sein. Und während du weiterhin nach oben blickst, nimmst du wahr, dass sich eine Energiegestalt, ein Lichtwesen zu formen beginnt, die näher und näher kommt. Ein wundervoller Duft eilt ihr voraus und hüllt dich liebevoll ein. Während sich die Lichtgestalt nähert, kannst du sie immer klarer erkennen. Es ist dein Schutzengel. Er nimmt vor dir Raum in seiner ganzen Größe, in seiner ganzen Liebe. Und die Klänge, die du vorher vernommen hast, werden langsam wieder leiser, bis sie für dein Ohr nicht mehr hörbar sind.

Dein Schutzengel betrachtet dich liebevoll und mit all seiner Hingabe, dir zu dienen. Und er heißt dich willkommen. Er umarmt dich mit seiner Präsenz und seiner Gegenwart. Und dann beginnt er, mit dir zu sprechen:

„Sei gesegnet, geliebtes Menschenkind. Ich habe lange auf diesen Augenblick gewartet. Ich begleite dich nun schon seit deiner Geburt bis heute durch dieses Leben, und jetzt bist du bereit, mich zu erkennen, bist du bereit, mir zu begegnen. Meine Hände sind allezeit über dir, und ich wache an deiner Seite, wenn du schläfst. Am Tag gehe ich neben dir, und manches Mal nehme ich dich dabei auch an die Hand. Ich lege tröstend meinen Arm um dich, wenn du weinst, und freue mich mit dir, wenn du lachst. Ich bin allezeit mit dir, vor dir, hinter dir, neben dir, über und unter dir. Ich bin allezeit in dir und durch dich. Ich bin dir so nah, dass du mich mit jedem Einatmen in dich aufnimmst, und durch jedes Ausatmen lege ich mich erneut wie ein Mantel aus behütendem und nährendem Licht der Liebe um dich.

Nun möchte ich dir gerne etwas über deine Aufgabe hier auf der Erde erzählen."

Dabei macht er eine sanfte Bewegung mit seiner Lichthand, und vor dir formen sich Szenen und Situationen aus deinem Leben. Sie kommen und gehen, und du erkennst dich darin immer wieder. Dann beginnen sich die Bilder zu verändern, werden mehr zu Eindrücken, die sich auf Qualitäten und Fähigkeiten beziehen, die du in den nächsten Monaten und Jahren verstärkt entwickeln wirst. Dein Schutzengel zeigt dir Impulse deiner Seele, in denen sie dich bittet, vermehrt deine Aufmerksamkeit auf ihre Entwicklung zu legen. Bitte nimm die Bilder so auf, wie sie kommen. Du musst sie jetzt gar nicht mit deinem mentalen Sein verstehen oder analysieren. Es reicht, sie mit Hilfe deines Atems in dein Herz zu nehmen und in der Gesamtheit, die du bist, anzunehmen und wirken zu lassen.

Dein Engel lächelt. Und, bitte, erkenne: Auch wenn du keine klaren Bilder sehen solltest, sondern vielleicht „nur" Nebel, Farben, Symbole und Ähnliches –, es hat so für dich seine Richtigkeit! Du kannst davon ausgehen, dass du intuitiv alles verstehst und in dir aufnimmst. Dein Atem hilft dir dabei. Es kann sein, dass es deinem Inneren Kind im Moment lieber ist, deinem mentalen Sein entsprechende Informationen auf diese Art und Weise zur Verfügung zu stellen, – vielleicht weil es davon ausgeht, dass du sonst die klaren und konkreten Bilder viel zu voreingenommen betrachten könntest. Du würdest sie vielleicht nicht frei von den Erwartungen und Vorstellungen, die du damit in Verbindung bringst, in dir aufnehmen können. Vielleicht würdest du so die Botschaft deiner Seele nicht wirklich verstehen, sondern sie mit deiner persönlichen vermischen. Das heißt, manches Mal geschieht deshalb keine klare visuelle Wahrnehmung, wie du sie gerne hättest, weil auf diese Weise deine Kontrollmechanismen nicht so aktiv wirken können und die Geistige Welt wie auch dein Inneres Kind dieses bewusst lenken und nutzen. Denn so kannst du Energien und Informationen in der Ganzheit, die du bist, in dir aufnehmen und nicht nur mit deinem Kopf. Das gleiche gilt auch oft für Menschen, die immer wieder bei geführten Meditationen einschlafen. Sie bekommen alles mit, nur ihr mentales Sein ist dabei ausgeschaltet. Somit braucht es dich in Zukunft nie mehr zu bekümmern, wenn du etwas nicht so wahrnimmst, wie es beschrieben oder angeleitet wird. Ich möchte dich im Gegenteil dazu anregen, dich darüber zu freuen, weil dennoch, oder gerade deshalb, Heilung ist. Erlaube dir bitte, dieses zu erkennen und zu begreifen.

Je gelassener und lockerer du damit umgehen kannst, umso leichter werden sich aber auch gleichzeitig deine Wahrnehmungen in jedem Bereich deines Lebens erweitern. Vertraue dir bitte, vertraue bitte deiner Seele! Vertraue deinem Weg! Vertraue deinem Schutzengel! So, wie es ist, ist es in Ordnung! So wie deine Wahrnehmung ist, ist sie in Ordnung! Sie ist immer optimal für dich und angemessen für dein Sein im Hier und Jetzt.

Erlaube dir bitte, einen bewussten Atemzug zu nehmen und die Worte auf dich wirken zu lassen.

Nun möchte ich dich bitten, mit deiner Aufmerksamkeit wieder zu deinem Schutzengel zu gehen, denn er bittet dich, ein Symbol für die Fähigkeiten und Qualitäten zu empfangen, die dir deine Seele gezeigt hat und die du in den nächsten Monaten und Jahren entwickeln möchtest. Dieses Zeichen atme bitte in dein Herz, nimm es in dich auf und lasse es über dein Herz, in der Gesamtheit die du bist, wirken. Dein Schutzengel lädt dich ein, dir dieses Symbol, zu merken, um es später in der Dritten Dimension aufzumalen. Jedes Mal, wenn du es betrachtest, förderst du damit die Aktivierung deines Potenzials, das ein Geschenk deiner Seele an dieses Leben und seine Entwicklung auf der Erde darstellt.

Nun macht dein Schutzengel erneut eine Bewegung mit seiner Lichthand. Alle Bilder und Zeichen, die sich während der Begegnung mit ihm gezeigt haben und noch im Raum sind, lösen sich nun wieder vollkommen auf. Dein Schutzengel lächelt dir immer noch zu und sagt, dass er ein Geschenk für dich hat. Dabei überreicht er dir ein kleines, kostbar verziertes Kästchen. Bitte betrachte es in Ruhe, und dann öffne es. Lass den Inhalt auf dich wirken, wie auch immer du ihn wahrnimmst. Es soll dir bei der Umsetzung jener Schritte, die für dich in den nächsten Wochen hier auf der Erde anstehen, behilflich sein. Dieses Geschenk soll dich unterstützen, dir der Gegenwart deines Schutzengels in deinem alltäglichen Leben immer gewahr zu sein, und dir helfen, deinen Kontakt mit deinem Schutzengel klar und bewusst zu gestalten. So bittet dich dein Engel nun, sein Geschenk auf dich wirken zu lassen. Er bittet dich, es in dir anzunehmen und aufzunehmen in der Gesamtheit deines Seins. Bitte atme dazu wieder bewusst, damit dieses ist, und erkenne, dass dein Atem eine Brücke zwischen dir und den feinstofflichen Ebenen darstellt. Ein tiefer Atemzug fördert die Integration von Energien in all deinen Körpern und dient dem Einverstandensein mit Al-lem-was-ist. Deshalb bittet dich die Geistige Welt so oft, einen tiefen und bewussten Atemzug zu nehmen.

Und nun erlaube dir bitte wahrzunehmen, wie die Schwin-gung des Geschenkes in dir ist und in dir Integration findet, so wie es deinem göttlichen Plan entspricht.

Ich möchte dich nun bitten, noch kurz in der Stille zu ver-weilen, um zu hören oder, wie auch immer, wahrzunehmen, ob und was dein Schutzengel dir noch gerne mitteilen möchte. Du kannst diese Zeit auch nutzen, wenn du willst, um ihn konkret um Hilfe zu bitten für Anliegen, die dich im Augenblick beschäf-tigen und für die du himmlischen Beistand möchtest. Bitte nimm dabei wahr, wie er deine Bitten in seinen Händen hält, und er-kenne, dass es dann für dich nicht mehr viel zu tun gibt, außer in dem Wissen zu sein, dass sich deine Engel darum kümmern werden und du nur in der Offenheit und in der Bereitschaft sein brauchst, ihre Botschaften und ihre Führung anzuerkennen und zu verstehen. Und das ist ganz einfach! Bitte vertraue in diesem Falle auch einmal mir!

Fast am Ende dieser Reise möchte dir dein Schutzengel noch seinen Namen nennen. Erlaube dir bitte, ihn klar und deut-lich zu verstehen und den ersten Impuls, den du hast, anzu-nehmen. Vielleicht gibt er dir auch noch ein Handzeichen, ein sogenanntes Mudra, mit auf den Weg, das du für dich nutzen kannst, um im bewussten Kontakt mit deinem Schutzengel zu sein bzw. ihn aufzubauen und herzustellen.

Nun macht dein Schutzengel einen Schritt auf dich zu. Er umarmt dich und legt sich um dich, wobei er sein Licht ausdehnt und all deine Körper durchströmt. So ist er allezeit an deiner Seite. Und während er dieses tut und bei dir ist, verabschiedet er sich gleichzeitig und zieht sich nach oben über die Spitze der Pyramide hinaus zurück, denn es ist Zeit für dich, in deine Welt zurückzukehren.

Bitte erlaube dir einen tiefen Atemzug und danke deinem Schutzengel und auch der Lichtpyramide, die eine Begegnung mit ihm unterstützte. Nimm bitte wahr, dass die Verbindung und die Einheit mit deinem Schutzengel immer ist, niemals unterbrochen wird, auch wenn du jetzt wieder aus der Pyramide trittst, was ich dich mit einem erneuten tiefen Atemzug zu tun bitte. Du wirst immer, egal wo du bist, von deinem Schutzengel getragen und begleitet.

Schau dir nun die Lichtpyramide noch einmal von außen an: Die Sonne lässt auf den durchlässigen Wänden immer noch die Farben leuchten und tanzen. Und dann finde den Weg durch das Zwischenreich, der dich zurück zu dem großen, goldenen Tor bringt, das in dein Herz führt.

Während du diesem Pfad folgst, genieße noch einmal die verschiedenen und andersartigen Farben dieser Welt und das Spiel der Elfen, Feen und anderen Naturwesen, die hier leben. Dein Engel ist immer noch an deiner Seite, und so kommt ihr gemeinsam zu der goldenen Pforte, die in dein Herz führt. Bitte erlaube dir, einen bewussten Atemzug zu nehmen und schreite hindurch, liebevoll, klar und zielgerichtet, und bleibe für eine Weile in deinem Herzen. Nachdem du in deinen Herzensraum eingetreten bist, schließt sich die goldene Türe hinter dir. Du bist ganz in dir, ganz im Hier und Jetzt. Erlaube dir zu sein, und erlaube dir der Gegenwart deines Schutzengels, die immer ist, gewahr zu werden.

Nun möchte ich dich bitten, mit deiner Aufmerksamkeit durch deinen physischen Körper zu gehen und dabei die Einheit, die du mit der Erde bist, wahrzunehmen. Erlaube dir, kraftvoll in dir zu sein, erlaube dir, präsent in dir zu sein, und erlaube dir bitte erneut zu erkennen, dass dein Schutzengel allezeit mit dir ist!

Du kannst nun den Neubeginn der Freundschaft mit deinem Schutzengel feiern. Vielleicht möchtest du dazu in deiner inneren oder äußeren Welt eine Musik hören, die dir besonders gefällt und nach der du, wiederum in deiner inneren Vorstellung oder durch eine äußere Umsetzung, tanzen magst. Erlaube dir einfach, jetzt etwas ganz Besonderes für dich zu tun, das dir Freude bereitet, um diesen Neuanfang in der Materie auf der zellulären Ebene deiner Körper zu bestätigen. Dabei erinnere dich bitte noch einmal daran, dass dein Schutzengel immer mit dir ist. Erinnere dich auch an das Symbol für die Aktivierung deines Potenzials, damit du es im Laufe des Tages für dich malen kannst, wenn du das möchtest. Und erinnere dich bitte an das Geschenk von deinem Engel, an seinen Namen und vielleicht auch an das Mudra, falls er dir eines gezeigt hat. Sowohl der Name als auch das Fingerzeichen helfen dir, in deinem alltäglichen Sein einfach und leicht in den bewussten Kontakt mit deinem Schutzengel eintreten zu können. Doch unabhängig davon ist dein Schutzengel immer um dich und bei dir. Du bist niemals allein! Und in diesem Sinne erlaube dir, dein Sein allezeit zu genießen. Sei gesegnet im Namen deines Schutzengels. Amen.

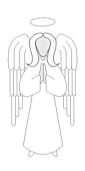

Hierarchien, Erzengel und Sonstiges

Es gibt sehr viele unterschiedliche Engelbücher. In einigen werden Engel hierarchisch eingeteilt, da es Menschen gibt, die klare Rituale und Strukturen brauchen, während anderen ein spielerischer und offener Umgang mit den Engeln vertrauter ist.

Ich persönlich gehöre, zumindest meistens, zu der zweiten Sorte von Menschen. Obwohl ich selbst schon viele Engelbücher gelesen und -schulungen besucht habe, in denen es Einteilungen von Engeln gab, ist mir keine einzige im bewussten, mentalen Sein hängen geblieben, weil es nicht meiner Art von Zugang zur Geistigen Welt entspricht. Deshalb möchte ich dir in diesem Buch auch nichts über Engel-Hierarchien berichten. Die Engel, die hier zu Worte kommen, ihre Meditationen und das, was ich über sie erzähle, sind jene, mit denen ich viel in Kontakt und in Berührung bin und die sich während der Entstehung der vorliegenden Seiten zur Verfügung gestellt haben. Die Auswahl entspricht keinem speziellen System und ist sozusagen reiner „Zufall". Neben den Engeln, die an der Geburt dieses Buches mitwirkten, gibt es natürlich noch unzählig viele andere, die du vielleicht aus weiteren Veröffentlichungen zu diesem Thema, aus deiner eigenen Erfahrung oder aus Engelkarten-Sets kennst.

Die Engel, die bei der Entstehung dieses Buches mitgeholfen haben und die mich auch in anderen Bereichen meines Lebens begleiten, sind mir alte, vertraute Freunde, die ich aus früheren Inkarnationen auf dieser Erde und in Teilen dieses Universums kenne. Gleichzeitig verkörpern und repräsentieren sie jene Energien und Qualitäten, die mich bei der Umsetzung dessen, was meine Seele sich vorgenommen hat, optimal unterstützen. Das heißt, wenn du zu anderen Engeln mehr Zugang hast, oder wenn dir andere Engel vertrauter zu sein scheinen, solltest du in diesem Falle deiner Intuition folgen. So, wie es Menschen gibt, die lieber mit ihrem Schutzengel kommunizieren als mit anderen Wesen der Geistigen Welt, tauschen sich andere fast ausschließlich mit nur einem bestimmten Engelwesen, beispielsweise Erzengel Michael, aus. Andere Mitmenschen haben diesbezüglich keine besonderen Vorlieben. Alle diese Vorgangsweisen sind möglich und sagen nichts über das Bewusstsein des betreffenden Menschen aus. Auch in diesem Zusammenhang geschieht alles nach einem größeren Plan, dem wir alle folgen und den wir alle erfüllen.

In dieser jetzigen Zeit geht es für uns darum, die Einheit und die Brüder- und Schwesterlichkeit mit Allem-was-ist zu erkennen. Das bedeutet, und teilweise ist es schon sicht- und spürbar, dass sich hierarchisch strukturierte Gesellschaften und Ähnliches mehr und mehr auflösen werden. Es geht nicht darum (selbst wenn unser Morphogenetisches Feld noch voll dieser Überzeugungen ist, denen wir folgen, und sie deshalb immer wieder nährt), dass einer oder eine bestimmte Gruppe von Menschen besser oder weiter wäre als andere. Alle Menschen (und alle Wesen in diesem Universum) sind gleichwertig, alle sind gleich wichtig!

Jeder Mensch bringt eine besondere Fähigkeit mit, die er für sich und für alle Wesen einbringen kann, und diese ist in der Gleichwertigkeit zu allen Qualitäten, die andere leben. Wir lernen gerade auf unserem Weg in die Fünfte Dimension, dass ein Arzt, der eine Diagnose stellt, gleichwertig ist mit der Krankenschwester, die dafür sorgt, dass der Patient entsprechend versorgt wird. Die Putzfrau, die das Krankenhaus reinigt, in dem dieser Arzt und diese Schwester arbeiten, ist ihnen gleichwertig, und der Bauarbeiter, der an der Entstehung des Krankenhauses beteiligt war, ist den vorher genannten drei Menschen ebenfalls gleichwertig. Sie alle wirken zusammen, sie ergänzen sich, und jeder erfüllt lediglich seine Aufgabe!

Ich weiß (aus eigener Erfahrung, denn auch ich übe), dass es nicht immer leicht fällt, die Gleichwertigkeit im anderen zu sehen und anzuerkennen. Manchmal muss man sich selbst daran erinnern und sich bewusst dafür entscheiden, dass sie ist. Doch es ist möglich und wird im Laufe der Zeit immer leichter! Davon bin ich überzeugt, denn jeder Mensch ist gleich wichtig! – und dazu noch einige Beispiele: Eine Wurstverkäuferin in einem Lebensmittelgeschäft ist gleichwertig einem Medium, das geistige Botschaften weitergibt, einem Schuhputzer in den Straßen von New York, einem Bankmanager in Frankfurt und einem Kuhhirten in Afrika.

Falls es dir schwer fallen sollte, dieses anzunehmen und Resonanzen in dir dadurch zum Klingen gebracht werden sollten, kannst du, wenn du möchtest, in die Kommunikation mit deinem Inneren Kind gehen und es fragen, wo in diesem Zusammenhang seine Verletzung ist, wo es aus seiner Sicht nicht genügend geachtet und gewertschätzt wurde und was es benötigt, damit diese verengende Energie nun heilen darf. Es kann auch sein, dass du deinem Inneren Kind diese Frage öfters stellen musst, bevor du eine klare Antwort dazu erhältst. Versuche es einfach. Je mehr wir uns als Brüder und Schwestern, als eine große Familie, die Menschheit genannt wird, erfahren, umso freier und freudvoller werden wir sein. Und ein Gleichgewicht der Kräfte und der Energien wird auch in der materiellen Welt Raum nehmen.

Auch in uns selbst begegnet uns das Thema der Gleichwertigkeit in dieser Zeit vermehrt. Viele von uns lernen zum Beispiel gerade, dass alle unsere Körper gleichwertig und gleich wichtig sind. Unser physisches, emotionales, mentales und unser spirituelles Sein sind ein Team. Jede Ebene hat ihr besonderes Geschenk, und alle vier Aspekte sind hier auf der Erde nötig, um unsere Aufgaben zu erfüllen. Deshalb ist ein liebevoller Umgang mit allen Körpern hilfreich und eine Auflösung von Formen der Selbstbewertung in jeglicher Hinsicht notwendig. Alle Teile, alle Körper gehören zu uns und unserem Weg der Heilung. Keine unserer Körperebenen ist besser oder mehr wert als die anderen, und so ist es für einige von uns nun der richtige Zeitpunkt, um mit unseren Körpern in die Aussöhnung zu gehen. So werden wir rund und sind im Gleichgewicht der Kräfte.

Falls es dir schwer fallen sollte, dieses anzunehmen, kannst du wieder, wenn du möchtest, in den Kontakt mit deinem Inneren Kind gehen und im Austausch mit ihm erkennen, wer dir beispielsweise früher gesagt oder auf energetische Art und Weise vermittelt hat, dass dein physischer Körper etwas Schlechtes sei und du dich nicht zu viel um ihn kümmern solltest. Es kann auch sein, dass dir genau das Gegenteil gezeigt wurde, wie wichtig es ist, um jeden Preis „perfekt" auszusehen und dementsprechend gestylt zu sein. Es ist ebenso möglich, dass dir dein Inneres Kind von ganz anderen Prägungen, Verletzungen erzählt, die du übernommen hast und die eine Einschränkung deines wahren Wesens darstellen, das letztendlich grenzenlos ist. Gleichzeitig kannst du durch die Kommunikation mit deinem Inneren Kind Lösungen finden, indem du es dazu befragst, was es für Heilung benötigt, ihm zuhörst und das dann umsetzt, immer vorausgesetzt, du möchtest es.

In der Verbindung mit den Engeln bedeutet Gleichwertigkeit Folgendes: Es heißt, wie früher bereits erwähnt, auch feinstoffliche Geschwister nicht als Wesen zu betrachten, die weiterentwickelt sind als wir Menschen. In der Begegnung mit den Engeln geht es um eine partnerschaftliche Zusammenarbeit. Die Geistige Welt betont immer wieder, dass wir die Meister der Dritten Dimension sind und so viele Dinge tun können, die ihnen nicht möglich sind, allein weil sie keinen physischen Körper haben, und sie fordert uns immer wieder auf, uns selbst mehr wert zu schätzen. Und auch an dieser Stelle möchte ich dich daran erinnern, dass, wenn du dabei Probleme hast, du erneut dein

Inneres Kind bitten kannst, dir Informationen darüber zu geben, wer dir dazu etwas anderes erzählt hat, woher Prägungen und Ängste in diesem Zusammenhang stammen könnten. So findest du Lösungen, die Heilung sind, wodurch der freie Fluss von Energien in dir gefördert wird, so dass Wohlbefinden und Harmonie in der Gesamtheit, die du bist, wachsen können.

Das Gleichgewicht der Kräfte innerhalb des Engelreiches selbst bedeutet, dass es auch hier keine „besseren" und „schlechteren" Engel gibt, sondern es nur verschiedene Wesen sind, die unterschiedliche Aufgaben innehaben. Sie arbeiten zusammen, und so ergänzen sie sich optimal. Die Engel leben hier quasi bereits eine Form des Kollektivs, ohne gegenseitige Bewertung, ohne Konkurrenz, Mobbing und Ähnliches – und wir Menschen sind gerade sehr damit beschäftigt, dieses erstrebenswerte Ziel zu üben und zu entwickeln. Ich glaube, dass wir Menschen noch zu viele Tendenzen in uns tragen, wodurch wir unsere eigene innere Autorität nach außen projizieren und sie so anderen Menschen, Dingen etc. zuschreiben. Hierarchien sind von uns Menschen erschaffene Systeme. Die Geistige Welt ist da viel flexibler als wir, das heißt, ihr sind Einteilungen nicht so wichtig wie uns. Die Vorstellung, dass manche Wesenheiten Gott näher sind als andere, ist für mich nicht stimmig, denn ich gehe davon aus, dass Gott allen Wesen gleich zugetan ist und uns alle liebt. Wir alle sind Kinder Gottes! Wir alle sind Quelle allen Seins. Ich glaube nicht, dass jemand, selbst, wenn es ein Engel ist, mehr Quelle sein sollte als der Rest der Wesen, die es in diesem Universum gibt. (Falls es dir schwer fallen sollte, das anzunehmen, kannst du ja, wie du bereits weißt, durch die Kommunikation mit deinem Inneren Kind erkennen, woher die entsprechenden Glaubenssätze stammen und wie du sie lösen und heilen kannst.) Somit ist mein Zugang zu den Engeln ein sehr einfacher und spielerischer.

Bei all den Anregungen und Übungen hier geht es also

darum, dir eine Möglichkeit des Kontaktes zu Engeln und der Begegnung mit ihnen zu zeigen und dich anzuregen, das Vertrauen in deine Wahrnehmung zu stärken, damit du deinem eigenen Weg folgen kannst.

Wir Menschen nähern uns in Riesenschritten der Fünften Dimension und die Engel unterstützen uns dabei. Sie verkörpern verschiedene Qualitäten und durch den Austausch mit ihnen stärken wir diese Eigenschaften in uns selbst. So helfen uns die Engel bei der Aktivierung unseres Potenzials.

Ein Erzengel ist für mich ein Kollektivbewusstsein. Das bedeutet, Michael ist viele Emanationen. Ich stelle mir das immer so vor, als würden viele Wassertropfen einen großen See bilden. Die Vielheit, die ein Engel ist, drückt sich für mich auch darin aus, dass er beispielsweise manches Mal ganz sanft und dann wieder klar und deutlich oder fast „stürmisch" wirken kann. Und so ist es für die Engel auch einfach, mit vielen Menschen zur gleichen Zeit überall auf der Erde zu kommunizieren.

Der Kontakt, die Begegnung und der Austausch mit den Engeln ist, wie die Kommunikation mit der Geistigen Welt ganz allgemein, sehr leicht.

Dazu möchte ich dir eine Übung geben:

Mache es dir bequem und entspanne dich. Mit ein paar bewussten Atemzügen bringst du dich bitte ins Hier und Jetzt und wirst dir der Einheit, die du mit der Erde bist, gewahr. So kommst du mehr und mehr zur inneren Ruhe. Mit deiner Aufmerksamkeit und durch einen gezielten mentalen Gedanken gehst du in dein Herz. Du kannst dir dein Herz als einen leuchtenden Tempel, eine große Säulenhalle oder eine Lotusblüte vorstellen, in deren Zentrum du dich jetzt befindest. Dann erlaubst du dir bitte, dir der Energie deines Herzens bewusst zu werden und lässt die Liebe, die du bist, durch alle deine Ebenen strömen. Nun kannst du die Wesenheit bzw. den Engel, mit dem du kommunizieren möchtest, zu dir in dein Herz einladen. Nimm wahr, wie er Raum nimmt, und dann kannst du dich mit ihm austauschen, deine Fragen stellen und deine Anliegen vorbringen. Es ist immer der gleiche Ablauf, egal ob du dich mit einem Erzengel oder mit deinem Schutzengel unterhalten möchtest. Wenn es für dich stimmig ist, bedanke dich bei deinem Gast und entlasse ihn wieder aus deiner Herzensebene. Das kannst du natürlich auch tun, wenn du dich während einer Begegnung einmal nicht so wohl fühlen solltest, was auch geschehen und verschiedene Gründe haben kann. Anschließend atmest du bitte einige Male bewusst ein und aus, um dir so deiner Körper gewahr zu werden und um ganz bei dir und in dir zu sein.

Erlaube dir erneut, die Einheit, die du mit der Erde bist, wahrzunehmen und lasse deine Wurzeln bis tief in das Zentrum von Gaia wachsen. Erlaube dir, deinen Körper sanft zu dehnen und sei zentriert, klar und präsent im Hier und Jetzt. Ich möchte dich bitten, dass du alles, was auch immer du tust, bewusst beginnst und bewusst beendest, so dass sich dabei immer ein Kreis, ein Zyklus schließt. Je häufiger du in die Begegnung und in die Kommunikation mit den Engeln gehst, um so sicherer wirst du darin sein, das heißt, umso klarer wird sich deine Wahrnehmung entwickeln. Probiere es einfach immer wieder aus und vertraue dabei deinen Eingebungen. Auf diese beschriebene Art und Weise kannst du dich mit jedem Anliegen an deine Engel wenden. Es gibt nichts, was ihnen zu „trivial" wäre, für alles haben sie ein offenes Ohr. Ob du für den Austausch mit deinen Engeln Musik und Kerzen brauchst, ob du dich beim Spaziergang mit ihnen unterhalten willst, oder ob du es in einem Meditationsraum tun möchtest, hängt ganz allein von deinen persönlichen Vorlieben ab. Die Engel sind immer und überall für dich da, selbst wenn du dabei am Tisch in deiner Küche sitzt oder in der Badewanne liegst. Das ist deine Entscheidung und deine freie Wahl.

Normalerweise reicht ein Gedanke an deine Engel aus und du bist mit ihnen verbunden, so dass ein Austausch möglich ist, denn, wie du ja weißt, folgt die Energie der Aufmerksamkeit. Wenn du dich auf Engel ausrichtest, bist du mit Engeln in Berührung und in Kontakt.

Vor einiger Zeit hatte eine Seminarteilnehmerin eine witzige Begegnung mit Erzengel Gabriel.

Wir machten eine Wahrnehmungsübung, in der die Teilnehmer angeleitet wurden, in die Kommunikation mit einem Engel zu gehen. Susi, so nenne ich jetzt diese Seminarteilnehmerin, war nach der Übung enttäuscht, weil sie Gabriel nicht ihren Erwartungen entsprechend wahrgenommen hatte. Sie glaubte, ihn weder gesehen noch gehört noch sonst irgendwie gespürt oder vernommen zu haben. Nach dieser Austauschrunde machten wir eine kurze Pause und Susi ging in den Garten, um eine Zigarette zu rauchen. Voller Freude kehrte sie zurück und erzählte uns, dass sie einfach so mit ihrer Aufmerksamkeit dem Rauch gefolgt wäre. Plötzlich hätte sich darin Erzengel Gabriel zu erkennen gegeben und ihr klar und deutlich mitgeteilt, dass sie sich nicht so verspannen, sondern die Kommunikation mit der Geistigen Welt lockerer nehmen sollte, dann würde sie auch mehr wahrnehmen können.

Mir gefällt dieses Beispiel deshalb so gut, weil es zeigt, dass die Engel immer und überall mit uns sind. Dass es nur darum geht, in der Offenheit (= Entspannung) zu sein, nichts Besonderes zu erwarten, nicht zu viel zu denken, nicht zu viele Vorstellungen über die Art der Begegnung zu haben. Was in diesem Falle nicht bedeuten soll, dass jetzt jeder, der mit den Engeln kommunizieren möchte, zu rauchen beginnen sollte...☺. Doch es heißt auch nicht, dass jemand unbedingt aufzuhören braucht, nur damit ein klarer Austausch mit der Geistigen Welt stattfinden kann. Falls du also mit dem Gesagten in Resonanz gehen solltest, hast du die wunderbare Möglichkeit, über die Kommunikation mit deinem Inneren Kind (die gleich funktioniert wie mit einem Engel) nämlich in und über dein Herz, zu erkennen, woher Glaubenssätze der folgenden Art kommen: Das darf ich als spiritueller Mensch tun; das darf ich als spiritueller Mensch nicht tun, und so weiter. Dein Inneres Kind wäre in diesem Falle auch sicher wieder gerne bereit, dir Lösungen für die Heilung deines Seins zu eröffnen, damit die Anerkennung der Andersartigkeit möglich ist, was letztlich einer zunehmenden Toleranzfähigkeit sich selbst gegenüber entspricht und ein Ausdruck von Liebe ist. Wenn es also um die Kommunikation mit den Engeln geht, ist es wichtig, auf dich selbst zu hören und für dich den Weg zu wählen, der für dich stimmig ist, dich bestätigt und das Vertrauen in dich stärkt.

Die Engel sind, wie nun schon mehrfach gesagt, immer und überall dazu bereit, mit dir in den Austausch zu gehen. Selbst wenn du dich bei ihnen über verschiedene Dinge in deinem Leben „beschwerst", werden sie weiterhin gerne bereit sein, mit dir und für dich da zu sein, dir zuzuhören und dir zu antworten. Ich betone dieses hier noch einmal, weil ich mich an eine Seminarteilnehmerin erinnere, die ganz verunsichert war, ob die Erzengel ihr nun „böse" sein würden, weil sie in letzter Zeit so viel geschimpft und sich bei ihnen über Verschiedenes beschwert hätte. Nein, das sind sie bestimmt nicht, denn Engel haben sehr viel Geduld und viel Humor!

Luzi & Co

Vielen von uns ist die Geschichte von Luzifer, dessen Name Lichtbringer bedeutet, vertraut.

Er hat sich, aus Liebe zur Quelle allen Seins, bereit erklärt, in die Dunkelheit zu gehen, um uns Menschen das Spiel der nicht geheilten Dualität zu ermöglichen. Ohne die Dunkelheit hätte sich das Licht nicht erfahren können, und umgekehrt natürlich genauso. In dieser Zeit geht es für uns Menschen um die Heilung der Dualität, wozu es ein Gleichgewicht der Kräfte in jedem Einzelnen von uns benötigt. Alles, was ich in mir trage, ist auch im Außen. Das bedeutet auch, nicht mehr zu glauben, dass es eine böse Macht außerhalb von mir geben könnte, die mir schadet. Wenn mir etwas begegnet, das mich ängstigt, verunsichert, bedroht, manipuliert und Ähnliches mehr, dann ist es eine Projektion meines eigenen inneren Wesens. Du weißt, dass alles, was dir begegnet, eine Antwort auf das ist, was du aussendest. Deshalb fordert die Geistige Welt uns immer wieder auf, unsere eigenen Anteile zu uns zurückzuholen, in unser Herz, in unsere Liebe. Dadurch ist Heilung möglich und Lebensumstände verändern sich.

In manchen Seminaren oder Büchern wird dieses „Integration der Schatten" oder „Rückholen von Inkarnationsaspekten" genannt. Alles, was dir dient, um die Einheit, die du bist, mit Allem-was-ist zu erkennen und „verlorene" Energien ins Hier und Jetzt zurückzubringen, fördert die Harmonie in einem ganzheitlichen Sinne in deinem Sein. Das macht es dir möglich, dich mit deinen Wurzeln wieder zu verbinden, unabhängig davon, ob diese auf der Erde oder irgendwo im Kosmos sind. Immer wieder gilt es für uns, zu üben, außerhalb von Wertung zu sein.

Das, was ich im vorherigen Kapitel bereits zur Gleichwertigkeit von Menschen und ihre Qualitäten gesagt habe, bezieht sich auf sämtliche Bereiche: Kein Sternzeichen, kein Planeteneinfluss, kein Sternenweg beispielsweise ist besser oder schlechter als ein anderes bzw. ein anderer. Alle Sternzeichen, alle Planeten, alle Sternenebenen sind in dir, alles solltest du entwickeln, nicht immer im gleichen Ausmaß, aber doch so, dass alle Kräfte in dir frei wirken können. So fügen sich alle Qualitäten und Energien zu einem einmaligen Zusammenspiel in dir. Das ist ein Ausdruck geheilter Dualität. Und so sind auch dunkle Wesen ein Teil von uns und in uns und damit unsere Brüder und Schwestern. Wenn wir uns vor der Dunkelheit fürchten, fürchten wir uns vor uns selbst. Luzifer wird als gefallener Engel bezeichnet, aber in einem gewissen Sinne sind wir das alle, denn es bedeutet nichts anders, als das eigene Licht, den göttlichen Ursprung, vergessen zu haben und auf der Suche nach ihm zu sein. Wie viel suchen wir noch immer? Was ist mit unserer (Sehn)Sucht nach der Quelle allen Seins?

Jedes Suchtverhalten ist ein Ausdruck des tiefen Wunsches nach der Vereinigung mit Vater-Mutter-Gott, da wir glauben, von ihm getrennt zu sein, eben weil wir immer wieder übersehen, das wir göttliche Wesen sind. Alkohol-, Spiel-, Sex- und Drogensucht sind relativ offensichtlich, Ess-, Fernseh- und Kaufsüchte auch. Doch es gibt noch mehr davon, beispielsweise die Sucht nach Bewegung, nach Ablenkung, nach Vergnügen. Und wie sieht es aus, wenn wir ehrlich mit uns sind, mit der Sucht nach Bestätigung, nach Anerkennung, nach Berührung, nach Liebe oder der Kritik- und Bewertungssucht? Deshalb ist es so hilfreich, immer wieder ganz bewusst Dinge anders zu tun, als wir es gewohnt sind, etwas Neues auszuprobieren, denn nur so erkennen wir unsere Automatismen, von denen wir uns abhängig gemacht haben. Alles, was wir glauben zu brauchen, gleicht einer Sucht: unser eigener Raum, unser Frühstückskaffee, unsere Ruhe, unser fixes Einkommen, unser Auto vor der Tür, unsere bestimmte Ernährungsform, kein Fleisch oder viel Fleisch zu essen usw. Das bedeutet nicht, dass du all das nicht haben sollst und darfst. Es geht nur darum zu erkennen, ob du es aus der Freiheit heraus lebst oder aus einer Abhängigkeit.

- Was ist, wenn du keinen Frühstückskaffee bekommst? Bist du dann schlecht gelaunt? Das ist Abhängigkeit.
- Was ist, wenn es bei einem Abendessen kein vegetarisches Menü gibt und du kein Fleisch essen möchtest? Ärgerst du dich dann still und heimlich oder vielleicht auch laut und offensichtlich? Das ist Abhängigkeit.
- Was ist, wenn du heute ohne Auto auskommen musst, weil es eine Panne hatte? Kannst du den Tag dennoch genießen und fröhlich sein? Das ist Freiheit!

Verstehst du den Unterschied? Wann immer wir uns an unseren göttlichen Ursprung erinnern und ihn leben, sind wir frei. Wann immer wir das vergessen, machen wir uns von etwas oder jemandem abhängig. Dabei folgen wir dann nicht mehr dem göttlichen Licht unseres Herzens, sondern unserem Verstand, unseren Erfahrungen, Verletzungen etc. Wir nutzen und leben in so einem Fall weder unseren freien Willen noch unsere freie Wahl, sondern bewegen uns nur mehr in den Illusionen der nicht geheilten Dualität.

Und wenn ich mir die oben genannten Punkte näher betrachte und die Liste für mich persönlich noch erweitere, muss ich gestehen, dass ich noch einige Abhängigkeiten zu lösen habe, wenngleich es sicher im Laufe der Jahre schon weniger geworden sind.

Vielleicht kannst du jetzt leichter erkennen und annehmen, wie häufig wir selbst noch gefallene Engelchen sind? Wie oft wir selbst, während unseres alltäglichen Lebens, immer wieder unsere göttliche Herkunft, unsere Engelgegenwart vergessen?

Die Geschichte von Luzifer ist unsere eigene, und wir wiederholen sie ständig aufs Neue. Verstehst du, was ich damit meine? Wenn Heilung in uns ist, ist Heilung auch im Außen. Diese Heilung gleicht einem liebevollen Annehmen unserer nicht-geliebten Seiten und Aspekte. Wenn du Eigenschaften und Qualitäten an dir entdeckst, die du nicht so gerne magst, dann hab dich auch dafür lieb und bewerte dich bitte nicht. Nimm dich für diese Erkenntnis in den Arm und den Teil, den du erkannt hast und dich selbst in der Gesamtheit, die du bist, ebenfalls. Tue es wirklich. Erlaube dir, nicht so streng mit dir selbst zu sein, sondern begegne dir mehr und mehr mit Verständnis und Mitgefühl. Liebe heilt!

Die vier Erzengel – Raphael, Gabriel, Michael, Uriel – und die Kraft der Elemente

Wenn in diesem Buch von Elementen die Rede ist, so sind damit Erde, Luft, Wasser und Feuer gemeint. Auch hier trifft die Aussage „wie innen, so außen" zu, das heißt, dass die Element-kräfte nicht nur außerhalb von uns wirken, sondern auch in uns sind. Deshalb können wir davon ausgehen, dass, wenn Erde, Luft, Wasser und Feuer in uns in der Ausgewogenheit sind und harmonisch miteinander wirken, wir uns in uns wohl fühlen und in unserer Mitte sind.

Dabei gehen wir weiter davon aus, dass durch das Gleich-gewicht der vier Kräfte ein fünftes Element geboren wird. Häufig bezeichnet man es als Glaube, als Äther oder als Liebe. Der Mensch, der Erde, Luft, Wasser und Feuer in sich vereint hat, wird selbst zum fünften Element, als Ausdruck der Einheit zwi-schen Himmel und Erde, zwischen Geist und Materie.

Es gibt unterschiedliche Möglichkeiten, um diese vier Kräf-te in uns auszugleichen. Grundsätzlich ist es auch in diesem Zusammenhang wichtig zu erkennen und anzunehmen, dass sie alle vier gleichwertig sind und sich ergänzen, nicht ersetzen oder gegeneinander wirken. Das würden sie nur tun, wenn sie nicht in Harmonie miteinander bzw. innerhalb eines (menschli-chen) Systems wären.

Die vier Erzengel Raphael, Gabriel, Michael und Uriel wer-den den vier Elementen Erde, Luft, Wasser und Feuer zuge-ordnet. Das heißt, dass du durch und über den Kontakt mit die-sen Engeln die Elemente in dir ausgleichen kannst, wenn du möchtest. Bitte lass dich nicht irritieren, falls „meine" Zuordnung der Elemente und der Erzengel nicht mit jenen übereinstimmen sollte, die du bisher gehört hast. Ich habe dir schon gesagt, dass Systeme und Einteilungen von uns Menschen erschaffen wur-den und immer relativ sind. Während meiner Schulungen, die ich im Laufe der Jahre erfahren habe, hat sich dieses Modell für mich herauskristallisiert und ist sozusagen hängen geblieben. Es hat sich für mich bewährt und meine Wahrnehmung ist darauf ausgerichtet. (Daran kannst du erneut erkennen, dass auch jede Wahrnehmung relativ ist, denn sie hängt von den persönlichen Prägungen und Lehren ab, die ein Mensch durchlaufen hat.) Du hast nun die Freiheit, selbst für dich zu wählen, welche Zuordnung von Engeln und Elementen du für dich nutzen möchtest. An dieser Stelle bitte ich dich einfach, dich für den Moment von deinen Vorstellungen zu lösen, um dich unvoreingenommen auf die nächsten Seiten einlassen zu können, damit du sie mit deinem Herzen verstehen kannst. Dadurch hältst du dich nämlich nicht an den Begriffen und Einteilungen fest, sondern kannst versuchen, die Essenz hinter den Worten zu erkennen. Das hilft dir im Anschluss daran zu wählen, was du mit der Information tun möchtest. So hast du dann die Möglichkeit, das, was dir wichtig erscheint, auf dein Modell zu übertragen und es zu integrieren. Oder du übernimmst die neue Form der Einteilung von Engeln und Elementen (falls es für dich überhaupt eine ungewohnte sein sollte) und probierst einfach aus, was dir mehr entspricht, denn du kannst es jederzeit wieder verändern. Den vier Engeln ist es egal, ihre Kräfte wirken dennoch, und sie stehen dir auch unabhängig von der Zuordnung der Elemente für deine Wünsche zur Verfügung. Und dem Ziel, um das es geht, nämlich die Ausgeglichenheit und Harmonisierung der Elementkräfte in dir, ist es auch egal, ob du deinen Weg von links zu gehen begonnen hast, oder von rechts, Hauptsache, du kommst an.

Falls dir die Frage nun auf der Zunge liegen sollte, warum es dann überhaupt sinnvoll ist, Engel und Elemente miteinander zu verbinden und einzuteilen, möchte ich dich auf ein späteres Kapitel vertrösten. Im Moment geht es mir nur darum, dir zu sagen, dass du dich selbst entscheiden kannst, welche Zuordnung dir stimmig erscheint. Ich stelle dir hier lediglich eine

Möglichkeit dafür vor. Da die Erzengel Raphael, Gabriel, Michael und Uriel den Elementen, die es auf der Erde gibt, zugeordnet werden, ist meine Beobachtung, dass diese Engel vor allen Dingen dann gut wirken können, wenn es um die Materie innerhalb unserer Körper und um „erdnahe" Angelegenheiten handelt, wofür du auf den folgenden Seiten immer wieder Anregungen und Beispiele finden wirst. Diese sollen dir als Impulse dienen, damit du dein Wissen dann durch dein eigenes tätiges Tun erweitern kannst.

Nun möchte ich dir Näheres über die einzelnen Erzengel erzählen und lade dich ein, weiter mit mir in die Energie der einzelnen Erzengel und „ihrer" Elemente einzutauchen.

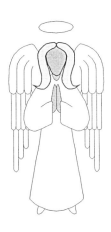

Raphael
Das grüne Licht der Heilung

Raphael dient dem grünen Strahl (laut der Sieben-Strahlen-Lehre, nach der die Geistige Welt eingeteilt werden kann. Falls du darüber mehr wissen möchtest, empfehle ich dir das Buch von Claire Avalon *Wesen und Wirken der Weißen Bruderschaft*, Smaragd Verlag).

Dieser grüne Strahl steht für Heilung, Wahrheit und Erkenntnis. Das Element, das Raphael zugeordnet wird, ist die Erde. Deshalb wirkt seine Energie, laut meiner Erfahrung, besonders ausgleichend und harmonisierend bei physischen Disharmonien jeglicher Art. Weiterhin fördert Raphael Wohlergehen in allen Körpern. Sein Licht ist für mich sehr sanft. Das ist auch einer der Gründe, warum ich ihn vor allen Dingen für Kinder, Tiere und Pflanzen so gerne einlade, wenn diese himmlische Unterstützung benötigen sollten.

Wie du bereits weißt und wie ich an dieser Stelle ganz allgemein noch einmal wiederholen möchte, ist der Kontakt zu den Engeln einfach. Sie sind immer und überall für dich da. Eigentlich reicht ein Gedanke aus, um mit ihnen verbunden zu sein und ihnen unsere Anliegen und Bitten zu übergeben. Wenn du willst, kannst du dir dafür aber auch mehr Zeit nehmen und den Austausch mit ihnen bewusst gestalten.

Dazu gehst du bitte, so wie du es bereits öfters gehört hast, mit deiner Aufmerksamkeit in dein Herz. Es ist ein Ort der Begegnung, den du zuerst selbst betrittst. Dann lädst du den Engel, mit dem du dich austauschen möchtest, in unserem Falle ist dieses Raphael, zu dir in dein Herz ein. Du erlaubst dir wahrzunehmen, wie er Raum nimmt. Nun kannst du ihm Fragen stellen, ihm zuhören oder einfach deine Wünsche vorlegen und ihn bitten, sie für dich, im Sinne der Liebe für alle Beteiligten, zu lösen.

Beispielsweise kannst du Raphael fragen, was er dir für Vorschläge machen möchte, wenn es um die Heilung diverser Disharmonien deines physischen Körpers geht. Was brauchst du oder ein anderer Mensch in der Gesamtheit deines oder seines Seins, damit eine ganzheitliche, vollständige und dauerhafte Heilung eintreten kann? Was kannst du für dich oder für einen anderen, oder was kann der andere Mensch selbst für sich tun? Du wirst dazu Antworten erhalten. Vertraue bitte wieder deiner Wahrnehmung! Und manches Mal sagt Raphael dir vielleicht auch, dass es für dich nichts zu tun gibt, dass du eine Situation, eine Disharmonie einfach sein lassen, sie einfach annehmen solltest, wie sie ist, weil das Heilung schneller ermöglicht als alles andere gut gemeinte Tun. In der liebenden Einheit mit deinem Herzen wirst du die Antwort der Engel auf jeden Fall klar und deutlich verstehen.

Raphael fördert auch die Liebe zur Natur, zur Erde, zum Leben und zur Schöpfung. Er hilft dir beispielsweise, den Kontakt zu den Naturwesen zu vertiefen, wenn du das gerne möchtest. Er lehrt dich, einen liebevollen Umgang mit der Materie in jeder Hinsicht zu entwickeln und zu pflegen. Er unterstützt einen harmonischen Fluss der Energien in deinen Körpern, was Auswirkungen auf alle Bereiche deines Lebens hat. So ist beispielsweise ein ausgeglichener Geldfluss auch eine mögliche Folge davon. Raphael zeigt uns den Reichtum der Natur, die Üppigkeit und Vielfalt von Gaia als Hinweis darauf, dass wir dadurch unsere Aufmerksamkeit auf ein Bewusstsein der Fülle lenken können und sollten. Alles, was wir benötigen, um glücklich und zufrieden zu sein, ist jederzeit in uns und um uns. Es gibt von allem genug, wenn wir bereit sind, uns dafür zu öffnen und es anzunehmen und auch wieder ziehen zu lassen. Durch den Austausch mit Raphael wächst in uns eine tiefe (Lebens)Weisheit und Erkenntnis über Hintergründe und Zusammenhänge. Raphael möchte dich begleiten, um dich zu unterstützen zu erkennen, was dir wirklich gut tut, was dich ausgleicht, harmonisiert und dir Heilung schenkt.

Wenn du gerne mit Steinen arbeitest, so kannst du mit Hilfe eines Malachits die Verbindung zu Raphael vertiefen. Zu Edelsteinen möchte ich an dieser Stelle allgemein sagen, dass du dich immer intuitiv zu jenen Steinen führen lassen kannst, die mit dir, im Zusammenhang mit deinem entsprechenden Anliegen, wirken möchten.

Vor deiner ersten Zusammenarbeit mit dem gewählten Stein solltest du ihn mit fließendem Wasser oder energetisch, beispielsweise mit Hilfe von Erzengel Gabriel, reinigen. Im Anschluss daran kannst du ihn seiner Bestimmung übergeben. In der später folgenden Meditation mit den vier Elementen und Erzengeln werden wir gemeinsam Engelsteine programmieren. Unabhängig von der Meditationsübung kannst du in der Folge einzelne Edelsteine auf diese oder ähnliche Art und Weise mit der jeweiligen Engelenergie in Verbindung bringen. Die Steine kannst du bei dir tragen, in deinen Lebensräumen verteilen oder sie auch an andere Menschen, Tiere oder Pflanzen weitergeben, um ihnen so die entsprechende Engelqualität zur Seite zu stellen. Wenn du möchtest, kannst du dir jetzt schon einen Malachit für dich besorgen und ihn reinigen. Während du die Botschaften von Raphael liest, halte den Stein in deinen Händen und nimm dabei wahr, wie die Energie der Worte in ihn einfließt und somit das Wesen von Raphael beginnt, in dem Stein Raum zu nehmen.

Begegnung mit Gaia

Wir sind Raphael. Erlaube bitte, dass wir uns dir nähern in der Liebe, die eine Mutter für ihr Kind empfindet. Wir möchten dich einladen, uns zu folgen. Wir möchten dich einladen, uns in

*ein Bild von einem wundervollen Garten zu folgen. In diesem
wachsen viele, viele Pflanzen, und hier ist die Fülle der Natur
für dich da. Bitte erlaube dir, die Pracht der Pflanzen wahrzunehmen, erlaube dir die Üppigkeit des Lebens wahrzunehmen.
Und erkenne, geliebtes Kind des Lichtes, dass all dieses jetzt
nur für dich blüht und ist. Du, als Menschenkind dieser Erde,
bist es wert, in einem so schönen, erfüllten Garten zu sein, der
in diesem Augenblick nur für dich wächst. Erlaube dir bitte, dieses Geschenk der Erde für dich anzunehmen, erlaube dir, die
Schönheit, die dich umgibt, wahrzunehmen und erlaube dir, darin deine eigene wiederzuerkennen.*

*Nun möchten wir dich durch diesen Garten begleiten und
führen dich zu einem Haus, das dort steht. Erlaube dir bitte, mit
uns bei diesem Haus zu sein, erlaube dir, es wahrzunehmen.
Es ist ein Haus, das einladend auf dich wirkt, das dir Geborgenheit und Gemütlichkeit vermittelt. Und wir möchten dich näher zu
ihm führen, und erlaube dir wahrzunehmen, dass die Türen des
Hauses weit offen sind. Es heißt dich willkommen und bittet dich
einzutreten. Und das möchten wir nun gemeinsam mit dir tun.*

*Das Innere des Hauses ist erfüllt von Düften, die dein Herz
berühren, die es weiten und öffnen.*

*Erlaube dir wahrzunehmen, dass du von einer Wesenheit
bereits erwartet und begrüßt wirst. Dieses Wesen ist Gaia, es
ist die Erde, die dich herzlich und liebevoll empfängt. Die Erde
kann viele Formen und Ausdrucksweisen annehmen, und so
wandelt sie ihre Gestalt mehrmals, bis sie ein Erscheinungsbild
annimmt, das dir gefällt, wodurch es für dich leicht ist, mit ihr in
die Kommunikation und in die Begegnung zu treten. Erde kann
dir nun als junge Frau, als kleines Mädchen oder als weise Alte
gegenüberstehen, so wie du möchtest.*

*Gaia ist hier, um dich willkommen zu heißen. Sie lächelt
dich an und öffnet ihre Arme, um dich zu umarmen. Dabei vermittelt sie dir, dass sie dich liebt, so wie du bist. Sie liebt alle*

deine Körper und alle deine Ebenen, alle deine Qualitäten und Eigenschaften, alle deine Stärken und Schwächen. Gaia sagt Ja zu dir und nimmt dich an so, wie du bist. Sie ist dir wie eine Mutter.

Wir, Raphael, begleiten dich heute zu ihr, um dir zu erlauben, dich von ihr in den Armen wiegen zu lassen. Dabei singt sie dir leise die sanften Lieder ihrer Mütterlichkeit ins Ohr. Das tut sie, damit du Heilung findest in dir von all den Verletzungen, die du noch in dir trägst von den Erdenwegen, die du hier gegangen bist, und damit du Heimat findest in dir. Gaia liebt dich, und Gaia hält dich in der Gesamtheit, die du bist, in ihrem Arm.

Wir, Raphael, lassen nun das grüne Licht der Heilung in die Begegnung mit Gaia einfließen. Wir, Raphael, sagen dir, dass du eins bist mit der Kraft, die Gaia ist, dass du eins bist mit der Liebe, die Gaia ist, dass du eins bist mit der Mutter, die Gaia ist. Erlaube dir bitte, das grüne Licht der Heilung wahrzunehmen, anzunehmen. Erlaube dir bitte, dass das grüne Licht der Heilung durch deine Körper fließt und unterstütze dieses durch deinen bewussten Atem. Erlaube bitte einfach, dass Heilung ist im Hier und Jetzt!, damit ein tieferes Verständnis der Liebe zwischen dir und Gaia in dir Raum nehmen kann.

Erlaube dir bitte, die Liebe von Gaia anzunehmen, erlaube dir, dich von ihr berühren zu lassen, und vor allen Dingen schenke die Zuneigung der Erde jetzt deinem Inneren Kind, auf dass sich dein Inneres Kind in der Liebe der Erde badet, damit das Gefühl von Willkommen und Geliebtsein in ihm wachsen kann. Und wir, Raphael, geben unser grünes Licht der Heilung mit hinzu, damit dein Inneres Kind das Geschenk der Erde annimmt und erkennt, dass es wahrhaftig so ist, dass es geliebt wird. Dadurch wirst du wahrnehmen, dass viele Sorgen, die du dir über deine äußeren Kinder machst, abfließen, sich einfach auflösen und nicht mehr sind. Denn du hast sie hiermit Gaia übergeben, und Gaia nimmt sie in ihre Liebe auf im Hier und

Jetzt. Wir, Raphael, und unser grünes Licht der Heilung nähren, tragen und unterstützen dieses.

Das grüne Licht der Heilung steht für Hoffnung. Und damit ist kein passives Abwarten gemeint, Hoffnung ist etwas Aktives. Es ist die Bereitschaft, dein Herz erneut zu öffnen, um scheinbar Unmögliches möglich zu machen. Wir möchten dich bitten, dass du, wo auch immer du in deinem Leben deine Hoffnung verloren hast, wo auch immer du nicht mehr an Veränderung, an Heilung, an Liebe, an Frieden, an Freude glauben kannst, dir jetzt erlaubst, dass das grüne Licht der Heilung einströmen darf. Erlaube dir wahrzunehmen, dass dadurch neue Hoffnung zu wachsen beginnt, zuerst wie ein kleines, zartes Pflänzchen, das allerdings rasch größer und kraftvoller wird. So gibst du deinem gesamten Leben wieder die Möglichkeit, zu dem zu werden, was du als tiefe Sehnsucht in deinem Herzen trägst. So sind wir, Raphael, das Licht, das dir sagt, dass du geliebt bist, und zwar immer, egal wie du selbst dich gerade siehst und empfindest. Und wir sagen, dass du eins bist mit Gaia und dass es immer einen Grund für (neue) Hoffnung gibt. Wann immer du möchtest, sind wir da in der Verbindung mit dem grünen Licht der Heilung, um dir Hoffnung zu schenken, wenn du sie benötigen solltest. Und erlaube dir, in deinem alltäglichen Leben, wo auch immer du das Gefühl hast, nicht weiterzuwissen, zu erkennen, dass wir da sind, mit dir und durch dich, sodass neues Lebens wieder wachsen und du einen neuen Schritt setzen kannst.

Bitte erlaube dir zu atmen, um anzunehmen und aufzunehmen die Liebe, die Berührung, die Einheit, die Gaia mit dir ist, und auch das grüne Licht der Heilung, das wir sind, und das dich begleitet. Heilung ist in dir im Hier und Jetzt. Und Hoffnung. Und Neubeginn. Wir, Raphael, und unser grünes Licht der Heilung sind allezeit mit dir. Sei gesegnet. Amen.

Bewusstseinsräume

Sei gesegnet, geliebtes Kind der Erde, im Namen des grünen Lichtes der Heilung. Wir sind Raphael und nehmen Raum, um dich zu berühren. Wir laden dich ein, eine für dich bequeme Haltung einzunehmen. Und erlaube dir zu erkennen, dass die Emanationen unseres Seins sich hinter dich begeben, um ihre lichten Hände auf dein Herz zu legen, auf dass die grüne Energie, die wir sind, darüber einströmen kann und Begegnung ist.

Erlaube dir bitte zu atmen und spüre die Anwesenheit der Engel und den Fluss der Energien durch dein Sein. Erlaube dir bitte wahrzunehmen, wie das grüne Licht der Heilung durch deine Körper, durch deine Zellen, Ebene für Ebene, fließt, um dich an dein heiles Sein, das du als göttliches Wesen bist, zu erinnern. Erlaube dir wahrzunehmen, dass dadurch mehr und mehr Entspannung in der Gesamtheit, die du bist, ist.

Wir sind heute hier, um dich zu unterstützen, deinem physischen Körper in dieser Zeit der Veränderung immer wieder Hilfestellung zu geben, um die Energien, die auf ihn einwirken, leichter annehmen und integrieren zu können. Erlaube dir wahrzunehmen, dass sich das Bewusstsein der Menschen sehr schnell entwickelt und dein physischer Körper mehr als genug damit beschäftigt ist, ja, häufig sogar ein wenig überfordert, die Erweiterungen in der Materie zu verankern. Dein Körper verändert seine Schwingung, er wird durchlässiger in dieser Zeit, so könntest du es bezeichnen. Das grüne Licht, in der Verbindung, die wir Raphael sind, begleitet ihn dabei und unterstützt ihn, sodass es zu weniger Disharmonien führen wird. Dein Körper leistet im Moment sehr viel, und wir möchten dich einladen, im Hier und Jetzt dieses anzuerkennen und ihm dafür deinen Dank auszusprechen.

Bitte erlaube dir, jetzt mit deiner Aufmerksamkeit ganz in und bei deinem physischen Körper zu sein und das grüne Licht, das

wir sind, wahrzunehmen, wie es durch deinen Körper strömt.
Nun laden wir dich ein, dich bewusst mit deiner Lunge zu
verbinden. Erlaube dir wahrzunehmen, dass es kein Zufall ist,
dass so viele Menschen seit so vielen Wochen[*] *immer wieder*
mit ihren Bronchien beschäftigt sind, um immer neuere Wege
zu finden, ihren Husten zu heilen, worüber wir dir mehr erzählen
möchten:

Zum einen ist der Husten eine Form der Kommunikation, so
könntest du es bezeichnen, um Dinge auszusprechen, die dir
am Herzen liegen und für die du sonst keine Worte findest bzw.
finden kannst. So drückst du Schmerz und Wut über deinen
Husten aus. Bitte erkenne, dass dieses deshalb jetzt vermehrt
zum Ausdruck kommt, weil wir in einer Zeit der Heilung sind.
Das weißt du bereits, und alles, was noch zu lösen ist, in und
über den emotionalen Körper, findet jetzt einen Weg, um sich
letztendlich zu heilen. Dein physischer Körper hilft dabei mit,
und somit ist der Husten eigentlich ein Ausdruck, der emotiona-
le Heilung unterstützt.

Gleichzeitig weißt du auch, dass es in diesen Wochen und
Monaten der Linearität verstärkt um das Thema Partnerschaft
geht (dazu findest du in einem späteren Kapitel über Chamuel
noch weitere Informationen, Anm. Ava). *Deine Lunge steht auf*
der physischen Ebene mit diesem Thema in Verbindung. Deine
Lungen haben auch eine direkte Verbindung zu deinem Herzen
und zu deinen Herzensangelegenheiten. Und so möchten wir
dich jetzt einladen, das grüne Licht der Heilung, das wir sind,
ganz bewusst deinen Lungen zur Verfügung zu stellen, und
erlaube dir wahrzunehmen, wie sie sich dadurch sanft weiten.
Mit jedem deiner Atemzüge, mit jeder Dehnung deines Brust-
und Lungenbereiches, schaffst du neue Räume, und auch dazu
möchten wir dir mehr erzählen.

* Frühjahr 2005

Bitte erkenne, dass alle Räume, die dich umgeben, nichts anderes sind als Reflexionen deiner inneren Räume. Jeder Raum ist wie eine Bewusstseinsebene in dir. Selbst jede Zelle deines physischen Körpers ist wie ein Raum, und dazu möchten wir dir nun verschiedene Beispiele und Anregungen für das Wirken mit deinen inneren und in der Folge mit deinen äußeren Räumen geben. Dein Herz, das Zentrum deines Herzens, ist die Einheit mit Allem-was-ist, ist bedingungslose Liebe, ist heiles eine Sein, ist eins mit der Erde und eins mit deiner Seele. Diese Ebene ist für uns ein zentraler Raum in deinem Sein, ein Bewusstsein, das du durch deine Entscheidung und deine Ausrichtung betreten kannst. Wenn du möchtest, kannst du dir deinen Herzensraum grün oder auch golden vorstellen. Jegliche Energie, die in diesem Universum ist, seien es die Flammen der Aufgestiegenen Meister, die Christusliebe und Ähnliches, ruht in diesem Herzensraum. Durch das Betreten dieses Raumes kannst du dich mit jeder dieser Energien verbinden und sie lenken und leiten, wofür auch immer du dieses möchtest. Bitte erlaube, dass diese inneren Räume, von denen wir sprechen, außerhalb von Zeit und Raum sind. Es sind, wie gesagt, Bewusstseinsebenen in dir, die sich auch gegenseitig durchdringen und die den äußeren Raum erschaffen, der, wie du sicher weißt, eine Illusion ist. Er ist lediglich eine Manifestation, die veränderlich ist. Dieser Herzensraum ist wie ein zentrales Bewusstsein in dir. Und wenn du so möchtest, dann gehen von diesem Raum viele Türen aus. Wenn du sie durchschreitest, führen sie dich in neue, weitere Räume von früheren Inkarnationserfahrungen, deiner Zukunft oder aber auch einzelnen Zellen deines physischen Körpers.

Falls du einen deiner Räume betreten möchtest, kannst du ihn dir wirklich wie ein Zimmer vorstellen, das du einrichten und gestalten kannst, so wie es dir, in diesem Zusammenhang, gefällt. Du kannst deine inneren Räume betreten, wenn du dich in dir nicht wohl fühlst, um zu erkennen und zu verändern. Du kannst deine inneren Räume betreten, um zu wachsen und zu lernen und die gewonnenen Eindrücke im Hier und Jetzt zu nutzen.

Wir sprachen davon, dass sich deine äußeren Räume aus diesen inneren formen. Bitte erlaube dir zu erkennen, dass die Räume, in denen du lebst, so wie sie gestaltet sind, etwas über dich und dein inneres Sein ausdrücken. Deshalb ist es so wichtig, deine äußeren Dinge immer wieder zu betrachten, zu sehen, ob sie dir noch dienen, und bei Bedarf auszuräumen, loszulassen und zu verschenken. Wenn du im Außen Platz machst, schaffst du im Inneren den Raum für neues Bewusstsein. Du kannst in dir einen neuen Raum eröffnen und diesen mit den Energien füllen, die deinem Wesen im Hier und Jetzt dienen, und somit verändert sich auch Raum im Außen. Erkennst du das Wechselspiel? Veränderung im äußeren Raum ist Veränderung in den inneren Räumen und umgekehrt.

Doch wir möchten dich einladen, mit uns in deinem Herzensraum zu verweilen. Und über den Raum deines Herzens bitten wir dich, nun mit uns durch eine Türe zu schreiten. Durch diese kommst du in den Raum deiner Lunge deines physischen Körpers. Nimm bitte wahr, wie dieser Raum sich dir zeigt. Wie ist er gestaltet? Fühlst du dich wohl in ihm, oder hast du das Bedürfnis, etwas zu verändern, zu erneuern oder aufzufrischen? Bitte wisse, dass du klare Bilder sehen kannst, doch nicht musst, denn auch das Fühlen, oder nur Symbole oder Farben, sind Formen der Kommunikation und übermitteln Botschaften. So erlaube dir, den Raum deiner Lunge so wahrzunehmen, wie es dir entspricht, und wisse, dass es in vollkommener Ordnung ist. Deine Wahrnehmung ist in vollkommener Ordnung, so wie sie ist. Ja, das ist sie! Bitte begreife, dass du mit deinen unterschiedlichen Körpern eine Einheit bist, das heißt, dass dir dein mentales Sein hilft, deine Aufmerksamkeit auf etwas zu lenken, beispielsweise auf den Raum deiner physischen Lunge. Dein emotionales Sein vermittelt dir Bilder, Düfte, Farben oder andere Formen der Wahrnehmung dazu, und dein physischer Körper ist eine Manifestation dessen. Verstehst du, was wir damit meinen? Wenn du in der Materie verändern möchtest, benötigst du die Zusammenarbeit deiner emotionalen und mentalen Ebenen in dir, und deshalb ist es hilfreich, die entsprechenden Räume zu betreten, denn in den Räumen wirken alle diese Seinsebenen zusammen.

Du bist also nun mit uns im Raum deiner Lunge. Nun folge deinen Impulsen weiter. Wie ist der Raum jetzt? Bist du mit ihm zufrieden? Fühlst du dich wohl? Oder möchtest du etwas verändern? Eine Energie einladen, beispielsweise, die ihn erhellt oder Ähnliches? Tue es bitte. Schaffe dir einen Raum deiner physischen Lunge, der für dich stimmig ist, und ein Raum des Wohlfühlens, der Entspannung, der Liebe, der Harmonie, der Freude und des Friedens ist. Wenn du mit dem Raum deiner Lunge zufrieden bist, möchten wir dich einladen, es mit den folgenden oder ähnlichen Worten zu bestätigen: „Im Namen des ICH BIN ist dieses nun der Raum meiner Lunge zum Wohle aller meiner Seinsebenen. Mögen Harmonie und Ausgeglichenheit allezeit in mir und durch mich wirken. Amen."

Dann erlaube dir bitte, den neuen Raum ganz bewusst in dich aufzunehmen, ihn anzunehmen und willkommen zu heißen. Dann verlasse ihn wieder, schließe die Türe hinter dir, und über deinen Herzensraum, in den du auf diese Art und Weise zurückgekehrt bist, sei wieder im Hier und Jetzt.

Vielleicht verspürst du nun auch den Impuls, in einem deiner äußeren Räume etwas zu verändern. Dann erlaube dir bitte, es umzusetzen, auch wenn du keinen direkten Zusammenhang zu der Veränderung deines inneren Raumes erkennen kannst. Und wisse: Das Wirken in deinen inneren Räumen unterstützt dich bei der Heilung von physischen Disharmonien. Doch es kann dir auch helfen, wenn es um emotionale Belastungen geht. In diesem Falle würdest du aus deinem Herzensraum heraus einfach durch die Türe schreiten, die dich in jenen inneren Raum führt, der an der Erschaffung deines äußeren Spannungsfeldes mitgewirkt hat. Erkenne, dass du für alles, was du bist, einen Raum gestalten kannst: für deine Körper, für deine Chakren, für dein Selbst in der Fünften Dimension, für die liebende Partnerin, die du sein möchtest, für den geduldigen Vater, der du sein willst, für die Heilung deiner Erkältung, für dein geheiltes Inneres Kind, und so weiter.

Gestalte in dir, und dann nimmt es im Außen Form an. Bitte erlaube, dass wir, Raphael, dir allezeit dienen, um diese Räume zu entdecken, zu betreten, zu gestalten, zu verändern und mit dir gemeinsam in die äußere Erschaffung zu bringen. Und bitte, auch dieses ist eine Frage des Bewusstseins. Wenn du als Schöpfer, der du bist, dich dafür entscheidest, dass etwas ist, dann ist es! Verstehst du, was wir meinen?

Wisse, dass wir dich gerne weiterhin unterrichten und lehren, wenn du mehr über Raum innerhalb und außerhalb der Linearität erfahren möchtest. Wir danken dir für deine Bereitschaft des Zuhörens. Erschaffe Räume der Heilung in dir, erschaffe Räume der Liebe in dir, erschaffe Räume des Friedens in dir, und so wirst du immer mehr zu Heilung, zu Liebe und zu Frieden, und so manifestieren sich Heilung und Liebe und Frieden auch für andere in deinem Umfeld und auf dieser Erde. Wir lieben dich und lassen das grüne Licht der Heilung und der Erkenntnis allezeit durch dich wirken, wann auch immer du dieses möchtest und erlaubst. Sei gesegnet. Wir sind Raphael. Amen.

Andere Wesen und der Austausch mit ihnen

Wir sind Raphael, sei gesegnet im Lichte der Wahrheit und der Erkenntnis. Sei gesegnet im Namen der Quelle allen Seins und des grünen Strahls. Bitte atme tief und bewusst und stelle dir dabei vor, wie grünes Licht dich umgibt, dich einhüllt, dich durchströmt, um dich zu weiten, um dich zu entspannen. Bitte erlaube dir, mit deiner Aufmerksamkeit zu und in dein Herz zu gehen und wahrzunehmen, wie das grüne Licht dein Herz sanft berührt, sodass all deine Ängste und Sorgen, dein Schmerz und dein Kummer sich nun im grünen Licht der Heilung lösen dürfen, auf dass du frei und bereit sein kannst, im Hier und Jetzt in die Begegnung zu gehen mit uns, die wir Raphael sind.

Falls es dir schwer fallen sollte, dich für dich selbst, für andere Menschen, Tiere, Pflanzen und Wesen zu öffnen, kannst du einen Wassermelonenturmalin über einen längeren Zeitraum auf der Ebene deines Herzens bei dir tragen. Er strahlt in dich ein, um dich zu unterstützen, auf dass die Bereitschaft, dich auf jemanden oder etwas einzulassen, in dir wächst, weil dabei und dadurch beispielsweise Ängste, nicht zu genügen oder zurückgewiesen werden zu können, aufgelöst werden.

Und wir möchten dich einladen, deine Augen zu öffnen und dein Leben zu betrachten und gemeinsam mit uns zu sehen, welche Menschen, welche Pflanzen, welche Tiere, welche Formen des Lebens um dich sind. Bitte erkenne dabei unter anderem, dass du immer Teil einer Gemeinschaft bist. Die Menschen, die Tiere, die Pflanzen und andere Lebensformen, die dich umgeben, sind Geschenke der Quelle allen Seins an dich. Alle diese Wesen dienen dir dabei, Sorge tragen zu lernen letztendlich für dich selbst und für die Gesamtheit der Schöpfung.

Die Kinder, die mit dir auf dieser Erde sind, sind dir dabei eine wunderbare Hilfe, und wir möchten dich bewusst einladen, die Kinder, die in deinem Leben sind und die dir im Laufe des

Tages begegnen, genau wahrzunehmen. Lasse dich auf die Kinder ein, und erkenne, dass das ein Lächeln, ein Blick in die Augen sein kann oder auch die gemeinsame Zeit, die du mit ihnen verbringst, in der du mit ihnen einfach bist, spielst oder sie auch lehrst. Bitte erkenne, dass diese Öffnung für die äußeren Kinder eine Öffnung für das Leben, eine Öffnung für dich selbst, eine Öffnung für dein eigenes Inneres Kind ist. Bitte lasse dich auch auf ähnliche Art und Weise auf Pflanzen und Tiere ein, egal ob sie mit dir deinen Wohnraum teilen, bei deinen Freunden oder Bekannten leben, oder ob du sie beim Spaziergang in der freien Natur entdeckst. Öffne in diesem Zusammenhang einfach dein Herz, lass die Liebe, die du bist, fließen, und so gehe in den Kontakt und in die Begegnung. So wirst du auch Antworten erhalten, häufig in Form von Liebe, denn wenn du sie fließen lässt und sie aussendest, kehrt sie zu dir zurück. Das Leben, das rund um dich ist, die Wesen um dich, – alles wartet auf die Begegnung mit dir. Und du sehnst dich auch danach. Durch den Austausch, durch das Einlassen auf das Leben, auf Menschen, Tiere und Pflanzen, wird sich deine Sichtweise zu vielen Dingen verändern. Beispielsweise wirst du dabei erfahren, dass du niemals allein bist. Das Gefühl von Einsamkeit und Isolation löst sich auf. Das fördert die Harmonisierung all deiner Körper und deines Lebens.

Wir möchten dich nun einladen, innezuhalten und dir des grünen Lichtes gewahr zu werden, das dich immer noch begleitet, umhüllt und durchströmt. Erlaube dir, in dein Herz zu gehen und es ganz weit und offen werden zu lassen.

Nun bitten wir dich, die Menschen, Tiere und Pflanzen zu betrachten, die dir nahe sind, auch wenn sie im Augenblick nicht physisch anwesend sein sollten. Uns geht es darum, dass du mehr und mehr die Einheit mit all diesen Wesen wahrnimmst, und so laden wir dich ein, das feine Netz aus Energie, Farbe, Licht und Klang zu sehen, das sie umgibt. Und du musst das, *was du siehst, jetzt nicht mit deinem Kopf verstehen, du brauchst nichts zu analysieren und einzuordnen. Erlaube dir einfach, es wahrzunehmen.*

Und nun bitte erkenne, dass auch du von farbigen und klingenden Energien und Licht umgeben bist und siehe, wie dein Energiefeld im permanenten Austausch, in der Berührung, im Tanz der Farben und der Klänge ist mit den feinstofflichen Feldern der Menschen, Tiere und Pflanzen, die mit dir sind. Es ist uns wichtig, deine Wahrnehmung zu erweitern, damit du erkennst, dass du immer ein Teil eines Größeren bist. Dass du dich, auch wenn du es mental nicht bewusst steuerst und lenkst, mit und durch deine Feinstofflichkeit, die du bist und die dich umgibt, schon längst im Austausch und in der Kommunikation mit anderem Leben befindest.

Wir möchten dich in diesem Moment dazu einladen, dieses nicht nur zu wissen (denn wir wissen, dass du weißt), sondern es zu erfahren, es zu erleben, es zu sehen, zu fühlen, es einfach wahrzunehmen! Deshalb bitten wir dich, dir deines Energiefeldes und das der Wesen, die mit dir sind, als auch des Austausches, der ist, gewahr zu sein. Du bist immer Teil einer Gemeinschaft. Du bist niemals allein! Du bist immer Einheit mit dem Leben, das du bist und das dich umgibt.

Und so bitte erkenne, dass auch der Austausch mit Engeln, Meistern, Naturwesen und anderen feinstofflichen Geschwistern und Welten auf diese Weise stattfindet. Wenn du deine Aufmerksamkeit darauf legen willst, um es zu erfahren, ist es nur so, als ob du einen anderen Raum betreten würdest. Die unterschiedlichen Dimensionen, Welten und Reiche, die sind, durchdringen sich, und wenn du möchtest, kannst du dir vorstellen, dass es Räume in Räumen sind, ähnlich der russischen Piroschka, die du vielleicht kennst, der Puppe in der Puppe.

Die dreidimensionale Ebene, die wir nun gemeinsam mit dir betreten haben, indem wir dich baten, dir der Menschen, der

Tiere und der Pflanzen bewusst zu werden, die dich umgeben, würde in diesem Bild der äußersten und größten Puppe entsprechen. Du stellst dich auf sie ein, lenkst deine Aufmerksamkeit darauf, das heißt, du wirst dir der Menschen, Tiere und Pflanzen gewahr, und indem du dich auf ihre Energiefelder fokussierst, siehst du auch den Energiefluss, der zwischen euch ist.

Wenn du dich nun mit den Engeln auf ähnliche Art und Weise austauschen möchtest, laden wir dich jetzt ein, deine Ausrichtung zu verändern. In dem Bild mit den Puppen würde dieses bedeuten, dass du beginnst, sie zu öffnen und nebeneinander zu stellen. Vielleicht ist die vierte der Raum, in dem sich die Engel befinden? Dann könntest du sie in deine Hände nehmen und genau betrachten. Das heißt, du würdest dich mit deiner mentalen Ausrichtung und deiner Aufmerksamkeit auf den Raum der Engel einstellen. Nun erlaube dir erneut wahrzunehmen: Welche Engelenergien erfüllen den Raum? Wobei der Begriff Raum hier relativ ist, denn du bestimmst, wie groß dieser Raum ist. Das heißt, du kannst dich dafür entscheiden, mit diesem Wort nun das Zimmer zu bezeichnen, in dem du bist, oder die gesamte Stadt, in der du dich aufhältst, oder das gesamte Universum, in dem du dich befindest. Je nachdem, was du damit meinst, und das ist deine freie Wahl!, wird sich deine Wahrnehmung auf dieses Gebiet ausrichten.

Wir möchten dir empfehlen, anfangs, bis du Sicherheit in deiner Wahrnehmung hast, den Raum nicht zu groß zu wählen, denn es ist zu Beginn leichter, in kleineren Umfeldern klar zu erkennen. Auf die gleiche Art und Weise, wie wir dich baten, das Spiel von Licht, Farbe und Klang, das Menschen, Tiere und Pflanzen umgibt, zu betrachten, kannst du dieses bei und mit den Engelwesen tun.

Erlaube dir im Raum der Engel zu sein und wahrzunehmen, welche Engelenergien darin wirken, und den Tanz der Farben und des Klanges, der die Engel umgibt. Richte dich wieder so auf dich und dein Energiefeld aus und erkenne, dass auch zwischen dir und den Feldern der Engel, die in dem von dir gewählten Raum, den du betrachtest, ein Austausch ist, Kommunikation und Begegnung ist. Bitte erkenne, dass dieses Thema sowohl komplex, als auch sehr einfach ist. Erkenne die Dualität darin. Und wir hoffen, dass du verstehst, was wir meinen.

Wir möchten erneut betonen, dass es uns um die Erweiterung deiner Wahrnehmung geht und du erkennst, dass du immer und überall im Fluss der Energien und ein Teil einer Gemeinschaft bist, und wir möchten dich ermutigen zu erkennen, dass es unendliche viele Räume gibt und du dich nur dafür entscheiden brauchst, welchen du betreten möchtest. Und so möchten wir dich einladen, dieses in der liebenden Einheit mit deinem Herzen zu tun, sodass du unter der Führung deiner Seele geleitet wirst. So bist du frei und außerhalb der Wertung, was auch immer du in den einzelnen Räumen wahrnimmst. Mache dir bitte bewusst, dass du anderen so begegnen solltest, egal in welchem Raum sie sich befinden, wie du dir wünschst, dass andere auf dich zukommen, um sich auf dich einzulassen: voller Respekt, Liebe, Frieden, Achtsamkeit und Behutsamkeit. Doch wie gesagt, unter der Führung deines Herzens geschieht dieses ohnehin. Bitte nimm wahr, wie sich alle Räume durchdringen und so ein ständiger Austausch von unterschiedlichen Energien ist, und wie viele Wesen dich im Hier und Jetzt begleiten, sowohl feinstoffliche Freunde als auch Menschen, Tiere und Pflanzen. Sie alle teilen mit dir Raum. Dieses geschieht außerhalb von Zeit, und deshalb gibt es in den Räumen keine Entfernung, die dich von irgendjemandem trennen könnte. Berührung und Austausch ist daher im Jetzt möglich. Wir, Raphael, bitten dich, die Angst vor der Begegnung ganz im Allgemeinen abzulegen. Dadurch kannst du heilen, denn Disharmonie ist häufig ein Ausdruck vom Eindruck, getrennt zu sein. Wir, Raphael, sagen dir, dass du niemals getrennt bist. So bitte erlaube dir, deinen physischen Körper zu *berühren und erkenne, wie wunderbar er ist. Bitte berühre heute Pflanzen, Tiere und Menschen in deiner Umgebung, in deinem Leben, bewusst, behutsam und voller Achtsamkeit. Das kann eine liebevolle Geste sein, ein freundlicher Blick oder ein nettes Wort. Und auch diese Form der Berührung ist wunderbar.*

Wir laden dich ein, dich erneut als Teil eines großen Ganzen zu betrachten und zu erfahren. Erkenne bitte, dass du dir, durch die Zuwendung zu anderen, letztendlich selbst Gutes tust. Dadurch lernst du dich auch selbst besser kennen, denn alles, was dir im Außen begegnet, ist ja ein Teil von dir. Somit möchten wir dich einladen, deine Augen mehr dafür zu öffnen, was du anderen Wesen Gutes tun, mit welcher Liebe und Fürsorge du ihnen heute begegnen kannst. Wir bitten dich, dieses nicht aus einer Abhängigkeit heraus zu tun, um scheinbar selbstlos und gut zu sein, weil du glaubst, dass du dadurch etwas zurückbekommen würdest, oder dich dazu verpflichtet fühlst, oder weil du Angst hast, etwas oder jemanden zu verlieren oder kein guter Mensch zu sein – bitte sei in diesem Zusammenhang ehrlich mit dir. Wenn du schenkst, tue es bitte frei und ohne Erwartung.

Es geht uns bei unserer Bitte und Einladung, in die Begegnung zu gehen, darum, das andere Wesen so anzunehmen, wie es ist, dich auf es einzulassen, wie es ist, ohne Vorurteile oder Erwartungshaltungen. Denn so lernst du es und in der Folge auch dich wirklich kennen und lebst aus deinem Herzen und nicht aus deinem Kopf.

Bitte erkenne, dass wir dabei nicht von Selbstaufopferung oder Selbstaufgabe sprechen, denn auch in diesem Falle würdest du nicht aus deinem Herzen handeln, sondern aus einer emotionalen Verletzung heraus. Wenn du dich aus und mit deinem Herzen für ein anderes Wesen öffnest und in diesem Zusammenhang darauf achtest, was ihm gut tut und es unterstützt, dieses zu leben, bleibst du für dich selbst immer im Gleichgewicht der Energien. Du erfährst keinen Mangel und verlierst keine Kraft.

Aus dem Herzen leben und so in den Kontakt, in die Berührung, in den Austausch zu gehen, bedeutet für dich dabei, in deiner Mitte und vollkommen genährt und satt zu sein. Wenn du dieses immer wieder für dich überprüfst, erkennst du sehr schnell und leicht, ob du dem Weg deines Herzens oder, wie wir vorher sagten, dem deines Kopfes oder deiner Verletzung folgst.

So möchten wir dich bitten, dich einzulassen auf das, was ist, und auf die Wesen, die mit dir sind. Erlaube dir, dich aus der Freiheit deines Herzens heraus um das Leben, um die Wesen, um die Schöpfung zu kümmern, damit es und sie wachsen können, wie es ihrem tiefsten inneren Kern entspricht. So förderst du die Liebe zu dir selbst und die Liebe zum Nächsten in gleichem Maße. Bitte erlaube dir zu verstehen, und bitte erlaube dir, es auszuprobieren!

Somit wird diese Erde ein Ort der gegenseitigen Fürsorge und des Miteinanders, der er sein kann für alle Wesen. Das grüne Licht begleitet dich dabei, wenn du möchtest. Wir, Raphael, unterstützen dich allezeit. Erlaube dir zu sein. Sei gesegnet. Amen.

Im Lichte des grünen Strahls

Wir sind Raphael. Wir grüßen dich, wir segnen dich, geliebtes Kind dieser Erde.

Bitte erlaube dir wahrzunehmen, dass unser grünes Licht der Heilung und der Erkenntnis zu dir strömt, um dich zu berühren, um dich sanft zu weiten, um den harmonischen Fluss von Energien in dir zu fördern im Hier und Jetzt. Wir bitten dich, bewusst zu atmen und dir unserer Präsenz gewahr zu sein und das grüne Licht, das nun durch und um dich ist, zu genießen. Alles, was dich bedrückt, was dich beschäftigt, bewegt und sorgt, wird von diesem grünen Licht durchdrungen. So ist

Ausdehnung in deinem Sein, Auflösung von Belastungen, und Leichtigkeit nimmt Raum.

Wir möchten dich erneut einladen, liebevoll auf deinen physischen Körper und seine Bedürfnisse zu achten. Seine Schwingung hat sich bereits verändert und dir ist vielleicht aufgefallen, dass gewisse Substanzen der Heilung, die du Medikamente nennst, nicht mehr so wirken wie früher. Dadurch wirst du aufgefordert, vermehrt in die Kommunikation mit deinem eigenen Sein in der Gesamtheit, die du bist, einzutreten, und auch neue Wege einer ganzheitlichen Heilkunde zu beschreiten. Wir möchten dich bitten, auch zu erkennen, dass die Erhöhung des Sauerstoffes in deinen Zellen dir in dieser Zeit dient, um dich der Schwingungserhöhung der Erde immer wieder anzugleichen. Dadurch nimmt auch die Lichtfrequenz in deinen Zellen zu, was eine wundervolle Vorbereitung auf das ist, was du Lichtnahrung nennst. Wir bitten dich deshalb auch darauf zu achten, dass du genügend trinkst und deinen Körper immer wieder ausreichend bewegst, selbst wenn es sanfte und langsame Bewegungsformen sind. Bitte erlaube dir, die Nahrung, die du zu dir nimmst, immer wieder zu segnen, denn dadurch findet ebenfalls ein Ausgleich der Energien statt, sodass sie für dich leichter bekömmlich ist und du deinem Körper auf für dich optimale Art und Weise das zur Verfügung stellst, was ihm gut tut, ihn stärkt und nährt.

Erlaube dir bitte, das grüne Licht, das um dich ist, nun in dir wirken zu lassen. Dazu verbinde dich mit einer deiner Zellen deines physischen Körpers und stelle dir vor, wie sie von dem grünen Licht vollkommen erfüllt und durchdrungen wird. Sei bei deiner Aufmerksamkeit ganz bei dieser einen Zelle und nimm wahr, wie das grüne Licht in diese Zelle strömt. Mit jedem Ein- und Ausatmen fließt das grüne Licht weiter in die Zelle ein, und so wird sie sanft geweitet und gedehnt. Erlaube dir wahrzunehmen, wie die Lichtfrequenz sich erhöht und wie die eine Zelle zu leuchten und zu strahlen beginnt. Sie pulsiert. Sie prickelt ähnlich wie Champagner. Sie füllt sich mit Leben. Sie nimmt alles über das grüne Licht auf, was ihr jetzt gut tut, was sie benötigt, um ihren Plan in Vollkommenheit und in göttlicher Harmonie erfüllen zu können.

Und nun nimm wahr, wie diese eine Zelle zu lächeln beginnt. Sie ist glücklich. Sie ist zufrieden. Sie ist rund und satt sozusagen. Diese eine Zelle möchte nun ihr Wohlfühlen mit anderen teilen, und so beginnen die Zellen um diese Zelle ebenso zu leuchten und zu strahlen, zu pulsieren und zu prickeln. Und sie beginnen zu lächeln und sind glücklich. Und diese Zellen geben dieses wiederum an andere Zellen weiter, bis dein ganzer Körper leuchtet und strahlt, pulsiert und prickelt. Dein gesamter Körper lächelt nun, ist glücklich und zufrieden, sodass eine vollkommene göttliche Harmonie in ihm zu wachsen beginnt, was du Gesundheit nennst.

Bitte sei mit deiner Aufmerksamkeit ganz bei dir in deinem Körper. Merkst du, dass sich deine Körperwahrnehmung, und vielleicht auch deine Einstellung zu deinem Körper, dadurch verändert hat? Durch diese kleine Übung, so möchten wir es nennen, erhöht sich die Zellschwingung in deinem gesamten System und fördert das Zuhausesein und das Wohlfühlen in deinem Körper. Wir möchten dich einladen, sie in dieser Zeit der Wandlung und des Übergangs sooft wie möglich für dich durchzuführen. Wenn du dich eingesperrt fühlst in deinem physischen Sein, wenn Disharmonien in deinem Körper sind oder auch Spannungen, weil du vielleicht den Eindruck hast, dass du dein Potenzial, das du bist, nicht frei in der Materie leben kannst, so erlaube dir, durch die Erhöhung deiner Zellschwingung Ausgleich in dir zu schaffen. Mache diese Übung, wenn du dich wie unter Strom spürst, wenn du ein starkes Drängen nach Neubeginn in dir wahrnimmst und den Eindruck hast, du kannst es nicht greifen, nicht kanalisieren, nicht umsetzen. Bit-

te erkenne, dass wir, Raphael, dir in der Verbindung mit dem grünen Licht dienen, damit Heilung in dir ist, und wisse, dass Heilung viel mit Weite, mit Annahmefähigkeit und Integration zu tun hat. Dein Körper ist ein wundervolles Gefäß, und wir sind hier, um dir behilflich zu sein, diese Hülle zu gestalten, damit sich dein göttliches Sein darin und darüber vollkommen ausdrücken kann, sodass du dieses Leben hier auf der Erde in Freude, Leichtigkeit und Liebe erfährst, wenn du möchtest. Bitte erlaube dir auch wahrzunehmen, dass das grüne Licht, das sich nun in allen Zellen deines physischen Körpers so wunderbar ausgedehnt, sie zum Leuchten und Strahlen gebracht hat, sich auch in deinen anderen Körpern ausbreitet. Somit ist das Pulsieren deiner Zellen weiter getragen worden und berührt und erfüllt nun ebenso die Zellen deiner feinstofflichen Körper, sodass du in der Gesamtheit, die du bist, ein sanftes und fröhliches und leichtes Prickeln feststellen kannst.

Erlaube dir bitte zu atmen und diese Wahrnehmung oder dieses Wissen einfach zu genießen im Hier und Jetzt. Alle deine Zellen lächeln nun, alle sind glücklich und zufrieden. Alle deine Zellen fühlen sich wohl, satt und rund. Dieses Ausdehnen des grünen Lichtes in dir ist eine wundervolle Möglichkeit, letztendlich all deinen Körpern Danke zu sagen und sie zu segnen, und somit schenkst du ihnen die nötige Unterstützung für diese Zeit.

Bitte erinnere dich daran, wir sagten schon öfters, dass jede Zelle ihren eigenen Traum träumt. Wenn alle diese Träume deiner Zellen auf eine harmonische Art und Weise ineinanderfließen, träumen sie einen großen gemeinsamen Traum.

Du als Mensch bist mit der Aufgabe, die sich deine Seele für dieses Leben vorgenommen hat, im Großen wie die Zelle im Kleinen, die ihren Traum träumt. Wenn alle Menschen das leben, was ihre Seelen sich vorgenommen haben, dann ergibt das den einen gemeinsamen Traum, der Aufstieg in die Fünfte

Dimension, die „Zeitalter des Friedens" oder „Neuer Morgen" genannt wird. Bitte erkenne, dass eine Zelle ihren ursprünglichen Traum vergessen haben kann. Deshalb sind wir und viele andere Geschwister dieses Universums hier, um sie wieder daran zu erinnern. Auch darin kannst du die Parallele zu den Menschenkindern erkennen, nicht wahr?

Die Berührung mit dem grünen Licht, die wir mit dir gemeinsam und deinen Zellen machen durften, dient ihnen (und letztendlich dir), sich an ihre ursprünglichen Träume zu erinnern. Bitte erlaube dir zu erkennen, dass dich dein Körper unendlich liebt und wir dich einladen möchten, mit ihm in eine wahrhaftige Aussöhnung zu gehen, – im Hier und Jetzt durch und über die Kraft des grünen Strahls. Bitte vertraue deinem Körper, und bitte erkenne, dass er nicht gegen dich arbeitet, selbst wenn er etwas anderes tut, als du dir vorgestellt hast. Wisse, dass er dich in so einem Fall nur auf etwas aufmerksam macht, das sich mit dir noch versöhnen möchte.

Es ist uns ein großes Anliegen, dich dabei zu unterstützen, deine eigene göttliche Wahrheit zu erkennen, dich der Führung deines Herzens und deiner Seele anzuvertrauen. Der harmonische Fluss der Energien in der Gesamtheit, die du bist, ist eine Folge davon. So möchten wir dich an den Raum deines Herzens erinnern. Betrete ihn, sooft du möchtest. Dort findest du alle Antworten auf alle deine Fragen. Wir möchten dich anregen, dich zu entfalten, dich zu entwickeln, zu wachsen.

Wir verkörpern ein Bewusstsein der Fülle, und wir möchten dieses mit dir teilen, wenn du es erlaubst. Du kennst das Symbol des Füllhorns. Dieses möchten wir, in der Verbindung mit dem grünen Strahl, über dich ausschütten. Jetzt! Wir laden dich ein, all die Geschenke der Erde, des Lebens, der Schöpfung anzunehmen, die darin sind.

Erlaube dir bitte, bewusst und tief zu atmen und anzunehmen im Hier und Jetzt. Möge der innere Reichtum in dir sein, mögen Wohlfühlen und Harmonie in dir sein, möge das Bewusstsein der Fülle in dir sein! Mögen diese Kräfte von innen nach außen strömen und auch dort für dich und deine Lieben und für alle Menschen dieser Erde sichtbar sein. Wir sind Raphael, und wir begleiten dich, wann auch immer du möchtest, im Namen des grünen Strahls der Heilung. Sei gesegnet allezeit! Amen.

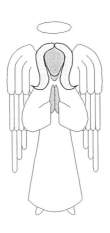

Gabriel
Die Leichtigkeit des Seins

Gabriel dient dem weißen Strahl der Klarheit und der Reinigung. Ihm wird das Element Luft zugeordnet. Sein Stein ist der Bergkristall, und wie vorher schon bei Raphael und dem Malachit erwähnt, kannst du dir einen Bergkristall wählen, der ein Gabriel-Engelkristall werden möchte. So könntest du ihn reinigen und ihn, während du die nächsten Kapitel liest, in deinen Händen halten und dir vorstellen, dass die Energie von Gabriel in ihn strömt, sich darin ausbreitet und von nun an in ihm ist.

Gabriel hilft dir, Dinge klar zu erkennen und um vieles leichter zu nehmen. Er arbeitet sehr gerne mit Elfen und Feenenergien zusammen, die ihm helfen, die Menschen wieder an die Leichtigkeit des Seins zu erinnern. Er steht dir zur Seite und unterstützt dich ganz allgemein dabei, wenn du deinen Kontakt mit feinstofflichen Geschwistern erweitern möchtest. Er hilft dir, ihre Antworten deutlicher zu verstehen. Weiterhin kannst du ihn einladen, dir beim Klären deines eigenen Systems behilflich zu sein, und das gilt für die physische, emotionale, mentale und spirituelle Ebene. Er unterstützt dich aber auch dabei, äußere Räume zu reinigen, neu auszurichten, Altes loszulassen und Neues willkommen zu heißen. Sein Symbol ist die weiße Lilie. Sie ist ein Zeichen der Reinheit und neutralisiert Energien. So könntest du beispielsweise in einem Handymast neben deinem Haus oder in eine Hochspannungsleitung in deiner Nähe in der Verbindung mit Gabriel und dem weißen Strahl auf energetische Art und Weise dort weiße Lilien hineinvisualisieren. Sie gleichen aus. Probiere es einfach aus!

Du kannst auch in Medikamente, falls du welche einnehmen musst, das Symbol der weißen Lilie hineingeben. Dadurch werden sie leichter aufgenommen und die Nebenwirkungen geringer. Bitte, auch in diesem Fall geht es um die Zusammenarbeit mit der Führung deines Herzens. Wenn dein Herz dir den Impuls gibt, die weiße Lilie irgendwo als Neutralisationszeichen zu nutzen, dann tue es.

Gabriel fördert deine Konzentrationsfähigkeit, unterstützt das Lernen und hilft dir, dich klar auszudrücken. Bei Erdheilungen hilft er, die Luft von Schadstoffen und Belastungen zu klären, wobei du wissen solltest, dass das Element Luft quasi für den Mentalkörper der Menschheit steht. Das heißt: Wenn wir unsere Gedanken reinigen und verändern, wird sich dieses dann in unseren Luftwerten widerspiegeln. Auch anhand dieses Beispiels kannst du erkennen, dass alles, was im Außen ist, den Ursprung und die letztendliche Lösung in uns hat. Doch nun möchte ich Gabriel selbst zu Wort kommen lassen.

Der Frühling in dir

Wir sind Gabriel. Segen und willkommen, geliebtes Kind des Lichtes. Erlaube dir bitte, bewusst zu atmen und dabei wahrzunehmen, wie weißes Licht in dich strömt, in dein Herz. Dieses weiße Licht beflügelt nun dein Herz und macht es leicht. Dieses ist unser Geschenk für dich, an diesem heutigen Tag. Wir möchten dich jetzt einladen, aus dem einströmenden Licht eine weiße Lilie in deinem Herzen zu formen. Erlaube dir bitte wahrzunehmen, wie sich der Duft dieser weißen Lilie in dir ausbreitet. Wir sprechen über diesen Duft nun zu dir. Denn es ist ein Duft, der Leichtigkeit, Befreiung und Klarheit bringt. Und so lasse den Duft der Lilie in dir ausdehnen, damit er all deine Seinsebenen erfrischt, erneuert und mit der Kraft des Frühlings belebt. Die Energie des Frühlings ist wie die Energie des neuen Morgens. So möchten wir dir in Sanftheit begegnen, sodass eine Freundschaft daraus erwachsen kann. Und weiter dehnt sich die Kraft des Frühlings über den Duft der Lilie in der Gesamtheit deines

Seins aus, sodass Frühling in dir ist, in jeder Zelle, die du bist. So laden wir dich erneut ein, all das, was du nicht mehr benötigst, all das, was dir nicht mehr dient, nun mit Hilfe deines Atems aus dir strömen zu lassen und den dadurch frei werdende Raum in dir mit der Energie des Frühlings zu erfüllen. Erlaube dir die Kraft des Frühlings für dich zu nutzen, denn es ist die Energie des Frühlings, die es ermöglicht, nach dem langen (Winter)Schlaf der Erde, der der Zeit des Vergessens der Menschen gleicht, Wachstum und Erwachen zurückzubringen. Auch die Menschen beginnen nun in dieser Zeit wieder zu erwachen, sie beginnen sich auszurichten, zu strecken, dem Licht entgegenzuwachsen. Bitte erkenne, dass der Frühling ein Symbol für dein Leben ist.

Das Licht, nach dem du dich sehnst und ausrichtest, ist die Quelle allen Seins, ist die Liebe Gottes, aus der du geboren bist und die du tief in deinem Herzen niemals verlassen hast. Deshalb ist auch durch alle Zeiten hindurch die Erinnerung an Vater-Mutter-Gott in dir gewesen, bis heute. Diese Erinnerung war auch die Motivation, die Energie, die dich bewegte, dich immer wieder zu öffnen, neu einzulassen, von vorne zu beginnen, dich zu entfalten. Sie drängte dich sozusagen, dich durch gewisse Schichten, die sogenannten Erfahrungen deines Lebens, hindurch zu entwickeln. Doch bitte erkenne in diesem Zusammenhang auch, dass, egal wie auch immer diese Erfahrungen gewesen sind, sie dich an deinem Wachstum nicht hindern konnten und können. So tief war und ist deine Erinnerung an die Quelle, und so groß ist deine Lebenskraft. So ist dein Leben wie eine Frühlingspflanze, die sich auch nicht beirren lässt und sich ausdehnt und wächst, bis sie die Erdoberfläche durchbrochen hat, und sie wird größer und größer, bis sie sich vollendet hat, um das zu sein, was sie ist. So bist auch du, du lässt dich nicht aufhalten, das zu sein, was du bist.

Der Same, den du als Frühlingsblume darstellst, wurde vor langer Zeit in dir gesät. Es ist dein göttliches Bewusstsein. Und, wie wir bereits sagten, konnten dich letztendlich alle deine Erfahrungen, die um dich waren, die sich angesammelt hatten, nicht daran hindern, zu wachsen. Was auch immer gewesen ist und heute noch wirkt, kann dich nicht aufhalten, das zu sein, was du in deinem tiefsten inneren Wesen bist. Erlaube dir bitte, deine große Kraft zu erkennen. Deshalb gefällt uns das Bild des Frühlings so sehr. So möchten wir dir hier und heute sagen, dass der Frühling in deinem Sein zurückgekehrt ist und immer noch zurückkehrt. Dabei möchten wir dich auch bitten, dich an deine Kraft des Neubeginns, der Erschaffung, zu erinnern, die unaufhaltsam und unendlich in dir ist. So bitten wir dich nun, innezuhalten, bewusst zu atmen, um dir gewahr zu sein, was du als göttliches Sein bist. Du bist Quelle allen Seins, und nichts aus deinem momentanen Leben, nichts von den Umständen unabhängig davon, wie auch immer sie gestaltet sind, wie du sie empfindest und wie du über sie denkst, kann dich daran hindern, zu wachsen und zu sein das, was du wirklich und wahrhaftig bist.

So sind wir Gabriel in der Kraft der Klarheit, in der Energie des Frühlings, hier, um dich einzuladen, dich in deinem alltäglichen Sein neu auszurichten. Wir bitten dich, die aufkeimende und öffnende Kraft des Frühlings in dir willkommen zu heißen und nicht darauf zu warten, dass der Frühling im Außen beginnt. Sei dein eigener Frühling! Immer und immer wieder. Und erlaube dir so neu zu erwachen, neu zu erblühen zu dem, was du bist. So hast du die Möglichkeit, dich jeden Tag deines Lebens neu zu entscheiden, und wir möchten dich bitten diese Fähigkeit zu nutzen, um dich dafür zu entscheiden, Frühling zu sein. Bitte erlaube dir dabei auch, zu erkennen, dass all deine Ebenen davon profitieren können. Dein physischer Körper wird sich verjüngen, dein emotionales Sein wir freudvoller und spielerischer, deine Gedanken werden leichter und dich nicht länger daran hindern wollen, das zu sein, was du bist. Und so erlaube bitte, dass die Kraft des Frühlings in dir ist. Lade ihn in dir ein und heiße ihn willkommen. Und so möchten wir dich durch unsere Berührung liebevoll auffordern, den Frühling nun in dir zu feiern. Beginne bitte, Frühling zu sein, um zu wachsen und dich zu dem zu entfalten, was du bist. Strecke dich zur Sonne empor, aus der du geboren bist. Und erkenne erneut, dass nichts und niemand dich daran hindern kann und könnte, dich zu entfalten, um das zu sein, was du als göttliches Wesen bist.

In diesem Sinne und in diesem Bewusstsein erlaube dir bitte, dein Leben neu zu betrachten. Erlaube dir, die Kraft des Frühlings zu nutzen, damit auch dort, in deinem Leben, Pflanzen wachsen können, wo bisher kein Boden dafür war. Du hast die Fähigkeit, die Qualität in dir, die dieses ermöglicht, und so heiße die Energie des Frühlings willkommen für eine Erleichterung und Erlichtung deines Seins und deines Lebens, um dich an dem Frühling, der du bist, zu erfreuen.

Wir sind Gabriel, und wir sind allezeit um dich. Möge das, was du bist, wachsen. Möge der Frühling, der du bist, in dir erblühen. Sei gesegnet. Amen.

Die Klarheit des Windes

Wir sind Gabriel. Wir grüßen dich, geliebtes Kind, das du uns bist. Wir grüßen dich, geliebte Schwester und geliebter Bruder. Erlaube dir wahrzunehmen, dass wir Raum nehmen, um dich zu berühren. Wir wehen sanft wie ein liebevoller Windhauch und hüllen dich ein in unserer Gegenwart.

Erlaube dir bitte nun, mit deiner Aufmerksamkeit in dein Herz zu gehen, denn in und aus deinem Herzen heraus kannst du klar erkennen. Wir sind der Wind der Erneuerung, der Befreiung und der Klarheit, und als solches stehen wir dir nun zur Verfügung.

Und nun möchten wir uns in deinem physischen Körper ausdehnen, Zelle für Zelle, wenn dieses für dich in der Ordnung ist.
Wir strömen mit der Kraft der Klärung und der Reinigung durch
deinen Körper, wir lösen Schlacken und Zellinformationen, die
du nicht mehr benötigst, und wandeln sie um in die E-nergie
von Leichtigkeit und Durchlässigkeit. So fließt das weiße Licht
der Reinigung durch deinen Körper. Dort, wo Disharmonie und
Verengung sind, bringen wir Weite und Klarheit, die Energie des
Neubeginns und die Erinnerung an dein göttliches Sein zurück.

So erlaube dir nun bitte wahrzunehmen, wie dein physischer Körper aufatmet, wie er leicht und licht ist. Wie er strahlt
und leuchtet. Und wir strömen und wirken weiter in deinem physischen Körper, während wir dich bitten, dass du gemeinsam
mit uns deine Aufmerksamkeit nun auf deinen Emotionalkörper
lenkst. Auch diesen möchten wir nun mit dem Wind der Befreiung durchströmen. Dabei lösen wir das, was belastet, was an
Schmerz und Verletzung dort noch beheimatet ist. Wir bringen
Freude, wir fördern Mut und Entschlossenheit, dich nicht beirren zu lassen, das zu sein, was du bist: göttliches Licht, göttliche Liebe. Wir lösen nun in der Sanftheit und in der Konzentration des weißen Strahls alle deine emotionalen Verengungen
und Verwirrungen aus dieser und aus früheren Inkarnationen.
Und nun nimm bitte wahr, wie auch dein emotionales Sein zu
leuchten und zu strahlen beginnt. Wie es leicht und licht ist. Und
während wir auch in deinem Emotionalfeld weiter wirken, mit
unserer Kraft der Klarheit, der Reinigung und der Ausrichtung,
erlaube dir bitte, deine Aufmerksamkeit erneut zu erweitern und
sie auf deinen Mentalkörper auszudehnen und wahrzunehmen,
wie wir den Wind, der wir sind, nutzen, um dort zu wirken und all
die einschränkenden und nicht-liebevollen Gedankenenergien
verwehen. Das heißt: Wir lösen sie auf in friedvolle und konstruktive Energien. So wird dein mentales Sein ganz weit und
durchlässig, ganz klar und voller Leichtigkeit.

Wir lassen das weiße Licht der Reinigung durch alle Schichten und in alle Ebenen deiner Körper strömen. Und je länger wir so durch dich fließen, umso strahlender und leuchtender wird die Gesamtheit, die du bist. Und erneut möchten wir dich bitten, deine Aufmerksamkeit zu verändern und sie auch deinem spirituellen Körper zu schenken. Auch in diesem Sein möchten wir unseren frischen Wind der Befreiung wirken lassen, sodass sich mögliche verengende Glaubenssätze transformieren, um Leichtigkeit und Freude zu sein. Klarheit, Reinheit, Neuausrichtung nehmen in dir Raum, in jedem Körper, in jeder Dimension, die du bist. Ja, erlaube dir bitte zu erkennen, dass du in verschiedenen Dimensionen gleichzeitig bist und selbst unterschiedliche in dir trägst.

Die Winde, die wir sind, wirbeln sanft. Wir bringen Lösung, wir schenken Transformation im Hier und Jetzt. Wir wandeln um in Klarheit und Licht. Das, was bleibt, ist göttliches Bewusstsein, dein ICH BIN, denn nichts anderes bist du. Und so erlaube dir bitte, dass wir uns ausdehnen und unser weißes Licht der Erneuerung und der Reinheit weiter in der Gesamtheit deines Wesens strömen lassen. Wir möchten dich bitten, bewusst zu atmen. Denn wisse, das, was wir als Wind sind und was uns der Wind ist, bist du und dein Atem und seine Kraft. So, wie wir als Wind Befreiung und Leichtigkeit bringen können, kannst du es mit deinem Atem tun, und so erlaube dir, ihn dafür zu nutzen.

Wir laden dich nun ein, bewusst und tief zu atmen, damit Weite in dir ist, damit Klarheit in dir ist, damit Reinigung in dir ist und Neubeginn. Und nun nimm bitte wahr, dass du selbst mehr und mehr beginnst, in einem klaren, strahlenden, weißen Licht zu leuchten und es zu sein. Alles, was gewesen ist, ist gewesen. Es zählt nicht mehr, denn es ist vorbei. Wir haben es gemeinsam mit dir befreit, geklärt, transformiert und gewandelt. Das, was zählt, im Hier und Jetzt, ist das Licht der Klarheit, das du bist, deine göttliche Essenz.

So möchten wir dich nun einladen, solange du willst, in der Stille zu sein und für dich selbst in deinem Inneren immer wieder ICH BIN, ICH BIN, ICH BIN zu wiederholen. Lasse diese Worte in dir wirken und nimm wahr und beobachte, was sie bewirken. Werde zu einem Widerhall ihres Klanges, und unser Wind hilft dir dabei. Und erfahre die tiefe Weisheit dieses ICH BIN in der Gesamtheit deines Seins. Jetzt!

Wir möchten dich bitten zu erkennen, dass dein göttliches Sein ein sehr kindliches Wesen und Bewusstsein ist, das heißt, ein sehr unschuldiger Ausdruck, ein Ausdruck der Reinheit. Je länger nun der Wind der Befreiung, der wir sind, durch dich wirken darf, umso leichter kehrt dieses kindliche Sein zu dir zurück. So wirst du auf eine dir sehr bewusste Art und Weise, erwachst du neu zum Sohn und zur Tochter der Quelle allen Seins, der bzw. die du bist. Wir möchten dich bitten, dass unser Wind der Klärung und der Lösung immer wieder durch dich wirken darf, damit du dir deiner göttlichen Herkunft gewahr werden kannst. Gleichzeitig sehen wir es als eine wundervolle Vorbereitung auf deine Aufgabe, über die wir noch genauer mit dir sprechen möchten, eine Lichtinsel zu sein und aufzubauen. Bitte erkenne auch, dass diese Übung, die Verbindung mit dem weißen Strahl und dem Wind der Klarheit, dir hilft, beispielsweise in Zeiten der Verwirrung diese aufzulösen und so in das Zentrum deiner Kraft, Gelassenheit und Ruhe zurückzukehren. Bitte erlaube dir, diese sooft wie möglich zu machen, um dich auf das auszurichten, was du bist: göttliches Bewusstsein. Dadurch löst du dich gleichzeitig ein Stück mehr aus dem kollektiven Feld, das du Morphogenetik nennst. Somit ist das ein wichtiger Schritt der Freiheit, denn so wirst du und kannst du beginnen, immer mehr das zu tun und zu sein, was du wahrhaftig bist. Du wirst nicht länger den Zuspielungen der nicht geheilten Dualität aus diesem Morphogenetischen Feld folgen und es auch nicht mehr mit ernähren. Dazu laden wir dich ein. Trete immer wieder heraus aus dem Kollektivbewusstsein „der alten Zeit" und beginne, du selbst zu sein, dein göttliches Wesen, und so formt sich der Neue Morgen.

Du weißt, dass der Bergkristall unser Stein ist. Wir laden dich ein, dich mit dem Wesen des Bergkristalls näher zu beschäftigen. Sein klares Licht soll dir ein Spiegel sein in diesen Zeiten der Veränderung, so dass du dich allezeit auf dein göttliches Wesen ausrichten kannst. Gleichzeitig hilft dir die Beschäftigung mit dem Bergkristall dabei, deine atlantischen Wissensspeicher in dir zu entdecken und sie zu aktivieren.

Bitte erkenne, dass vor allen Dingen auch in deinen Knochen dein atlantisches Erbe ruht. Und so wirken die Energie des Bergkristalls als auch der weiße Strahl, der wir sind, bei Disharmonien in diesem Bereich besonders gut. Doch wir lieben auch deine Knorpel, Sehnen und dein Lymphsystem auf eine besondere Art und Weise, erlaube dass wir dieses so bezeichnen, sodass wir jederzeit gerne bereit sind, dich bei der Harmonisierung der genannten Körperebenen zu unterstützen, wenn dir dieses ein Anliegen sein sollte. Wir danken dir für dein Sein!

Und nun nimm bitte wahr, dass du, in der Gesamtheit, die du bist, nun strahlst und Leichtigkeit, Neuausrichtung und Freude ist. In diesem Bewusstsein setze deinen Weg fort im Hier und Jetzt. Sei gesegnet in der Kraft der Klarheit, die wir Gabriel sind alle Zeit. Amen.

Sei eine Insel des Lichtes

Mache es dir bitte bequem und schließe deine Augen. Gehe nun bitte mit deiner Aufmerksamkeit ganz zu dir und in dich.

Erlaube dir zuerst wahrzunehmen, wie es deinen Körpern geht. Nimm dir einfach die Zeit, die du dazu benötigst. So begrüße Ebene für Ebene deiner Körper im Hier und Jetzt. Tue *dieses in der liebevollen Bereitschaft, dir selbst zu begegnen, und sei ein Beobachter deines eigenen Seins. Alles, was du in dir wahrnimmst, ist gut, ist in Ordnung. Es ist ein Teil von dir. Wenn du dir erlaubst, alles so anzunehmen, wie es ist, verändert es sich oft von selbst. Und so lasse jetzt bitte einfach alles sein.*

Nun bitten wir dich, ein paar tiefe Atemzüge zu tun und in dein Herz zu gehen. Nimm bitte dein Herz wieder als einen Ort der Geborgenheit, als einen Raum des Friedens, als einen Tempel der Liebe wahr. Erlaube dir bitte einzutreten, einzutauchen mit der Gesamtheit, die du bist, in diesen Ort in deinem Herzen. Aus dem Zentrum deines Herzens strömen dir unendlich viele Farben entgegen, leuchtend und strahlend, sanft und liebevoll. Und diese Farben beginnen sich in dir auszudehnen. Sie hüllen dich ein und nähren dich und alle deine Seinsebenen im Hier und Jetzt. Und somit erlaube dir und deinen Ebenen sich aufzutanken, sich zu erholen, denn über diese Farben fließt nun alles zu dir, was du benötigst.

Nun nimm bitte wahr, dass sich aus dem Zentrum deines Herzens ein sternenförmiges Lichtgefährt erhebt. Es pulsiert und leuchtet. Dieser Lichtstern gleicht einer Merkabah. Er öffnet sich, sodass du in sein Inneres eintreten kannst. Wir möchten dich bitten, dieses zu tun. Nachdem du eingetreten bist, schließt sich der Stern hinter dir wieder.

Dieser Lichtstern ist wie ein Gefährt, und so reist du nun mit ihm aus deinem Herzen über einen Lichtkanal hinauf in die Weiten dieses Universums. Dieses Sternengefährt weiß genau, wohin es dich bringen soll. Und so kannst du dich vollkommen entspannen und die Reise genießen. Siehe, dass das Licht des Sternes auch in seinem Inneren leuchtet und strahlt. Es pulsiert, und so erfüllt es auch dein Sein. Deine Körper und deine Zellen durchzieht eine sanfte, angenehme Vibration. Während du dieses wahrnimmst, fliegt der Stern auf sein Ziel zu. Er gleitet durch eine Wolke aus rosafarbenem Licht und landet auf einer Ebene, auf festem Boden, jenseits von Zeit und Raum. Dein Stern öffnet sich erneut, sodass du in Leichtigkeit aussteigen kannst. Du betrittst eine neue Welt mit Pflanzen, die du noch nie gesehen hast, und dennoch sind sie dir vertraut. Tiefer Friede ist an diesem Ort, und wir möchten dich jetzt einladen, dich an diesem Ort umzusehen. Und dabei erlaube dir, alles was du siehst und wahrnimmst mit deinem Herzen, mit Hilfe deines Atems in dich aufzunehmen. Dann wähle bitte einen Platz aus, an dem du dich niederlassen, hinsetzen und entspannen möchtest, um einfach zu sein. Erlaube dir erneut, bewusst und tief zu atmen und dir dabei der Weite deines Herzens gewahr zu sein, und nimmt wahr, wie eine lichte Gestalt vor dir erscheint und dich begrüßt:

Wir sind Gabriel, und wir segnen dich mit der Kraft der Klarheit, die wir sind. Wir senden aus das weiße Licht, um dein Sein zu berühren, denn es wichtig, dass du weißt, dass eine Zeit der Erkenntnis für dich nun begonnen hat. Dieser Ort, an den wir dich geführt haben, zu dem du in dem Lichtgefährt gebracht wurdest, ist eine Ebene, in der du gestalten kannst. Ein Bereich, in dem du Visionen erhalten als auch entwickeln kannst. Und wir möchten dich einladen, das, was wir Mitschöpferkraft nennen, zu erfahren und hier zu nutzen. Wenn du den Träumen deines Herzens folgen willst, ist es dabei wichtig zu beachten, dass dein Verstand ruht. Wir laden dich nun ein, jetzt die Energien dieser Ebene, dieses Ortes für dich zu nutzen, um aus deinem Herzen, mit und durch dein Herz deine Träume zu formen. Das geschieht ganz leicht, ganz einfach, fast wie von selbst. Dabei möchten wir dich bitten, die Gestaltung deiner Herzensträume deinem Herzen zu überlassen, nicht deinem mentalen Sein. So ist es möglich, dass sich die Wünsche deines Herzens als Lichtimpulse oder als Symbole darstellen und zeigen. Vertraue deinem Herzen! Es weiß jetzt, was zu tun ist, und gestaltet die-

ses. Dazu ist es in diesem Augenblick nicht erforderlich, auf der mentalen Ebene eine klare Vorstellung davon zu entwickeln, denn häufig stellt dieses eine Einschränkung und keine Hilfestellung dar.

So laden wir dich ein, geliebtes Menschenkind, zu erkennen, dass du als Seele hierher auf diese Erde gekommen bist, um ihren Wunsch, ihren Plan in die Materie zu bringen und zu erfüllen. Bitte erkenne, wenn du in deinem Herzen bist und den Impulsen deines Herzens folgst, jenseits deiner Gedanken, du ein tiefes Verständnis dieses Ausdrucks deiner Seele in dir erschaffst und gleichzeitig beginnst, Seele zu sein im Hier und Jetzt, in der Dritten Dimension. Es ist eine Zeit, in der die Stürme des Lebens um dich sind, um dich darauf aufmerksam zu machen, dass jeder dieser Winde letztendlich eine Illusion ist und das, was du als Seele bist, zeitlose Stille und zeitloser Friede ist. So möchten wir dich bitten und einladen zu erkennen, dass, je mehr die Stürme des Lebens wehen, umso besser du dieses für dich erkennen kannst. Erlaube uns, dieses so zu formulieren. Wir bitten dich, keine Furcht zu haben. Wir bitten dich, dass du dieses auch umsetzt im Bezug auf die Impulse deines Herzens, habe keine Furcht vor ihnen. Habe keine Furcht davor, was Seele ist, und was Seele und wie sich Seele hier in der Dritten Dimension auf dieser Erde ausdrücken möchte. Und wir möchten dich daran erinnern, dass du nicht nur ein Freund der Engel bist, sondern ein Kind der Engel. Alles, was in diesem Universum ist, ist ein Teil von dir, das weißt du. Deshalb möchten wir dich einladen, deine Fähigkeiten zu erkennen. Du hast die Möglichkeit, deine Flügel zu entfalten, dir Flügel wachsen zu lassen, um dich immer wieder aus dem Staub der Illusion zu erheben und zu deiner wahren Größe, die du als göttliches Sein bist, emporzusteigen. So ist es eine Aufforderung, so ist es unser Wunsch, so ist es unsere Bitte, dass du in diesen Wochen und Monaten, die jetzt sind und folgen werden, dir immer wieder dieser Flügel bewusst wirst und sie nutzt, um dich zu erheben. Bitte erkenne, dass dir diese Flügel auch dienen, um dich aus deinen emotionalen Befindlichkeiten zu erheben, um dich aus den Wahrnehmungen deiner physischen Disharmonien zu erheben, um dich aus den endlosen Gedankenkreisen deines mentalen Seins zu erheben. Nutze deine Flügel, die dir gegeben sind. Mache dir bitte bewusst, dass dieses Erheben und Dich-erkennen in deiner wahren Gestalt wichtig ist, um das, was Lichtinseln, erlaube den Begriff, genannt wird, zu kreieren. Es ist Zeit, dass diese Lichtinseln geboren werden. Jeder von euch ist eine Lichtinsel, trägt dieses Potenzial in sich. Indem du dich zu deiner wahren Größe erhebst, sagst du Ja dazu, eine Lichtinsel zu sein. Somit kannst du in der Folge beginnen, sie im Außen zu formen, dort, wo du lebst, in deinem Zimmer, in deiner Wohnung, in deinem Haus. Du hast dich einst als Seele, bevor du in diese Inkarnation gekommen bist, bereit erklärt, in dieser Zeit des Umbruchs Lichtinsel zu sein und eine Lichtinsel für andere zu errichten.

Heute sind wir gekommen, um dich daran zu erinnern, dass es Zeit ist, dieses umzusetzen. Es braucht Lichtinseln in den nächsten Monaten, in den nächsten Jahren. Dieses sind Orte des Bewusstseins, Orte der Begegnung, Orte des Friedens, Orte der Liebe, Orte der Heilung, Orte der Erkenntnis. Dieses sind Inseln, die außerhalb der Illusion des Getrenntseins existieren. Dieses sind Inseln, die wichtig sind, damit Menschen, Tiere und Pflanzen und andere Wesen zu euch kommen können, damit ihr sie unterstützt in der Zeit der Wandlung und des Neubeginns. Und so möchten wir sagen: Bitte, öffnet eure Herzen, öffnet eure Türen, öffnet eure Häuser für jene, die euer Licht, eure Weisheit, eure Liebe, euren Frieden, euer Bewusstsein und eure Erkenntnis benötigen. Wir, Gabriel, und unsere Emanationen stehen dir dabei zur Seite, wenn es darum geht, diese Lichtinseln zu kreieren. Wir dienen dir, um diese zu erschaffen, hab erneut keine Furcht. Wir sind die Kraft, die verkündet, die Botschaften aus den unterschiedlichsten Dimensionen bringt, und so sind wir hier, um dich zu bitten, dich zu deiner wahren Größe zu erheben. Sei die Lichtinsel, die du bist, und erschaffe sie im Außen nach deinem inneren Ebenbild. Dieses ist wichtig, denn es bringt Stabilität in die Entwicklung, die du Aufstieg nennst. Ihr alle seid, du bist aufgerufen, hinauszugehen und dich zu zeigen als das, was du bist. Es ist keine Zeit mehr, sich unter der Bettdecke oder im eigenen Zimmer zu verstecken. Es ist keine Zeit mehr, sich hinter Ausreden, Traurigkeit, Ängsten und Zweifeln zu verstecken.

Bitte erlaube dir wahrzunehmen, dass dein Bewusstsein sich erweitert, und bitte erkenne, dass es bei diesem Aufstieg in die Fünfte Dimension um die Erde und ihre Entwicklung in der Gesamtheit geht, nicht um ein einzelnes Wesen. Deshalb bist du aufgerufen, deinen Platz einzunehmen für alle Wesen, die sind, sodass Evolution stattfindet.

Wir möchten dir wieder das Bild der weißen Taube ans Herz legen. Der Aufstieg in die Fünfte Dimension gleicht dem Flug dieser Taube. Diese Taube fliegt bereits. Jeder Mensch auf dieser Erde ist ein Teil dieser Taube, denn sie bildet sich aus der Gemeinschaft der Menschen, aller Menschen dieser Erde. Damit diese Taube in den Weiten des gesamten Universums sichtbar wird, ist es wichtig, dass jeder Einzelne von euch den Platz einnimmt, für den sich seine Seele einst bereit erklärte. Das Symbol der Taube, das die gesamte Menschheit formt, ist das Zeichen für alle Völker und Rassen in diesem Universum, dass nun das Zeitalter des Friedens in allen Ebenen und Dimensionen begonnen hat.

So möchten wir dich nun aufrufen, dieses zu tun. Erlaube dir einfach, dich dafür zu entscheiden, deinen Platz einzunehmen, deinem Herzen zu folgen, deine Seele zu sein, und du wirst geführt werden. Du wirst jetzt gebraucht in diesem Spiel der Heilung der Dualität. Somit möchten wir dich dazu aufrufen, dich zu zeigen in deiner wahren Größe. Wir Engel sind an deiner Seite, um dich daran zu erinnern, wer du bist, um dich daran zu erinnern, dass auch du Flügel hast. Nütze sie und sei eine Insel des Lichtes. Bitte warte nicht darauf, bis Geborgenheit zu dir kommt. Sei du Geborgenheit! Warte nicht darauf, dass du geliebt wirst. Liebe! Warte nicht darauf, dass der Friede an deine Tür klopft. Sei du Friede! Und tief in deinem Herzen weißt du um die Wahrheit dieser Worte.

Wir sind Gabriel, und die Kraft der Klarheit ist wie ein zarter Hauch, eine sanfte Brise heute an diesem Tag, denn so möchten wir uns dir nähern. Wir umspielen dein Sein, und wir sagen: „Komm mit!". Wir gehen voran, und wir gehen hinter dir, wir gehen neben dir und unter dir. Wir gehen über dir, wir gehen mit dir und in dir. Möge die Kraft der Liebe dich allezeit segnen. Möge die Kraft der Klarheit allezeit mit dir sein. Sei gesegnet. Amen.

Nimm bitte wahr, dass dich die Lichtgestalt als Ausdruck des Segens, nachdem sie die letzten Worte zu dir gesprochen hat, auf dein Drittes Auge küsst. Und so leicht, wie sie gekommen ist, so löst sie sich auch nun wieder auf.

Wir möchten dich einladen, bewusst und tief zu atmen, um die Worte in deinem Herzen zu bewegen, um die Worte in deinem Herzen mitzunehmen und eine Energie des Dankes an diesem Ort, auf dieser Ebene zu hinterlassen, bevor du beginnst, dich von hier zu verabschieden. Nimm dein Sternenlichtgefährt wieder wahr und fühle dich von ihm angezogen. Es leuchtet und strahlt und wartet auf dich. Es öffnet sich, sodass du einsteigen kannst. Dein Lichtgefährt schließt hinter dir, und dann hebt es mit dir ab und gleitet auch schon wieder durch den rosafarbenen Nebel, um dich zurück nach Hause zu bringen.

Das Licht dieses Sternes durchströmt dich wieder in einer

Art, dass du ein zartes Pulsieren in dir und durch dich wahrnimmst und dich leicht entspannen kannst. So genieße deinen Flug durch den Lichtkanal erneut. Erlaube dir bitte, tief und bewusst zu atmen und wahrzunehmen, dass es nicht lange dauert und der Lichtstern wieder dort landet, von wo aus er gestartet ist. Er kommt im Zentrum deines Herzens an. Bitte atme tief und bewusst und sei jetzt in deinem Herzen. Dein Stern öffnet sich wieder, so dass du heraustreten kannst. Nachdem du ausgestiegen bist, wird das Lichtgefährt eins mit deinem Herzen, es löst sich auf. Erlaube dir nun, mit deiner Aufmerksamkeit ganz bei dir in deinem Herzen zu sein, ganz präsent in deinem Herzen, im Hier und Jetzt. Und erinnere dich an die Botschaft des Engels und spüre ihr nach im Hier und Jetzt. Und dann dehne dein Bewusstsein wieder aus und sei dir all deiner Körper bewusst. Sei zentriert und eins mit der Erde im Hier und Jetzt!

Der Plan deiner Seele und die Vereinigung mit deiner Persönlichkeit

Wir sind Gabriel. Segen und willkommen, geliebtes Kind des Lichtes. Wir nehmen Raum und erlauben uns, dich in der Klarheit und in der Sanftheit des Windes, mit dem wir uns dir nähern möchten, zu begrüßen. So nimm nun einen tiefen und bewussten Atemzug und nimm wahr, wie das weiße Licht dich durchströmt und in dir ist und mit dir ist und dir Befreiung schenkt, wenn du dieses annehmen möchtest.

Wir sind gekommen, um mit dir über die Vereinigung des Planes deiner Seele mit deiner Persönlichkeit zu sprechen, denn in dieser Zeit des Erwachens, wenn wir dieses so nennen dürfen, geht es genau darum. Wenn du aufgefordert wirst, dich an dein göttliches Sein zu erinnern und dieses anzunehmen und zu leben, bedeutet dieses nichts anderes, als dich mit dem Plan

deiner Seele zu vereinen und ihm Raum zu geben, sich zu ent-
falten.

Wir wissen, dass du dazu schon öfter Botschaften erhalten
hast. Doch viele Menschen stellen sich immer noch die Frage,
warum ist dieses oder jenes so geschehen? Warum habe ich
mir das Leben so ausgesucht, wie es ist oder wie es in mei-
ner Kindheit war – das kann ich nicht glauben. Erlaube dir bitte
wahrzunehmen, dass wir, solange es solche und ähnliche Fra-
gen gibt, dazu Antworten geben werden. Bitte erkenne, viele
Spannungsfelder, also Disharmonien, die sich auf unterschied-
liche Art und Weise in deinen verschiedenen Körpern äußern
können, geschehen gerade durch einen Konflikt zwischen dei-
ner Persönlichkeit und deiner Seele. Das heißt, es fehlt die Ein-
heit, wenn du so möchtest, zwischen diesen beiden genannten
Ebenen in dir. In dieser Zeit der Heilung der Emotionalfelder
gehört es zu diesem Aufstieg in die Fünfte Dimension, dass
dein Seelenplan mit deiner Persönlichkeit zusammenfließt und
eins ist. So sind wir heute hier, um dir darüber zu berichten bzw.
dich erneut daran zu erinnern an das, was du schon öfter dar-
über gehört hast. Vorausschicken möchten wir noch, dass die
Themen, die für die kommenden Meisterjahre genannt wurden,
beispielsweise in anderen Büchern, nicht linear zu betrachten
sind. Das heißt, die Jahre und ihre Qualitäten laufen sozusa-
gen parallel und gleichzeitig ab, was bedeutet, dass das, was
für 2005 oder 2006 gesagt wurde, eine vorherrschende Grund-
schwingung für den genannten Zeitraum ist, doch dass auch
alles andere, was über die anderen Jahre erzählt wurde, mit
hineinfließt und sichtbar und spürbar sein wird. Ebenso trifft
das, was über 2005 gesagt wurde, auch bis zu einem gewissen
Maße für 2008 und 2009* zu. Die Themen, die zu den einzelnen

---

*Falls du mehr über die einzelnen Jahresqualitäten und .-themen wissen möchtest,
kann ich dir dazu das Buch von Sybille Weizenhöfer *Das Tor zum goldenen Zeitalter*
empfehlen.

Meisterjahren genannt wurden, werden den Menschen immer wieder begegnen, um erneut betrachtet und bei Bedarf weiter geheilt zu werden. Ein Thema, das einem Jahr zugeordnet wird, ist innerhalb dieses Zeitraumes, linear betrachtet, nicht vollkommen aufgelöst und geheilt. Vielmehr legen die Lichtarbeiter, die sich damit beschäftigen, einen wichtigen Samen innerhalb des Morphogenetischen Feldes für die Entwicklung der gesamten Menschheit, der in den folgenden Jahren reifen und Früchte tragen und somit mehr und mehr in der Materie für alle Wesen erfahrbar sein wird. Bitte erkenne und begreife dieses. Der Aufstieg der Erde in die Fünfte Dimension ist ein ganzheitlicher. Und so möchten wir dich bitten, nicht zu sehr an den Zahlen der Jahre festzuhalten, denn erkenne, dass der Aufstieg in dir kreiert wird und nicht durch äußere Angaben, und somit bestimmt sozusagen die Entwicklung deines Bewusstseins, wie lange ein Jahr „wirklich" ist. Somit erlaube uns, dieses zu erwähnen.

So ist der Aufstieg ein Weg, der immer im Hier und Jetzt ist, und dadurch bist du frei. Erlaube dir zu erkennen, dass Zahlen und Jahre nur Richtlinien sind, die wir nutzen, um dich zu unterstützen, auf dass du verstehst und weitergehen kannst. Doch nun möchten wir dir weiter über das Wesen der Seele erzählen. Wir versuchen, einfache Worte dafür zu wählen.

Du als Seele möchtest dich erfahren, du bist außerhalb der Wertung. Du wählst dir verschiedene Themen, die du erfüllen und kennen lernen willst. Du tust dieses sozusagen für dich als auch für das große Ganze, denn du nimmst dich nicht als getrennt davon wahr. Du suchst dir für jede Inkarnation hier auf der Erde einige neue Aspekte aus, und gleichzeitig hast du ein Grundthema, das du über viele Leben hindurch, jeweils von unterschiedlichen Standpunkten aus, beleuchten möchtest, und es ist deiner Seele ein Anliegen, dieses Thema von möglichst vielen Seiten kennen zu lernen.

Wenn du als Seele nun auf die Erde kommst, wählst du dir ein für dich passendes Umfeld und die entsprechenden emotionalen Energien, die sozusagen für dich als Seele unterstützend sind, gleichzeitig aber auch eine gewisse Herausforderung und möglicherweise sogar einen scheinbaren Widerspruch zu deinem Auftrag darstellen.

Dafür möchten wir dir ein Beispiel geben: So kann es sein, dass du dir als Seele vorgenommen hast, zu erkennen und zu erleben, dass du es wert bist, so wie du bist, geliebt zu sein und zu werden. Nun wählte deine Seele sich eine Herkunftsfamilie aus, in der dein Vater nicht anwesend war und deine Mutter viel arbeiten musste, um für dich und deinen größeren Bruder sorgen zu können. Dein älterer Bruder ist über die Situation enttäuscht und wütend. Er kann das aber nicht formulieren und ausdrücken, also lässt er seine Verletzung an dir aus, indem er dich immer wieder ärgert, lieblos und grob zu dir ist. Während du dieses in deiner Kindheit erlebtest, führte es zu einer emotionalen Belastung, die sich zu denen, die du aus früheren Leben mitgebracht hast, gesellte.

Dann bist du erwachsen und findest dich in Partnerschaften wieder, in denen dich dein Partner betrügt oder du von ihm verlassen wirst oder er aufgrund von Verhaltensweisen für dich einfach nicht greifbar ist. Darunter leidest du zwar, doch es fällt dir schwer, dich von den Menschen zu lösen, weil eine emotionale Abhängigkeit besteht. Deine Seele wählte die Konstellation in deiner Herkunftsfamilie bewusst, und alles, was du später in deinen Partnerschaften erlebtest, ist eine Wiederholung der Grundsituation. Bitte erkenne, deine Seele möchte nicht, dass du leidest, sondern sie dient dir, um zu sehen, wo du noch Heilung suchst. Deine Seele ermutigt dich, dein wahres Wesen zu erkennen, um dich aus den Illusionen und den Identifikationen zu lösen. Dadurch geschieht Veränderung und dadurch heilen, um bei dem vorherigen Beispiel zu bleiben, die Erfahrungen deiner Kindheit. Dadurch wirst du neue Formen von Partnerschaft leben können, die auf Gleichgewicht, Vertrauen, Liebe und Respekt basieren, und somit erfüllst du den Plan deiner Seele, anzunehmen, welch liebenswertes Wesen du im Grunde deines Seins bist und dass du es wert bist, diese Liebe in der Materie zu geben und zu erhalten. Verstehst du, wie Seele wirkt?

Wenn du nun den Lauf der Gestirne während deiner Geburt, was du Horoskop nennst, betrachtest, kannst du die Themen erkennen, die dich während deiner Inkarnationen und auch durch dieses Leben begleiten. Doch bitte, mache dir bewusst, dass du nicht dein Horoskop und das, was die Sterne über dich aussagen, bist. Es ist nur ein Fahrplan, den deine Seele in den Händen trägt. Deshalb bist du den Sternen nicht ausgeliefert, sondern sie zeigen dir lediglich etwas über deine Lernaufgaben, deine Herausforderungen und die hilfreichen Komponenten, die sich deine Seele wählte, und zwar für sich als auch für das große Ganze. Wenn du das annehmen kannst, wirst du vieles, was dir begegnet, leichter nehmen können. Somit erkenne: Die Sterne bestimmen nicht dein Leben, sondern deine Seele hat nach wie vor die Führung. Dein Horoskop ist wie ein Reiseführer für dieses Leben auf dem Weg deiner Heilung. Wenn du ihn zu lesen weißt, hilft er dir, damit dieses Leben wie Urlaub für dich sein kann. Und da, wie du ja bereits weißt, diese Erde ein Heilungsplanet ist, wählte deine Seele dieses Reiseziel. So könntest du auch sagen, dass jeder Mensch hier ein wundervoller, einzigartiger, besonders begabter und begnadeter Heiler ist, und dieses für genau die Themen, die er sich mitgebracht hat.

Erlaube bitte, dass wir noch ein wenig bei dem Bild des Horoskops bleiben, denn das ist vielen von euch vertraut, und so können wir daran gut erklären, was wir gerne sagen möchten: Dein Horoskop stellt deine Stärken und Schwächen, dein Potenzial und deine Herausforderungen dar, kurzum, es beschreibt

deine Persönlichkeit. Deine Seele ist dein wahres Sein, das da-
hinter liegt und gleichzeitig alles durchdringt. So könntest du
auch sagen, dass deine Seele durch und über dein Horoskop
mit dir spricht, doch sie ist es nicht. Solange du glaubst, das,
was in deinem Horoskop beschrieben ist, zu sein, identifizierst
du dich damit und somit mit deiner Persönlichkeit, denn es zeigt
nur Rollen, die du als Seele wählen kannst und gewählt hast.

Nun hast du verschiedene Möglichkeiten: Du kannst als
Persönlichkeit mit den Wünschen deiner Seele konform gehen,
und es wird dir vielleicht leichter erscheinen, den Weg deiner
Seele zu gehen. Oder genau das Gegenteil ist der Fall: So
kann es beispielsweise ein Wunsch deiner Seele sein, Familie
zu leben und viele Kinder zu haben. Deine Persönlichkeit ist
aber der Ansicht, dass du Karriere machen möchtest und das
Letzte, das dir für dieses Leben einfallen würde, wäre es, eine
Familie zu gründen, geschweige denn, für sie zu sorgen und die
Verantwortung dafür zu tragen, denn es würde dich in deiner
persönlichen Freiheit einschränken. Dieser Mensch wird nun
immer wieder von seiner Seele in Situationen geführt werden,
in denen er mit dem Thema Familie und Kinder konfrontiert ist.
Und zwar jedes Mal ein bisschen intensiver, bis er bereit ist,
es als einen Aspekt, einen Teil von sich selbst, zu erkennen.
Das bedeutet dann für den betreffenden Menschen häufig, sich
seiner größten Ängste und Verletzungen zu stellen, doch wenn
er dieses tut, geschieht Heilung, und dann ist wahre Freiheit
möglich und nicht mehr die Illusion davon.

Für manche Menschen ist es jedoch eine große Herausforde-
rung und ein immenses Spannungsfeld, bis sie ihre Persönlich-
keit mit ihrem Seelenplan vereinen können. Doch bitte erkenne,
die Zeit ist jetzt dafür reif. Ein Schlüssel für diese Vereinigung ist,
zu erkennen, was du als Seele bist und was sozusagen deine
Persönlichkeit formt. Die Ausrichtung auf dein Herz und auf dein
ICH BIN hilft dir dabei, klar zu unterscheiden. Dadurch verändert

sich auch die Wahrnehmung von deinem „Ich". Dieses „Ich", das will, das braucht, wird immer ruhiger und friedlicher. Dadurch wird Seele mehr und mehr eins mit deiner Persönlichkeit. Deine Persönlichkeit wird von Seele sozusagen erfüllt und drückt sich über deine Persönlichkeit aus, ohne dass du als Seele damit identifiziert wärst. Somit hast du den Eindruck, die Aufgabe deiner Seele, den Plan deiner Seele, zu leben.

Viele Menschen haben immer noch Angst, auf dem falschen Weg zu sein. Bitte erkenne, dieses ist nicht möglich. Deine Seele bewertet nicht. Sie sagt nicht, nur wenn du nach links gehst, bin ich mit dir zufrieden. Sie steht nicht mit erhobenem Zeigefinger oder Stoppuhr hinter dir, und sie stellt dich unter keinen Leistungsdruck oder eine Leistungserwartung. Sie ist einfach. Und sie ist immer Liebe. Sie ist neugierig, sich zu erfahren und sagt lediglich: „Aha, so ist das!" und so geht sie von einem „Aha, so ist das!" zum nächsten. Verstehst du, was wir meinen?

Viele menschliche Persönlichkeiten scheinen auch das Vertrauen in ihre Seele verloren zu haben. Wenn das der Fall ist, gehört dieses zu ihren Herausforderungen und mitgebrachten Heilungsfeldern. Auch hier kann eine Ausrichtung auf dein ICH BIN und auf das Hier und Jetzt helfen. Dadurch erlaubst du dir immer wieder, aus der nicht geheilten Dualität herauszutreten. In diesem Augenblick hast du keine einschränkenden Vorstellungen und keine Grenzen mehr. So richte dich bitte immer wieder auf dein göttliches Bewusstsein aus, und so ist Seele eins mit deiner Persönlichkeit. Wir können dir noch eine kleine Anregung dazu geben, die für dich vielleicht leichter umzusetzen ist.

Bitte gehe dafür kurz in dein Herz und nimm in deinem Herzen ein goldenes Feuer wahr. Nun atme zwei goldene Strahlen aus deinem Herzen. Diese führen direkt aus dem Feuer leicht schräg nach außen, ähnlich wie die seitlichen Achsen eines

Dreiecks. Nun erkenne am Ende des einen Strahls ein Symbol für deine Seele, oder stell dir vor, dass das Wort „Seele" dort geschrieben steht. Der andere Strahl, der genauso lang ist, führt in den Begriff Persönlichkeit oder in ein Symbol für diesen Begriff. Und nun werden sowohl deine Seele als auch deine Persönlichkeit von dem goldenen Licht durchströmt, und du nimmst wahr, wie die beiden Strahlen sich aufeinander zu bewegen. Somit kommen sich auch Seele und Persönlichkeit näher und näher, bis sie beginnen, ineinander überzugehen, zu einem Sein verschmelzen, ein gemeinsames Symbol bilden, das für die Vereinigung deiner Seele mit deiner Persönlichkeit steht. Die beiden goldenen Strahlen haben sich auf dieselbe Weise auch zu einem Strahl vereint. Das goldene Licht durchströmt dein Symbol der Vereinigung. Und nun atme den goldenen Strahl wieder in dein Herz zurück und bringe so auch das Symbol in dein Herz. Erlaube dir bitte wahrzunehmen, wie die Energie der Vereinigung deines persönlichen Willens mit dem deiner Seele sich nun in der Gesamtheit, die du bist, ausdehnen darf und dieses tut. Und nun bedanke dich bitte bei dem goldenen Feuer, es löst sich auf und du kannst dich wieder zurück ins Hier und Jetzt bringen auf eine dir vertraute Art und Weise.

Bitte erlaube dir, diese kleine Übung der Vereinigung, sooft du möchtest und sie dir behilflich ist, durchzuführen. Du kannst auch an dieser Stelle das Symbol deiner Vereinigung nachmalen und es in deinem Umfeld verteilen. Jedes Mal, wenn du es siehst, wirst du dich auf die Einheit, die zwischen deiner Seele und deiner Persönlichkeit ist, ausrichten und dich daran erinnern, auf dass sie für dich mehr und mehr in deinem alltäglichen Sein sichtbar und lebbar sein wird und ist. Wir sind allezeit mit dir, um dich dabei zu unterstützen, wenn du dieses möchtest.

Und so sei gesegnet. Wir sind Gabriel. Möge die Kraft der Klarheit und der Einheit mit dir sein. Amen.

Du bist viele

Wir sind Gabriel erneut, und wir grüßen dich und nehmen Raum, um Erkenntnis zu bringen, die dich in die Freiheit führen möchte.

Wir möchten zu dir über die verschiedenen Rollen, die du spielst, und auch über die verschiedenen Aspekte, die in dir wirken, sprechen. Zur Einstimmung darauf erlaube bitte, dass wir hier an dieser Stelle noch einmal etwas zu dem Thema „Namen" ergänzen. Bitte erinnere dich daran, dass, wenn ein Mensch eine Fähigkeit oder eine Qualität besonders entwickelt, gelernt oder integriert hat, er in einigen Kulturen auf dieser Erde einen neuen Namen erhält. Meist findet ein Fest statt, bei dem er seinen alten Namen ablegt und mit seinem neuen in die Gemeinschaft aufgenommen wird. Häufig betont der neue Name das, was der Mensch gerade gemeistert hat und worin seine dadurch neu erworbene Stärke, Fähigkeit und Qualität besteht. Ähnliches findest du in verschiedenen Glaubensgemeinschaften, Gruppierungen und Vereinen, in denen ein Aufnahmeritual oder eine Weihe praktiziert wird. Meist erhältst du dabei einen neuen Namen, den du innerhalb der Gruppe nutzt und unter dem du in ihr wirkst. Du übernimmst eine neue Rolle, eine Aufgabe, und dabei trägst du einen eigenen Namen, der diese begleitet. Bitte erinnere dich daran, dass du in früheren Meditationen und Ausbildungen auch immer wieder dazu aufgefordert und angeregt wurdest, verschiedenen Aspekten in dir zu begegnen und sie nach ihrem Namen zu fragen. So kann es sein, dass dein Inneres Kind, deine Innere Frau oder dein Innerer Mann, dein Innerer Heiler, deine Innere Führerin, um hier nur einige zu nennen, dir ihren eigenen Namen genannt haben.

Weiterhin möchten wir dich einladen, nun zu beachten, wie oft du schon auf dieser Erde inkarniert warst und jedes Mal einen anderen Namen getragen hast, der über dein emotionales

Sein in dir immer noch wirkt und präsent ist. Je nachdem, ob du in der damaligen Rolle, in dem damaligen Leben, aus deiner Sicht in deiner Kraft, das heißt, im Gleichgewicht der Energien, in dir gewesen bist, wirst du dich wohl fühlen, wenn du den Namen hörst, oder wenn du ihn wiederholst oder nicht. Wir möchten dich daher einladen, über das Thema Namen weiter nachzudenken, um dich an die Wahrnehmung deiner Multidimensionalität heranzutasten. Wir möchten es für den Moment so stehen lassen und dir später noch etwas dazu sagen. Jetzt laden wir dich ein, uns weiter zu begleiten. Bitte erlaube dir, einen Augenblick innezuhalten, um einen tiefen und bewussten Atemzug zu nehmen. Gehe dann mit deiner Aufmerksamkeit in dein Herz, und sei dort. In deinem Herzen findest du eine Tür, durch die wir dich bitten möchten, nun gemeinsam mit uns zu schreiten, und mit Hilfe deiner mentalen Ausrichtung erreichen wir gemeinsam das weite Feld deines Emotionalkörpers. Wie du ja bereits weißt, ist er eine Sammlung deiner Erfahrungen. Bitte erlaube uns, dich erneut daran zu erinnern, dass du weder das, was du fühlst, bist – noch dein Emotionalkörper. Du bist Seele. Einige von euch wundervollen Menschenkindern vergessen dieses immer wieder. Bitte erkenne, dass alle Rollen, die du je gespielt hast und auch in diesem Leben spielst, in deinem Emotionalkörper gespeichert sind. Er ähnelt sozusagen einem unendlich großem Filmarchiv. Dein Inneres Kind ist, so könntest du es beschreiben, der Leiter, Besitzer und Hüter dieser Sammlung und bestimmt mit, welcher Film gerade eingelegt ist und dementsprechend, welche Rolle du gerade spielst. Bitte wisse, dass es uns darum geht, dir zu zeigen, welche Filme du dort gelagert hast, denn dadurch wächst in dir die Möglichkeit, immer wieder zu erkennen, welcher Film gerade läuft bzw. welche Rolle du soeben spielst. So halte bitte kurz inne, um dir diese deine Sammlung, deine Filmrollen, näher zu betrachten. Was steht auf all den Schachteln und den einzelnen Spulen,

Verpackungen, Videos, Bändern und DVDs? Erlaube dir, einige Titel und Begriffe klar zu erkennen im Hier und Jetzt und wahrzunehmen, dass es Filme und Rollen sind, die du in deinem Leben oft gespielt hast, unabhängig davon, ob sie dir gefallen (hatten) oder nicht, ob du dich darin wohl fühltest oder nicht. Erlaube dir weiterhin wahrzunehmen, dass es Filme und Rollen sind, die dir vielleicht auch aus eher früheren Leben bekannt und vertraut sind und an denen du aus irgendwelchen Gründen noch hängst. Und nimm bitte auch wahr, dass du hier Filme und Rollen findest, nach denen du dich eigentlich sehnst, die du gerne spielen würdest und von denen du manchmal sogar heimlich träumst. Damit es dir vielleicht leichter fällt, dieses zu erkennen, werden wir dir ein paar Anregungen für deine Filme und Rollen geben.

Erlaube dir bitte, nun mit uns in deinem ganz persönlichen Hollywood Universal Studio zu sein. Hier findest du beispielsweise das nette kleine, brave Mädchen von nebenan, den guten Hirten, Don Juan, Pippi Langstrumpf, den Alten Mann und das Meer, den undurchschaubaren Magier, den Piratenkapitän, die Kräuterhexe, die glückliche Prinzessin, den Retter der Welt, Batman und Catwoman, die aufopferungsbereite Mutter, den freiheitsliebenden Revolutionär, den erfolgreichen Manager, den unbesiegbaren Superhelden, das kleine Würstchen, das Waisenkind aus Rumänien.

Verstehst du, was wir meinen? Konnten wir dich auf deinen Filmgeschmack bringen, erlaube bitte diese Formulierung? Nimm dir einfach noch ein wenig Zeit für dich, um in dem Filmarchiv zu stöbern, und dein Inneres Kind zeigt dir voller Freude seine liebsten Stücke. Bitte, im Hier und Jetzt geht es nur um das Beobachten und das Erkennen, nicht um das Bewerten oder Verändern. Dein Inneres Kind hütet dieses Reich also. Bitte erlaube dir, uns weiter zu folgen und wisse, was nun geschieht:

Gehe mit uns gemeinsam auf einer Straße spazieren, ganz

langsam und achtsam. Während des ersten Stückes deines Weges hat dein Inneres Kind den Film von Spiderman eingelegt. Du hattest dich, kurz bevor du in diese Straße gebogen bist, dazu entschlossen, heute Abend ins Kino zu gehen und dich für diese Vorstellung entschieden. Dein Inneres Kind hat sofort darauf reagiert, und so bist du jetzt in Gedanken damit beschäftigt, ob es nicht wundervoll wäre, selbst einmal wie Spiderman über die Fassaden klettern zu können. Du stellst es dir bildlich vor und findest es einfach Klasse! Dementsprechend selbstsicher sind dein Gang und deine Haltung.

Wenige Meter weiter kommst du an einer Tür vorbei. Daneben hängt ein Schild. Hier ist eine Präventivberatungsstelle für Suchterkrankungen. Dein Blick fällt darauf, und dein Inneres Kind reagiert sofort. Es legt neue Filme ein, verschiedene, schnell aufeinander folgend. Sie alle behandeln das Thema Sucht. Darin spielst du unterschiedliche Rollen. Von den vielen Situationen, die dir dein Inneres Kind vorspielte, bleibt die Angst, etwas nicht zu schaffen, womöglich ein Versager zu sein, in dir zurück. Bitte erlaube dir wahrzunehmen, dass dein mentales Sein von all dem nicht sehr viel mitbekommt, da dein Inneres Kind sehr flink ist. Das, was dein Mentalkörper nun erfasst, sind Gedanken, das heißt, es fallen dir plötzlich, wie aus heiterem Himmel, Begebenheiten ein, die vor einiger Zeit stattfanden, in denen du eine Aufgabe nicht oder nur sehr schwer lösen konntest. Dementsprechend verändern sich deine Körperhaltung und deine Ausstrahlung erneut.

Nun kommt dir ein anderer Mensch entgegen. Sein Inneres Kind spielt ihm ebenso permanent Filme entsprechend seinen Wahrnehmungen zu, und sein Verstand kann auch nur einen Bruchteil dessen erkennen und bewusst nachvollziehen. Aufgrund seiner emotionalen Zuspielungen ist er gerade in Alle-aus-dem-Weg-hier-komme-ich vertieft. Während er an dir vorübereilt, rempelt er dich an. Sofort reagiert dein Inneres Kind und sucht dafür die passenden Erinnerungen in deinem Filmarchiv heraus. Es entscheidet sich für den Film des Unerschrockenen, der sich nichts gefallen lässt. Und schon spielst du die nächste Rolle. Du bleibst stehen, drehst dich um, brüllst den anderen an, forderst ihn heraus und stellst ihn zur Rede. Erkenne, dass wir dieses Beispiel nun unendlich fortsetzen könnten. Wir möchten dich damit bitten, dir mehr und mehr bewusst zu sein, in wie viele unterschiedliche Rollen du innerhalb von wenigen Minuten schlüpfst und wie dein emotionales Sein wirkt und wie schnell du innerhalb dieser kurzen Zeit deine emotionalen Filme, die somit deine Wirklichkeit und deine Wahrnehmung formen, wechselst. Je nach Rolle, je nach Film bewertest und teilst du ein, was auch immer dir gerade begegnet. Verstehst du, was wir damit meinen?

Und nun möchten wir dich einladen, dir ein wenig Zeit für dich zu nehmen, um dein Leben zu betrachten. Erlaube dir, mit deiner Aufmerksamkeit verschiedene Situationen der letzten Tage zu durchleuchten. Vielleicht gab es ja auch ein Spannungsfeld oder einen Konflikt? Bitte erkenne, welche Rollen du dabei eingenommen hast und zwischen welchen du gewechselt bist. Wer hat so miteinander kommuniziert? Wer stand sich dabei gegenüber? Wer hatte bzw. welche Rollen hatten einen Konflikt miteinander? Und wisse, es geht uns darum, dir zu zeigen, dass all das nicht dein wahres Wesen ist, denn es ist nicht deine Seele. Es sind nur Filmrollen. Und erkenne, dass du jedes Mal, wenn du eine Rolle auf diese Art und Weise spielst, aus deiner Mitte, deinem göttlichen Gewahrsein heraustrittst. Verstehst du, was wir damit meinen? Und erneut bitte wisse, geliebtes Kind des Lichtes, dass es uns um die Erkenntnis geht und nicht um eine Bewertung oder eine Einteilung von Rollen in gute und schlechte. Je häufiger du dich betrachtest, umso offensichtlicher werden dir deine Rollen, zwischen denen du wechselst und die du spielst. Dadurch wirst du deine Sichtweisen über viele Dinge in deinem Leben verändern und sich diese selbst zu wandeln beginnen. Und Freiheit kann wachsen.

Freiheit ist ein bewusstes Sein. Sie hat nichts damit zu tun, ob und was du machen kannst, was dir „erlaubt" ist oder was du dir selbst erlaubst oder nicht. Freiheit ist ein Losgelöstsein von Illusionen. Bitte erlaube, dass wir dich erneut dazu einladen möchten zu erkennen, dass, sobald jemand etwas sagt, sobald du etwas siehst, riechst, hörst, schmeckst, sobald dir etwas begegnet und deine Aufmerksamkeit auf sich zieht (dazu gehört sowohl deine bewusste als auch unbewusste Aufnahme von Informationen, die über deine selektive Wahrnehmung hinausgeht), dein Inneres Kind darauf reagiert, Filme sucht, findet, anspielt – und schon bist du mitten in deiner Rolle. Wir möchten dir damit zeigen, wie schnell und warum Missverständnisse und Konflikte beispielsweise auch in Partnerschaften entstehen. Durch die Filme, in denen du spielst, nimmst du dein Gegenüber wie durch einen entsprechend geprägten Filter wahr. Deine Interpretationen seines Verhaltens und beispielsweise ebenso gut gemeinte Ratschläge, die du ihm gibst, sind davon und dadurch verzerrt und gefärbt. So weißt du sehr häufig nicht, wer der Mensch an deiner Seite wirklich ist, siehst ihn nur durch die Brille deiner Rollen und Erfahrungen.

So möchten wir dich bitten, immer wieder in dein Herz zu gehen, um Seele zu sein. Denn dann kannst du klar sehen und erkennen, und dann ist eine wahre Begegnung möglich. Bitte erlaube dir erneut zu erkennen, dass es uns hier und jetzt um Erkenntnis geht. Und in weiterer Folge möchten wir dich einladen, humorvoll und verständnisvoll mit dir zu sein, wenn du beginnst, dich selbst zu entdecken, wahrhaftig zu sein und dir deiner Rollen bewusst zu werden. Wenn du weißt, wann du was spielst, kannst du dich nämlich frei entscheiden, ob du weiter spielen oder den Film stoppen möchtest, um sozusagen herauszutreten, dich wieder an dein wahres Sein zu erinnern, in *deiner Seele zu sein. Bitte erlaube dir auch zu erkennen, dass du, je bewusster du dir deines göttlichen Wesens bist, umso weniger Rollen es im Laufe der Jahre sein werden, die du noch spielen wirst. Doch in dieser Zeit werde dir der Rollen, die du spielst, unabhängig in welchem Film sie sind, gewahr und entscheide dich frei, welche Rollen du noch spielen möchtest und welche nicht mehr, und dann erlaube dir bitte, deine freie Wahl zu genießen.*

Durch diese freie Wahl der Rollen, wie wir es nennen möchten, bist du deinem emotionalen Sein und deinem Inneren Kind nicht mehr ausgeliefert und wirst nicht mehr von ihnen bestimmt und gelebt, sondern du als Seele hast die Führung und entscheidest dich frei, in eine Rolle zu schlüpfen. Kannst du den Unterschied erkennen und verstehen? Denn warum sollte es keine Freude bereiten dürfen, ein wundervoller Schauspieler zu sein? Wichtig dabei ist nur, zu erkennen, dass und wann du einer bist und es deine freie Berufswahl war. Bitte werde dir bewusst, dass auch bekannte Schauspieler dieser Erde, wie Tom Cruise oder Mario Adorf, sich frei für ihre Rollen entscheiden und nicht in jedem Film mitwirken, der ihnen angeboten wird, sondern dieses vorher für sich überprüfen, ob sie es möchten. Warum solltest du dieses also nicht auch tun (können und dürfen)?

Erlaube, wir möchten an dieser Stelle die Gelegenheit nutzen und dir noch etwas über die Art und Weise, wie du Botschaften aus der Geistigen Welt verstehen kannst, erzählen. Wenn wir dir etwas mitteilen, sprechen wir mit und zu deiner Seele. Gleichzeitig geben wir auch die Bitten und Anliegen deiner Seele an dich weiter, das heißt, wir sprechen zur Seele, und zur selben Zeit spricht sie durch und über uns zu dir. Während wir uns mit deiner Seele unterhalten, versuchen wir darauf zu achten, welche Rolle du gerade spielst, falls du eine spielen solltest, und dementsprechend nähern wir uns dir liebevoll und sanft, klar und deutlich, vorsichtig, − indem wir uns an ein be-

stimmtes Thema herantasten, ähnlich einer Katze, die um den heißen Brei herumschleicht, erlaube diesen Vergleich, denn er kam uns gerade in den Sinn und gefiel uns. Deine Seele versteht uns immer. Nur deine Persönlichkeit nicht, denn das hängt, wie gesagt, davon ab, wie sehr du dir im Moment selbst deines Seeleseins gewahr bist oder dich in einer Rolle bewegst. Auch in diesem Fall färbt deine Rolle deine Wahrnehmung und ist dann maßgeblich daran beteiligt, was und wie du etwas verstehen möchtest. So kann es sein, dass du Dinge hörst, so wie du sie deiner momentanen Rolle entsprechend hören möchtest oder kannst. Andere Botschaften überhörst du, da deine Interpretationen und Gewichtungen von Aussagen auch mit der gespielten Rolle in Verbindung stehen. So kann es sein, dass du dadurch den Eindruck hast, mit einer Botschaft nicht zufrieden zu sein oder sie nicht stimmt oder es ein Widerspruch ist zu etwas, das du schon früher gehört oder gelesen hast.

In diesem Falle möchten wir dich bitten, ganz bewusst in dein Herz zu gehen, um Seele zu sein, und dann erlaube, dass deine Seele die Worte noch einmal hört und sie dir sagen darf, wie sie die Botschaften versteht und verstanden hat. Wenn wir mit dir sprechen, nennen wir dir immer Optionen und Möglichkeiten, und du entscheidest in der Folge selbst, ob, was und wie du etwas leben möchtest. Das ist auch wiederum geprägt durch die Wahl deiner Rollen, die du im Zusammenhang mit der Umsetzung einer Anregung ein- und annehmen kannst, und das entscheidest du ja immer wieder aufs Neue selbst. So kann es zutreffen, dass du eine Information zu zwei Menschen erhältst, die füreinander bestimmt sein sollten. Das sind sie auch vom Potenzial ihrer Seele aus. Doch wenn sie in der Materie Rollen einnehmen möchten, die gegen das Leben einer Partnerschaft wirken, ist das ihre freie Entscheidung. So werden beide, vorausgesetzt, es ist ihr Wunsch, erneut die Möglichkeit erhalten, mit einem anderen Partner glücklich zu werden. Wir *nehmen an dieser Stelle erneut ein Beispiel im Zusammenhang mit Partnerschaft, weil es ein Thema ist, das nach wie vor viele Menschen beschäftigt.*

Je mehr du also über dich selbst weißt, umso spielerischer kannst du mit dir umgehen.

Abschließend möchten wir dir noch einmal etwas über deine Namen sagen, die du früher getragen hast, denn auch diese hängen mit Rollen zusammen, die du spieltest und vielleicht immer noch und immer wieder spielst. Wenn dir in deinen Meditationen, in deinem Austausch mit dir selbst, Namen begegnen, die dich an kraftvolle Zeiten oder an bestimmte Qualitäten erinnern, dann nütze sie, indem du die Energien, während du den Namen laut oder leise wiederholst, zu dir in dein Herz ins Hier und Jetzt bringst. Dein Atem hilft dir wieder dabei. Und bitte erkenne, dass du so Eigenschaften, die du einst entwickelt hattest, ins Hier und Jetzt holen kannst. Wenn du das Geschenk in deinem Herzen trägst, dann erlaube, dass es ausstrahlt in der Gesamtheit, die du bist, und bitte dein Inneres Kind um Mithilfe, damit eine Integration dieser Qualität in dir stattfindet und du von jetzt an darauf zurückgreifen kannst in deinen alltäglichen Situationen, wann auch immer du es benötigen solltest. Du kannst diese Anregung in ein Ritual verpacken und es frei gestalten. Doch ist es für die Wirksamkeit nicht entscheidend. Das ist auch eine Form von Freiheit. Auf diese Art und Weise kannst du dir auch beispielsweise die Energie der Rolle von Peter Pan ins Herz atmen. Die Leichtigkeit des Seins und die anderen Qualitäten, für die Peter Pan für dich steht, fließen durch die Gesamtheit deines Seins. Nimm dieses bitte wahr und lasse es wirken. Und wenn du merkst, dass eine Integration in dir stattfindet, löst sich das Bild von Peter Pan mehr und mehr auf, bis es nicht mehr ist. Erlaube dir die kleine Anregung auf eine dir vertraute Art und Weise zu bestätigen, beispielsweise durch ein „So ist es", und damit abzuschließen. Und nun erlebe die Kraft der Fantasie des Peter Pans im Hier und Jetzt. Sei fantastisch, während du dein Essen kochst. Sei fantastisch, während du die Börsenkurse studierst. Sei fantastisch, während du spazieren gehst. Sei fantastisch, während du deine Wohnung aufräumst. Verstehst du, was wir damit meinen?

Lass uns bitte an dieser Stelle innehalten und erlaube dir, das Thema „Rollen" in deinem Herzen zu bewegen, und falls du noch Fragen dazu haben solltest, möchten wir dich ermuntern, in den inneren Dialog mit uns zu gehen. Wir antworten dir gerne und stehen dir hilfreich zur Seite, um dich beim Erkennen deiner Rollen zu unterstützen. Wir danken dir für dein Zuhören. Wir segnen dich mit der Freude an der Begegnung, mit Klarheit und Wahrhaftigkeit und mit der Leichtigkeit des Seins. Wir sind Gabriel. Amen.

Michael
Der freie Fluss der Kommunikation

Spätestens seit dem Film *Michael,* zumindest für jene, die ihn gesehen haben, ist klar, wie der Erzengel aussieht. Nämlich wie John Travolta. An den muss ich zumindest häufig denken, wenn ich den Erzengel Michael einlade...☺.

Michael dient dem blauen Strahl. Das Element, das ihm zugeordnet wird, ist das Wasser. Wenn du einen Edelstein auf die bereits beschriebene Art und Weise programmierst, indem du ihn während des Lesens der nächsten Seiten in deinen Händen hältst, kannst du einen blauen Topas oder Aquamarin dazu wählen.

Michael fördert den Fluss der freien und friedlichen Kommunikation mit Allem-was-ist. Er schafft Annahme und Einverstandensein. Häufig wird er mit einem Schwert dargestellt. Früher nutzte er dieses, um dich beispielsweise von belastenden Energien zu lösen. Da wir in den letzten Jahren mehr und mehr gelernt haben, dass alles, was uns im Außen begegnet, ein Teil von uns selbst ist, der sich nach Annahme sehnt, erklärte uns die Geistige Welt immer wieder, dass die Zeit des Trennens vorüber sei, und lud uns vermehrt dazu ein, zu erkennen, dass Integration Heilung bringt. Das heißt, je mehr wir versuchen, etwas loszuwerden, was uns ängstigt, wütend macht oder verletzt in einem Sinne des Trennens, des Wegschickens, damit es uns bloß nicht zu nahe kommen kann, umso stärker müsste der Teil, der ja ein Aspekt in und von uns selbst ist, der sich mit uns aussöhnen möchte, zurückkehren. Und wir kennen es wahrscheinlich alle, dass gerade das, was wir scheinbar am allerwenigsten wollen, immer wieder vor der Türe steht und anklopft. Heilung wäre in diesem Bild also nicht, dem Wesen oder der Energie durch die verschlossene Tür hindurch zuzurufen, dass es endlich verschwinden solle (denn es würde wiederkommen müssen), sondern durchzuatmen und zuerst unser Herz und dann unsere Türe zu öffnen. Wir sollten es unserem Leben, in unserem Haus willkommen heißen, dann wird es uns mitteilen, was es uns schon immer sagen wollte, sich bedanken, sich von selbst verabschieden und nicht mehr wiederkommen. Und somit unterstützt uns Michael in dieser Zeit dabei, Frieden zu schließen mit Allem-was-ist im Hier und Jetzt.

So ist das Schwert heute viel mehr ein Symbol dieses Friedens, weshalb es in den Botschaften der Geistigen Welt immer wieder als mit Blüten verziert beschrieben wird. Damit möchten sie auf die Wandlung hinweisen, die geschehen ist, dass es also nicht mehr zum Zerstören benutzt wird.

Das Schwert ist ein Symbol für zielgerichtete Kraft, um dir selbst und deiner Vision treu zu bleiben und zu sein. Es steht für Unterscheidungsfähigkeit. Damit ist keine Bewertung gemeint, sondern Erkenntnis, um sich frei entscheiden zu können.

Michael wurde auch immer wieder als der Engel bezeichnet, der uns mit seinem Schwert den Zugang ins Paradies versperrte, nachdem wir vom Baum der Erkenntnis gegessen hatten und den Garten Eden verlassen mussten. Seit vielen Jahren mittlerweile schon verkündet die Geistige Welt nun, dass wir wieder in den Garten Eden eintreten dürfen und sollten. Mit dem Paradies ist die Erde in der Fünften Dimension gemeint. Michael steht uns nicht länger im Weg, sondern lädt uns vielmehr dazu ein, einzutreten. Somit braucht er sein Schwert nicht mehr zum Bewachen, und zum Drachentöten auch nicht mehr. Die bekannte Darstellung von Michael dem Drachentöter steht für die alte Zeit, für die nicht geheilte Dualität, in der zwei unterschiedliche Pole miteinander kämpfen, anstatt sich auszusöhnen. Egal, ob du diese beiden Aspekte Geist und Materie nennen möchtest, das Gute und das Böse, das Weibliche und das Männliche. Es geht um Frieden und um Gleichgewicht, nicht darum, wer stärker, besser, schneller oder weiter ist. Außerdem unterstützt dich Michael, um alles, was blockiert und verstopft ist, in den Fluss zu bringen. Wenn du aufgeregt bist, beruhigt er dich. Wenn jemand zu aufbrausend ist, besänftigt er und gleicht aus. Auch hilft dir Michael dabei, deinen persönlichen Willen mit deinem göttlichen zu vereinen. Wenn du gegen irgendetwas oder irgendjemanden „kämpfst", in dir oder im Außen, dann erlaube dir, dich von Michael durchdringen zu lassen, um Frieden, Annäherung, Heilung und Lösung zu finden.

Wenn du fern siehst, Zeitungen liest und Ähnliches und die Nachrichten dich ängstigen und beunruhigen, lasse dich von Michael durchdringen, um leichter damit im Frieden zu sein und anzunehmen das, was ist. Michael unterstützt uns, flexibel in dieser Zeit zu sein (und bei allen Veränderungen, die gerade sind, können wir das gut gebrauchen, glaube ich).

Die Geistige Welt sagt dazu, dass wir erkennen sollten, dass Wasser ein Symbol für Stabilität ist, nicht nur der Stein, denn es findet immer einen Weg, es lässt sich nicht aufhalten und unbeirrt strömt es seinem Ziel zu. Wenn du etwas über die Zeit erfahren möchtest, allgemein über ihr Wesen oder darüber, wie du sie im Einzelnen dehnen oder straffen kannst, unterhalte dich mit Michael darüber. Wenn du den Kontakt zur Raumbruderschaft und anderen Wesen, die mit Erdgitternetzen und dem Magnetfeld der Erde wirken, suchst, kannst du Michael bitten, diesen herzustellen, zu erweitern und aufzubauen.

Frieden

In den letzten Wochen und Monaten habe ich in meinem persönlichen Leben wie auch in meiner Arbeit festgestellt, dass die Präsenz von Erzengel Michael verstärkt Raum genommen hat als Geschenk und als Ausdruck dafür, uns zu unterstützen, mehr und mehr im Frieden zu sein bzw. in den Frieden zu kommen. Dass der Friede in uns beginnt, wissen wir theoretisch schon lange, jetzt geht es darum, es auch praktisch zu leben. Michael fordert uns dazu immer wieder auf, mit unserer Energie und Aufmerksamkeit bei uns selbst zu bleiben, in unserer eigenen Mittel. Dabei bittet er uns, herauszutreten aus unseren Sorgen, aus unserem Helfersyndrom (uns immer mehr mit anderen zu beschäftigen als mit uns selbst, immer zu wissen, was für andere gut ist bzw. sein könnte, anstatt uns das für uns selbst zu überlegen und Ähnliches mehr).

Michael lädt dich immer wieder ein, ihn durch dich strömen zu lassen, um so immer wieder ganz bei dir und in dir zu sein bzw. zu dir zurückzukehren, wenn du mit deinen Gedanken und Gefühlen bei anderen Menschen, Tieren, Pflanzen, Wesen und Energien, Orten und Situationen bist, die nicht im Hier und Jetzt mit dir sind.

Friede ist ein tiefes Einverstandensein mit Allem-was-ist, ohne den aktiven Wunsch nach Veränderung. Wenn du nämlich in der liebevollen Annahme bist, wandelt sich vieles ganz leicht, wie von selbst aus sich heraus. Diese Annahme, von der hier gesprochen wird, hat nichts mit Ausgeliefert-sein oder Alles-erdulden-müssen zu tun. Die Fähigkeit, annehmen zu können, ist eine Stärke, eine Kraft, die alles ermöglicht und aus der alles entstehen kann. Erlaube es dir selbst auszuprobieren. Erfahre Frieden, Annahme und Einverstandensein in und über dein Herz einfach selbst, dann verstehst du, was damit gemeint ist!

Somit begleitet uns Michael mit seinem Licht in den kommenden Monaten ganz besonders.

Das Einverstandensein beginnt auch bei uns selbst. Erlaube dir bitte achtsam zu sein, wie du mit dir umgehst. Bist du mit den Eigenschaften, die du an den Tag legst, einverstanden? Höre ich da vielleicht ein leises „Ja, aber" oder „Ja, außer"? Bist du mit deinen Gewohnheiten einverstanden? Bist du mit deinem Aussehen einverstanden? Bist du mit deiner Partnerschaft einverstanden? Bist du mit deiner beruflichen Ausrichtung einverstanden? Bist du mit deiner Familie einverstanden? Du kannst die Liste der Fragen gerne selbst erweitern.

Während eines Meditationsabends begrüßte Michael die anwesenden Menschen und dehnte sein blaues Licht aus. Er durchströmte sie mit seiner Energie und bat sie, ihnen behilflich sein zu dürfen, sich nicht länger mit anderen zu vergleichen. Und dann sprach er:

Wir sind Michael, und wir nehmen jetzt Raum, um zu dir zu sprechen. Wir berühren dein Herz mit unseren Händen und bitten dich, in deine Stille zu gehen. Erlaube dir, einige tiefe Atemzüge zu nehmen und trete für einen Augenblick aus den Turbulenzen des Alltags und tauche ein in dein innerstes Wesen, um mit dem göttlichen Sein, das in dir ist, zu kommunizieren. Wenn du in dieser Kommunikation mit dir bist, ist Frieden in dir. Dazu laden wir dich jetzt ein, und dabei möchten dich begleiten.

Erlaube dir innezuhalten und auf diese innere Stimme in deinem Herzen zu lauschen. Erlaube dir, dieses auch immer wieder während deines alltäglichen Lebens zu tun. Wisse, es heißt, dass der Friede im eigenen Herzen beginnt, und dazu möchten wir dich ermuntern. All das, was dich im Moment beschäftigt, lege nun in unsere Hände, um einfach tief durchzuatmen und in dich zu hören, in dich zu gehen. Lausche dem Rhythmus deines Herzens, lausche dem Rhythmus deines Lebens, deines Friedens. Du bist ein Friedensbotschafter, und jeder, der hier auf dieser Erde ist, hat die Aufgabe, diesen Frieden in sich zu finden und ihn so hinauszutragen in (seine) Welt. Dadurch wird das Zeitalter des Friedens, von dem so oft gesprochen wird, geboren.

Das klingt sehr einfach, geliebte Freunde, nicht wahr? Und das ist es auch. Wir sind an deiner Seite, um dieses mit dir umzusetzen, um dich zu begleiten und dich immer wieder daran zu erinnern, dass der Friede im Hier und Jetzt in dir ist und beginnt. Sei gesegnet allezeit. Wir sind Frieden. Du bist Frieden. Wir sind Michael. Amen.

Symbole des Lichtes

Erlaube dir, deine Augen zu schließen und einige Male tief ein und aus zu atmen, um ganz bei dir im Hier und Jetzt zu sein. Und dann nimm bitte wahr, dass dein Herz erfüllt ist mit einem leuchtend blauen Licht, und erkenne, dass dieses Licht ein Licht des Friedens ist. Und dieses blaue Licht des Friedens möge sich über dein Herz ausdehnen und die Gesamtheit, die du bist, erfüllen. Wir sind Michael, und wir segnen dich, geliebter Bruder, geliebte Schwester, der bzw. die du uns bist.

Erlaube dir wahrzunehmen, dass die Kraft der Klarheit, die Kraft der Unterscheidungsfähigkeit mit einfließt in unser gemeinsames Sein, hier und heute an diesem Ort. Erlaube dir wahrzunehmen, dass durch die Berührung mit dem blauen Licht, durch das wir mit dir in Kontakt treten, auch die Energie des Meisters, den du El Morya nennst, mit dir in Berührung ist. Jetzt! Und das blaue Licht, das weiter durch dich fließt, auch in Verbindung ist mit dem, was wir kristallines Bewusstsein nennen, und das die Erinnerungsspeicher in deinem Sein berührt, die im Zusammenhang stehen mit deinem atlantischen Erbe in seinem lichten und heilen Fokus.

Erlaube, dass wir zu dir kommen und dir verschiedene Symbole zeigen, um dir diese erneut zu überreichen, damit du verstehst, was unser Licht, unser Zusammensein mit dir ist und du dieses, worum wir dich bitten, hinaustragen kannst in die Welt. Und so erkenne, dass wir vor dir stehen und in unseren Händen eine Krone aus goldenem Licht halten. Diese Krone ist bestückt mit funkelnden Steinen und Juwelen, und diese wiederum sind in einer Form energetisiert, damit darüber Kontakt zu den verschiedensten Reichen und den verschiedensten Ebenen, die innerhalb dieses Universums existieren, ist. Wir möchten dich bitten, diese Krone nun aufzusetzen, um dich zu erinnern. Dieses Licht strahlt ein in das, was du Gehirn nennst, und aktiviert dort jene Bereiche, die noch nicht genutzt sind. Bei dieser Aktivierung geht es um dein Sternenwissen, das du benötigst in dieser Zeit, um in der Folge in Mitgefühl, in Verständnis und Frieden den Menschen zu begegnen, die mit dir sind. Erlaube dir zu erkennen, dass es auch ein Symbol ist für deine Fähigkeit, mit allen feinstofflichen Ebenen und Welten zu kommunizieren, denn die einzelnen Zacken dieser Krone sind nichts anderes als Antennen zu uns. Und so erlaube, dass durch das Tragen dieser Krone, das, was wir Ermächtigung nennen, in dir ist. Diese Ermächtigung ist der Mut und das Vertrauen, zu dem zu stehen, was du bist: göttliches Sein. Diese Ermächtigung ist der Mut und das Vertrauen, dieses auch mit anderen zu teilen, und so erkenne, dass wir gekommen sind, um dich an deine Führerschaft zu erinnern. Nun möchten wir dir ein weiteres Symbol in die Hände legen: Es ist das Symbol eines flammenden Schwertes, und bitte erkenne, dass dieses Schwert nicht länger Trennung bringt, sondern vereint. Es ist ein Schwert, das für die zielgerichtete Kraft steht; das dafür steht, dass das, was du erschaffen möchtest, aus dem Frieden und der Liebe, der und die du bist, in die Materie kommt. Es ist ein Zeichen, das dich unterstützt, für dich selbst zu unterscheiden, was deine Wahrheit ist, was dein eigener Weg ist, und dem du folgen kannst. So dient dieses Schwert dazu, die Stimme deines Herzens klar und deutlich zu verstehen.

Unter der Führung der Stimme deines Herzens kannst du den Menschen, die mit dir sind, in der Kraft der Liebe, die du bist, begegnen. Wir bitten dich, das Schwert in deiner rechten Hand zu halten.

Nun erkenne, dass wir dir ein weiteres Symbol reichen. Und dieses ist ein Ring mit einem wunderschönen Topas, der in blauem Licht leuchtet. Es ist ein Ring der Wahrheit. Es ist ein Ring, der für Gerechtigkeit steht. Es ist ein Ring, der die Verbindung zu den Ebenen, die wir Michael sind, darstellt. Über diesen Ring bist du allezeit mit uns verbunden, und so erlaube dir, diesen Ring zu empfangen und wisse, dass auch er an deiner rechten Hand ist.

Erlaube, dass wir dir ein weiteres Symbol überreichen möchten, und dieses ist ein Zepter aus Kristall. Darin ist das gesamte Wissen des lichten, heilen Fokus von Atlantis gespeichert. Darin ist gespeichert das Kristallwissen, das in dir ist, zu nutzen, um es für die Heilung und für die Vereinigung von allem, was bis jetzt in der Trennung war, zu nutzen, damit es wieder zusammengefügt werde und eins sein kann.

Und so nimm bitte wahr, dass dieses kristalline Zepter Verzierungen in sich trägt, die Zeichen aus längst vergangenen Zeiten von Völkern und Kulturen sind, die durch mentale Kraft in den Kristall hineingegeben wurden. Sie erinnern an die Hochkulturen, die gewesen sind, aber jetzt nicht mehr in der Dritten Dimension weilen, und von denen es hieß, sie würden zurückkehren.

Du kennst die Prophezeiungen der Vogelstämme, der Maya und der Tolteken und all der anderen Völker. Und so erkenne, dass du nun ein Zeichen der Erfüllung dieser Prophezeiungen in deinen Händen hältst. Erlaube dir, das Zepter zu tragen und wisse, dass dieses das Licht ist, der Wegweiser in den kommenden Jahren, die du „Jahre der Meisterschaft" nennst. Und wisse weiterhin, dass dieses Zepter dich hinausführen wird in die Begegnung mit fremden Menschen, fremden Völkern, fremden Ländern, fremden Rassen, und du wirst aufgrund dieses Symbols dort ein verbindendes Element sein und Frieden bringen.

So ist es deine Aufgabe, in diesen nächsten Jahren viel in Bewegung, viel auf Reisen zu sein, damit dieses Netzwerk des Friedens, das du heute hier mit uns initiierst, hinausgetragen wird in die Welt.

In der Kraft des Friedens, der wir sind, und in der Kraft des blauen Strahls, dem wir dienen, segnen wir dich. Erlaube dir wahrzunehmen, dass wir Einheit mit dir sind. Erlaube dir wahrzunehmen, dass wir um dich sind und in dir sind, und dieses sind wir allezeit, wann immer du dieses möchtest.

Wir möchten dich bitten, dass du jetzt die Geschenke, die Symbole, die wir dir überreichten, annimmst. So erlaube dir zuerst, die Krone in dein Herz zu atmen und dabei wahrzunehmen, dass alles, wofür diese Krone steht, in dir ist, und so wirkt sie weiter, und sie wird dich begleiten auf dem Weg der Meisterschaft. Und so erlaube dir, dieses auch mit all den anderen Symbolen zu tun. Integriere das Schwert in deinem Herzen, indem du es in dein Herz nimmst, und über dein Herz strömt die Energie, für die es steht, durch alle deine Ebenen, und so begleiten dich auch diese Qualitäten allezeit.

Erlaube dir, dieses auch mit dem Ring zu tun: Atme ihn in dein Herz und erlaube, dass Integration ist. Und so tue dieses ebenso mit dem kristallinen Zepter. Wisse, dass dadurch eine Wandlung in dir initiiert ist, die dich unterstützt, ähnlich einem Schmetterling, der sich nun aus einer unscheinbaren Raupe in einen strahlenden, bunt schillernden Falter wandelt. So bist auch du. Du wandelst dich zu dem, was du eigentlich schon immer warst und immer sein wirst und gewesen bist: zu einem göttlichen Sein. All das, was weniger als dieses göttliche Sein ist, wird abfallen, ganz sanft, ganz leicht. Und so erlaube dir, diese Wandlung willkommen zu heißen, und so sind die Geschenke, die Symbole, die wir dir überreichten, ein Ausdruck, eine Bestätigung für diese Veränderung, die ist. Bitte wisse: Wenn du in Kontakt mit uns treten möchtest, reicht es aus, an eines dieser

Symbole zu denken, es in deinem Herzen wahrzunehmen, und über dein Herz in die Gesamtheit, die du bist, auszudehnen. So sind wir da. Wir sind an deiner Seite und wir sind durch dich und in dir. Und so ist Kommunikation, und so kannst du vortragen, was auch immer du möchtest, und so können wir Antwort geben auf jede Frage, die dich bewegt. Es geht in dieser Zeit in jedem von euch darum, seine Meisterschaft zu erkennen.

Wir sind Michael, und wir bitten dich jetzt zu atmen, um wirken zu lassen, um fließen zu lassen, um wahrzunehmen und um in dir zu sein im Hier und Jetzt. Sei gesegnet alle Zeit. Amen.

Sei liebevoll mit dir

Erlaube dir bitte, mit deiner Aufmerksamkeit in dich zu gehen und zu sein im Hier und Jetzt in dir, und wahrzunehmen, dass wir Michael sind – in dir und durch dich. Erneut treten wir vor und legen unsere Hände auf dein Herz und bitten dich, dich führen zu dürfen in deiner Erinnerung zurück in eine Zeit, die du den „lichten Fokus von Atlantis" nennst.

Damals, zu jener Zeit, gab es Kristallwälder, in denen viele Wesenheiten lebten, die du heute Feen und Elfen nennen würdest. Diese Kristallwälder waren voller Schönheit, weil sie die Farben ändern konnten, und es war eine Pracht, ihnen dabei zuzusehen, in ihnen zu sein und so selbst ein Teil der Wandlung, selbst ein Teil des Spiels der Farben zu sein.

Wir möchten dich bitten, jetzt in die kristallinen Wälder einzutreten. Bitte erlaube dir, mit Hilfe deines Atems zu erkennen, wie die Farben des Regenbogens, die in den Wäldern sind, nun abwechselnd durch dich strömen. Sie nähren dich, sie unterstützen dich, sie richten dich neu aus, sie beleben dich, sie klären dich, und sie heilen dich. Alles, was du benötigst in dieser Zeit, um für dich ganz zu sein, um für dich rund zu sein, strömt dir über und durch die Farben und die Kristalle zu. So ist Regeneration auf allen Ebenen, und bitte erkenne, dass deine Zellen dadurch den Impuls erhalten, sich zu erneuern in einer Form, dass kosmische Ordnung und kosmische Harmonie in dir sind. Es ist wichtig in dieser Zeit für dich, geliebtes Kind, auf deinen Körper zu achten, denn du brauchst deinen Körper in der Materie, um deinen Auftrag erfüllen zu können, und so erlaube dir, deinem Körper zu schenken, was er braucht. Sei liebevoll und achtsam mit ihm, denn er hat dir viele Dienste erwiesen, und erkenne, du und er, ihr seid ein Team, und so erlaube dir bitte, diese Teamarbeit auch willkommen zu heißen und dich daran zu erfreuen. Sei in dieser Zeit ehrlich mit dir, im Bereich deines emotionalen Feldes. Erkenne, wo du Heilung benötigst; erkenne, wo deine Ängste sind, deine Programmierungen, wie beispielsweise der Eindruck, zu kurz zu kommen oder immer alles selbst machen zu müssen und vieles Ähnliches mehr. Erkenne dieses, nimm es an und in den Arm, und durch die Annahme ist Heilung, und so unterstützt du dein emotionales Sein.

Erlaube dir, dein mentales Sein zu nutzen für neue Ideen, neue Wege, neue Projekte. Nütze dein mentales Sein nicht, um dich darauf zu konzentrieren, was du nicht kannst, sondern auf das, was du kannst. Lass es konstruktive Wege gehen, und so wird dein mentales Sein zu deinem Verbündeten. Und wisse, das Licht von Atlantis, das mit dir und durch dich ist, schenkt dir Klarheit, und so erlaube dir bitte wahrzunehmen, dass wir heute mit dir über deine Träume kommunizieren möchten. Bitte, achte auf deine Träume und sei dir bewusst, dass du vor einer Tür stehst, und wir möchten dich bitten, durch diese Tür zu schreiten und wisse, dass hinter dieser Tür dein göttliches Sein, dein göttliches Wesen, ist, das du bist. Erlaube dir einzutreten in deine Kraft, in das Licht, in die Liebe deines ICH BIN, und hier endet jede Suche, weil du angekommen bist.

Erkenne, dass so viele Menschen noch nicht angekommen sind, denn ein Mensch, der angekommen ist, führt keinen Krieg, weder mit sich selbst noch mit anderen. Und so erlaube, dieses Wissen und die Fähigkeit des Ankommens und des Angekommenseins mit hinauszunehmen, um anderen Menschen den Weg zu weisen und ihnen behilflich zu sein, selbst anzukommen, damit Friede auf dieser Erde ist, so wie es ihrer Verheißung entspricht. Du selbst bist ein Teil dieser Verheißung. Erlaube dir, diese zu sein!

Und wir, Michael, segnen dich, wir begleiten dich und sind da, wann immer du dieses möchtest. Wir sind um dich und durch dich. Wir sind mit dir und in dir allezeit. So möge der Friede in dir sein, und so trage diesen Frieden in deine Familie und in das Umfeld, in dem du lebst. Wir danken dir für dein Sein. Wir danken dir für deine Bereitschaft des Zuhörens. Wir segnen dein Haus – möge es ein Haus der Freude sein, möge es ein Haus des Friedens sein für alle Menschen, die darin ein und ausgehen. Wir danken dir. Sei gesegnet. Amen.

In die Ruhe kommen

Wir sind Michael. Wir segnen dich und grüßen dich in der Kraft des Schwertes, als auch in der Kraft des Wassers, das ohne Anfang und ohne Ende ist. Das Schwert, als ein Symbol der Zielgerichtetheit, weist den Weg, den das Wasser fließen kann, um Liebe zu sein. So erkenne bitte, dass wir nun Raum nehmen in dir und um dich, um durch dich zu strömen.

Erlaube dir wahrzunehmen, dass wir die Kraft sind, die deinem Sein dienen möchte, um zu beruhigen die Ebenen, die du mentales Sein nennst. Denn geliebtes Menschenkind, das du bist, viele Disharmonien entstehen und entstanden durch zuviel Grübeln. Viele Probleme werden erst durch dieses zu viel Denken erschaffen. Somit ist es Zeit, dich daran zu erinnern, *dass die Kraft der Liebe, die Kraft des Friedens, die Kraft der Hingabe, die wir sind, dazu dient, um Ruhe in deine Gedanken einströmen zu lassen, auf dass sie, erlaube uns die Bezeichnung, schlafen gehen dürfen.*

Somit möchten wir dich einladen, dieses getrost geschehen zu lassen, damit eine Lösung, die einer Entspannung gleicht, in all deinen Ebenen Raum nehmen kann im Hier und Jetzt.

Mein geliebtes Kind des Lichtes, erlaube, dass wir dich so bezeichnen, du bist so viele Wege auf dieser Erde bereits gegangen. Du hast so viele Dinge entwickelt, und du hast so viel erschaffen. Du hast so viele Kriege, auch um Namen des Lichtes, geführt, weil du dich für das eingesetzt hast, woran du glaubtest, und bitte erkenne, es ist jetzt Zeit, zur Ruhe zu kommen. Du hast bereits so viel geleistet, und dieses ist eine E-nergie der Anerkennung, eine Energie des Lobes, eine Energie der Dankbarkeit, die wir dir hier an dieser Stelle zuteil werden lassen möchten. Es ist jetzt Zeit, innezuhalten, nichts zu tun, nichts zu leisten, nichts zu erarbeiten, nichts aufzubauen, nichts finden zu müssen. Bitte, alles ist bereits, weil du dafür alles schon vorbereitet und getan hast. Du hast deine Meisterschaft darin schon entwickelt. So möchten wir dich einladen, anzunehmen, dass du bereits ein Meister bist. Bitte erlaube dir, tief und bewusst durchzuatmen und es in dich aufzunehmen, dass du Meister bist. Nimm wahr, wie es sich für dich anfühlt, bereits Meister zu sein. Und bitte erlaube, deine Freude, deine Zweifel, deine Unsicherheiten und Gewissheiten auf die gleiche Art und Weise in dir willkommen zu heißen, indem du tief und bewusst atmest und sie annimmst. Mehr ist nicht zu tun, erlaube erneut, dieses zu erkennen.

So möchten wir dich einladen, da zu sitzen, zu atmen und zu beobachten, wahrzunehmen und anzunehmen. So bist du im Frieden. So möchten wir dich bitten, im Einverstandensein zu sein in diesem Moment. Deine Gedanken ruhen dabei. Und darum, geliebtes Menschenkind, geht es uns hier und heute. Es gibt nichts, was im Moment wichtig wäre, außer deinem Sein im Hier und Jetzt. Dein Sein in deinem Raum, in dem du jetzt gerade bist und diese Zeilen liest. Erlaube bitte, dass wir, Michael, dabei an deiner Seite sind. Erlaube, dass das Sein im Hier und Jetzt Weite ist, Einheit ist mit Allem-was-ist. Ein geöffnetes Herz ist.

Viele der Menschen, die diese Worte lesen, haben sich in den unterschiedlichsten Zeiten als Ritter bewährt, und so möchten wir die Stunde nutzen, um jene unter euch, die dieses möchten, einzuladen, sich erneut zu einem Ritter weihen zu lassen. Wir möchten dich zu einem Ritter der Neuen Zeit ernennen, ohne Rüstung, und dazu bitten wir dich auch, stehen zu bleiben und dich nicht mehr niederzuknien, denn wir sind gleichwertig, erlaube dir, dich an diese Worte zu erinnern. So erheben wir unser Schwert und berühren damit deine Schultern und deine Stirn, und somit berufen wir dich von heute an zu einem Ritter des Friedens, einem Ritter der Liebe, einem Ritter des Lebens und einem Ritter der Hingabe. Und bitte erkenne, dass du nun aufgenommen bist in die Legionen, die wir Michael sind. Von nun an kannst du auf dieser Erde, in unserem Namen die Botschaft des Lebens, die Botschaft des Vergebens und des Verzeihens, die Botschaft des Friedens verkünden, durch dein Sein.

Wir möchten dich einladen, uns immer wieder neu zu begegnen, und so begegnen auch wir dir jeden Moment neu, und so ist es uns möglich, immer wieder mit dir gemeinsam Frieden zu sein jenseits deiner Gedanken, die dabei dann wieder zur Ruhe gekommen sind und kommen dürfen, denn da du nicht deine Gedanken bist, haben sie auch keine Macht über dich, außer du gibst sie ihnen. Deine Gedanken sind vielmehr wie ein kleines Kind. Es ist wichtig, sie in den Arm zu nehmen. Voll Liebe und Aufmerksamkeit kannst du sie schaukeln und wiegen, bis sie schlafen. Du bist aufgefordert, in dieser Zeit das Licht, das du bist, zu zeigen, zu leben, zu teilen. Dafür und deshalb sind die Energien der Engel an deiner Seite, um dich zu lehren und zu unterstützen. Erlaube dir wahrzunehmen, dass wir, Michael, in deinem alltäglichen Sein mit dir sind, wann immer du dein mentales Kindlein schlafen legen möchtest, um selbst zu dem zu erwachen, was du bist. Und dann berühre die Menschen, die mit dir sind, und erlaube dir in die Welt hinauszugehen und verkündige unsere Botschaft, die deine Botschaft ist, denn dein eigenes Herz wird dir den Weg und deine Worte weisen. Und bitte erkenne, dass es dafür niemals zu spät ist! Bitte erkenne, dass dafür immer der richtige Zeitpunkt ist und du auch immer am richtigen Ort dafür bist.

So erlaube dir zu wissen, dass wir allezeit mit dir sind, und die Liebe der Quelle allen Seins segnet dich. Möge Friede sein, und mögest du diesen Frieden hinaustragen in die Welt. Und diese Welt beginnt in deinem eigenen Herzen. Und diese Welt beginnt in deinem eigenen Haus. In der Folge davon erlaube dir, der Unbegrenztheit dieser Welt gewahr zu werden, und dann erlaube dir, dieses gesamte Universum als deine Welt, deine Heimatwelt zu erfahren.

An dieser Stelle möchten wir noch gerne Grüße entsenden an jene unter euch, die verbunden sind mit den Raumgeschwistern dieses Universums. Sie formieren ihre Kräfte und werden dir in dieser Nacht begegnen, wenn du möchtest. Sie werden dir Botschaften für die Entwicklung deines Bewusstseins geben, das im Zusammenhang steht mit der Erfüllung deiner Aufgabe, für die du dich freiwillig hier auf dieser Erde gemeldet hast. Wir danken dir für deine Bereitschaft des Zuhörens, und erlaube dir bitte erneut, dass der Friede, der wir Michael sind, dich allezeit segnet. Amen.

Die Wasser der Erde

Wir sind Michael erneut, und wir möchten zu dir sprechen über die große Welle, die sich über diese Erde ausgebreitet hat. Bitte, dazu ist es wichtig zu erkennen, dass das Wasser für die Emotionalfelder der Menschen steht. Du weißt, dass es in dieser Zeit um die Heilung dieser Emotionalfelder geht, und somit war „die Welle"^(*) ein Zeichen der Heilung und der Transformation. Wir sagten auch, dass es Veränderungen auf dieser Erde auch in der Dritten Dimension geben wird, und dennoch bitten wir dich, nicht in der Angst zu sein, denn diese Erde wird nicht untergehen, sie wird nicht zerstört werden und auch nicht die Menschheit. Die Seelen, die von dem Wasser in eine andere Dimension begleitet wurden, haben sich dafür bereit erklärt, und wir sagten ebenso, dass viele dieser Seelen in den nächsten Monaten und Jahren neu inkarnieren und somit dennoch als Erdenbürger die Zeit des Übergangs der Materie miterleben und mitgestalten werden.

Wir möchten dich einladen, dich nun in deiner Vorstellung mit einem Wassertropfen innerhalb eines Meeres, eines Sees oder eines Flusses zu verbinden. Erlaube dir, an einen Wassertropfen zu denken, lenke deine Aufmerksamkeit darauf, atme tief und bewusst ein und aus und werde und sei dabei eins mit diesem Wassertropfen. Bitte wisse und nimm wahr, dass wir, Michael, nun die Kraft des Friedens ausdehnen, dich damit erfüllen und über dich in diesen Wassertropfen mit hineinstrahlen lassen. So werden wir gemeinsam die Information des Friedens, der Aussöhnung und des Einverstandenseins über diesen einen Wassertropfen, der ein Teil allen Wassers dieser Erde ist, in den gesamten Wasserkreislauf einspeisen. Bitte wisse, dass

*Tsunami Dezember 2004

die Wasser dieser Erde über das Morphogenetische Feld mit den Emotionalkörpern der Menschen in Verbindung stehen. Dadurch dehnen sich der Friede, das Einverstandensein und die Aussöhnung darüber und dahingehend aus. Und erlaube dir bitte auch wahrzunehmen, dass sich der Friede, das Einverstandensein und die Aussöhnung über die Emotionalfelder auch in den physischen Körpern der Menschen ausbreiten können, auf dass diese Qualitäten leichter in der Materie und im alltäglichen Leben sichtbar werden, denn, wie du weißt, bestehen auch die menschlichen Körper zu einem Großteil aus Wasser, und das ist kein Zufall. Unser gemeinsames Wirken ist ein Angebot für alle Menschen, und jeder von ihnen wird sich davon das nehmen, was seinem Sein und seiner Entscheidung entspricht.

Erlaube dir nun bitte, bewusst zu atmen und mit deiner Aufmerksamkeit zu dem einen Wassertropfen, mit dem du eins bist, zurückzukehren. Wir sind immer noch mit dir und durch dich und speisen unsere Energien ein. Der Friede, die Aussöhnung und das Einverstandensein können so auch in dir, in der Gesamtheit, die du bist, wirken, wenn du möchtest. Erlaube es dir einfach wahrzunehmen, dass es ist!

Bitte erkenne, geliebtes Menschenkind, dass sich der Friede ausdehnt. Wenn dieser Friede, das Einverstandensein und die Aussöhnung in deinem eigenen Herzen beginnen und du weißt, dass dieses geschieht, dann wird es keine Wellen in der Intensität, wie sie in der Vergangenheit war, mehr benötigen. Bitte wisse, dass du ein Teil dieser Erde bist und von allem berührt wirst, was auf dieser Erde geschieht und stattfindet, selbst wenn du physisch davon getrennt sein solltest, also unabhängig davon, wo auch immer du dich auf dieser Welt befindest. Somit kannst und sollst du die Entwicklung der Erde in ihrer Gesamtheit mit beeinflussen. So laden wir dich ein, jetzt Friede zu sein!

Erlaube dir wahrzunehmen, dass dieser eine Wassertropfen, mit dem du verbunden bist, ebenso Friede ist im Hier und

Jetzt, und somit alle Wasser dieser Erde Frieden sind. Und darüber hinaus fließt der Friede jetzt in das Morphogenetische Feld, in die Emotionalfelder der Menschen und in ihre physischen Körper. Erlaube dir zu atmen und erlaube, dass es ist! Wir danken dir für dein Sein.

Du kannst diese kleine Anregung wiederholen, wann immer du möchtest. Dadurch veränderst du dich und diese Erde. Dadurch richtest du dich und diese Erde immer mehr auf Frieden, Aussöhnung und Einverstandensein aus. Und nun segnen wir das Wasser und den Wassertropfen, mit dem du eins bist. Und dann laden wir dich ein, dich mit deiner Aufmerksamkeit wieder von ihm zu lösen und zu dir zurückzukehren. Verweile bitte kurz in dir, um den Energien, die in dir sind, nachzuspüren und ihrer gewahr zu sein. In der Folge erlaube dir, zentriert und im Hier und Jetzt zu sein. Wir danken dir. Wir lieben dich und segnen auch dich durch und mit unserem Licht und unserer Liebe. Wir sind Michael. Amen.

Uriel

Die Freude an der Erschaffung

Uriel dient dem rubinroten Strahl. Sein Element ist das Feuer. Er bringt Lebendigkeit, Transformation in der Materie, Lebensfreude und erschaffende Kraft. Du kannst ihn einladen, dich zu begleiten, wenn du beispielsweise für die Umsetzung eines Projektes oder eines neuen Vorhabens noch etwas Mut benötigst, um damit zu beginnen. Uriel schenkt Wärme.

Wenn ich mit Uriel kommuniziere, wird mir immer angenehm warm. Er fördert die Durchblutung und hilft so auch bei kalten Füßen und Händen. Seine Steine sind roter Granat oder Rubin. Wieder könntest du, während du die folgenden Seiten liest, einen (gereinigten) Stein in deiner Hand halten und dir vorstellen, wie das Feuer des Uriels ihn erfüllt, energetisiert und ihn mit seiner Schwingung auflädt. Uriels Energie ist belebend. Sie hilft aus depressiven Verstimmungen heraus und löst den Winterblues auf. Uriel hilft dir, dich mit den Solaren Energien dieses Universums verbunden zu fühlen, und somit unterstützt er dich auch, die Einheit mit der Erde wahrzunehmen, denn in ihrem innersten Kern ist sie solares Bewusstsein.

Ich wirke mit Uriel sehr gerne im Zusammenhang mit der Auflösung und Transformation von Ängsten zusammen. Dabei rufe ich seine Energie und bitte sie, beispielsweise durch den Emotionalkörper zu fließen, um die Hintergründe und den Ursprung der Angst in Freude und Leichtigkeit zu transformieren. Anschließend lade ich ihn ein, alle gelösten Energien der Gesamtheit des betreffenden Menschen zur Verfügung zu stellen, damit die Veränderung auch im Hier und Jetzt ist, gelebt und genutzt werden kann. Dann bedanke ich mich bei Uriel und entlasse ihn sozusagen wieder.

Weiterhin bitte ich Uriel sehr gerne, Menschen bei der Stabilisierung und Erweiterung ihrer Erdverbundenheit zu unterstützen, falls sich jemand beispielsweise auf dieser Erde nicht wohl fühlen sollte und es ihm schwer fällt, seine Kraft anzunehmen, um zu erschaffen.

Menschen können sehr unterschiedlich auf Uriels Energie reagieren. Für manche ist sie so belebend, dass sie die ganze Nacht nicht mehr schlafen können, oder sie fühlen sich aufgeladen und dann so dynamisch, dass sie sich selbst nicht wieder erkennen. Andere wiederum empfinden seine Energie einfach als sanft und angenehm. Deshalb wird häufig die Anregung gegeben, mit Uriels Energie achtsam umzugehen und zuerst zu wissen und festzustellen, wie der betreffende Mensch darauf reagiert und anspricht. Vielleicht hast du ja durch die folgenden Seiten bereits eine Möglichkeit, für dich herauszufinden, wie seine Energie auf dich wirkt.

Botschaft

Tanze, tanze und erfreue dich an der Bewegung in deinem Sein und in deinem Leben. Wir sind die Kraft, die Uriel ist. Wir treten ein, um dich zu begrüßen im Namen des Feuers, das sanft ist: Erlaube dir bitte wahrzunehmen, dass sich Wärme, dass sich Licht, dass sich der Feuerglanz einer Kerze in dir ausdehnt, um dein Sein zu berühren, vor allem auf der Ebene deines Basiszentrums, denn dort ist es wichtig, die Liebe zum Sein, die Liebe zum Leben, die Freude Raum nehmen zu lassen, damit Erschaffung in der Materie von dem, was du als Idee, als Impuls in dir trägst, ermöglicht wird.

So erlaube uns bitte, dich mit unseren lichten Händen an deinem Basiszentrum zu berühren, um dort Liebe einströmen zu lassen. Und nimm nun wahr, wie Wärme in dir aufsteigt, über dein Basiszentrum durch die Gesamtheit, die du bist, und dich neu belebt. Und wir, als Kraft der Wärme und als Liebe, dehnen uns weiter aus und tanzen durch dich und mit dir, denn dieses gesamte Leben ist ein Tanz, ein unendlicher Tanz der Energien. Somit erlaube bitte, dass wir tanzen, tanzen als zartes Feuer durch dein Sein. Dabei beleben wir dich in einer Form, dass Freude in dir zu wachsen beginnt. Diese begleitet dich von jetzt an.

Erlaube dir bitte wahrzunehmen, dass die Kraft, die wir sind, dir dient, um über dich selbst hinauszuwachsen. Denn wir sind mit dir, um Begrenzungen zu lösen, die du über dich selbst in dir trägst, beispielsweise durch deine Vorstellungen, die du über dich hast.

Wir sind auch die Energie, die dir hilfreich zur Seite steht, um Ängste aus deinem Sein zu transformieren, damit dort Freiheit wachsen kann. Wir meinen damit die Freiheit, das zu sein, was du bist. So erlaube uns bitte, dass wir durch dein Sein tanzen in der Kraft des Feuers, das sanft lodert. So dehnt sich unsere Wärme in dir aus, und spüre, dass diese Wärme wohltuend für deinen Körper ist, und so heiße sie willkommen, damit sie dir dienen kann. Denn Alles-was-ist, ist, um dir zu dienen. Jeder Ausdruck deines Lebens möchte dich unterstützen, und wenn du dieses anerkennen kannst, hast du einen wesentlichen Schritt der Heilung gesetzt.

So erlaube bitte, dass die Kraft, die wir Uriel sind, Raum nimmt, um dich an deine eigene Unbegrenztheit zu erinnern. Erlaube dir bitte wahrzunehmen, welches Potenzial an Möglichkeiten, an Ausdruck, welches Potenzial an Kraft, an Freude, welches Potenzial an Lebendigkeit in dir ist. Bitte erkenne, dass es noch Wünsche in dir gibt, die du früher umsetzen wolltest und die in der Zwischenzeit in Vergessenheit geraten sind. Jetzt sind wir hier, um dich an sie zu erinnern. Was wolltest du schon immer einmal tun? Erlaube dir, in der Beantwortung dieser Frage auch einen Teil deiner Kreativität und deine Freude am Sein in der Materie zu leben, sie wieder zu entdecken.

Wir möchten dich einladen, in den nächsten Wochen und Monaten dir diese Frage immer wieder zu stellen und einer Antwort zu lauschen. Und nutze dabei keine Ausreden, warum du es nicht getan hast und nicht tun kannst. Es geht einfach nur darum, zu erkennen, was in dir ist und von dir gelebt werden möchte. In der Folge dann nimm bitte wahr, dass wir dir in der Kraft der Transformation, die wir sind, bei der Umsetzung behilflich sein möchten. Wir durchtanzen deine Unsicherheiten, Zweifel, erlaube erneut den Begriff, auch deine Ausreden, wenn du möchtest, sodass Freiheit und der innere Drang, dem zu folgen, wonach deinem Herzen ist, in dir zu wachsen beginnen. Bitte wisse, dass es in diesen Jahren um deine Meisterschaft geht. Es sind Jahre der Erschaffung. Du wirst erkennen, dass sich in dieser Zeit erneut der Abstand zwischen einem deiner Gedanken und dem Resultat in der Materie beschleunigt bzw. verkürzt, und das bezieht sich sowohl auf die angenehmen als auch auf die nicht so liebevollen Gedanken. Das heißt, wir möchten dich an dieser Stelle auffordern und bitten, in der Achtsamkeit zu sein, denn Manifestation folgt. Deshalb nennen wir es „Jahre der Erschaffung". Und „Jahre der Meisterschaft" heißen wir es deshalb, weil du darin üben darfst, erlaube diesen Begriff, jene Dinge zu erschaffen, die dir am Herzen liegen und nicht mehr jene, die in deinem mentalen Sein als das kreisen, was du befürchtest und eigentlich nicht willst. Somit sei bitte aufmerksam. Erfreue dich in den kommenden Jahren an deinem Leben und wisse, dass es bunt sein wird, so möchten wir es nennen, und reich an Erfahrungen. Dabei ist es wichtig, diese nicht zu bewerten, sondern dich an den unzähligen Kreationen, die du erschaffen hast und die es sonst noch gibt, zu erfreuen. Dazu möchten wir dich einladen, und dabei dienen wir dir auch immer wieder. Und so möchte die Energie, die wir sind, die Leben spendet, die Freude und der Mut zur Erschaffung ist, um dich und in dir tanzen, wenn du dieses erlaubst.

Und so sind das Licht des Feuers, das wir sind, Heilung und Segen für dich und dein Sein in der Materie. Bitte erkenne, dass immer alles, was du im Hier und Jetzt benötigst, um ganz zu sein, um heil zu sein, dir zur Verfügung steht. Nutze es! Erlaube dir bitte, in diesem Zusammenhang aus der Fülle zu schöpfen. Das bedeutet, erkenne, dass du in dieser Zeit genau an dem Ort, an dem du bist, in dem Umfeld, in dem du dich bewegst, von großer Wichtigkeit und Bedeutung bist, und dass wir die Kraft der Transformation sind und dir als solche zur Seite stehen.

Wir möchten dich an dieser Stelle weiterhin einladen, selbst Transformation zu sein, und dabei ist es wichtig, andere Menschen mit deiner Freude am Leben zu berühren, anzustecken und deine Begeisterung für dieses Leben mit ihnen zu teilen. Erlaube dir zu erkennen, dass du dein eigener Sinn bist. Du bist deine eigene Freude. Bitte, sei wirklich von dir selbst und deinem Leben begeistert, immer und immer wieder.

So möchten wir dich in der Sanftheit, die wir auch sind, einladen, dein Leben zu lieben und voller Freude zu leben, einfach weil es dein Leben ist, so wie es ist. Und falls du es benötigen solltest, und du damit einverstanden bist, können wir dir auch gerne feuriger und kraftvoller begegnen, um dich zu unterstützen. Es ist deine Wahl. Wir dienen. Somit sind wir die Kraft, um in die Manifestation zu gehen, und wir rufen dich auf, Meister zu sein, Meister der Liebe, Meister der Begeisterung für dein eigenes Leben, Meister der Freude (über deine eigene Vollkommenheit). Wir sind Uriel. Möge die Kraft, die Leben spendet, allezeit in dir sein. Nütze diese Energie, nütze sie weise. Sei gesegnet. Amen.

Verbindung mit dem solaren Kern der Erde

Erlaube dir bitte, einen tiefen Atemzug zu nehmen und mit deiner Aufmerksamkeit zu deinem und in dein Herz zu gehen, in dein Herz einzutreten und in deinem Herzen zu sein. Erlaube dir, eins zu sein mit deinem Herzen. Jetzt!

Erlaube dir wahrzunehmen, dass die Liebe deines Herzens strömt und fließt und sich ausdehnt und du durchdrungen bist von diesem Licht, von dieser Liebe deines Herzens, in allen Schichten, in allen Ebenen, in allen Körpern, die du bist. Jetzt!

Nun möchten wir dich einladen, dein Inneres Kind zu dir in dein Herz zu bitten. Nimm bitte wahr, wie es Raum nimmt in deinem Herzen und heiße es willkommen, so wie es ist, und frage dein Inneres Kind, ob es bereit ist, mit dir jetzt eine Reise zu unternehmen, eine Reise in deine Verbindung zur Erde. Und wenn es nicht bereit sein sollte, dann frage es bitte, was es jetzt benötigt, welche Farbe, welche Energie, um bereit zu sein. Und stelle ihm dieses auch zur Verfügung. Jetzt!

Nun erlaube dir bitte wahrzunehmen, dass mit dir und deinem Inneren Kind in deinem Herzen noch weitere Wesen anwesend sind: Deine Engel, deine geistigen Führer, Wesenheiten aus der Weißen Bruder- und Schwesternschaft, aus der Zentralsonne und andere Sternenwesen dieses Universums. Je nachdem, wer dir und deiner Seele vertraut ist, ist mit dir in deinem Herzen. Jetzt!

Bitte erlaube dir nun wahrzunehmen, dass von deinem Herzen aus ein Lichtkanal, eine Lichtverbindung, durch deine Chakren hinunterführt bis auf die Ebene deines Basiszentrums, um jetzt, gemeinsam mit deinem Inneren Kind und all den Begleitern aus deinem Herzen, mit deiner Aufmerksamkeit durch diesen Lichtkanal zu reisen und auf der Ebene deines Basiszentrums, deines Wurzelchakras zu sein. Wenn du möchtest, dann stelle es dir als einen roten großen Raum vor und sieh dich in diesem

Raum um und verändere ihn bei Bedarf, erweitere ihn oder tue etwas Ähnliches, damit du dich in ihm wohl fühlst.

Nun nimm bitte wahr, dass eine Wesenheit deiner feinstofflichen Begleiter einen Schritt zu dir nach vorne macht. Und diese Wesenheit ist die Energie von Uriel, und Uriel nimmt Raum. Und Uriel spricht zu dir und deinem Inneren Kind:

Wir sind Uriel, wir sind die Kraft der Transformation, und wir treten ein in deinen roten Raum, in der liebenden Vereinigung mit den Kräften aller Sonnen dieses Universums, denn das Feuer ist geboren aus den Ebenen der Sonnen, und somit bin ich, als ein Teil der solaren Geschwister, hier, um mit dir zu kommunizieren. Ich möchte dich bitten, in der Ebene deines Basiszentrums die Erinnerung an deinen solaren Ursprung zu aktivieren. Denn es ist von Wichtigkeit, geliebtes Kind des Lichtes, dich als einen Teil der solaren Kraft dieses Universums wieder wahrzunehmen, denn dieses ist der Funke deiner Lebenskraft, deiner Lebendigkeit, und wir möchten dieses in deinem roten Raum neu beleben und neu initiieren. Und so erlaube dir, im Zentrum deines roten Raumes, durch die Kraft deiner Vorstellung, einen Ort zu visualisieren, in dem das ewige Feuer nun brennen kann, das der Funke aus der Zentralsonne ist, den wir zurückgeben möchten in dein Sein, dort wo er, erlaube den Begriff, hingehört.

Es ist von Wichtigkeit, dass du durch die Aktivierung dieses Feuers in deinem Basiszentrum aufgerufen wirst, im Frieden zu sein mit deiner Kraft, im Frieden zu sein generell mit der Kraft des solaren Bewusstseins, in diesem Universum, in dieser Zeit. Und wir, Uriel, sind hier, um dieses mit dir gemeinsam zu tun, zu unterstützen im Hier und Jetzt.

Und so erlaube dir wahrzunehmen, dass im Zentrum deines roten Raumes dieses Feuer einkehrt, zurückkehrt, wieder beginnt sich auszubreiten in einer Form, durch die das Bewusst-

sein der Zentralsonne kraftvoll in dir Raum nimmt und dadurch bewusst und kraftvoll der Impuls des Lebens und die Freude am Sein und die Freude an der Erschaffung Raum nehmen.

Wir, Uriel, laden dich ein, dass du dieses Licht nimmst, das ausstrahlt aus dem Zentrum dieses Feuers, und den gesamten Raum, der dein Basiszentrum ist, nun damit erhellst. Dadurch kannst du die Kraft der Transformation, die dieses Feuer ist, weil es Erinnerung spendet an deinen wahren Ursprung, wieder für dich nutzen. Und so, durch die Stärkung des solaren Bewusstseins in deinem Basiszentrum, kann sich das, was du Widerstand nennst gegen die Materie, gegen das Leben, gegen die Große Göttin, – denn Gaia ist eine Tochter der Großen Göttin – einfach auflösen, sodass Freiheit ist.

Freiheit heißt, keinen Widerstand zu haben. Freiheit heißt, in der Annahme zu sein von Allem-was-ist. Und dieses möchten wir heute an diesem Tag und zu dieser Stunde durch die Emanationen, die wir, Uriel, sind, mit dir gemeinsam zelebrieren auf der Ebene deines Basiszentrums, damit dieses zurückgeführt werden kann in seine Kraft, so wie es seinem Ursprung entspricht. Jetzt ist es wichtig, dieses zu initiieren und ihm Raum zu geben, Öffnung vorzubereiten, damit diese Integration und die Annahme dieses Feuers, das Leben ist, geschehen.

Und somit erlaube dir wahrzunehmen, dass das Feuer, das im Zentrum deines roten Raumes brennt, aufsteigt und sich ausdehnt durch das, was du deinen Unterbauch nennst, deinen Unterleib. Und alles, was deine Beine und deine Füße betrifft, wird jetzt erfüllt von der Kraft des Feuers. Erlaube dir bitte wahrzunehmen, dass nun eine Transformation von Energien in dir ist. Das bedeutet, dass dieses eine Kraft, eine Möglichkeit ist, die dich dem Leben zurückbringt, denn jede Form von Verletzung, jede Form von Trennung, ist ein Schritt aus dem, aus deinem Leben heraus.

Und wir sind gekommen in der Präsenz, die wir Uriel sind,

173

um dich dem Leben, deinem Leben, zurückzugeben. Und das ist der Tag dafür!

So erlaube dir wahrzunehmen, dass das Feuer deines Basiszentrums sich ausdehnt und jene Ebenen deines Seins erfüllt, die wir bereits nannten. Erlaube bitte, dass wir die unterschiedlichsten Speicherungen, die die Energie der Trennung in deinem Sein ausdrücken und halten, dieser transformatorischen Kraft übergeben dürfen im Hier und Jetzt. Und dabei ist es nicht wichtig, diese im Einzelnen zu kennen. Es ist von Wichtigkeit, es geschehen zu lassen und dem Feuer, der Energie des Feuers, zu erlauben, durch dich zu wirken. Erlaube dir einfach, während Transformation ist, Feuer, Wärme, zentrales Sonnenbewusstsein zu genießen, wahrzunehmen, wie dieses dich und dein Sein und somit deinen Ausdruck und deine Präsenz in der Materie stärkt. Und erkenne, dass die Kraft des Feuers nicht nur deinen unteren Bereich deines Körpers, deine Beine und Füße nährt, sondern darüber hinaus strahlt in das, was du „Verbindung zur Erde" nennst. Und wir lassen deine Wurzeln wachsen, und zwar in einer erweiterten Form.

Spüre, wie sich deine Wurzeln nun zu einem kraftvollen Kanal des Lichtes bilden. Und diese Wurzeln führen hinein bis in das Zentrum der Erde, das solarer Kern der Erde genannt wird. Es ist eine Energie aus dem Zentralbewusstsein der Sonne, eine Energie des ewigen Feuers. In diesem Zentrum der Erde liegt ein Anfang von dir, du als Mensch bist ein Teil davon. Wir laden dich ein, deine Annahme als menschliches Wesen hier auf dieser Erde neu zu erfahren im Hier und Jetzt. Das bedeutet, dass wir dich einladen möchten, bewusst dein Herz zu öffnen, jetzt!, und JA zu sagen zu der Kraft des Feuers. JA zu sagen in deinem Herzen zu dem Bewusstsein der Zentralsonne. JA zu sagen zu der Kraft, die Leben schenkt. JA zu sagen zu diesem Ausdruck innerhalb deines eigenen Seins. JA zu sagen zu dem, was wir als solaren Kern der Erde genannt haben. JA zu sagen zu dieser

Verbindung deines Seins mit diesem solaren Kern. Und erlaube dir wahrzunehmen, dass die Wesenheiten, die dich begleiteten und es immer noch tun, dich dabei unterstützen, damit dieses JA-Sagen ist. Und erkenne, dass dein Inneres Kind von uns getragen wird, um diesem mit Freude zustimmen zu können. Es ist jetzt Zeit, Friede zu sein, es ist jetzt Zeit, Freude zu sein, es ist jetzt Zeit, zu diesem Leben JA zu sagen. Jetzt ist die Zeit der Annahme. Jetzt ist es Zeit, Feuer, Zentralsonnenbewusstsein, Lebenskraft in dir wahrzunehmen und strömen zu lassen. Jetzt ist es Zeit, die Verbindung zu Gaia, zur Erde, zu dem, was solares Bewusstsein der Erde genannt wird, neu aufzubauen. Und jetzt ist es Zeit zu erkennen, dass deine Füße nicht auf der Erdoberfläche beginnen, beziehungsweise nicht damit beginnen mit dem, was du Fußsohlen nennst, sondern deine Füße im solaren Kern der Erde geankert sind. Durch diese Annahme ist es möglich, in der Folge die Kraft dieses solaren Bewusstseins für dich wieder zu nutzen. Durch diese Energie kannst du mit Entschlossenheit, Mut und Kraft Dinge ins Leben rufen und umsetzen.

Bitte erkenne, dass dieses von Wichtigkeit ist für dein Lebensumfeld, in dem du dich gerade befindest, denn das ist die Kraft, die es ermöglicht, das, was du als Theorie des spirituellen Bewusstseins kennst, zu manifestieren, zu erschaffen in der noch Dritten Dimension, auf eine geheilte Art und Weise. Und somit ist es Zeit, Rückbindung zu erfahren zu dieser Kraft des solaren Bewusstseins der Erde, das nichts anderes ist als ein solares Bewusstsein in dir. Und es ist Zeit, dass die Schwingung deiner Zellen in der Gesamtheit, die du bist, erhöht wird, damit solares Bewusstsein Raum nimmt in der Materie. Das bedeutet, dass das, was du an Theorie weißt, lebbar wird in deinem alltäglichen Sein, und sich somit dein Leben verändert und sich neu ausrichtet. Es richtet sich aus auf das, was du in deinem wahren Ursprung bist. Wir sind hier, um dir dabei zu dienen, und wir begleiten dich.

Und jetzt erlaube dir bitte wahrzunehmen, dass Feuer der Transformation ist auf der Ebene deines Basiszentrums, einschließlich der Nebenchakren, wie du es nennst, in diesem Bereich. Erlaube, dass Feuer ist in deiner Verbindung zu Gaia, und erlaube, dass Feuer ist in deiner Einheit mit dem, was solarer Kern der Erde genannt wird. Und somit bist du Friede, bist du Liebe, bist du Einheit.

Bitte erkenne, dass es unsere Aufgabe ist, in den nächsten Tagen dein Basiszentrum zu weiten und zu stabilisieren, damit der Fluss der Verbindung, die jetzt ist, nicht mehr unterbrochen wird, sondern weiter wachsen kann, und daraus Früchte werden, die nicht nur du erntest, sondern alle Wesen, mit denen du bist. Erlaube, dass Feuer seinen Weg findet. Wir sind Uriel, und nun übergebe das, was bisher in der Ebene deines Basiszentrums und der Verbindung zur Erde belastet hat, der Kraft des Feuers, der Kraft der Transformation und des Zentralsonnenbewusstseins, damit dieses durch deine Entscheidung, durch den Willen deines Herzens, gelöst ist. Erlaube, dass wir, Uriel, dich segnen, dass es gut ist, unsere Energie anzunehmen, sein zu lassen, fließen zu lassen. Bitte erlaube dir zu atmen und die Erweiterung in deinem Sein wahrzunehmen.

Nun laden wir dich ein, in deinem Tempo wieder ins Hier und Jetzt zurückzukommen und dennoch in dieser Energie der Verbundenheit mit Gaia zu bleiben. Wir sind Uriel. Sei gesegnet. Jetzt!

Die Kraft des Lächelns

Wir sind Uriel, und wir tanzen in den Farben Rot-Gold-Orange, um dich zu begrüßen.

Erlaube dir, bewusst zu atmen, geliebtes Kind des Lichtes, geliebtes Kind der Freude, und wahrzunehmen, dass wir Raum

176

nehmen und dich berühren möchten. Erlaube dir bitte, die E-nergie der Kraft und der Erschaffung und die Energie der Leichtigkeit in dir anzunehmen, die wir dir nun zur Verfügung stellen möchten. Und wir laden dich ein, dich im Hier und Jetzt bewusst zu dehnen und zu strecken, denn dadurch lösen sich Verspannungen und Verhärtungen in deinem physischen Sein. Dadurch kann dich beispielsweise die Energie der Freude, die wir sind, leichter berühren und durch dich wirken, wenn du dieses möchtest. Und so möchten wir dich an dieser Stelle wirklich dazu einladen, während deines Tages immer wieder auf den Durchfluss in deinem wundervollen Körpergefährt zu achten. Das heißt, wir bitten dich, deinen physischen Körper zu dehnen, zu strecken und ihn sanft und liebevoll zu massieren, sodass er weich, weit und entspannt sein kann und ist. Dadurch wachsen nicht nur leichter Berührung und Begegnung mit deinen feinstofflichen Freunden und Geschwistern, die wir sind ist, sondern auch generell Wohlfühlen und eine Leichtigkeit des Seins, die es dir ermöglicht, über vieles zu lächeln. Und darum geht es uns heute in dem Kontakt mit dir.

Wieder einmal, erlaube diese Formulierung, sind wir gekommen, um dich an die heilsame Wirkung des Lachens und des Lächelns zu erinnern. So viele Menschen haben dieses schon erkannt und in ihren Büchern, Seminaren und Unterweisungen bereits darauf hingewiesen. Vielleicht hast du es unabhängig davon für dich selbst ja auch schon entdeckt. Wir möchten es einfach bestätigen und dich im Hier und Jetzt erneut daran erinnern.

Es gibt einen Spruch, den wir schon öfters erwähnten und den du wahrscheinlich schon kennst: Er besagt, dass du der Welt zulächeln solltest, und sie würde zurücklächeln. So möchten wir dich zuerst bitten, dir selbst morgens zuzulächeln, wenn du in den Spiegel blickst. Und sogar, bevor du aus dem Bette steigst, dem Tag zuzulächeln. So begrüßt du ihn und heißt ihn

willkommen. Probiere es einfach aus, und erlebe selbst den Un-
terschied zwischen einem Tag, dem du zugelächelt hast, und
einem Tag, dem du nicht zugelächelt hast!

Weiterhin möchten wir dich bitten, dein inneres Lächeln für
dich zu nutzen, falls du es nicht ohnehin schon tust. Erlaube dir
dabei, deinen Ebenen, Rollen, Aspekten, Körpern und Orga-
nen und Ähnlichem mehr zuzulächeln. Und bitte erkenne, dass
das deine Selbstheilungskräfte aktiviert. Wir möchten dich auch
daran erinnern, während des Tages, ja, sogar auf der Straße,
immer wieder Menschen bewusst anzulächeln, auch wenn dir
nicht danach sein sollte. Das wird auch deinen Tag verändern
und den des Menschen, dem du zugelächelt hast. Durch dein
Lächeln gewinnst du, was auch immer du benötigst und dir gut
tut, und gleichzeitig schenkst du Hoffnung, Mut, Selbstbestäti-
gung – und all das fließt zu dir zurück.

Und wir möchten dich erneut bitten, Dinge, die dich bei-
spielsweise ängstigen, die dich sorgen, die dich verletzen, vor
dir auf den Boden zu legen, um sie von oben zu betrachten. Und
dann lächele ihnen einfach zu, und somit findet Heilung statt,
denn die Dinge, erlaube erneut den Begriff, verlieren dadurch
ihre Schwere und Dichte und können beginnen sich zu trans-
formieren. Bitte probiere dieses aus und erlebe die heilsame
Wirkung selbst, wenn du möchtest. So bitten wir dich jetzt, kurz
innezuhalten, um dein inneres Lächeln zu aktivieren. Du kannst
dich dafür einfach mit einer Zelle deines Seins verbinden und
wahrnehmen, wie sie dich anlächelt. Manche Menschen gehen
dazu auf die Ebene ihres Herzens oder auf die Ebene ihres
Solarplexuschakras, dort, wo deine innere Sonne zu Hause ist,
und lassen diese lächeln. Mache es, wie du es möchtest. Erlau-
be dir einfach, dir vorzustellen, wie die Energie des Lächelns,
ähnlich einer Welle, durch die Gesamtheit deines Seins strömt.
Und nun stell dir vor, dass du uns zulächelst, und erkenne, dass
wir gerne zurücklächeln. So einfach ist es! Spürst du, wie dabei

dein Herz weit und warm wird und das rot-gold-orangefarbene Licht, mit dem wir uns dir heute nähern, viel leichter und direkter in dich einströmt, sodass sich Freude in dir ausbreiten kann?

In dieser Zeit geht es vermehrt darum, dass Menschen wieder lernen, sich zu freuen um der Freude willen, ohne einen besonderen Grund dafür zu haben, ohne die Freude auf etwas Bestimmtes zu beziehen. So erinnere dich bitte an die Freude in dir und erlaube dir, die Wahrnehmung von Freude in dir neu zu beleben, die Erinnerung an ein herzhaftes Lachen in dir zu erneuern, damit es Raum nimmt im Hier und Jetzt. Nimm bitte wahr, wie ausgleichend, harmonisierend und entspannend das wirkt. Wenn du möchtest, erlaube dir, auf deinen Spiegel oder an einen anderen Ort, an den du häufig blickst, eine lächelnde Sonne zu malen. So kannst du dich selbst jedes Mal aufs Neue an das Lächeln in dir erinnern und es einfach tun. Erkenne, wie bezaubernd ein Lächeln sein kann, und lächele dich selbst an und dir selbst zu, und somit erlaube dir, von dir selbst erneut begeistert zu sein, denn du bist ein vollkommener Ausdruck der Quelle allen Seins. Bitte vergiss dieses niemals!

Wir lächeln dir zu. Erlaube dir, selbst zu lächeln im Hier und Jetzt.

Sei gesegnet, und die Freude und die Leichtigkeit des Seins mögen dich allezeit begleiten. Wir sind Uriel. Sei gesegnet. Amen.

Ich möchte an dieser Stelle etwas anmerken: Jeden ersten Sonntag im Mai ist Weltlachtag. Überall auf der Erde finden sich Menschen an diesem Tag zusammen, um gemeinsam zu lachen beispielsweise für den Frieden, ohne besonderen Grund, denn Lachen tut gut, verbindet und ist heilsam. Wenn du nähere Informationen möchtest oder dich generell für Lachyoga und Lachyoga-Workshops interessierst, dann schau im Internet unter www.lachyoga.at oder unter www.lachtraining.at von Ellen Müller.

Das Feuer der Erde

Erlaube dir bitte wahrzunehmen, dass wir diesen Augen-
blick nutzen möchten, um mit dir zu kommunizieren und dabei
unser Feuer, das aus dem tiefen Inneren der Erde, aus ihrem
solaren Kern, emporsteigt, nun hineinlenken möchten in dein
Basiszentrum, in dein Wurzelchakra, wie du es nennst. Erlaube
dir wahrzunehmen, dass die Feuer des Lebens in dir wirken
und die Kraft der Erde dein Basiszentrum belebt, aktiviert und
weitet. Und so werden der Mut und die Entschlossenheit, die
Bereitschaft zu verändern, die Bereitschaft weiterzugehen, die
Bereitschaft, in liebevollem Austausch und Kontakt mit der Erde
zu sein, in dir wachsen.

Erde, Gaia, ist liebendes Bewusstsein, und bitte erkenne,
das ist dein Wesen, dein innerstes Wesen auch, denn du bist
aus den Elementen der Erde erschaffen. Du bist Liebe, du bist
liebevolles Sein, das hier ist, um sich auch für andere einzuset-
zen, denn du bist ein Wesen der Gemeinschaft. Bitte erlaube
dir, dieses zu erkennen. Es ist in deinem Innersten, dass du den
Kontakt mit anderen suchst. Du bist nicht auf diese Erde gekom-
men, um alleine zu sein, deshalb möchten wir dich einladen,
das Feuer des Lebens, das Feuer der Erde, erneut in dir aufzu-
nehmen, damit die Freude am Neubeginn, an der Vereinigung,
am Austausch mit anderen und an der Begegnung mit anderen
wachsen kann. Und so lasse jetzt bitte dein Basiszentrum weit
sein und spüre die Wärme, spüre die Kraft, spüre die Liebe,
die Gaia ist. Und auch dieses ist ein Spiegel von dir. Wenn du
Gaia als hart, als ungerecht, als schwierig wahrnimmst, dann
sprichst du über dich selbst. Aber wenn du Gaia als liebendes
Bewusstsein und Wesen wahrnimmst, sprichst du auch von dir.
Und so möchten wir dich einladen, den Fokus auf die Liebe zu
lenken. Und Liebe ist außerhalb von Wertungen. Liebe lässt
den anderen sein. Liebe unterstützt den anderen, dass dieser

so sein kann, wie es seinem tiefsten Inneren entspricht. Und so erlaube dir, zu atmen, bewusst und tief, und werde dir der Einheit mit der Erde gewahr. Und so möchten wir als Uriel dir diese Kraft zur Verfügung stellen, damit du dein Licht und deine Liebe, das und die du bist, auch für andere sichtbar sein lässt. Jetzt und allezeit!

Und so segnet die Kraft des Feuers der Erde, die Kraft der Erschaffung, die Kraft der Freude, dich und dein Sein. Wir sind Uriel. Sei gesegnet. Amen.

Umzug in eine neue „Wohnung"

Es ist mir ein Anliegen, dir vor der folgenden Meditation mit Raphael, Gabriel, Michael und Uriel noch einige allgemeine Anregungen zu geben.

Wie du ja bereits weißt, ist alles, was in diesem und in anderen Büchern steht, nur eine Möglichkeit unter unzähligen, auf welche Art und Weise, wann und wozu du dich an welchen Engel wenden kannst. Für deine eigene Praxis möchte ich dich daher einladen, einfach im Hier und Jetzt zu sein, um dich so im jeweiligen Einzelfall, in jedem Augenblick, von der Stimme deines Herzens führen zu lassen. Wenn du in deinem Herzen bist, wenn du im Hier und Jetzt bist, bist du auch eins mit deinem göttlichen Plan. Dadurch sind Harmonie und Gleichgewicht in all deinen Körpern.

Die Geistige Welt erklärte mir, dass es zurzeit auf der Erde darum geht, dass sich die Menschen immer wieder selbst finden. Das ist teilweise auch die Aufgabe von (spirituellen) Gruppen, die aus den unterschiedlichsten Gründen zusammengeführt werden. Dadurch vereinen sich Kräfte und Energien im Hier und Jetzt, was auch den einzelnen Gruppenmitgliedern ermöglicht, sich leichter an ihren göttlichen Ursprung zu erinnern und das eigene, innere göttliche Bewusstsein zu aktivieren. Gleichzeitig wächst auf diese Weise ein Lichtnetz über diese Erde, was der Durchlichtung des Morphogenetischen Feldes dient. Häufig treffen sich die Mitglieder einer Gruppe an einem Ort auf der Erde wieder, an dem sie bereits vor vielen Jahren, in früheren Inkarnationen, gemeinsam wirkten. Energetische Aussendungen der damaligen Zeit werden im Hier und Jetzt verändert, aufgelöst, neutralisiert, und Heilung geschieht für die Erde wie auch für die einzelnen Mitglieder der Gruppe.

Die Geistige Welt erklärt dazu, dass du dir das so vorstellen könntest, als hättest du damals in und mit dieser Gemeinschaft ausgeatmet, und jetzt wärst du wiedergekommen, um einzuatmen. Dieses Einatmen ist gleichzeitig ein Zu-dir-Zurückkommen und ein Erinnern an dein wahres Sein. Das ist einer der Gründe, warum so viele Menschen im Moment den Drang nach Reisen, nach Gruppenarbeit und Ähnlichem in sich verspüren.

Alle Informationen, die du bekommst, wie auch beispielsweise diese hier, die du jetzt, in diesem Moment, liest, sind im Hier und Jetzt. Das heißt: Wenn zum Beispiel geschrieben steht, dass Raphael bei der Heilung von physischen Disharmonien hilft, kannst du dir dabei vorstellen, dass die Energie, das Licht, die Liebe von Raphael, während du dieses liest, in dich einströmt und durch dich fließt. Falls du nun ein physisches Ungleichgewicht in dir tragen würdest, fände Heilung statt, wenn du dieses zuließest. Alles ist und wirkt und bezieht sich auf das Hier und Jetzt.

Die Engelenergien sind Angebote, und du kannst jederzeit entscheiden, wann, wie viel und welche du davon annehmen möchtest. Auch während Seminaren und Meditationen steht dir ein Angebot von Energien zur Verfügung, aus dem du frei wählen kannst.

In einem früheren Kapitel wurdest du von Gabriel dazu eingeladen, eine Lichtinsel zu sein und Inseln des Lichtes in deinem Umfeld zu errichten und aufzubauen. Die Geistige Welt möchte dich nun weiter bitten, heilsame Energien, Energien der Erinnerung, die du beispielsweise in Gruppen erfährst, in deine Lichtinsel mit hineinzunehmen, sowohl in deine innere als auch in die äußere.

Deine Lichtinsel ist wie ein behüteter Raum. Sie ist nicht so eingebunden und durchdrungen von dem Morphogenetischen Feld der nicht geheilten Dualität, so möchte ich das Bild, das mir die Geistige Welt dazu zeigt, am besten beschreiben. Vielleicht hast du schon beobachtet, dass dir zum Beispiel während einer Meditation gesagt wurde, dass dein schmerzender Zahn geheilt ist und dabei konntest du auch eine Verbesserung spüren. Kurze Zeit nach dieser Botschaft begann er wieder genau so zu schmerzen wie vorher. Was war geschehen? Du bist sozusagen aus dem Hier und Jetzt, aus der Aufmerksamkeit deiner göttlichen Präsenz, herausgefallen. Anders kannst du auch sagen, du hast deine Schwingung, deinen Fokus wieder verändert und bist mit deiner Aufmerksamkeit in die nicht geheilte Dualität zurückgekehrt. (Auch in diesem Kapitel geht es um Erkenntnis und nicht um Bewertung – obwohl ich einiges über kosmische Zusammenhänge weiß, pendle auch ich zwischen den Dimensionen und zwischen Theorie und Praxis, wie jeder andere auch.)

Nun sagt die Geistige Welt, dass dir die Lichtinseln dabei helfen möchten, nicht so schnell aus deiner göttlichen Mitte, aus deinem Hier und Jetzt, herauszupurzeln. Vielleicht hast du in den letzten Jahren auch an dir selbst beobachten können, dass dich gewisse Themen, die dich früher emotional berührten, die dich aus deiner Mitte brachten, zu denen du eine Meinung hattest und sofort deinen Standpunkt festlegtest, nun einfach so an dir vorüberziehen. Du siehst sie nur an, ohne dass sich dabei irgendetwas in dir bewegt. Du kannst sie sein lassen so, wie sie sind. Das ist vergleichbar mit deinem Sein in einer Lichtinsel. Die Lichtinsel fördert das Ruhen in deinem Herzen im Hier und Jetzt. Gleichzeitig erschafft das Ruhen in deinem Herzen im Hier und Jetzt die Lichtinsel.

Die Geistige Welt bittet dich in diesem Zusammenhang darum, dich immer wieder aus all dem, was dich bewegt, was dich noch beschäftigt, herauszuziehen, um in dein Herz zu gehen und darin zu verweilen. Sie vergleicht dieses mit einem Gebäude, in dem zwei Wohnungen in verschiedenen Stockwerken sind. Die untere Wohnung steht für die nicht geheilte Dualität. Darin befindest du dich beispielsweise, wenn du in der Identifikation mit deinen Rollen bist. Die obere entspricht deinem göttlichen Bewusstsein. Sie betrittst du, wenn du in dein Herz gehst und darin ruhst. Im Moment flitzen wir Menschen zwischen den beiden Stockwerken permanent hin und her. Die Engel helfen dir nun dabei, die untere Wohnung Schritt für Schritt aufzulösen, um mehr und mehr in der oberen anzukommen, die ohnehin viel heller ist und von der aus du einen wundervollen Ausblick hast. (Doch das nur nebenbei...) Vieles wirst du aus deiner alten Wohnung gar nicht mehr mit in die neue nehmen, denn du benötigst es nicht länger, und es dient dir nicht länger.

Die folgende Meditation soll dich bei deinem „Umzug" unterstützen und dir helfen, in deiner neuen Wohnung anzukommen. Sie ist so etwas wie eine Ergänzung zu den Anregungen, die du in den vorherigen Kapiteln von den Engeln erhalten hast. Die Elemente sind Kräfte mit bestimmten Qualitäten und Eigenschaften, die dir zur Verfügung stehen möchten, damit du deine Übersiedelung in Zielgerichtetheit und Leichtigkeit gestalten kannst.

Und so erlaube dir bitte jetzt, es dir bequem zu machen. Wenn du möchtest, lege eine leise, angenehme Musik auf, entzünde eine Kerze und richte dir deinen Raum so her, dass du dich wohl fühlst und entspannen kannst. Wenn du die vier Engelsteine Malachit, Bergkristall, Topas oder Aquamarin und Rubin oder Granat mit der Energie der Elemente und der Engel weiter aufladen möchtest, ist jetzt der richtige Zeitpunkt dazu, sie zu holen und neben dich zu legen. Ich möchte dir im Anschluss an die Meditation gerne mitteilen, wie du mit den Steinen wirken kannst. Wiederhole die Übung also sooft du möchtest oder erinnere dich einfach daran, dass du sie gelesen oder gemacht hast. Selbst wenn du später nur an sie denkst, wird sie etwas in dir bewegen, was dich unterstützt, von der unteren in die obere Wohnung zu wechseln. Und nun laden dich die Engel ein, ihnen zu folgen!

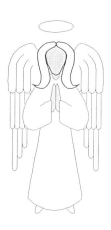

Die Vereinigung der Elemente

Erlaube dir bitte, ein paar tiefe und bewusste Atemzüge zu nehmen und mit deiner Aufmerksamkeit in dein Herz zu gehen und im Hier und Jetzt zu sein. Erlaube dir, der Einheit mit Erde gewahr zu werden und auch der Einheit mit deiner Seele und ihrer Führung.

Und nun nimm bitte wahr, dass sich über dem Zentrum deines Herzens strahlendes gold-weißes Licht beginnt auszubreiten. Es durchströmt deine Körper und Ebenen, Schicht für Schicht und Zelle für Zelle. Somit fängt die Gesamtheit, die du bist, mehr und mehr an, selbst weiß-golden zu leuchten. So möchten wir dich jetzt einladen, dich an deine Engelgegenwart zu erinnern und deine Flügel auszubreiten. Kannst du spüren, wie groß und mächtig sie sind? Nimm bitte wahr, dass dein Schutzengel an deiner Seite ist und er dich nun einlädt, mit ihm zu kommen. Er bittet dich, deine Flügel zu nutzen und mit ihm zu fliegen. Mit den Worten: „Erhebe dich, geliebtes Menschenkind!", steigt er mit dir empor. Höher und höher reist er mit dir, und dein Bewusstsein wird weit und offen. Er führt dich direkt auf eine große Wolke zu. Auf dieser steht ein wunderschöner, perlmutt schimmernder, offener Tempel. Dein Schutzengel bringt dich zum Beginn der Säulenallee und bittet dich nun, alleine weiterzugehen. Und so schreite an den Symbolen und Zeichen aus uralten Zeiten vorbei.

Dieser Säulengang mündet in einem Kreis aus zwölf Säulen, die wiederum in einem Kreis aus zwölf Säulen stehen. Die einzelnen Säulen tragen unterschiedliche Muster und Verzierungen und sind im oberen Bereich miteinander zu einem Sein verbunden, wenngleich dieser Ort kein Dach hat, sodass du jederzeit direkt auf den leuchtenden Himmel blicken kannst. So kann jeder, der diesen heiligen Raum betritt, die wärmende Kraft der Sonne auf seiner Haut spüren oder den Sternenglanz in der Nacht. Regen, Wind und andere Regungen der Natur und der Elemente wechseln sich immer wieder ab, je nachdem, in welcher Form die Geistige Welt mit dem, der in der Mitte des Tempels zu Gast ist, kommunizieren möchte.

Heute fällt ein goldrosafarbenes Licht der aufgehenden Sonne zu dir herein. Und nun erlaube dir, in das Zentrum des inneren Säulenkreises einzutreten und den tiefen Frieden und die Ruhe, die von diesem Ort ausgehen, wahrzunehmen und mit Hilfe deines Atems durch die Gesamtheit, die du bist, strömen und wirken zu lassen.

Nun lenke bitte deine Aufmerksamkeit auf vier weitere Säulen, die im Inneren des Kreises, in dem du stehst, sind und in deren Mitte du dadurch auch bist. Sie sind etwas kleiner, und auf jeder von ihnen befindet sich eine große goldene Schale, die mit unterschiedlichen Symbolen versehen ist und in der ein Feuer brennt – jedes in einer anderen Farbe.

Wir möchten dich nun einladen, dieses gemeinsam mit uns näher zu betrachten.

So schreite nun zu der ersten Säule, dessen Feuer grün brennt. (Nimm nun den Malachit, falls du einen neben dir liegen hast, in deine Hände.) Berühre die Säule mit der Schale und erkenne das Zeichen, das in die Schale eingraviert ist. Es stellt die Erde dar, wie sie frei in diesem Universum schwebt und ein Teil einer großen Sternengemeinschaft ist. Nun nimm bitte wahr, wie sich aus und in dem grünen Licht, das hier brennt, eine Engelwesenheit formt. Sie dehnt ihr bewusstes Sein aus und bittet dich, ihr zu erlauben, dein Herz zu berühren. Erkenne, dieses ist eine Vereinigung der Energien, und es gibt somit keine Trennung mehr zwischen ihrem und deinem Sein. Dann beginnt sie zu dir zu sprechen. Du hörst ihre Worte so, als ob sie aus dir und in dir selbst fließen würden:

„Wir sind Raphael, geliebtes Wesen, das du bist. Erlaube dir bitte wahrzunehmen, dass dir die Erde im Hier und Jetzt ein Gefühl der Heimat schenken möchte, das es dir ermöglicht, deine Wurzeln wachsen zu lassen. Über diese Wurzeln bist du mit deiner Herkunftsfamilie verbunden, so wie mit deinen Ahnen von dieser Erde als auch mit deinen Sternenheimaten und -welten, aus denen du gekommen bist. Diese Wurzeln geben dir Halt, Sicherheit und Stabilität. Und wir möchten dich, geliebtes Kind, daran erinnern, dass es in dieser Zeit um eine veränderte Form der Wahrnehmung von und der Begegnung mit Erde geht.

Bitte erlaube dir erneut, dass in diesem Zusammenhang Freiheit in dir wachsen darf, was einer Auflösung von Bindungen und Abhängigkeiten gleicht. Dazu benötigst du innere Sicherheit und hörst auf, sie im Außen zu suchen. Kein Mensch, kein Gegenstand, kein Umstand, keine Versicherung und kein Bankkonto können dir geben, was du nicht in dir trägst. So finde deinen inneren Halt in der Einheit mit Erde im Hier und Jetzt und kehre mit deiner Aufmerksamkeit zurück zu deinen Wurzeln. Bitte erlaube dir weiterhin wahrzunehmen, dass sich dadurch alle schmerzhaften Erfahrungen, die du in deinen Inkarnationen auf dieser Erde hattest und die noch nicht erlöst sind, auflösen und zu heilen beginnen, denn durch die Annahme der Erde in dir im Hier und Jetzt nimmst du Erde im Außen an und somit auch die Erfahrungen und dein Sein hier auf dieser Erde in allen Formen, die du gewählt hattest und immer noch wählst. Durch Annahme ist Frieden, durch Frieden Einverstandensein, – und dadurch ist Heilung.

Im Hier und Jetzt erlaube dir bitte, in der liebenden Präsenz, die wir Raphael sind, Einheit mit Erde zu sein und zu erkennen, dass dieses Einssein mit Erde dich mit all ihrem Wissen, das in ihr gespeichert ist, verbindet. Gleichzeitig fördert es deinen Zugang zu den Pflanzen, Mineralien, Tieren und den feinstofflichen Wesen der Natur.

So erlaube bitte, dass wir dich nun erfüllen und berühren dürfen mit dem Licht der Heilung. Mit dem Licht der Erde sei gesegnet. Wir sind Raphael. Amen."

Bitte vergiss nicht zu atmen und lass das grüne Licht von Raphael und der Erde durch die Gesamtheit, die du bist, fließen, damit Aussöhnung mit dem Element Erde im Hier und Jetzt in dir sein darf und ist.

Während dieses geschieht, fließen die Liebe von Raphael und das grüne Licht der Heilung über dein Sein in den Malachit, den du in deinen Händen hältst und lass die heilsamen Energien so lange durch dich wirken, wie du es möchtest. Im Anschluss daran bedanke dich bitte bei Raphael, der Erde und dem grünen Feuer.

Das Engelwesen löst sich sanft aus der liebevollen Umarmung mit dir und kehrt in die Flamme zurück. Nun nimm langsam deine Hände von der Säule und der Schale und setze deinen Weg fort zur nächsten Säule, in deren goldener Schale ein weißes Feuer lodert.

(Nun wechsele bitte den Stein, lege deinen Malachit zurück und nimm den Bergkristall in deine Hände.)

Berühre bitte jetzt die nächste Säule und betrachte die Symbole, die auf der Schale sind. Es sind verschiedene Federn, die für die Weite des Geistes stehen, und eine Lilie, die die Reinheit und Klarheit des Herzens verkörpert. Erneut beginnt sich das weiße Feuer auszudehnen. Eine Lichtgestalt formt sich daraus, die dein Herz berührt, und somit findet ein Austausch zwischen dir und dem Engel und dem weißen Feuer statt. Die Energien strömen durch dein Sein, sie schenken Erneuerung dort, wo diese in dir nun wachsen darf und soll. Und das Wesen beginnt zu dir zu sprechen:

„Wir sind Gabriel. Erlaube dir zu atmen, bewusst und tief, geliebtes Kind, geliebte Schwester, geliebter Bruder, das, die und der du uns bist.

Bitte erkenne, dass dein Atem dir dient, um Energien in dich aufzunehmen und das, was du nicht mehr benötigst, ausfließen zu lassen und es so dem Kreislauf des ewigen Lebens zurückzugeben. Somit möchten wir dich bitten, bewusst und tief zu atmen, um die Aufnahme von Sauerstoff zu erweitern, denn das ist wichtig in dieser Zeit. Das fördert die Erweiterung deines Bewusstseins, gleichzeitig belebst du dadurch deine Zellen und regst deinen Stoffwechsel an. Das alles kommt deiner Entwicklung zugute. Wir möchten dich bitten, Friede, Liebe, Heilung und heiles Sein und Einverstandensein in dich aufzunehmen, indem du dir vorstellst, diese Energien in dich einzuatmen und mit und durch deinen Atem in dich einströmen zu lassen.

Nun nimm bitten wahr, wie jede Zelle davon erfüllt wird, mit Frieden, Liebe, Heilung, heilem Sein und Einverstandensein. Über deine Zellen dehnen sich diese Energien in allen deinen Körpern aus und somit auch in deinen feinstofflichen Ebenen, die du bist. Dadurch erschaffst du im Hier und Jetzt eine neue Wirklichkeit, bitte erkenne dieses an! Das, was dich belastet, kannst du jetzt und alle Zeit über deine Beine, deine Füße, dein Basiszentrum in die Erde atmen und es aus dir ausfließen lassen. Dadurch schaffst du Ausgeglichenheit in deinem Sein. Auf diese Art und Weise kannst du deine Ängste, Unsicherheiten, Zweifel, deine Unentschlossenheit, Verletzung, Wut und Traurigkeit, deine (Selbst)Bewertungen der Erde schenken. Atme sie aus deinem Sein und übergebe sie der transformierenden Kraft der Erde, denn das, was dich verengt, kann die Erde für sich nutzen, um daraus neues Leben zu erschaffen, und deshalb stelle ihr diese Energien mit Hilfe deines Atems zur Verfügung. Du kannst dich selbst wieder auffüllen, um im Gleichgewicht der Kräfte zu sein, über und durch das tiefe und bewusste Einatmen von Frieden, Liebe, Heilung, heilem Sein und Einverstandensein.

Und erneut möchten wir dich bitten zu erkennen, dass die genannten Energien für die Erde nicht unangenehm sind, sondern sie diese in der Kraft der liebenden und solaren Transformation, die sie ist, wandeln kann, um daraus beispielsweise neue Blumen wachsen zu lassen. Dein Atem ist auch eine Brücke zwischen der sichtbaren und der „unsichtbaren Welt". Er dient dir, um deine Visionen mit dem, was Realität genannt wird, zu verbinden. Dein Atem fördert den Austausch mit uns, die wir Gabriel sind, im Hier und Jetzt, und somit erlaube dir bitte, das weiße Licht in dich einzuatmen und in dir und durch dich strömen zu lassen. Es klärt und befreit von Sorgen und Ängsten, es schenkt dir Inspiration und neue Denk- und Sichtweisen. Dadurch kreieren sich neues Leben und neue Lebensformen. Durch das weiße Licht, das jetzt in und durch dich wirkt, erfahre die Transparenz deiner Körper und erkenne, dass du, in dem Gewahrsein deiner Durchlässigkeit, ganz leicht das annehmen kannst, was auch immer du benötigst, um in Harmonie zu sein, und genauso leicht kannst du das gehen lassen, was dir nicht mehr dienlich ist. So lösen sich Widerstände auf, und Leichtigkeit ist unser Geschenk an dich. Diese Leichtigkeit ist Unschuld und Reinheit. Das ist eine Kraft und eine Stärke, bitte erlaube dir dieses zu erkennen, die dir alle Türen in diesem Universum öffnet und dich gleichzeitig behütet und begleitet, auf dass du vor nichts mehr Angst zu haben brauchst, denn es kann dir nichts geschehen. Unsere Leichtigkeit liegt in der Luft, und so erlaube dir, bewusst zu atmen und zu erkennen, dass es weißes Licht ist, das in dich strömt. Und wenn du dir erlaubst, immer wieder an uns, die wir Gabriel sind, zu denken und dabei tief ein- und auszuatmen und das weiße Licht zu visualisieren, wie es in dich einfließt, dann gibt es für dich keine Schadstoffe mehr, die du über die Luft in dich aufnehmen kannst.

Du weißt, dass die Luft voll von Gedanken ist, aus denen

die möglichen Belastungen geformt sind. Durch die Ausrichtung auf das weiße Licht, das durch deinen Atem in dich einströmt und dann wieder ausfließt, klärst du nicht nur dein eigenes Sein, sondern auch die Atmosphäre und das Morphogenetische Feld und regst alle Menschen dazu an, klar zu sein und ihre Gedanken und Strukturen zu verändern. Wir segnen dich. Und Klarheit und Reinheit ist! Und Transparenz und Durchlässigkeit ist!

Bitte erkenne dich erneut als einen Teil des großen Ganzen. Es gibt keine Trennung, und somit bist du eins mit der Gesamtheit der Schöpfung im Hier und Jetzt. Sei gesegnet! Wir sind Gabriel."

Während Gabriel mit dir spricht, fließt sein weißes Licht über dich und durch und in den Bergkristall in deinen Händen. Verweile nun in der Stille und lasse die Energie strömen, solange du möchtest. Dann bedanke dich bei Gabriel und dem weißen Feuer und sieh, wie es sich sanft aus der liebevollen Berührung mit dir zurückzieht, bis es nur noch als ruhige Flamme in der goldenen Schale lodert. Atme bitte noch einmal bewusst und tief, und dann löse dich von der Säule und der Flammenschale, um langsam zu der nächsten zu schreiten.

Es ist die Säule, auf der eine goldene Schale steht, in der ein blaues Feuer brennt. (Während du darauf zugehst, kannst du den Bergkristall zur Seite legen und den Topas oder den Aquamarin in deine Hände nehmen.)

Vor der Säule bleibst du stehen, berührst sie wieder mit deinen Händen und betrachtest die Symbole: Es sind Wellen, unzählige Wellen.

Im blauen Feuer beginnt sich erneut eine Engelwesenheit zu formen. Erlaube dir bitte wahrzunehmen, dass sich ihr Licht erneut ausdehnt, um in den Austausch, in den Kontakt, in die Berührung mit dir einzutreten. Und blaue, leuchtende Energie umhüllt dich und beginnt sich langsam über dein Herz in der

Gesamtheit, die du bist, auszubreiten. Atme bitte bewusst und nimm den Frieden und die tiefe Ruhe wahr, der und die durch dieses blaue Licht mehr und mehr in dir ist. Erneut richtet der Engel das Wort an dich, das in dir und außerhalb von dir gleichzeitig zu erklingen scheint:

Wir sind Michael. Der Friede sei mit dir. Der Friede sei in dir und um dich. Wir grüßen dich aus ganzem Herzen. Wir sind heute hier, um dich einzuladen, die Wellen des Lebens zu betrachten und zu erkennen, dass du auf ihnen surfen kannst. Du gehst nicht unter. Doch das Geheimnis dabei ist, Widerstände und Erstarrung aufzulösen, indem du dich in ihrem Rhythmus bewegst und dich nicht länger gegen sie stemmst. Das bedeutet, du gibst dich den Wellen deines Lebens hin, was ist. Gib dich deinem Leben hin und lasse es einfach fließen. Du kannst dich sozusagen zurücklehnen und es genießen. Erlaube dir, im Hier und Jetzt herauszutreten aus dem Glauben, etwas tun zu müssen. Lass es einfach sein und genieße! Wir möchten dich an dieser Stelle auch bitten, deine Kontrollmechanismen loszulassen und uns zu übergeben. Wir bewegen uns wie Wellen durch dich, wir fließen mit unserem blauen Licht durch dein Sein und nehmen sie mit, wenn du erlaubst.

Was benötigst du, um im Vertrauen zu sein? Was benötigst du, um deine Kontrollmechanismen aufzugeben? Liebe? Angenommensein? Ja, wir lieben dich unendlich. Ja, wir nehmen dich vollkommen an. So ist alles gut, und es gibt nichts für dich zu tun, nicht wahr? Und bitte, sei immer wieder im Hier und Jetzt und richte deine Aufmerksamkeit darauf. So wirst du erkennen, wie wahr unsere Worte für dich sind.

Nun erlaube, dass wir unser Licht erneut ausdehnen, um in dein emotionales Sein einzufließen. Wir möchten der Ebene, die dein Inneres Kind ist, heute besondere Aufmerksamkeit schenken. Wir sagen auch zu deinem Inneren Kind, wie sehr wir es lieben und dass es keine Angst vor erneuten Verletzungen zu haben braucht. All das, wovon es glaubt, zu wenig zu haben, seine tiefsten Ängste und schmerzhaften Erfahrungen, können wir nun mit dem Licht des Friedens und der Aussöhnung, mit unserer Liebe und unserem Einverstandensein, das wir sind, berühren. Wir wiegen dich und dein Inneres Kind und bitten dich dabei, den Mut zu haben, mit uns zu sein, im Fluss zu sein. Denn erkenne, wir sind Hingabe, und das lehren wir dich in dieser Zeit. Es ist befreiend und erfüllend, habe keine Furcht! Wir sind mit dir und deinem Inneren Kind, wann immer du möchtest. Bitte wisse, dass wir dich in die Erkenntnis über die Fülle deines Lebens führen möchten. Erlaube uns, an deiner Seite zu sein, damit wir dich begleiten können, auf dass der Friede allgegenwärtig ist und du erneut erkennen mögest, dass es nichts für dich zu tun gibt, außer einfach zu sein. Das ist unser tiefstes Bestreben! Sei gesegnet. Sei im Frieden. Wir sind Michael, und das Leben ist ein unendlicher Strom. Lass dich von ihm tragen und wisse, es kann dir nichts geschehen. Amen.

Während Michael zu dir spricht, fließt das blaue Licht durch dich und erfüllt den Stein in deinen Händen. Atme bitte bewusst und tief und beobachte den Fluss der Energien in deinem Sein, – solange du möchtest. Dann bedanke dich bei Michael und nimm wahr, wie er sich gemeinsam mit dem blauen Licht behutsam aus der Umarmung mit dir löst und wieder zu dem friedlich lodernden Feuer in der goldenen Schale wird. Atme noch einmal bewusst und dann setze deinen Weg fort.

Gehe nun auf die vierte Säule zu, auf der eine goldene Schale ruht, in der eine rubinrote Flamme lodert. (In der Zwischenzeit kannst du nun bitte den blauen Stein zur Seite legen und entweder einen Granat oder Rubin in die Hände nehmen.) Vor der Säule bleibe bitte stehen und berühre sie, während du die Symbole der goldenen Schale betrachtest. Es sind lauter tanzende und lodernde Feuerzungen, die niemals zu ruhen scheinen und ewig brennen. Nimm bitte erneut wahr, dass sich im und aus dem rubinroten Feuer eine Engelwesenheit formt und sich dir liebevoll zuwendet. Das Licht des Feuers dehnt sich aus, um dich sanft zu berühren. So atme bitte bewusst und tief und lasse die Energie von Uriel und der rubinroten Flamme ganz in dir und durch dich wirken, – sei eins mit den Kräften des Feuers im Hier und Jetzt.

Und Uriel beginnt zu dir zu sprechen:

Sei gesegnet, geliebtes Kind, das du bist im Namen der erschaffenden Kraft, die wir Uriel sind. Wir sind heute hier, um dich einzuladen, deine Angst vor deiner Kraft, vor deiner Dynamik, vor deiner Christuspräsenz zu lösen.

Bitte erlaube uns, dass das Licht der Transformation der rubinroten Flamme durch dich tanzen darf, um dich zu beleben und zu regenerieren und aufzubauen. Das Feuer ist immer in Bewegung, es ruht niemals. Das ist auch das Prinzip deines Wesens. Somit unterstützen wir dich dabei in Bereichen deines Lebens, in denen Stagnation und Festgefahrenheit ist, um nun neue Lebendigkeit einfließen zu lassen durch die Kraft deines ICH BIN. Denn der Christus in dir wartet darauf, erwachen zu dürfen, und es ist Liebe, und es ist Weisheit, und es ist Manifestation, die Christus in dir mit dir teilen möchte. Wir möchten dich bitten, – und erlaube uns den Mut und die Direktheit, mit der wir diese Worte an dich richten –, den Christus in dir von seinem Kreuz zu nehmen. Erkenne, das Symbol des gekreuzigten Christus ist ein Zeichen für die nicht gelebte Christuspräsenz. Deshalb erlaube dir auch im Außen, den Christus, zumindest mit Hilfe deiner Vorstellung, energetisch vom Kreuz zu nehmen. Bitte erkenne, dass du gerne einem christlichen Glauben und einer Lehre folgen darfst und sollst, wenn du möchtest. Und doch bitten wir dich, die frohe Botschaft, die Botschaft der Auferste-

hung, zu hören und zu leben und nicht länger die des Leides. Denn das Leid, an dem du festhältst, auch über das Symbol des Gekreuzigten, ist das eigene Leid, das sich dadurch immer wieder in dir wiederholt.

Erkenne, dass der gekreuzigte Christus für gebundene Lebenskraft steht, für ein Potenzial, das zwar ist, doch das du nicht nutzt, das nicht fließen kann, das nicht erschaffen kann. Das Kreuz hält fest. Bitte, es war lange Zeit für den Weg innerhalb der nicht geheilten Dualität, den ihr alle beschritten habt, wichtig, diesem Symbol zu dienen. Es war wichtig, in euren Häusern gekreuzigte Energien zu halten, die eine Bestätigung dafür waren, dass der Weg auf der Erde leidvoll ist; dass du gebunden bist an den Kreislauf von Tod und Wiedergeburt, denn auch das ist in diesem Zeichen enthalten; und gleichwohl dir nicht zu erlauben, deine Schöpferkraft zu leben. Somit erkenne, dass die Zeit der Kreuze in diesem Sinne vorüber ist. Es gibt ein Sprichwort, das wir in diesem Zusammenhang erwähnen möchten. Es lautet: „Es ist ein Kreuz mit dem Kreuz." Das ist eine weitere Bestätigung des Leides, denn bitte, es ist nicht von ungefähr, dass so viele Menschen in dieser Zeit physische Disharmonien mit und in ihrem Kreuz haben.

Erkenne bitte auch, dass dein schöpferisches Potenzial ebenso die Vereinigung von männlicher und weiblicher Energie in sich trägt. Das bedeutet, dass auch deine Christuspräsenz ein Gleichgewicht der Kräfte ist. Alles, was gesagt wird und wurde, was in dieser Zeit vereinigt werden darf und soll, fließt ineinander über und hängt sozusagen zusammen. Wenn nun ein Mensch Kreuzschmerzen hat, ist es ein Hinweis auf eine Erstarrung im Fluss der Energien in seinem Sein, es ist ein Hinweis auf ein Ungleichgewicht von Kräften. Bitte, werde dir wieder bewusst, dass du erschaffende Kraft, dass du Christus in Liebe bist. Bitte erlaube dir, deine Mitschöpferkraft von deinem Kreuz zu nehmen (im wahrsten Sinne des Wortes, sodass auch dein physisches Kreuz dadurch gestärkt wird und keine Disharmonien mehr zeigen braucht). Lasse die Energien frei in dir fließen und lebe die Liebe für alle Wesen dieses Universums, denn das ist die eigentliche Botschaft der Christusenergie.

Die Wesenheit, die du Jesus nennst, war ein Mensch, der die Christusenergie sozusagen auf die Erde brachte, er verankerte sie in der Materie und ermöglichte dadurch den Menschen in der Dritten Dimension, sich mehr und mehr an ihre erschaffende göttliche Kraft zu erinnern. Jesus ging dazu den Weg der nicht geheilten Dualität, mit allen Konsequenzen, bis zur Kreuzigung. Das war ein Wendepunkt, ein Ausdruck der absoluten Dichte. Doch seine Geschichte ist hier nicht zu Ende. Er ist auferstanden. Und diese Auferstehung steht für den Weg in die Fünfte Dimension, auf dem sich die Menschheit jetzt gerade befindet. Erkenne die Entwicklung der Menschheit im Leben von Jesus wieder. Und dafür ist es unwichtig, ob Jesus auf dieser Erde oder im Himmel oder irgendwo im Kosmos weiterlebte und lebt. Das, was zählt, ist, dass er lebt, und das hat er getan und tut er immer noch. Erkenne und begreife!

Bitte erkenne, dass er dir vorausgegangen ist, damit du ihm folgen kannst, und zwar in einer Form, indem du im Hier und Jetzt deinen Fokus auf deine eigene Auferstehung legst und sie feierst. Das gleicht der Geburt des Kosmischen Menschen. Das bedeutet auch, dass du dadurch aus dem Rad von Tod und Wiedergeburt trittst. Bitte tue dieses jetzt, setze jetzt einen Neuanfang. Und somit erlaube dir, in deiner Vorstellung den Christus vom Kreuze zu nehmen, auch wenn du zu einer anderen Glaubensgemeinschaft gehörst, denn über das Morphogenetische Feld bist du mit allen Religionen und Lehren verbunden. Auch hier gibt es keine Trennung.

Wir danken dir für dein Verständnis und für die Umsetzung unserer Bitte, denn dadurch kann die Energie der Erschaffung, die Energie des Lebens und die Energie der Lebendigkeit in *dir neu zu fließen beginnen. Bitte verstehe: Wir möchten den Glauben an Christus in allen Kirchen und Religionen, die diesen praktizieren, segnen und dich an dieser Stelle lediglich dazu einladen, deinen Fokus, wenn du dich in diesem Kontext bewegst, auf die erlösende Botschaft von Christus zu legen, nicht auf die leidvolle. Denn die Zeiten haben sich gewandelt, und das Leben Jesu ist ein Symbol dafür, das, selbst wenn es leidvolle Zeit gab, Erlösung ist und somit letztendlich auch Freude.*

Somit kannst du seinem Vorbild folgen und dein eigenes Licht des Christus, der du bist, frei fließen lassen. Sei gesegnet!

Wir sind Uriel, und die Liebe und die Weisheit des rubinroten Feuers sind allezeit in dir, um dich an dein wundervolles, liebendes Potenzial der Erschaffung zu erinnern, das in dir ist und das du bist. Amen.

Während Uriel zu dir spricht, fließt das rubinrote Licht durch dich und in den Stein in deinen Händen. Bitte atme bewusst und tief und lasse die Botschaft Uriels in dir wirken. In der Zwischenzeit bedankt sich Uriel bei dir für deine Bereitschaft des Zuhörens und zieht sich sanft zurück. Auch das rubinrotgoldene Licht, das dich berührte, atmet sich wieder in die Flammenschale ein, in der nun das rote Feuer gleichmäßig brennt. Halte bitte vor der Säule inne, solange du möchtest. Dann löse dich von ihr und kehre in deiner Vorstellung in die Mitte der vier Säulen mit den flammenden Goldschalen zurück.

Du weißt, dass jedes Feuer, jede Farbe, jeder Engel hier für ein Element, aus dem du in der Gesamtheit deiner Körper und deines Seins geformt bist, steht. Und wir möchten dich erneut daran erinnern, dass es immer um das Gleichgewicht zwischen den einzelnen Aspekten geht, das heißt, wenn du mit vier Elementen wirkst, geht es um das Gleichgewicht dieser vier Kräfte. Wenn du dich beispielsweise mit der chinesischen Heilkunde beschäftigen würdest, weil dir dieses stimmiger und vertrauter wäre, ginge es um das Gleichgewicht zwischen fünf Elementen. Das Ergebnis, – ein Wohlgefühl in dir, Gesundheit und Harmonie –, wäre bei beiden Systemen identisch. Wir haben uns heute hier einfach für die Elementkräfte Erde, Luft, Wasser und Feuer entschieden und möchten dich einladen, diese vier Energien in dir auszugleichen und dir dabei behilflich sein zu dürfen.

Während du nun in der Mitte der vier Säulen mit den verschieden farbig lodernden Feuern stehst, lege bitte deine vier Steine vor dich hin, und zwar so, dass sie der jeweiligen Säule zugeordnet sind und in Form eines Quadrats um dich liegen. Erinnere dich bitte, dass du nun an einem heiligen Ort bist, an dem zwölf Säulen jeweils einen Kreis bilden und zwei Kreise ineinander stehen. Darin stehen die vier Säulen mit den goldenen Schalen, und in diesem Quadrat liegen als Viereck deine vier Steine. Und du bist das Zentrum davon. Bitte atme und nimm die Energie wahr, die dich umgibt und durchströmt. Bitte gehe erneut in dein Herz, um ganz bei dir im Hier und Jetzt zu sein. Wir möchten dich einladen, deine Arme kurz zu erheben und somit selbst zu einer Schale zu werden, die bereit ist, die göttlichen Kräfte der Erschaffung, die göttlichen Feuer in der Materie zu empfangen.

Die Engel der Elemente haben sich erneut formiert, um hinter ihrer jeweiligen Säule und der entsprechenden Feuerschale zu erscheinen. Jeder dieser vier Engel, – Raphael, Gabriel, Michael und Uriel – berühren nun mit ihren lichten Händen ihre Feuerschale. Und die grünen, weißen, blauen und rubinroten Flammen lodern. Die Engel öffnen ihre Herzen weit und vereinen ihr Licht und ihr Sein mit dem Feuer, das vor ihnen brennt. Von dort senden sie einen Lichtstrahl in grüner, weißer, blauer und rubinroter Energie aus, und diese vier Strahlen vereinen sich im Zentrum deines Herzens. Bitte atme bewusst und tief ein und aus. Die Kraft der vier Feuer dehnt sich aus und fließt durch deine Wirbelsäule und erfüllt so deinen chakrischen Kanal. Sie dehnt sich weiter aus und durchdringt deine Körper. Das Licht der vier Flammen strömt über deine Körper hinaus, um den gesamten Raum zwischen dir und den vier Säulen mit den Flammenschalen zu füllen. Dabei durchströmt die Energie der Elemente und der Engel erneut die vier Steine, die um dich sind, um sie mit ihrer Liebe, ihrem Wissen und ihrer Weisheit zu programmieren im Hier und Jetzt.

Nimm bitte wahr, dass die grünen, weißen, blauen und rubinroten Feuer ineinanderüberfließen und miteinander tanzen. Es ist eine Symphonie der Farben, ein unendlicher Glanz ohne Anfang und ohne Ende.

Erlaube dir bitte erneut, bewusst und tief zu atmen. Die Qualitäten der Engel und der Elemente beginnen nun in dir zu wirken und Aussöhnung mit den Elementen und ihren Kräften und Geschenken in all deinen Körpern, auf der physischen, emotionalen, mentalen und spirituellen Ebene ist Heilung! Und die Engel Raphael, Gabriel, Michael und Uriel erheben ihre Stimmen und sprechen als ein Sein:

Erde, Luft, Wasser und Feuer sind die Kräfte, aus denen du geformt bist. Wisse, dass diese Energien dir dienen und dir von jetzt an zur Verfügung stehen, um dich und andere damit bewusst ausgleichen zu können, sodass eine ganzheitliche Harmonie in dir und in anderen ist.

Wenn du dich berührst, tue dieses in der Verbindung mit den vier Flammen, die in deinem Herzen ruhen. Dadurch kann sich die Möglichkeit entfalten, mit diesen vier Feuern Heilung zu bringen, und wir möchten dich einladen, dieses im Austausch und in der direkten Kommunikation mit uns zu entwickeln. So kannst du beispielsweise selbst lenken und steuern, welche der vier Feuer, grün, weiß, blau oder rubinrot, du durch deine Hände strahlen lassen möchtest, und dadurch kannst du Körperdisharmonien auflösen.

Erlaube dir wahrzunehmen, wie das Licht aus dir, aus deinen Händen, fließt, und die Lichtbahnen, die Energiebahnen in den Körpern, zu leuchten beginnen, wenn du sie mit deinen Händen berührst. Der Mensch und seine Körper werden in dieser Zeit transparenter und transparenter, und wir bitten dich daher, das Meridiansystem neu zu entdecken, das so etwas wie goldene Energielinien darstellt.

Es gibt auch einige silberne Energiefäden innerhalb des menschlichen Systems, die vor allem der Aufnahme von Energie aus dem Außen dienlich sind. Wir möchten dich dazu schulen, und werden es tun, wenn dir dieses ein Anliegen sein sollte. Du kannst dieses Wissen dann mit deiner Arbeit, beispielsweise mit Massagestäben oder auch Kristallstäben, mit denen du am menschlichen Körper wirkst, verbinden.

Es gibt ähnliche Energiebahnen auf der Erde bzw. teilweise in der Erde, die dem Meridiansystem von Gaia entsprechen und die du im Zusammenhang mit Erdheilungen betrachten und bei Bedarf ausgleichen kannst. Bitte erlaube dir dabei, einfach in der Verbindung mit den Feuern, die ewig brennen, zu sein. Lass sie in deinem Herzen lodern und über deine Hände fließen, und das, was du in ihrem Namen berührst, wird frei von Belastungen. Erlaube dir dabei bitte immer wieder die Transparenz deiner Körper als auch die von anderen Wesen und ebenso von Gaia zu erkennen, um zu sehen, wie die flammenden Kräfte, die du ihnen zur Verfügung stellst, in und durch sie wirken. Licht und Energie strömen über deine Hände, und erkenne, was es und sie bewegt. Das ist das Geschenk, das wir mit dir teilen möchten, wenn du in der Einheit und in der Ausgewogenheit der Elemente in dir bist. Durch den Fluss der Flammen ist Aussöhnung in dir zwischen den unterschiedlichsten Kräften und Elementen im Hier und Jetzt. Erlaube dir bitte, dass es ist! Somit ist keine Trennung, keine Bewertung mehr in dir. Erde, Luft, Wasser und Feuer sind gleichwertig in dir. Und du nutzt ihre

Energien von nun an wieder in einer Form, sodass sie sich gegenseitig unterstützen und potenzieren.

Der Ausgleich der vier Elemente durch die Kraft der vier Feuer ist eine wunderbare und wichtige Basis für die Weitergabe der Elemente-Engel-Energie. Erkenne, dass wir das Strömen des grünen, weißen, blauen und rubinroten Feuers aus deinen Händen so bezeichnen möchten.

Wir möchten dich einladen, erneut einen bewussten und tiefen Atemzug zu nehmen und die Worte in deinem Herzen zu bewegen.

Nun sind die vier Feuer in dir verankert. Nutze sie, wann immer du möchtest, und lasse sie über deine Hände fließen, für dich und für alle Wesen dieser Erde und für die Erde selbst zum Wohle aller.

Bitte vergiss niemals, dass du dieses wundervoll meistern wirst, denn du bist ein Engel. Und so kreiere den Himmel auf Erden für alle Menschen. Sei gesegnet allezeit. Wir sind Raphael, Gabriel, Michael und Uriel. Amen.

Und die Energien der Engel, der Farben, der Elemente strömen durch dich, und bitte lass dieses solange wirken, solange es dir gut tut und es für dich stimmig ist. Dann bedanke dich bei den Kräften und verabschiede sie aus deinem Sein. So ziehen sie sich zurück, und die Engel, Raphael, Gabriel, Michael und Uriel verneigen sich vor dir, um dich erneut zu segnen. Dabei senken sie noch einmal ganz achtsam und bewusst ihre jeweilige Flamme als Symbol in dein Herz, wo sie von jetzt an ewig brennen wird, solange du es möchtest. Im Anschluss daran lassen sie ihre goldene Schale los und lösen sich sanft auf. Auch die vier Steine werden noch einmal von ihnen gesegnet und sind von nun an dem entsprechenden Engel und Element geweiht. Für die Anwendung der Steine werden wir dir im folgenden Kapitel noch Näheres mitteilen.

Nun erlaube dir einen bewussten Atemzug zu nehmen. Die Feuer brennen ruhig in ihren goldenen Schalen und ein Spiegelbild davon in deinem Herzen. Bevor du diesen heiligen Ort wieder verlassen wirst, verneige dich bitte, um deinen Dank auszusprechen. Dann verlasse das Quadrat und die Kreise wieder und kehre zu dem Säulengang zurück, den wir dich bitten, wieder zu durchschreiten. Dieser Weg bringt dich direkt in die liebenden Arme deines Schutzengels, der hier auf dich gewartet hat. Er umarmt dich und küsst dich auf die Stirn und freut sich, dass du wieder da bist. Er sieht das grüne, weiße, blaue und rubinrote Feuer in deinem Herzen leuchten und lächelt. Dann nimmt er dich wieder an die Hand und bittet dich erneut, deine eigenen Flügel auszubreiten, um mit ihm zurückzufliegen ins Hier und Jetzt.

Das tut ihr beide, ganz behutsam, ganz liebevoll und voller Freude. Und so kommst du an in deinem Herzen, in deinem Körper. Während du beginnst, sanft deinen Körper zu bewegen, nimmt dein Schutzengel hinter dir Raum. Dort wird er auch bleiben, denn er ist immer an deiner Seite. Erlaube dir bitte noch einmal, kurz innezuhalten, um dir der vier Feuer in deinem Herzen gewahr zu sein. Nutze sie, wann immer du Ausgleich und Harmonie in deinen Körpern benötigst oder anderen schenken kannst, sollst und darfst. Bitte nimm erneut einen tiefen Atemzug und werde dir der Einheit mit der Erde bewusst, lass deine Wurzeln wachsen. Nimm noch einen tiefen Atemzug und werde dir der Einheit mit deinem Herzen gewahr. Und so sei vollkommen zentriert und präsent im Hier und Jetzt. Möge die Kraft der Elemente dich allezeit segnen. Amen.

Die Verwendung der vier Steine

Wenn du ein bestimmtes Element in dir stärken oder den Kontakt zu dem betreffenden Engel erweitern möchtest, kannst du den einen entsprechenden Stein bei dir tragen oder ihn immer wieder auf dein Herz auflegen, um seine Energie bewusst in dich einzuatmen. Du kannst einen Stein aber auch in einen Raum legen und ihn bitten, seine Kraft, sein Licht und seine Weisheit auszudehnen, um das Zimmer, in dem er ist, damit zu erfüllen. Du kannst alle vier Steine in einer rechteckigen Form auflegen und so ein Kraftfeld bilden, in das du dich immer wieder setzen oder legen kannst, beispielsweise dann, wenn du einen erneuten Ausgleich zwischen den Elementen in dir fördern möchtest. Auf diese Art und Weise kannst du die vier Steine auch für andere Menschen, Tiere oder Pflanzen nutzen, beispielsweise wenn sie Erholung, Harmonisierung und Regeneration benötigen. Du könntest das Kraftfeld auch um eine Massagebank oder etwas Ähnliches aufstellen und darin dein übliches Wirken an anderen Menschen durchführen. Probiere es einfach aus, und nimm wahr, ob du für dich einen Unterschied spürst, wenn du in diesem Kraftfeld arbeitest oder nicht.

Wenn du möchtest, kannst du diesem Kraftfeld mental auch noch eine besondere Programmierung geben, bevor bzw. während du den letzten Stein setzt. Das kann beispielsweise ein konkreter Heilungsimpuls sein, wie zum Beispiel für die Auflösung des Schmerzes im rechten Fuß deiner Tante Fini auf eine ganzheitliche Art und Weise, oder aber für leichtes abendliches Einschlafen und rechtzeitiges und sanftes morgendliches Aufwachen für Onkel Bernd, oder für klaren Kontakt mit und klares Verstehen der Antworten von der Geistigen Welt für deinen Bruder Otto.

Menschen reagieren unterschiedlich auf verschiedene Steine und Energien. Was den einen beruhigt, kann den anderen so beleben, dass er ganz zappelig wird und nicht mehr zur Ruhe kommt. Deshalb sammele mit den vier Steinen deine eigenen Erfahrungen und folge dabei wieder der Führung und der Stimme deines Herzens.

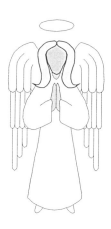

Möglichkeiten der Kontaktaufnahme

An dieser Stelle möchte ich noch einmal einige Punkte zusammenfassen, die dich in der Begegnung mit den Engeln unterstützen können.

Während du eine Botschaft eines Engels liest, bist du automatisch mit ihm in Berührung und im Austausch. So könntest du beispielsweise immer wieder innehalten (das bezieht sich natürlich nicht nur auf dieses Buch, sondern auf alle Texte, in denen sich Engel zu Worte melden) und in die Beobachtung deiner Wahrnehmung im Hier und Jetzt eintreten. Dadurch erkennst du mit der Zeit ganz klar, welchen Engel du wie fühlst und wahrnimmst, und lernst zu unterscheiden.

Während du eine Engelbotschaft liest, richtest du dich mit deiner Aufmerksamkeit auf ihn aus und kannst die Gelegenheit nutzen, um deine persönlichen Anliegen an den betreffenden Engel mit einfließen zu lassen.

Eine andere Möglichkeit, Nähe zu den Engeln zu schaffen, ist, dich mit ihren entsprechenden Symbolen, Bildern und Darstellungen oder Edelsteinen zu umgeben und sie in deinen Lebensraum zu integrieren. Immer, wenn dein Blick darauf fällt, baut sich ein Kontakt zu dem jeweiligen Engel auf, und du kannst ihm dadurch auch deine Bitten und Ähnliches laut oder leise übergeben. Je mehr du dich mit einem Engel beschäftigst bzw. an ihn denkst, umso klarer und mit der Zeit intensiver wirst du seine Energie wahrnehmen können. Das ist wie mit allen Dingen so, die einer gewissen Übung und Vertrautheit bedürfen.

Weitere Anregungen, wie du mit und durch Kristalle, Lichtsäulen oder Engeltore deinen Kontakt zu Engeln vertiefen und erweitern kannst, wirst du in späteren Kapiteln finden. Grundsätzlich sind die Engel immer an unserer Seite und in unserer Nähe.

Vielleicht kennst du den Film „Himmel über Berlin" von Wim Wenders? Oder zumindest die neuere Verfilmung dieses Themas, „Die Stadt der Engel"? Darin ist sehr schön dargestellt, wie nah uns die Engel sind. Gleichzeitig zeigt er die tiefe Sehnsucht der Engel, „fühlen" zu können. Was für mich auch ein Hinweis und eine Bestätigung dafür ist, dass jede Dimension ihre Vorteile, Einzigartigkeiten, Besonderheiten und Meisterschaften beinhaltet und es um die Annahme der Gleichwertigkeit aller Ebenen und Reiche geht. Im Übrigen werde ich den zuletzt genannten Film nicht mehr anschauen, da er mich so berührt und ich am Schluss immer so viel weinen muss, sodass ich mich fast nicht mehr beruhigen kann.

Eine andere, sehr beliebte Form, mit Engeln zu kommunizieren, ist, Engelkarten zu legen und zu ziehen. Davon gibt es mittlerweile so viele unterschiedliche Kartensets, dass ich dich an dieser Stelle bitten möchte, dir die Zeit zu nehmen, um in einer entsprechend gut sortierten Buchhandlung zu schmökern. Dabei lasse dich von deiner Intuition führen, um die Engelkarten zu finden, die für dich stimmig sind.

Auf welche Art und Weise du auch immer mit den Engeln kommunizieren möchtest, nimm dir bitte vorher Zeit, dich zur Einstimmung kurz zu entspannen. Komme ins Hier und Jetzt, zentriere dich und sei dir der Einheit mit der Erde bewusst. Dann gehe in dein Herz und sei in deinem Herzen. Dein Herz ist ein Ort, ein bewusstes Sein der Liebe, die du bist. Dadurch nimmst du sozusagen mit der Führung deiner Seele Kontakt auf und übergibst dich ihr in einer gewissen Art und Weise. Viele Menschen stellen sich vor, dass ihr Herz einer leuchtenden Blüte gleicht, ein Tempel ist, ein Garten oder eine goldene Kugel. Welches Bild du auch immer für dein Herz hast, tritt ein und tauche ein in diesen Ort und verbleibe in deinem Herzen, während du nun den entsprechenden Engel zu dir in dein Herz bittest, oder aus deinem Herzen heraus Engelenergien fluten und wirken lässt, oder aus deinem Herzen heraus deine Engelkarten ziehen möchtest. Abschließend bedankst du dich bei dem Engel, mit dem du im Kontakt bist, und entlässt ihn wieder nach Hause in sein Reich.

Dann wirst du dir deiner Einheit mit der Erde wieder gewahr, das heißt, du lässt deine Wurzeln tief und weit in Gaia wachsen. Im Anschluss daran erlaubst du dir, wieder vollkommen präsent im Hier und Jetzt zu sein.

Wie gesagt, der Austausch und der Kontakt mit den Engeln ist ganz leicht, probiere es einfach aus und sammele deine eigenen Erfahrungen. Im Übrigen bezeichne ich die Engel immer als „wir" bzw. sie stellen sich selbst mir so vor, da ich sie als Kollektivbewusstsein wahrnehme. Michael ist für mich viele, Gabriel und die anderen ebenso. Doch das kannst du selbst entscheiden, wie es dir lieber ist, und die Engel werden deinem Wunsch sicher gerne entsprechen.

Anregungen für den Kontakt mit Engeln ·

In diesem Kapitel geht es noch einmal um Anregungen, wann und wie du dich an Raphael, Gabriel, Michael und Uriel wenden kannst. Es sind lediglich Beispiele und weder allgemein gültig noch vollständig. Sie sollen dir als Impuls dienen, den du selbst weiter entwickeln kannst. Dazu wünsche ich dir schon jetzt viel Berührtheit, Liebe und Frieden.

Wie bereits erwähnt, dient dir Raphael, um physische Disharmonien auszugleichen, und ich empfinde ihn dabei als sehr sanft und liebevoll.

Ich erschaffe mit Raphael gerne Heilungsräume. So lade ich ihn beispielsweise ein, einen Kreis seiner Emanationen um eine Massagebank oder einen Raum zu bilden, damit die Energie, das Potenzial der Heilung, darin gefördert wird. Je nachdem, wie oft du dieses machst oder wie lange du von vorneherein Raphael bittest, in dieser Form zu wirken, bleibt dieser Heilungsraum längere oder kürzere Zeit bestehen. In dem grünen Licht von Raphael, das sich so ausbreitet, kannst du deine Beratungen, Massagen, Gespräche, Behandlungen und Ähnliches mehr wie üblich durchführen. Raphael ist wohltuend und heilsam, und somit kannst du ihn auch bei verschiedenen Formen der Körperarbeit immer wieder einladen, mitzuwirken und mitzufließen. Raphael lässt dir die Zeit, die du benötigst, um zu heilen. Er würde dich zu nichts drängen. Das ist einer der Gründe, warum ich ihn, gerade auch in Bezug auf Kinder und Tiere und deren Heilung und Begleitung, so gerne um Unterstützung bitte. Sein Licht fördert deinen Zugang zur Natur und ihrem Wissen, beispielsweise lehrt er dich die Heilkraft von Kräutern und Pflanzen, Tierheilkunde und auch Homöopathie und Ähnliches mehr. Wenn du ihn in dir wirken lässt, führt er dich in deinen inneren Raum, wo du deine Antworten, deine Heilung und deinen inneren Heiler und deine Wahrheit und die Klarheit findest, deinen eigenen Weg zu erkennen. Lerne Raphael selbst kennen und gehe in die Kommunikation mit ihm.

Nun zu Gabriel.

Wie du weißt, hilft dir sein weißes Licht, um Klarheit zu finden, sowohl innerhalb deines eigenen Systems als auch in Räumen, in denen du lebst. Somit kannst du Räucherungen oder Reinigungsübungen und -rituale mit der Kraft von Gabriel verbinden, und seine Energie wird dich dabei unterstützen und begleiten. Genauso hilft er dir, Schlacken und Ablagerungen in jeder Ebene deines Körpers aufzulösen und auszuleiten, Verkalkungen, auch innerhalb deines physischen Körpers, zu lösen und unterstützt dich im Bereich deiner Knochen, Gelenke, Sehnen und Knorpel, falls du für diese Stellen in deinem Körper Hilfe benötigen solltest.

Gabriel fördert deine klare Sicht der Dinge, deine Wahrnehmung in jeder Form und Hinsicht, und deine Erkenntnis. Dadurch unterstützt er dich, klare Entscheidungen zu treffen, die für dich stimmig sind. In einer Meditation teilte Gabriel den Anwesenden mit, dass er ihnen gerne in Zeiten von „spirituellem Alzheimer", wie ich es immer zu nennen pflege, zur Seite zu stehen. Unter „SA" verstehe ich die Vergesslichkeit, die auffallend zugenommen hat und von der so viele, unabhängig von ihrem Alter, berichten. Ich schließe mich an dieser Stelle mit ein, denn mir fallen viele Dinge nicht mehr ein, an die ich mich früher problemlos erinnert hatte. Zeiten verblassen, ich kann kaum noch zuordnen, ob etwas vor zwei Jahren oder fünf Jahren oder drei Monaten geschehen ist, was ja auch nicht wirklich wichtig ist, denn vorbei ist vorbei – doch es fällt mir auf. Ich habe früher beispielsweise Geschichte geliebt und konnte viele Jahreszahlen zu „wichtigen" Ereignissen nennen – heute habe ich keine Ahnung mehr, bekomme nicht einmal mehr die Jahrhunderte hin. Sie sind einfach weg, spurlos verschwunden, so als ob vieles seine Bedeutung verlieren würde oder sie sich zumindest verschiebt. Ich starre einen Topf an, weiß genau, dass ich diesen Gegenstand kenne, und es fällt mir nicht mehr ein, wie man ihn bezeichnet. Erst einige Zeit später kann ich ihn wieder benennen.

Meine Rechtschreibung war früher sehr gut ausgeprägt, jetzt möchte ich meine Texte nicht mehr durchkorrigieren müssen[*]...☺... (An dieser Stelle grüße ich vor allen Dingen die Mitarbeiterinnen des Verlages ganz herzlich!) Ich weiß, dass ich ganz „normal" bin und es vielen anderen Menschen ähnlich geht. Das gehört zur Schwingungserhöhung, das gehört zu der Übung, mehr und mehr im Hier und Jetzt zu sein.

Gabriel meinte in seiner Botschaft, dass er uns Menschen bei der Verbindung und Aktivierung unserer Gehirnhälften behilflich sein würde, damit wir die Veränderungen und Umstrukturierungen in unseren Zellen und in unserer DNS leichter gestalten könnten. Weiterhin bot er uns an, sein Licht durch unseren physischen Körper wirken zu lassen, damit wir diesen, und generell Materie, als durchlässig und das Licht, das er und sie sind, klar wahrnehmen können.

Gabriel unterstützt uns, die Leichtigkeit des Seins in allen Ebenen neu zu erleben, in unserem physischen Körper, in unseren Gedanken und Emotionen. Er wirkt eng mit den Feen und anderen Naturwesen der Luft zusammen, und somit begleiten sie ihn meist, wenn er Raum nimmt, um ihn zu unterstützen. Erlaube dir, Gabriel selbst kennen zu lernen und gehe in die Kommunikation mit ihm.

Nun möchte ich dir etwas über Michael erzählen. Michael hilft dir, wie du ja bereits weißt, in den Frieden und in die Annahme von Allem-was-ist zu gehen. Durch sein blaues Licht und seine Verbindung zum Wasserelement bringt er Fluss in Erstar-

[*]"Stimmt, aber Ava kann man einfach nicht böse sein!" (Anm. der Lektorin)

rungen, Verstockungen und Verengungen, sodass Lösung ist. Wenn dein Nacken beispielsweise sehr verspannt sein sollte, kannst du dir vorstellen, dass Michael hinter dir steht und dich massiert, während er seine Energie zur Auflösung der Verhärtung mit einfließen lässt. Das ist sehr angenehm und lockert. Wenn dich etwas an dir und in deinem Sein nervt (dazu zählt die laufende Nase, die abstehenden Ohren, genauso wie Eigenschaften und Gewohnheiten, die du an dir nicht sonderlich schätzt) und du es unbedingt verändern möchtest, ist es wichtig, dass du mit dem, was du wandeln willst, im Frieden und in der Annahme bist. Das heißt, dass du Michael bei Bedarf darum bitten kannst, durch dich zu wirken, sodass das nötige Einverstandensein mit der Disharmonie oder der Energie, die du in dir auszugleichen suchst, wächst. Das wiederum ist die Basis, auf der dann weitere Engelkräfte, wie beispielsweise Raphael, wirken können, um Heilung, Transformation und Veränderung zu unterstützen und Raum nehmen zu lassen.

Die Geistige Welt betont immer wieder, dass wir unsere Einstellung und Sichtweise zu Verengungen und Disharmonien in jeder Ebene unseres Seins verändern sollten, indem wir diese Energien willkommen heißen, denn sie möchten uns dienen und arbeiten nicht gegen uns, wie wir oft den Eindruck haben. Die Geistige Welt bittet uns auch, uns über diese Herausforderungen zu freuen und ihnen zu danken, denn sie bereichern unser Leben und helfen uns, unsere Schritte zum ursprünglichen Sein zu setzen. Das bezieht sich auch immer wieder auf unseren physischen Körper, denn wenn es für uns nicht stimmig wäre, in einem physischen Körper zu wohnen und ihn zu genießen, ihn hegen und zu pflegen, hätten wir keinen.

Michael hilft uns also auch, mit der Materie, der Erde, der Inkarnation und allen Formen von Leben in den Frieden zu gehen. Michael bringt Gelassenheit und innere Ruhe, besänftigt und unterstützt uns jeden Tag aufs Neue. Er fördert die Auflösung von Schlafstörungen und innerer Unruhe und lässt sein Licht in jedes Gespräch, jede Verhandlung und in jedes neue Projekt mit einströmen, damit es für alle Beteiligten friedliche und klare Lösungen und Ergebnisse gibt, wenn wir ihn dazu einladen. Erlaube dir also, Michael selbst kennen zu lernen und gehe in die Kommunikation mit ihm.

Nun zu Uriel.

Mit seinem rubinrotgoldenem oder rotorangenfarbenen Licht und dem Element Feuer dient dir Uriel im Winter, deine kalten Füße und Hände zu wärmen, indem er die Durchblutung fördert und anregt. Er möchte dich ermutigen, deine Feuerkraft, Lebenskraft, Lebendigkeit, Kreativität, Sexualität zu erkennen und zu leben, damit daraus neues Leben erschaffen werden kann, und zwar in jeder Hinsicht. Manche Menschen würden ja gerne, wenn... Aber sie fühlen sich hilflos und abhängig. Uriel lädt dich ein, an dich zu glauben und zu wissen, dass du einen Wunsch nicht in dir tragen würdest, wenn du nicht gleichzeitig auch das Potenzial hättest, ihn umzusetzen. Er hilft dir, dieses in dir zu finden, zu aktivieren und zu nutzen.

Vor vielen Jahren las ich in einem Buch von Chris Griscom Folgendes: Wenn du den Impuls zu malen in dir verspürst, kannst du davon ausgehen, ein Maler zu sein, denn sonst würdest du den Wunsch zu malen nicht in dir tragen. Es ginge jetzt nur noch darum, den Maler in dir zu entdecken und ihn dann malen zu lassen, und das wäre im Grunde ganz einfach.

Diese Aussage hat sich in mir tief eingeprägt und ist mir bis zum heutigen Tage in der bewussten Erinnerung geblieben. Uriel sagt etwas Ähnliches und unterstützt dich bei der Umsetzung. Er transformiert Ängste, Zweifel und Unsicherheiten genauso wie Müdigkeit und Traurigkeit. Es gibt Menschen, die sich ganz schwach und unfähig fühlen, sich oder etwas anderes zu bewegen. Diese Menschen könnten, laut geistiger Welt, davon ausgehen, dass, wenn nicht genauso viel Stärke und Durchsetzungskraft in ihnen wäre, sie sich nicht so hilflos fühlen würden. Je tiefer die Traurigkeit, umso größer ist das Potenzial der Freude, das in einem Menschen ist. Es sind immer beide Seiten der Medaille vorhanden. Es ist nur die Frage, worauf du den Fokus legst bzw. legen möchtest. Und so unterstützt Uriel auch die Wandlung depressiver Verstimmungen in die Freude am Leben.

In der Kommunikation mit Uriel geht es immer wieder um die Auseinandersetzung mit dir selbst, wie und wo du deine Lebensenergie strömen lassen möchtest. Wie man beobachten kann, haben in der letzten Zeit Infektionskrankheiten und Entzündungen bei den Menschen zugenommen, das heißt, in ihrem physischen Körper, was auf ein Erwachen der Lebenskraft hindeutet, die keine Aufgabe hat, da sie nicht gebündelt und gelenkt wird. Da die Menschen in dieser Zeit dazu aufgerufen werden, Mitschöpfer zu sein, geht es nun auch darum, mit unserer erschaffenden Kraft, mit unserer Feuerenergie umgehen zu lernen. Uriel kann dich dieses lehren, wenn du ihn darum bittest.

Auch bei Verknotungen und ähnlichen Verengungen im System dient dir Uriel, um diese durch und über einen kreativen Ausdruck wieder in den Fluss des Lebens zu bringen. Somit fördert er das heile Sein in dir. Nun möchte ich dich einladen, Uriel selbst kennen zu lernen und mit ihm in die Kommunikation zu gehen.

Weitere Engelkräfte und ihre Botschaften

In den folgenden Kapiteln möchte ich dir noch einige Engel, mit denen ich außer Raphael, Gabriel, Michael und Uriel häufig zusammenwirke, vorstellen und sie selbst zu Wort kommen lassen.

Wie du natürlich weißt, gibt es außerdem noch unzählige andere Engel, mit denen du kommunizieren kannst. Egal, mit welchen Engeln du dich austauschen willst, die Kontaktaufnahme ist immer gleich einfach. Bei deiner Entscheidung, wann du mit welchem Engel kommunizieren möchtest, lasse dich bitte von deinem Herzen und deiner Intuition führen. Als Abschluss sage bitte den folgenden oder einen ähnlichen Satz: „Dieses geschehe jetzt zum Wohle aller Beteiligten, so wie es der Quelle allen Seins entspricht!" Vielleicht hast du nicht zu jedem Engel den gleich vertrauten Zugang und nimmst dadurch die einzelnen Engel unterschiedlich intensiv wahr. So können auch die Menschen, denen du Engelenergien zur Seite stellen möchtest, diese verschieden erleben, erkennen und spüren. Deshalb lasse dich bitte bei deiner Entscheidung, ob, und, wenn ja, welchen Engel du jemandem zur Verfügung stellen möchtest, dich wiederum von deinem Herzen führen. Ich habe erlebt, dass ein Engel einen Menschen schon lange begleitete und ihm dadurch so nahe war, dass er ihn gar nicht mehr wahrnehmen konnte. Die Energie war ihm so vertraut und geläufig, dass sie der Mensch als einen Teil von sich selbst empfand.

Engel antworten dir immer auf deine Fragen, so wie es alle Freunde aus der Geistigen Welt tun. Doch manchmal geschieht es nicht sofort, oder über einen kleinen „Umweg". Es kann also sein, dass du auf eine Frage, die du einem Engel gestellt hast, erst Stunden später, während du ganz etwas anderes machst, – beispielsweise Fenster putzen oder Auto fahren –, eine Eingebung, eine Antwort oder ein klares Bild dazu erhältst.

In so einem Falle ist es wieder einmal wichtig, dir und dem, was du empfängst, zu vertrauen. Wenn du möchtest, kannst du dich im Anschluss daran noch einmal bewusst bei dem Engel bedanken. Das fördert deine Sicherheit und dein Vertrauen, dass du im Austausch und in der Kommunikation mit den Engeln bist.

Es kann auch sein, dass dich der Engel zu einem Buch, einem Ort, einer Begegnung, einer Fernsehsendung, einem Radiobericht, einem Gespräch und Ähnlichem mehr führt und du darüber deine Antwort erhältst. Bitte sei einfach offen und bereit, die Beantwortung deiner Fragen zu erhalten.

Manchmal begegnen uns Engel auch in menschlicher Form. Auf diese Art fanden wir beispielsweise unser letztes Haus. Ich gab den Wunsch, ein passendes für uns zu finden, an die Geistige Welt ab. Kurze Zeit später traf ich „zufällig" eine mittlerweile liebe Freundin, die mir von einer Hausbesichtung am Vortag erzählte. Sie hatte den Eindruck gehabt, dass es für sie nicht das passende Haus war, allerdings dabei bereits an uns gedacht. Sie gab mir die Nummer des Vermieters, und ich rief am gleichen Tag Herrn Engl an, und so fügte sich eins zum anderen, ganz leicht und einfach. Manchmal verpflichtet der Name, wie es so schön heißt: Im Falle unseres Vermieters trifft dieses zu.

Ebenso habe ich das Vergnügen, einige Mitglieder der bekannten Musikerfamilie Engel aus Reutte/Tirol zu kennen. Vor vielen Jahren reiste die Großfamilie zu Konzerten um die ganze Welt und schaffte, für die damalige Zeit, Bemerkenswertes. Viele der Engel-Kinder beschäftig(t)en sich mit unterschiedlichen, spirituellen Wegen und haben einen sehr klaren Kontakt zur Geistigen Welt. Wenn ich ihnen begegne, fällt mir häufig die Präsenz von Engeln an ihrer Seite auf, – eine offensichtliche Verbindung zwischen dreidimensionalen und feinstofflichen Engeln.

Ein anderes Engel-Erlebnis hatte ich vor einigen Jahren. Ich besuchte ein Seminar und übernachtete dabei im Gasthaus Engl. In der Nacht wurde ich wach, und vor mir in meinem Zimmer auf dem Stuhl neben dem Tisch saß ein lachender, strahlender Jüngling, – so könnte ich ihn am besten beschreiben. Wir unterhielten uns, wenngleich ich mich nicht mehr daran erinnern kann, worüber. Später drehte ich mich um und schlief weiter. Erst am nächsten Tag, als ich die Ereignisse der Nacht noch einmal Revue passieren lies, wurde mir bewusst, dass es eine Begegnung mit einem Engel gewesen war.

Und meine große Liebe zu England liegt zum Teil sicher auch darin begründet, dass es für mich immer ein Engelland sein wird, wenn ich daran denke.

Doch nun möchte ich gerne mit dir näher in die Begegnung und in den Austausch mit Zadkiel gehen.

Zadkiel
Das violette Licht der Transformation

Vor vielen Jahren begegnete mir während einer Meditation intensiv die Kraft der violetten Flamme.

Ich stellte mich locker hin und schloss die Augen, während ich meinen Körper sanft und entspannend schüttelte. Dabei visualisierte ich, wie violettes Feuer aus der Erde aufstieg und durch alle meine Körper tanzte. Überall dort, wo es eine Verengung in meinem Sein gab, loderte dieses kühlende und befreiende Feuer etwas stärker, das durch die Bewegung meines Körpers unterstützt wurde. Diese Bewegungsmeditation mit der violetten Flamme war sehr belebend, erfrischend und erneuernd, und ich kann dir nur empfehlen, sie selbst auszuprobieren.

In dieser Zeit, in der es viel um Loslassen und Heilen alter Erfahrungen geht, die sich deshalb mitunter noch einmal kräftig bemerkbar machen können, hilft es, tief durchzuatmen, im Herzen zu sein und das, was gerade belastet oder verengt, der violetten Flamme zu übergeben. Dabei kannst du entweder Zadkiel bitten, in dein Herz zu kommen, um ihm deine Sorgen und Ängste zu übergeben, oder du visualisierst das violette Feuer, wie es durch alle deine Chakren, Körper und Zellen tanzt, um Transformation zu bringen. Zadkiel neutralisiert und gleicht aus. Daher lade ich ihn beispielsweise immer wieder gerne ein und bitte ihn, mit seinem Licht Nahrungsmittel vor dem Genuss oder auch Speisen in einem Restaurant zu durchströmen, damit die Schwingung so verändert wird, dass die Lebensmittel licht, nahrhaft und leicht bekömmlich und wahre Mittel zum Leben sind.

Bei einem Wunsch zur Transformation ist es inzwischen nicht mehr so wichtig, genau die Ursache zu kennen oder zu benennen, viel entscheidender ist deine Bereitschaft, seine

Kraft und sein Licht der Wandlung und der Erneuerung wirklich annehmen zu wollen und zu können. Das bedeutet, dich immer wieder zu überprüfen, ob du wirklich bereit bist, deinen Wunsch nach Kontrolle loszulassen und dich wahrhaftig einer „höheren" Macht zu übergeben, sprich, dem Wunsch deiner Seele zu folgen. Das wird häufig als Gottvertrauen bezeichnet. Zadkiel hilft dir, dieses in dir zu entwickeln, und das ist eine der Aufgaben für die Menschen in dieser Zeit.

Zadkiel unterstützt dich auch bei Erdheilungsaufträgen genauso wie beim Reinigen von Orten, Grundstücken, Häusern und Räumen. Auch bei unterschiedlichen physischen Disharmonien, wie beispielsweise Zahn- oder Bauchbeschwerden, habe ich das Licht von Zadkiel immer wieder als kühlend, lösend und heilend erlebt. Zadkiel hilft dir also, Spannungen und Konflikte in dir als auch im Außen zu harmonisieren und auszugleichen.

Segne und sei Segen!

Mache es dir bitte bequem, atme ein paar Mal bewusst ein und aus und dann gehe mit deiner Aufmerksamkeit zu deinem Herzen und sei ganz bei dir und in dir im Hier und Jetzt. Erlaube dir, Licht zu sein, erlaube dir, Liebe zu sein, erlaube dir, göttliches Wesen zu sein. So kannst du dich ganz auf das einlassen, was Zadkiel dir jetzt sagen möchte. So ist Begegnung möglich. Nimm bitte wahr, dass violettes Licht beginnt dich einzuhüllen und den Raum zu füllen, in dem du bist. Aus diesem violetten Licht formt sich eine Wesenheit, ein Bewusstsein, eine Kraftquelle, ein Engelwesen, eine Lichtgestalt. Aus diesem violetten Licht formt sich Zadkiel. Er kommt auf dich zu, um dich mit seiner Gegenwart zu berühren und spricht zu dir:

Sei gesegnet, geliebter Bruder, der, und geliebte Schwes-
ter, die du mir bist. Erlaube dir, die Kraft der Transformation zum
Segnen zu verwenden. All das, was du an dir nicht so gerne
magst, segne es und lobe es im Namen der violetten Flamme.
All das, was du an anderen nicht so gerne magst, segne und
lobe es im Namen der violetten Flamme. Erlaube bitte, dass wir
dich durchströmen und durch dein Sein fließen, um dort, wo es
in dir einen Überschuss oder eine Unterversorgung von Ener-
gie gibt, einen Ausgleich zu bringen. Und bitte erkenne, dass
wir uns dir im violetten Licht nähern und die Vereinigung von
Rot und Blau, von Erde und Himmel, von Liebe und Frieden,
von weiblicher und männlicher Kraft schaffen. Somit bringen wir
Einheit im Hier und Jetzt, und daraus wächst die Erkenntnis
und die bewusste Wahrnehmung der Quelle allen Seins, die du
bist.

Und jetzt formt sich vor dir eine Amethystdruse, die so groß
ist, dass du gemütlich darin Platz nehmen kannst. Erlaube dir,
bewusst zu atmen und das Licht des Amethysten zu genießen
und voll und ganz in dich aufzunehmen und durch dich wirken
zu lassen.

Bitte nimm wahr, dass du in dieser Druse nicht alleine bist.
Ihre Hüterin, eine kleine, leuchtend grüne Schlange mit roten
Augen, ist bei dir. Doch bitte habe keine Furcht, denn sie steht
für die Kraft der Erneuerung und die Fähigkeit der Regenerati-
on. Und das ist das Geschenk dieser Amethystdruse an dich.
Bitte lass zu, dass sie ihre Strahlen aussenden darf, um durch
die Gesamtheit, die du bist, zu strömen. Du spürst, wie sich
dein Herz öffnet und ganz weit wird und sich deine Bereitschaft,
Heilung anzunehmen und Heilung zu sein, ausdehnt. Somit
fließt nun das violette Licht der Amethystdruse durch deine
Körper und öffnet sanft jene Erinnerungsbänke in deinen un-
terschiedlichen Körpern, die verengende Energien frei lassen
möchten, um in den göttlichen Fluss der Harmonie zurückzu-

kehren. Dieses geschieht ganz leicht und liebevoll, fast wie von selbst. Denn bitte erkenne, dass die Hüterin, die die glänzende grüne Schlange ist, mit der Energie von Chiron in Verbindung steht und sein kraftvolles Licht der Heilung über und durch die Amethystdruse mit einströmt in deine Zellen.

Bitte erlaube, dass wir dir an dieser Stelle etwas über Chiron erzählen möchten: Er ist an deiner Seite, um dich an deinen Ursprung zurückzuführen, das heißt, er bringt dich ganz zu dir, damit du erkennst, was in dir darauf wartet, befreit und geheilt zu werden. Er ist die Energie, die dich in deine Kindheit und in deine früheren Inkarnationen zurückbegleitet, um dort die Kraft der Transformation, in diesem Falle durch das violette Licht, einströmen zu lassen. Denn bitte erkenne, wenn du dich im Hier und Jetzt von einem Menschen verletzt fühlst, er dich meist lediglich an etwas erinnert, das du vor langer Zeit erfahren hast und das dich schmerzte. Und deshalb möchte Chiron dich zurückführen an den Urgrund dieser Erinnerung, damit dort Lösung und Heilung ist. Verstehst du, was wir damit meinen? Die Rückführung in deine Kindheit und in deine früheren Inkarnationserfahrungen ist wie zwei unterschiedliche Ebenen, die du betrachten und auf denen du wirken kannst, um Heilung zu finden, denn sie vereinigen sich im Hier und Jetzt in dir. Das ist der Grund, warum wir immer wieder auf diese beiden Ebenen hinweisen, um Lösungs- und Heilungsenergie zu schenken und zu bringen.

Chiron hat die Kraft, in die Tiefe zu gehen, und das tun wir nun gemeinsam mit dir, um Erkenntnis zu ermöglichen, denn Selbsterkenntnis ist Heilung. Bitte erkenne, dass bei dem Begriff „Selbsterkenntnis" das Wort selbst enthalten ist, das heißt, du wirst dir deiner Selbstverantwortung, Selbstbeteiligung, Selbstkreation gewahr, und dadurch ist Selbstheilung möglich. Und bitte, Selbstheilung ist der einzige Weg der Heilung. Wenn du zu einem befähigten Heiler gehst, aktiviert dieser deine Selbst-

heilungskräfte. Er heilt dich nicht, du heilst dich selbst. Dein Bewusstsein, deine Gedanken, deine Gefühle, deine Einstellungen, deine Erfahrungen und vieles mehr beeinflussen deine Selbstheilungskraft. Und somit ist Chiron jetzt an deiner Seite. Wir bitten dich, bewusst zu atmen und wahrzunehmen, dass das Licht der violetten Flamme und die heilende Kraft von Chiron durch dich fließen. Und die Energie der Heilung strömt durch die Gesamtheit deines Seins, und währenddessen beginne bitte, dich selbst zu segnen. Segne dich bitte laut oder leise für das, was dir gerade in den Sinn kommt, denn wir möchten mit dir die heilsame und transformierende Kraft der Segnung im Hier und Jetzt nutzen. Während das Licht der Heilung strömt und weiter seinen Weg in und durch dich findet, segnest du dich. Je mehr du, ganz allgemein, in deinem alltäglichen Sein segnest, umso kraftvoller, umso glücklicher, umso zufriedener wird dein Leben sein. Denn jeder Segen, egal, wen du damit beschenkst, kehrt zu dir zurück, und somit segnest du dich selbst. Das stärkt dich in jeder Hinsicht und hilft, Verletzungen, die letztendlich ja nur eine Verengung im Energiefluss sind, zu weiten und ins Fließen zu bringen, was einer Harmonisierung und Heilung gleicht. Bitte erkenne diese Zusammenhänge, und bitte erkenne auch, dass eine Segensenergie ähnlich der Kraft der Vergebung ist. Vielleicht hast du ja schon gehört, dass Menschen, als sie zu vergeben begannen, von langen, teilweise schweren Erkrankungen schnell geheilt wurden. Und so möchten wir dich nun einladen, Segen zu sein, Vergebung und Fluss der Liebe.

Bitte erlaube dir auch wahrzunehmen, dass die Kraft der Segnung deine mentale Konzentration und Ausrichtung stärkt, und somit förderst du gleichzeitig dein atlantisches Erbe in dir, –und wisse, dass wir dir darüber zu einem späteren Zeitpunkt Näheres erzählen werden. Denn wir, erlaube die Formulierung, liebten unser Sein in Atlantis und möchten dich an einer anderen Stelle nach dort zurückführen

Nun möchten wir dich einladen, mit dem Segnen zu beginnen und mit deiner Aufmerksamkeit in dein Herz zu gehen, und aus deinem Herzen fließt nun die segnende Kraft. Wir danken dir dafür. Und nun sprich bitte:

- *Ich segne die Göttlichkeit in mir.*
- *Ich segne die Fähigkeit meines physischen Körpers, sich immer wieder zu regenerieren und zu erneuern, auf dass Gesundheit und Harmonie in mir ist.*
- *Ich segne das Zusammenspiel meiner Organe in mir, die wundervoll ihre Funktion erfüllen.*
- *Ich segne mein Blut, meine Lymphe und alle Zellen meines Körpers, die göttliches heiles Sein sind.*
- *Ich segne die Fähigkeiten und den Ausdruck meines physischen Körpers in der Materie.*
- *Ich segne meine Inkarnation.*
- *Ich segne die Art und Weise, wie ich erkennen und wahrnehmen kann.*
- *Ich segne meine Bereitschaft, mich immer wieder an das göttliche Licht, das ich bin, zu erinnern.*
- *Ich segne die Fähigkeit, Liebe zu sein, Liebe zu schenken und Liebe zu empfangen in mir.*
- *Ich segne in mir die Fähigkeit, mein Herz zu öffnen, um mich auf das Leben und neue Möglichkeiten immer wieder einzulassen.*
- *Ich segne meine Bereitschaft, auf allen Ebenen, die ich bin, Heilung anzunehmen und Heilung zu sein.*
- *Ich segne meine Gefühle und meine Gedanken, egal welcher Art sie sind.*
- *Ich segne meine Träume, meine Visionen und meine Wünsche.*

- *Ich segne die Gesamtheit meines Seins und meines Wesens, – einfach alle Aspekte, die sind und die ich bin. Amen.*

Erlaube dir bitte, bewusst zu atmen, die Energie des Segens in und durch dich wahrzunehmen, und bleibe dann, wenn du möchtest, einige Zeit in der Stille, um dich weiter für das zu segnen, was dir noch wichtig erscheint und jetzt am Herzen liegt.
Nun möchten wir dich einladen, die heilsame Kraft der Segnung weiter auszudehnen. Erkenne, dass auch die Umstände, in denen du bist, einem Teil von dir entsprechen. Somit erlaube dir zu sprechen:

- *Ich segne die Menschen, die in meinem Leben sind.*
- *Ich segne alle Situationen, in denen ich mich gerade befinde.*
- *Ich segne die Erkenntnis, dass alles da ist, um mich zu unterstützen, Heilung zu finden und Heilung zu sein.*
- *Ich segne mein Haus, meine Wohnung, meinen Raum, in dem ich lebe.*
- *Ich segne die Tiere und die Pflanzen, die mit mir und um mich sind.*
- *Ich segne die Menschen, die mit mir und in meiner Nachbarschaft leben.*
- *Ich segne mein Arbeitsumfeld und alle Wesen, die damit in Berührung sind.*
- *Ich segne den Fluss des Geldes, und*
- *ich segne alle Gegenstände, die mich umgeben und die ich nutze. Amen.*

Erlaube dir bitte, erneut tief zu atmen und wahrzunehmen, wie die Energie des Segens in dir wirkt. Spürst du, wie sich dadurch dein Herz weitet und weicher wird?

Bitte bleibe auch jetzt wieder einige Zeit in der Stille, um noch weitere Segnungen auszusprechen, wenn du möchtest. Wir danken dir dafür.

Bitte erkenne, dass dich die Kraft der Segnung heilt und stärkt. Sie nährt dich, und dadurch nimmt die Erinnerung an deine Einheit mit deinem göttlichen Ursprung, mit der Quelle allen Seins, die du bist, in dir wieder Raum. Wir möchten dich ermutigen, dass du alles, was dich belastet, was dich bedrückt, was dir schwer fällt, anzunehmen und loszulassen, segnest. Dadurch findet eine Wandlung statt, denn Segnung ist eine Bereitschaft des Annehmens, und dadurch kann Heilung sein. Du weißt in der Zwischenzeit bereits, dass du all das, was du nicht möchtest, was du verändern willst, zuerst in die liebevolle Akzeptanz, in die liebevolle Annahme bringen darfst, bevor es sich wirklich auflösen und verabschieden kann. Das wurde dir in den letzten Jahren des sogenannten Aufstiegs in die Fünfte Dimension schon häufig durch viele Botschafter und viele feinstoffliche Geschwister mitgeteilt. Die Kraft der Segnung, diese Annahme und das liebevolle Einverstandensein mit Allem-was-ist, so wie es ist, beinhaltet und fördert somit Transformation.

Nun möchten wir dich bitten, mit uns gemeinsam deine Ahnenreihe zu betrachten. Du weißt, dass es in dieser Zeit für viele Menschen noch einmal wichtig ist, in die Aussöhnung mit ihrer Herkunftsfamilie zu gehen. Auch dabei dient dir die Kraft der Segnung. Deshalb bitten wir dich jetzt, einen tiefen Atemzug zu nehmen und in dein Herz zu gehen. Erlaube dir, dein Herz als einen Ort der Begegnung wahrzunehmen und deine Eltern, deine Geschwister, deine Großeltern zu dir in dein Herz einzuladen. Bitte alle Menschen, die dich in und durch deine Kindheit begleitet haben und die zu deiner Familie gehören, in dein Herz, unabhängig davon, ob du sie persönlich gekannt hast oder nicht. Bitte lass sie alle, unterstützt durch die Energie des violetten Strahls der Transformation, der wir Zadkiel sind, in deinem Herzen erscheinen, denn alle sehnen sich nach Einheit, nach Liebe, nach Frieden. Und so ist es auch nicht wichtig, ob sie genau so aussehen, wie du sie in Erinnerung hast, oder wie du glaubst, dass sie ausgesehen haben könnten. Lade sie einfach ein zu erscheinen, in welcher Form auch immer sie es möchten, und wisse, dass sie sind. Bitte erlaube dir anzuerkennen, dass sie dir vorausgegangen sind und du ihren Weg nun fortsetzt. Und nun nutze erneut die heilsame Kraft der Segnung und sprich:

- *Ich segne meine Familie und alle meine Ahnen.*
- *Ich segne die Möglichkeit und die Entscheidung, gerade in diese Familie hinein geboren worden zu sein.*
- *Ich segne ihr Vertrauen, das sie in mich hatten.*
- *Ich segne ihre Fähigkeiten und Qualitäten, die sie als nützliches Werkzeug mitgegeben haben.*
- *Ich segne ihre Herausforderungen, die sie mir schenkten, um sie zu meistern.*
- *Ich segne ihre Liebe, die sie mir auf ihre Art und Weise zuteil werden ließen.*
- *Ich segne alle Rollen, die sie für mich spielten, damit ich meinen Weg gehen konnte.*
- *Ich segne die Göttlichkeit in ihnen. Amen.*

Bitte erlaube dir erneut, bewusst und tief zu atmen, um der Energie der Segnung in dir nachzuspüren und zu erkennen, dass sich, durch die Kraft der Segnung, deine Wahrnehmung von Familie oder von einzelnen Wesen aus deiner Familie verändern kann. Bitte schenke dir auch jetzt wieder ein wenig Zeit, um deine Herkunftsfamilie für das zu segnen, was dir noch am

Herzen liegt. Dann kannst du dich bei deiner Familie bedanken und sie aus deinem Herzen entlassen. Spüre in dir nach, ob du eine Veränderung wahrnehmen kannst. Segnungsenergie ist Heilung.

Wir möchten dich bitten, in deinem alltäglichen Sein die Kraft der Segnung mehr und mehr miteinfließen zu lassen. Segne das, was du nicht magst. Segne das, wovor du dich fürchtest. Segne das, was geheilt werden möchte. Segne die Energien und Situationen, die dich belasten. Segne das, was dich verletzt und wütend macht. Bitte, probiere es aus und erkenne dadurch die befreiende Kraft der Segnung in deinem eigenen Sein. Segen ist Wandlung und Heilung. Jeder Segen, den du sprichst, fließt zu dir zurück. Somit förderst du den Frieden in dir selbst. So erlaube dir immer wieder, zu segnen und Segen zu sein und deine Herkunftsfamilie in dein Herz zu nehmen, um sie zu segnen; um das in und aus deiner Familie zu segnen, was dir schwer fällt anzunehmen, anzuerkennen, was dich verletzte, damit Heilung und Freiheit in deine Wurzeln einströmen können, was wiederum zu dir zurückfließt und deine eigene innere Heilung und deine eigene innere Freiheit ist, die dadurch wächst. Nur durch die Aussöhnung mit deiner Herkunftsfamilie segnest und stärkst du deine eigenen Wurzeln.

Bitte erkenne, dass in dieser Zeit des Umbruchs und der tiefen Transformation im Innen als auch im Außen deine Wurzeln von großer Wichtigkeit sind, denn sie geben dir Halt und Stabilität. Sie geben dir innere Sicherheit, die du im Hier und Jetzt nutzen kannst, um das zu sein, was du bist. Verstehst du, warum die Heilung der Energien deiner Herkunftsfamilie von so großer Bedeutung ist? Bitte wisse, die Menschen werden immer mehr lernen, dass es im Außen keine Sicherheit, keine Versicherungen gibt, auf die sie sich verlassen können, wenn die innere Sicherheit, in sich zu ruhen, nicht gegeben ist. Dafür dienen dir die Wurzeln. Je geheilter die Energie deiner Herkunftsfamilie *ist, umso kraftvoller ist sie. Somit bitte segne deine Wurzeln, deine Herkunftsfamilie. Segne dich und dein Leben im Hier und Jetzt. Atme bewusst und tief ein und aus und erlaube, dass unsere Kraft der Transformation, das Licht des Amethysten, wie auch die Energie von Chiron dich weiter begleiten, während du unsere Worte in deinem Herzen bewegst. Die violette Flamme dient dir überall in deinem Leben, wo auch immer du die Kraft der Segnung benötigst.*

Und nun erlaube bitte, dass wir dich auch aus dem Zentrum der Einheit, der Quelle allen Seins, in der Kraft der Transformation des violetten Strahls segnen möchten. Wir sind Zadkiel. Wir danken dir von ganzem Herzen. Sei gesegnet, geliebtes Menschenkind, das du bist. Amen.

Das silberne Licht der Gnade

Wir sind Zadkiel, und wir grüßen dich erneut, geliebtes Kind der Erde. Wir segnen dich in der transformatorischen Kraft der Liebe, die der violette Strahl ist. Bitte erlaube dir, bewusst und tief zu atmen und wahrzunehmen, dass violette Feuerzungen um dich tanzen, die sich ausdehnen, um mehr und mehr durch dich zu strömen, um sich mehr und mehr mit dir zu vereinen, sodass du selbst zur Kraft der Transformation wirst.

Wir sind hier, um dir heute Verschiedenes über die Entwicklung in dieser Zeit zu erzählen. Bitte gehe jetzt mit deiner Aufmerksamkeit in dein Herz und sei in deinem Herzen. Wir, Zadkiel, sind mit dir, und unser violettes Licht fließt durch dich und schenkt dir die Energie der Wandlung, wo auch immer du sie im Hier und Jetzt innerhalb deines Seins benötigst, auf dass freier Fluss der Energien, auf dass Erinnerung an dein göttliches Sein nun in dir ist und ein weißer Lichtstrahl aus deinem Herzen führt.

Wir sprachen bereits davon, dass wir mit dir gerne nach Atlantis zurückkehren möchten. Und so tun wir dieses nun über den weißen Lichtkanal, der aus deinem Herzen strahlt. Erlaube dir bitte wahrzunehmen, wie sich die Landschaft durch den Lichtstrahl verändert. Wie sich die Formen, Farben und die Energien wandeln. Wir reisen durch die Zeiten hindurch, und bald erscheinen unter uns die Kristallwälder von Atlantis, und unser Lichtstrahl führt uns durch die große Energiekuppel, die sich über Atlantis wölbte.

Bitte nimm wahr, dass uns der Energiekanal direkt in das Zentrum eines atlantischen Transformationstempels bringt. In diesem alten Tempel sind viele Kristalle, die miteinander kommunizieren und dadurch unterschiedliche Schwingungsfelder aufbauen. Einige sanfte Wesen mit schlanken, transparenten Körpern, die weder weiblich noch männlich sind, begrüßen dich liebevoll und heißen dich willkommen. Sie hüten diesen heiligen Tempel der alten Zeit. Sie berühren die Kristalle und tauschen sich mit ihnen aus und verändern dadurch auf achtsame und weise Art das Zusammenspiel der Energien, je nachdem, was gerade benötigt wird. Dabei erzeugen die Kristalle Töne, und somit ist der Raum mit Klang erfüllt. Dieser Klang berührt. Bitte nimm einen bewussten Atemzug, um ihm zu lauschen und zu spüren, dass er dein Herz öffnet, ganz zart und behutsam, so wie es für dich stimmig ist. Und erkenne, dass sich die Wesenheiten freuen, dir etwas über den atlantischen Ursprung und somit über dein Erbe als Kind von Atlantis zeigen zu dürfen. Die Wesen sprechen nicht in der Form wie du es jetzt von dieser Erde kennst. Sie wissen, was andere Lebewesen denken und fühlen, du würdest es „telepathische Kommunikation" bezeichnen. Auf diese Art und Weise tauschen sie sich auch mit dir aus, und es ist für dich ganz leicht und fast wie selbstverständlich so zu hören und ebenso zu antworten.

Sie sagen dir Folgendes: Dieses ist ein Tempel, in dem

man über das Zusammenspiel von Kristallen und den Klängen, die sich daraus ergeben, Körper so verdichten kann, dass sie außerhalb der atlantischen Energiekuppel würden leben können. Es gibt einige Wesenheiten, die von den Sternen über die Tempel der Transformation auf die junge Gaia kommen. Und wenn Wesenheiten der Erde zu den Sternen reisen möchten, geschieht dieses auch häufig über die Tempel der Transformation. Bitte atme wieder bewusst und tief ein und aus, um die Eindrücke und Energien, die hier sind, auf dich wirken zu lassen. Erlaube dir bitte, die unendliche Liebe und den Frieden dieses Ortes wahrzunehmen und in dich aufzunehmen.

Du bist in einer Zeit, in der Atlantis in seiner lichten Blüte stand, und die Wesenheiten laden dich nun ein, dich in die Mitte des Tempels zu stellen. Unter dir erkennst du eine kleine Vertiefung, in der eine leuchtende Kristallspitze steht, und über dir eine Wölbung, ähnlich der transparenten Kuppel, die ganz Atlantis umgibt, die einen freien Blick auf den Sternenhimmel ermöglicht. Etwas unterhalb davon leuchtet ein frei schwebender Kristall, der mit seiner Spitze nach unten genau auf die Mitte weist, in der du stehst. Um dich herum ist ein größerer Kreis von zwölf stehenden Kristallen, die mit der Spitze nach oben zeigen. Am Boden siehst du verschiedene Zeichen und Symbole, die nach einem eigenen, ihnen innewohnenden Rhythmus zu wechseln scheinen.

Wir möchten dich nun bitten, dich an dein ursprüngliches Sein zu erinnern und wahrzunehmen, dass wir dazu jetzt die Kristalle aktivieren. Wir, Zadkiel, dehnen unser violettes Licht aus und durchströmen damit die zwölf stehenden Kristalle und schließen den Energiekreislauf zwischen ihrem Sein. Nun nimm bitte wahr, dass von ihren Spitzen aus violette Lichtstrahlen ausgesandt werden, die sich im oberen Kristall bündeln und zu einem Strahl verbinden. Dadurch aktiviert sich der obere Kristall, er beginnt sich zu drehen und richtet sich auf deine Sternenheimaten aus. In der Zwischenzeit sendet er einen violetten Strahl aus seiner Spitze durch dich hindurch in den Kristall unter dir. Dieser beginnt zu pulsieren und das violette Licht nach allen Seiten zurückzustrahlen. So sind die Kristalle in einem Fluss von Geben und Nehmen, Energien und Informationen strömen hin und her. Du und dein Sein stehen im Zentrum dieses energetischen Austausches. Du siehst die Wesen von Atlantis neben dir, sie lächeln, während die Energien fließen und wirken. Das violette Licht wirkt in der Verbindung mit den Kristallen und den Klängen, die diese dabei erzeugen, durch deine Zellen und beginnt, deine DNS sanft zu durchdringen. Damit möchten wir deine Zellen wieder an ihr ursprüngliches atlantisches Sein erinnern.

Nun wählen wir eine zwölfblättrige Blume aus leuchtendem Kristall als Symbol für deine aktivierte Zwölfstrang-DNS, und jede deiner Zellen enthält nun eine Kristallblume mit zwölf Blättern. Sie strahlt und funkelt und beginnt sich sanft zu drehen. Aus ihrer Mitte entspringt ein silberner Lichtstrahl, und je mehr sich die Blume dreht, umso kraftvoller beginnt dieser zu leuchten. Das silberne Licht dehnt sich aus und erfüllt die ganze Zelle, und da in jeder Zelle nun eine tanzende zwölfblättrige Kristallblüte ist, leuchtet bald dein gesamter Körper in silbernem Licht. Dieses silberne Licht ist die Energie der Gnade. Das bedeutet, jetzt ist die Zeit gekommen, um das zu sein, was du bist, um dich zu erinnern an das Licht, das du bist, und an die Liebe, die du bist, und Licht und Liebe zu sein! Erlaube dir wahrzunehmen, dass das silberne Licht der Gnade Befreiung bringt und sich das Wissen deiner Göttlichkeit in dir neu zu entfalten beginnt. Und auch dein genetischer Code beginnt sich zu wandeln, Belastungen werden gelöst und finden Heilung im Hier und Jetzt. Das silberne Licht wirkt weiter durch deinen Körper, und somit beginnen sich seine Frequenz und seine Schwingung zu verändern. Er beginnt zu pulsieren, und je mehr er dieses *tut, umso lichter und durchlässiger wird er. Nun beginnt sich dein Körper zu regenerieren und zu erneuern, wo auch immer er dieses benötigt. Jetzt!*

Das silberne Licht dehnt sich weiter in dir aus, um das zu vereinen, was im ursprünglichen atlantischen Bewusstsein Einheit war. Bitte erlaube dir wahrzunehmen, dass eine Wandlung innerhalb deiner Körper ist. Dein physischer Körper leuchtet und strahlt, vibriert und verändert seine Dichte. Er ist jetzt ganz durchlässig, und damit verschmelzen deine unterschiedlichen Körperebenen wieder zu einem Sein. Dein emotionaler und dein mentaler als auch dein spiritueller Körper werden mit deinem physischen eins und bilden eine Einheit im Hier und Jetzt. So sind beispielsweise dein Denken und Fühlen nicht länger voneinander getrennt, das bedeutet, es gibt keinen Konflikt und keine Spannung mehr zwischen dem, was dein Kopf und dein Bauch möchten, denn sie sind eins.

Bitte erkenne auch, dass sich durch die Einheit der Körper, die sie immer sind und waren, die Einteilungen und die Systeme, in denen sie unterschiedlich benannt und bezeichnet wurden (wie beispielsweise das Vier-Körper-System), auflösen im Hier und Jetzt. Diese existieren nicht im ursprünglichen atlantischen Bewusstsein, denn du bist ein Sein in der Gesamtheit, die du bist. Bitte erkenne auch, dass das chakrische System so, wie du es jetzt kennst und nutzt, nicht in dieser Form ausgeprägt war. In deinem ursprünglichen atlantischen Wesen gab es leuchtende Energiepunkte und Energiewirbel in deinem System, über die du Energien in die Gesamtheit, die du bist, aufgenommen und auch ausgesandt hast. Lichtfäden standen mit den Energiepunkten in Berührung, die sowohl dein eigenes Wesen nährten, als auch zu verschiedenen Wesen, Ebenen, Dimensionen und Sternenwelten führten. So erlebtest du dich getragen und eingebettet und als einen Teil des großen Ganzen, und die Verbundenheit und Einheit mit Allem-was-ist war somit jederzeit erfahrbar. Du kanntest auch gar nichts anderes.

Und nun stell dir bitte vor, dass sich auch dein Chakrensystem, so wie deine Körper, wieder an seinen Ursprung erinnert und ausrichtet und sich dementsprechend verändern wird. Das Wissen darüber ist an unterschiedlichen Orten, sowohl in der Materie als auch in feinstofflichen Bereichen, gespeichert und wird sich in dieser Zeit mehr und mehr offenbaren und aktivieren. Fühle, wie das silberne Licht im Hier und Jetzt durch dich strömt und in dir deine eigene Erinnerung an deinen atlantischen Ursprung erweckt, und erkenne, dass dieses auch als Geburt deines Lichtkörpers bezeichnet werden kann. Spüre, wie du strahlst und leuchtest und als reines Licht und reine Liebe in der Gesamtheit, die du bist, pulsierst. Dieses ist ein Ausdruck deiner Göttlichkeit in der Materie.

Jetzt bist du losgelöst von Identifikationen. Du bist nur noch ein Wesen des Lichts. In diesem Sein ist auch keine Identifikation mehr mit weiblichen oder männlichen Rollen. Du bist einfach! Und als das, was du bist (Licht und Liebe), erfüllst du deinen Plan im Hier und Jetzt als ein Teil des großen Ganzen. Erlaube dir, bewusst zu atmen, erlaube dir wahrzunehmen, erlaube dir, zu sein!

Und in diesem Sein ist kein Platz mehr für Bewertung. Sie existiert sozusagen nicht mehr. Das silberne Licht unterstützt dich und deine Körper in dieser Zeit, um sich zu erinnern, um sich auszurichten, um deine DNS und deinen Lichtkörper zu aktivieren, der die Einheit all deiner Ebenen ist.

Bitte lass zu, dass das silberne Licht immer wieder durch dich wirkt und dich begleitet. Erkenne, dass deine Geschwister, die wir sind aus den feinstofflichen Ebenen, dich schon vor einiger Zeit auf die Kraft der Gnade aufmerksam gemacht haben. Der silberne Strahl steht auch in Verbindung mit dem Licht des Mondes, mit der Kraft des Empfangens, mit der erneuten Geburt der Großen Göttin, die durch verschiedene kosmische

Sternenkonstellationen der letzten Jahre initiiert wurde.[*]

Erlaube dir wahrzunehmen, dass es verschiedene Wesenheiten in diesem Universum gab bzw. gibt, die dem silbernen Strahl dienen, beispielsweise die Göttin der Barmherzigkeit, die dir vielleicht unter dem Namen Kwan Yin vertraut ist, und wisse, dass der Elohim der Gnade sein silbernes Licht seit Jahren den Menschen zur Verfügung stellt, um Befreiung und Erlösung zu finden. Die Zeit der Heilung, die jetzt ist, ist eine Zeit der Gnade. Und somit erkenne, dass das silberne Licht dir näher als je zuvor ist und du dieses einladen kannst, in und durch dich zu wirken, wann auch immer du möchtest. Bitte atme bewusst und sei dir gewahr, dass auch im Hier und Jetzt das silberne Licht durch dich strömt und dir Befreiung bringt. Wisse, dass wir dich mit Gnade erfüllen möchten. Jetzt! Die Zeit ist reif!

Dein physischer Körper und die Gesamtheit, die du bist, werden an ihr ursprüngliches, atlantisches Bewusstsein erinnert. Jetzt! Nun hat eine Wandlung in der Materie begonnen, die in deinem alltäglichen Leben fortgesetzt werden wird, wenn du es erlaubst. Dein physischer Körper ist in dieser Zeit sehr gefordert, und die Kraft des silbernen Strahls ist ihm behilflich, um sich immer wieder der Einheit mit Allem-was-ist gewahr zu sein, auf dass sich Himmel und Erde in ihm vereinen und ausdrücken können im Hier und Jetzt. Bitte erlaube dir erneut, einen bewussten und tiefen Atemzug zu nehmen, und die Einheit, die du bist, anzunehmen und aufzunehmen in dir, in deinem Herzen, in jeder Zelle deines Seins. Erlaube dir, im Gewahrsein deines Lichtkörpers und deiner geöffneten Kristallblüten zu sein. Daran werden wir dich in den nächsten Jahren immer wieder erinnern, damit eine Verankerung im Hier und Jetzt ist. Der silberne Strahl in der Verbindung, die wir Zadkiel sind, wird dich dabei unterstützen, wenn du dieses möchtest.

* Anm. Ava: Gemeint ist der Venustransit im Sommer 2004

Nun nimm bitte noch einmal bewusst wahr, dass du Einheit bist, dass du Lichtkörper bist, dass du reines Licht und reine Liebe bist. Nun nimm einen tiefen Atemzug und bedanke dich bei den Energien, die dich begleitet haben, und nimm wahr, dass du immer noch silbern strahlst und sich deine Kristallblüten weiter sanft drehen. Doch wir, Zadkiel, erlauben uns nun, das Schwingungsfeld, das wir mit dem violetten Strahl und den Kristallen errichtet haben, aufzulösen. Wir ziehen unsere Energie behutsam zurück, und somit hört der Kristall unter deinen Füßen auf zu pulsieren und violettes Licht auszustrahlen. Der obere Kristall hält inne und bleibt stehen, während sich das violette Licht aus ihm zurückzieht, und auch den Energiekreislauf, den wir mit den großen stehenden Kristallen aufbauten, lösen wir nun wieder auf. Bitte spüre, dass sich dadurch die Energie im Tempel verändert und auch der Klang, der in ihm ist. Frieden und Ruhe ist.

Die Wesen aus Atlantis lächeln noch immer und segnen dich im Namen der Liebe, die sie sind. Werde dir des tiefen Einverstandenseins bewusst und erkenne das wahre Wesen, das zwischen euch ist. Nun nimm noch einmal einen tiefen und bewussten Atemzug, bevor wir dich einladen, als Einheit, die du bist, mit uns aus der Mitte der Kristalle herauszutreten. Jetzt! Und wisse, dass du jederzeit in diesem Tempel der Transformation willkommen bist, und wir möchten dich sogar einladen, ihn aufzusuchen, wann immer dein physischer Körper Unterstützung benötigt, um heil zu sein, wann immer dein emotionales Sein Frieden und Beruhigung sucht, und wann immer dein mentales Sein um Erkenntnis und Verständnis in und für diese Zeit bittet.

Erlaube, dass wir, Zadkiel, dich nun erneut zu dem Lichtstrahl führen möchten, der dich zurück in dein Herz bringt. Bedanke dich noch einmal bei den Wesen aus Atlantis, bei den Energien des Tempels und den Kristallen, und gehe dann mit deiner Aufmerksamkeit mit uns gemeinsam durch die Zeiten hindurch zurück, während dich der silberne Strahl immer noch durchströmt und begleitet. Der Lichtstrahl führt dich in dein Herz. Jetzt! Bitte erkenne, dass deine Körper immer noch Einheit sind, dass du immer noch Lichtkörper bist im Hier und Jetzt.

Der Lichtstrahl löst sich auf. Das violette Licht, das wir sind, tanzt als kleine Flamme in deinem Herzen weiter, um bei dir und mit dir zu sein, wann auch immer du möchtest. Der silberne Strahl ist in deinen Zellen. Erlaube dir, in deinen Körpern nachzuspüren, nachzufühlen und wisse, dass die Aktivierung deiner DNS weiter unterstützt wird. Atme bewusst und tief ein und aus und erkenne dein wahres Wesen. Erlaube dir, ganz bei dir im Hier und Jetzt zu sein. Erlaube, dass wir, Zadkiel, dich im Namen der Liebe, der Weisheit und des Friedens von Atlantis segnen. Sei das, was du bist. Sei Licht. Sei Liebe. Jetzt. Amen.

Das violette Licht

Erlaube dir bitte, bewusst und tief zu atmen und im Zentrum deines Herzens zu sein. Nimm bitte wahr, dass in der Mitte deines Herzens ein uralter Baum wächst. Das ist der Baum des Lebens. Sein Stamm ist groß und mächtig, seine Krone so weit, dass sie die Unendlichkeit des Kosmos berührt, und seine Wurzeln so tief, dass sie eins mit Gaia sind.

Nun nimm bitte wahr, dass dieser Baum eine Öffnung in sich trägt, einen Spalt. Er lädt dich freundlich ein, durch diesen in sein Innerstes einzutreten. Gehe hinein und erkenne dahinter einen Gang, einen Erdkanal, der sich für dich öffnet und dich in die Tiefe deiner Mutter, die Gaia ist, führt. Folge diesem Weg der Erde. Du wirst begleitet von Wesen aus dem Reiche der Natur. Durch diesen Erdkanal gerätst du tiefer und tiefer in das Innere von Gaia. Dein Weg mündet in einer strahlenden und funkelnden Höhle aus reinem Amethyst. Bitte erlaube dir anzukommen und bewusst und tief zu atmen und das Glitzern und Leuchten der Abertausenden von Amethystspitzen wahrzunehmen, das um dich ist. Erlaube dir, ihren Klang zu hören, den Klang der Heilung, den Klang der Vereinigung, den Klang der Transformation, der von ihnen ausgeht. Der gesamte Raum, in dem du bist, ist in ein zartes violettes Licht gehüllt. Und wir möchten dich einladen, in die Mitte dieser Höhle zu treten und die Energie durch dich fließen zu lassen. Du fühlst dich wohl, und je länger du hier, im Zentrum der Amethysthöhle, stehst, desto mehr wächst die Entspannung in dir.

Da erhebt sich eine Stimme:

Wir sind Zadkiel, und wir sprechen zu dir, geliebtes Kind des Lichtes, geliebtes Kind dieser Erde. Wir sind Ausdruck der Quelle allen Seins, so wie du, und wir strömen über die Kraft, über das Licht, über die Liebe der Amethysten in diesen Raum, in dem du bist, zu dir, und wir heißen dich willkommen. Wir sind die Kraft der Transformation und der Neuausrichtung. Wir laden dich ein, wahrzunehmen, wie das violette Licht, das wir sind, durch deine Zellen und die Ebenen deiner Körper strömt. Freiheit ist die Aufhebung von Identifikationen, und dieses ist ein Geschenk, das wir, als Wesen des violetten Strahles, in dieser Zeit und auch in den nächsten Jahren mit dir teilen möchten. Heilung der Emotionalität, Heilung der physischen Körper ist eins mit der Aufhebung der Identifikation, nach unserem Verständnis. Denn du bist weder dein physischer Körper noch seine Empfindungen und Ausdrücke, und du bist auch nicht deine Erfahrungen und emotionalen Befindlichkeiten. So erlaube, dass wir dir dienen, um dieses mit dir gemeinsam auf der Erde zu verankern im Hier und Jetzt, – anderen vorzuleben, die mit dir sind, könntest du auch dazu sagen. Wir sind die Kraft, die Weite in dein mentales Sein bringt und darüber hinaus auch in dein emotionales und physisches Sein. Bitte erlaube, dass das Licht der violetten Flamme in deinem Herzen Raum nehmen darf. Nun ist es Zeit, Transformation zu sein.

Bitte erkenne, geliebtes Menschenkind, dass es von Wichtigkeit ist, dir zu erlauben, die Kraft der Transformation zu nutzen und sie selbst zu lenken. Dadurch veränderst du den Fluss der Energien in einer Form, dass du ihn auf das göttliche Sein ausrichten kannst. Bitte warte nicht darauf, dass jemand anderer damit beginnt, die Welt zu verbessern, erlaube diese Bezeichnung, sondern beginne selbst damit. Entscheide dich immer wieder im Hier und Jetzt dafür, dass du auf deinem Weg und mit deinen Visionen nicht alleine bist und sowohl die anderen Menschen als auch die Mittel, die du selbst benötigst, um deinen (Seelen)Plan umzusetzen, auf dich zukommen werden. Ganz leicht, ganz einfach! Bitte mache dir bewusst, was mit deiner Energie geschieht, wenn du darauf wartest, dass eine Wesenheit von außen kommen möge, um etwas zu beginnen oder umzusetzen, was auch im Rahmen deiner Möglichkeiten und deines Planes wäre. Du gibst deine Kraft, deine Ermächtigung, deine Verantwortung nach außen ab. Du gehst mit deiner Aufmerksamkeit von dir weg, sozusagen aus deiner Mitte, aus deiner Zentriertheit heraus.

Wenn du selbst beginnst, das zu leben, was du bist, was deine Vision ist, was dem inneren Drängen deiner Seele gleicht, bist du gleichzeitig ganz in dir, in deinem Herzen, in deiner Präsenz, in deinem Hier und Jetzt. So kannst du dich während deines alltäglichen Seins immer wieder selbst überprüfen und betrachten, ob du in dir und somit in deiner Kraft oder außerhalb von dir und deinem Potenzial bist. Verstehst du, was wir meinen? Transformation ist auch ein In-dir-Ruhen im Hier und Jetzt, eine Entscheidung, Transformation zu sein, und dann bist du Transformation, die Veränderung und Heilung bringt und ist. Bitte erlaube dir, unsere Worte mit Leben zu füllen, denn *dadurch kannst du verstehen und wahrnehmen, was wir damit meinen.*

Wir, Zadkiel, sind an deiner Seite, um dich aufzurufen, hier zu sein auf dieser Erde, um in der Kraft und in der Präsenz, die du bist, Freiheit zu sein. Transformation zu sein. Diesen heutigen Tag möchten wir mit dir gemeinsam dafür nutzen, um in eine klare Kommunikation zu treten. Habe keine Furcht vor deinem wahren Sein, vor der Liebe, die du bist.

Ein weiser Mann auf dieser Erde, der sehr viel im Kontakt mit Engelwelten stand, sagte einst, dass das Problem der Menschen nicht sei, sich vor der Dunkelheit zu fürchten, sondern vor ihrem eigenen Licht, vor ihrer eigenen Größe. Ja, das ist richtig. Und wir sind hier, um dieses gemeinsam mit dir zu verändern, zu transformieren. Wir, Zadkiel, sind die Kraft, die euch dabei dient. Wir, Zadkiel, sind hier an deiner Seite.

Bitte erlaube dir wahrzunehmen, dass wir weiter in, durch und über dein Herz strömen, um dich in der Gesamtheit, die du bist, zu berühren. Und so nimm bitte einen tiefen Atemzug und sei dir unserer Präsenz, die mit dir ist im Hier und Jetzt, gewahr. Sei dir der Weite deines Herzens bewusst. Und es ist erfüllt mit unserem Glanz der violetten Flamme.

Erlaube dir bitte nun, dein Inneres Kind einzuladen, im violetten Licht in deinem Herzen zu baden. Heiße es willkommen. Und dann lade es ein, das violette Feuer der Transformation durch alle Ebenen deiner Körper zu senden, dort, wo du diese Kraft im Hier und Jetzt benötigst, um frei zu sein. Und der Klang der Amethysten der Höhle, in der du bist, dient dir, um das violette Licht nun in jede Zelle einströmen zu lassen. Wir, Zadkiel, grüßen dich erneut und bitten dich, gemeinsam mit deinem Inneren Kind die Zeit aufzuheben, womit der Zugang zu dem, was du Vergangenheit nennst, und der Zugang zu dem, was du Zukunft nennst, weit und offen ist. So ist es möglich, dass die Kraft des violetten Lichtes jetzt in die Erfahrungen der Vergangenheit als auch der Zukunft wirkt, um dort Lösung, Transformation und Heilung zu bringen. Jetzt ist der Augenblick der Veränderung, und so erlaube dir nun, dem violetten Licht in der Verbindung mit deinem Inneren Kind zu übergeben, was an Belastung in dir ist und was darauf wartet, von dir heute in der liebenden Vereinigung mit uns gelöst zu werden. Und spüre, wie das violette Licht durch deine Körper und durch die Zellen der Speicherung, die in dir sind, strömt, um die Kraft der Transformation zu schenken. Dadurch ist eine Lösung, das heißt eine Erleichterung, dich nicht länger mit dem zu identifizieren, was schmerzt, was der nicht geheilten Dualität gleicht.

Das violette Licht stabilisiert nun deine Verbindung mit der und zur Erde, und erkenne, dass alles Freude ist. Sie ist dein Wegweiser. Und wenn keine Freude ist, möchten wir dich bitten, deine Ausrichtung zu verändern, das heißt, deine Erwartungen zu verändern, deine Vorstellungen zu verändern. Und dabei ist es vor allen Dingen wichtig, dich so zu lieben, wie du bist, und uns jetzt zu übergeben, wenn du möchtest, die Erfahrungen des Nicht-Geliebt-Seins und des Nicht-Geliebt-Werdens. Diese Erfahrungen sind häufig der Hintergrund für das Nicht-wahrhaben, Nicht-fühlen-können von Freude in den alltäglichen Dingen. Und so möchten wir der violetten Flamme deine Angst vor dem Ankommen auf dieser Erde in einem Körper übergeben, indem wir sie verwandeln in die Neugierde, dieses Leben und deine Körper, dein Sein, zu entdecken.

Und nun erlaube, dass wir deine Unsicherheiten bezüglich deines Ausdrucks in der Materie nehmen möchten, um sie in ein Selbstverständnis und in ein Selbstvertrauen deines eigenen Seins zu verwandeln. Und jetzt lass zu, den Schmerz über dein Leben im Hier und Jetzt zu lösen, weil vieles vielleicht nicht so gewesen ist, wie es deine Persönlichkeit gerne gehabt hätte. Und so sind wir heute hier, um die Enttäuschungen, die du in dir trägst über dein Sein, über dein Leben, in unsere transformie-

rende Kraft zu übernehmen. Dadurch wirst du auch entlastet von Bindungen, die aufgrund von Schuldgefühlen in mannigfaltiger Form entstanden sind. So tanzen wir in der Kraft der violetten Flamme durch dein Sein. Lass das violette Licht mit dir sein und alle Ebenen und Schichten deiner Körper durchströmen, damit dort Freiheit Raum nehmen kann. Erlaube, dass das violette Licht leuchtet. Erlaube, dass das Feuer der Transformation emporsteigt, um die Gesamtheit, die du bist, vollkommen zu durchdringen. Und bitte erlaube, dass während der Ausdehnung des violetten Lichts in deinem Sein all das, was dir nicht mehr dient, weil es dich daran hindert, du selbst zu sein, transformiert wird und Freiheit ist. Erkenne, dass dieses einer Neugeburt gleicht. Und dabei legst du ab das, was bisher für dich wichtig war, – Glaubenssätze und Vorstellungen über dich und deinen Mangel. Dieses liegt nun alles in den Händen der Transformation, die wir sind.

Nun möchten wir im Hier und Jetzt dein chakrisches System ausrichten und das, was an Verengung hier vor allen Dingen auf der Ebene deines Halszentrums ist, lösen, damit du keine Furcht mehr hast vor deinem Ausdruck, vor Austausch, vor Kommunikation, vor Begegnung; das zu sagen, was dein Herz zu dir spricht: ein klarer Botschafter der Geistigen Welt zu sein, und auszusprechen, was dich verletzt hast. So erlaube dir bitte, dass Transformation ist, im Hier und Jetzt. Erlaube dir selbst, frei zu sein. Erlaube dir selbst, zu empfangen. Erlaube dir selbst, es wert zu sein, dass Transformation, dass Heilung keiner Anstrengung mehr bedarf, keines Kampfes, keiner Eroberung. Alles fließt dir zu, was du benötigst, um eins zu sein mit Allem-was-ist. Deine Seele möchte die Einheit, die sie ist, erfahren, und sie führt dich in deinem Leben in Situationen, in denen du Einheit erfahren und sein kannst. Und so erkenne, dass Alles-was-ist, und wenn es noch so schmerzt oder schwierig oder langweilig ist, dir dient, um die Einheit darin zu erkennen, *um Einheit zu sein. Dafür nutze die Kraft der Transformation des violetten Lichtes für dich, wenn du möchtest. Lade unser Licht ein, um dich auszurichten und den Fluss in deinem Sein zu erweitern. Lade uns ein, dich zu unterstützen in Allem-was-ist, immer wieder die Einheit zu erkennen und Einheit zu sein. Und nun verweile einige Minuten in der Stille, um in den inneren Dialog mit Zadkiel, der wir sind, einzutreten. Wir berühren dich. Wir sind da, um deine Anliegen zu empfangen, und wir sind da, um dir zu antworten im Hier und Jetzt.*

Erlaube dir nun, uns zu begegnen, zu erfahren. Erfahre, du bist eins mit dem violetten Licht! Die Kraft, die wir, Zadkiel, sind, segnet dich. Jetzt ist die Zeit der Integration, und so bitten wir dich, bewusst und tief zu atmen, damit Neuordnung innerhalb deines Seins ist. Jetzt ist Zeit, um Energien tanzen und sich neu ordnen zu lassen. Wir sind Zadkiel. Sei gesegnet. Amen.

Die violette Flamme der Transformation

Wir sind Zadkiel. Wir grüßen und segnen dich in der Kraft der Amethysten, in der Kraft des violetten Strahles.

Erlaube dir bitte wahrzunehmen, dass wir gekommen sind, um die rezeptive und dynamische Kraft zu einem Sein zu vereinen. Wir möchten dich einladen, in deinem Herzen zu sein, Einheit zu sein. Wir bitten dich, uns zu erlauben, dich mit unserem violetten Licht in deinem Herzen zu berühren, sodass darüber Gleichgewicht der rezeptiven und dynamischen Energien in deinem Sein, in allen Körpern Raum nehmen kann. Bitte erlaube dir, keinen Unterschied mehr, keine Bewertung mehr zu machen zwischen männlicher und weiblicher Kraft und die Einheit, die du bist, wahrzunehmen. Das ist wichtig, damit Kommunikation stattfindet in einer Form, in der du dich verstanden fühlst und in der du andere verstehen kannst. Wenn du den Eindruck haben solltest, dass dich ein anderer nicht versteht, dann geht es darum, für dich zu erkennen, wo und in welchem Zusammenhang du dich selbst nicht verstehen kannst. Und so gehe nun mit uns und dem violetten Licht in dein Herz und tritt ein in die Einheit, in das Gleichgewicht der Kräfte, das du bist. Erlaube dir, dich selbst willkommen zu heißen in der Mannigfaltigkeit, die du bist, in allen Aspekten, in allen Formen, in allen Rollen, die du spielst. Heiße dich willkommen und erlaube dir, im Hier und Jetzt die Kraft der Transformation dafür zu nutzen. Die Kraft, die wir als Gleichgewicht von männlichen und weiblichen Energien bezeichnen und in dir aktivierten, ist die Kraft, die heilt und verbindet.

Bitte erlaube uns, im Hier und Jetzt und im Namen der violetten Flamme der Transformation Inkarnationserfahrungen und andere Erfahrungen, die im Zusammenhang mit einem Ungleichgewicht von männlicher und weiblicher Energie stehen, zu lösen. Jede Form von Disharmonie, die du erzeugtest, jeder Schmerz, jede Gewalt und jede Zerstörung, die du gelebt hast, ist eine richtende Energie gegen dich selbst gewesen. Bitte erkenne, dieses ist die Ursache für viele Unsicherheiten, die du jetzt immer noch in dir trägst und die in deinem jetzigen Sein immer noch wirken. Deshalb sagen wir so oft, dass das, was heilt, der Ausgleich der männlichen und weiblichen Kraft in deinem Herzen ist. Und über dein Herz strahlen die Ausgeglichenheit und die Vereinigung der Gegensätze in die Gesamtheit, die du bist. Dadurch löst sich die Illusion des Getrenntseins mehr und mehr auf, geliebter Bruder und geliebte Schwester, und die Vereinigung der männlichen und weiblichen Energien ist eine Voraussetzung, um zu diesem Leben JA zu sagen und sagen zu können.

Bitte erlaube, dass wir dich immer wieder auf den Gleichklang, auf das Gleichgewicht, auf die Gleichwertigkeit dieser Kräfte in dir hinweisen, weil es für die Geburt des Kosmischen Menschen, der tief in seinem Inneren das Wissen um seine *ursprüngliche Androgynie*[*] *trägt, von Wichtigkeit ist. Und wir werden dich auffordern und bitten und immer wieder dazu einladen, die Kräfte in dir zu vereinen, bis die innere Einheit in deinem Umfeld, in deinen Partnerschaften, Gemeinschaften, Gruppierungen, Gesellschaften als äußere Bestätigung sozusagen sichtbar ist. Und so möchten wir gemeinsam mit dir immer wieder dieses innere Gleichgewicht finden und alles, was dich schmerzt, alles, was dich zweifeln lässt, alles, was dich ängstlich sein lässt in diesem Zusammenhang, uns, Zadkiel, nun zu übergeben. Wir nehmen es auf in unser violettes Licht, um es zu neutralisieren, um es zu lösen, um es zu transformieren. Somit nehmen Heilung und Freiheit in dir Raum. Erkenne, dass diese Wandlung von selbst geschieht, du musst nichts dafür tun. Erlaube dir, zu atmen, und erlaube, dass Transformation und Heilung ist. Das violette Licht fließt, strömt, tanzt, initiiert und belebt dich neu. Es aktiviert die Erinnerung an dein ureigenes, göttliches Wesen, das du bist und das auch Gleichklang ist von männlicher und weiblicher Energie. Das violette Licht in der Kraft der Transformation im Hier und Jetzt möchte dich zu deiner inneren Freude am Sein zurückführen.*

Erlaube dir wahrzunehmen, dass das violette Licht eine Verbindung zwischen Rot und Blau ist. Rot ist eine dynamische Farbe und Blau eine rezeptive. Gleichzeitig wird Rot aber auch als Energie der Mutter und Blau als Zeichen des Vaters bezeichnet, und auch daran kannst du wieder erkennen, dass es letztendlich nicht möglich ist, etwas zu trennen, was nicht zu trennen ist. Die Einheit von Vater-Mutter-Gott kannst du im roten Licht genauso sehen wie im blauen und somit auch im violetten. Du bist ein Ausdruck dieser Einheit von Vater-Mutter-Gott in der Materie, und somit bist du in der Ausgewogenheit der männlichen und weiblichen Kräfte. Kannst du das annehmen? Du, als Bruder

---

* Anm. der Lektorin: Vereinigung männlicher und weiblicher Geschlechtsmerkmale in einer Person.

und Schwester des violetten Strahles, bist ein Ausdruck des Gleichgewichts, und es ist auch deine Aufgabe, dieses zu sein.

Bitte erkenne, dass es keine Zeit mehr für Wertung ist und gibt. Es ist Zeit für Einheit, es ist Zeit für Frieden! Die Zeit ist dazu reif, die Menschen sind dazu reif. Es ist wichtig, dass du zu dem wirst, was in dir ist. Bitte verwende keine Ausreden mehr, bitte habe keine Furcht vor der Kraft deines Herzens, keine Furcht vor den Impulsen deiner Seele, die dich in die Veränderung bringen möchte. Freiheit ist ein Geschenk, das auf dich wartet, von dir empfangen zu werden. Freiheit ist das Einverstandensein mit Allem-was-ist. Freiheit ist Liebe. Freiheit ist Hingabe am Sein. Freiheit ist die Demut, deinem Herzen zu folgen. Freiheit trennt nicht, verletzt nicht, geht nicht auf Kosten anderer Wesen. Freiheit eint und ist die Annahme der Einheit mit Allem-was-ist.

So erlaube dir bitte, die Kraft der Transformation des violetten Lichtes durch dich wirken zu lassen im Hier und Jetzt, sodass die Erinnerung der Einheit von rezeptiver und dynamischer Kraft in dir erneut zu leuchten beginnt. Begegne dem Leben und all seinem Ausdruck immer wieder aus deinem Herzen heraus. Begegne deinen Ängsten, deinen Sehnsüchten, deinem Mangel aus der Ebene deines Herzens heraus und erkenne, dass dadurch Heilung ist. Erlaube dir, anderen Menschen und ihren scheinbaren Unzulänglichkeiten aus deinem Herzen heraus zu begegnen und erkenne, dass dadurch Mitgefühl und Verständnis ist. Erlaube dir, den für dich schönen und freudvollen Dingen deines Lebens aus deinem Herzen heraus zu begegnen und erkenne, dass dadurch Dankbarkeit ist. Wir möchten dich auffordern, das zu sein, was du bist: göttliches, bewusstes Sein. So wirst du andere Menschen dabei unterstützen, ihrerseits auch das zu sein, was sie sind: göttliches, bewusstes Sein.

Erlaube dir wahrzunehmen, dass es deine Aufgabe ist, hier in dieser Zeit anderen voranzuschreiten und Impulse der Ein-

heit und Heilung zu geben, denn sonst würdest du diese Zeilen im Hier und Jetzt nicht lesen. Du bist ein Lichtbringer, ein Lichtkrieger, ein Pionier. Erlaube dir, deine Aufgabe zu erfüllen. Und so atme nun bewusst und tief ein und aus und erlaube dir, dass die Kraft des violetten Lichtes in und über dein Herz allezeit mit dir ist. Erlaube bitte, dass wir dich und dein Sein im Namen der violetten Flamme berühren dürfen, um dich zu zentrieren und zu fokussieren, so wie es deinem jetzigen Schritt der Veränderung und der Transformation hilfreich ist und dient. So sei es. So ist es im Hier und Jetzt. Sei gesegnet allezeit. Wir sind Zadkiel, und das violette Licht der Einheit segnet dich. Amen.

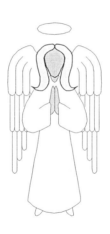

Chamuel
Botschaft

Chamuel ist der Engel der Begegnung, der Partnerschaft und der Freude. Ich nehme Chamuel als rosagoldenes, orangegoldenes und/oder pfirsichfarbengoldenes Wesen wahr. Seine Energie ist für mich sanft und liebevoll, und dennoch geht sie Schritt für Schritt in die Tiefe unseres Seins, um jene Verengungen, Belastungen und Erfahrungen zu erlösen, die dieses noch benötigen.

Die Heilung unserer Emotionalfelder wird uns auch in der nächsten Zeit begleiten. So, wie uns dabei aus den Ebenen der Aufgestiegenen Meister beispielsweise Sanat Kumara unterstützt (vgl. *Wir kommen von den Sternen* von Ava Minatti, Smaragd Verlag), ist es bei den Engeln das Licht von Chamuel, das uns tröstend, nährend und liebend zur Seite steht. In dieser Zeit wird es auch immer wieder um die Themen Herkunftsfamilie, Inneres Kind, Aussöhnung mit den Eltern und Ahnen, und eben auch um Partnerschaft gehen. Uns bei der Heilung von diesen Energien zu helfen, damit wird Chamuel in den nächsten Wochen und Monaten sozusagen beide Hände voll zu tun haben.

Als Unterstützung und als Einstimmung auf die Liebe von Chamuel möchte ich dir gerne die folgende Botschaft beziehungsweise Meditation weitergeben. Dabei geht es um die Begegnung mit dir selbst, denn das ist der erste Schritt, um dich dann auch auf andere Menschen einlassen zu können, beispielsweise in Form einer Partnerschaft, nach der du dich womöglich schon lange sehnst. Du kannst die Worte und die anschließende Meditation immer wieder bewusst lesen und so auf dich wirken lassen, wann immer du das Gefühl und die Wahrnehmung hast, dass es dir gut tut.

Partnerschaft

Erlaube, es dir bequem zu machen, atme einige Male tief und bewusst ein und aus, um ganz bei dir im Hier und Jetzt zu sein. Alles ist gut so, wie es ist. Es gibt nichts zu tun, nur zu sein. Und so nimm wahr, wie es deinen Körpern geht, wie die Energien durch sie strömen und wirken. Ohne es zu bewerten und zu analysieren, beobachte es einfach, und erkenne es an. Und dann erlaube dir bitte, mit deiner Aufmerksamkeit in dein Herz zu gehen. Stelle es dir als einen Ort der Entspannung, als einen Raum der Erholung vor. Sei mit der Gesamtheit deines Seins jetzt in deinem Herzen und genieße das Licht, die Liebe, den Frieden, die Ruhe, die Gelassenheit, das Einverstandensein mit Allem-was-ist dieses Ortes, dieses Raumes, und erlaube dir zu atmen, damit sich diese nährenden Kräfte in all deinen Ebenen liebevoll ausbreiten können. Erlaube dir wahrzunehmen, dass sich nun vor deinem inneren Auge ein funkelnder, klarer See formt, und darin blühen wundervolle Wasserblüten, die du vielleicht noch nie gesehen hast, – so groß, so bunt, so unterschiedlich sind sie.

Eine dieser Blüten zieht dich besonders an. Sie ist leuchtend und strahlend und verändert immer wieder die Farben ihrer Blätter. Es scheint so, als würde sie dir mit ihren Blütenblättern zuwinken und dich einladen, zu ihr zu kommen. Und wie von selbst fühlst du dich ein wenig in die Luft erhoben und getragen und schwebst ganz leicht, ganz sanft über den See in das Innere der Blüte. Dort wirst du schon liebevoll von Feen, Elfen und anderen Wesen aus dem Reich der Natur erwartet, die dich willkommen heißen und mit ihrem Feenstaub der Freude durchdringen. Erlaube dir, den Duft der Blüte in dir aufzunehmen, und erlaube dir zu erkennen, wie sehr er dich weiter entspannt, und die Farben der Blätter strahlen aus und strömen durch dein Sein. Geborgenheit und Wohlfühlen dehnen sich rundherum aus und sind.

3, 54   84   97   150
25   62   38   250
(33)
(86)
164   109   38   (89)
136   183   103

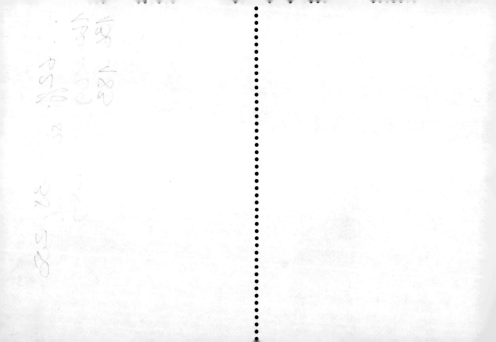

Erlaube dir, dein Sein zu genießen und nimm wahr, wie sich dir sanft und liebevoll ein Engelwesen nähert. Es strahlt in orange-pfirsich-goldenem Licht, es begrüßt dich und berührt dich mit seiner Energie. Dann beginnt es zu sprechen:

„Wir sind Chamuel. Sei gesegnet und gegrüßt, geliebtes Kind des Lichtes und der Freude. Wir sind hier, um dir zu dienen, wir sind hier, um dich zu berühren.

Wir möchten dir jetzt gerne etwas zu dem Thema Partnerschaft erzählen. Erlaube dir zu erkennen, dass es in dieser Zeitqualität nun darum geht, ein neues Bewusstsein in Partnerschaften Raum nehmen zu lassen. Das bedeutet, dass die Basis, auf der sich zwei Menschen begegnen, Freiheit ist, und nicht länger Abhängigkeit. Was bedeutet dieses nun? Das heißt, dass du nicht mehr mit einem Menschen zusammen bist, weil er deinen inneren Mangel kompensieren soll; deine Verletzungen, die du beispielsweise aus der Kindheit in dir trägst, für dich erlösen soll; weil er dich materiell absichern soll; weil du glaubst, dich vor dir selbst verstecken zu können; weil du vielleicht für deine Kinder einen Vater oder eine Mutter haben möchtest; und Ähnliches mehr, – um hier nur einige Beispiele zu nennen.

Was all diese Aussagen eint, ist die Annahme, jemand anderen im Außen zu brauchen, – für dein Wohlfühlen, für die Erfüllung deiner Wünsche.

Wir sagten an einer anderen Stelle, dass dieses Jahr*⁾ ein weiteres Jahr der Heilung von Emotionalfeldern ist, und es in diesem Zusammenhang auch um einen weiteren Schritt der Heilung in und von Partnerschaften geht. Das bedeutet, dass wir dich einladen möchten, erneut und wieder bei dir selbst anzukommen. Bitte erlaube dir zu erkennen und es für einen Moment zumindest anzunehmen, dass es nicht an deinem Partner liegt, wenn du dich in der Partnerschaft nicht wohl fühlst. Und

---

* 2004

auch, dass nicht er oder sie sich verändern muss, sondern du darfst dich ändern, wenn du deine Partnerschaft neu ausrichten möchtest. Das geschieht durch Selbsterkenntnis, durch Selbstheilung, durch das Loslassen von Erwartungen, Einstellungen und Sichtweisen. Somit hörst du auf, in einer Partnerschaft immer zu agieren und zu re-agieren und gibst ihr die Möglichkeit, sich aus sich selbst heraus zu entwickeln. Wir werden versuchen, dir dieses näher zu erklären.

Das Gefühl, immer alles selbst machen zu müssen, weil vom Partner beispielsweise sonst nichts kommen würde, oder auch, dass es dir dein Partner, egal was er tut oder wie er es tut, ohnehin nie recht machen kann, ist ein Hinweis auf eine tiefe emotionale Verletzung in dir, die darauf wartet, geheilt zu werden. Und wir möchten dich einladen, diese unfreien Energien, so möchten wir sie bezeichnen, in der Berührung mit uns in die Heilung zu bringen, denn sie dienen dir nicht mehr. Erlaube dir bitte, in diesem Zusammenhang auch zu erkennen, dass die Sehnsucht nach deinem Traumprinzen oder deiner Traumfrau, nach deinem Dual oder deiner Seelenhälfte, das oder die dich bestimmt glücklich machen würde, letztendlich nichts anderes ist als die Sehnsucht nach dir selbst, nach der Quelle allen Seins in dir. Und wenn du diese in dir wieder gefunden hast, bist du gleichzeitig eins mit dir und mit Allem-was-ist, so auch mit deinem Partner, was bedeutet, dass es dann möglich ist, eine erfüllende, liebe- und respektvolle, ausgeglichene Partnerschaft zu leben. So ist Friede in dir und deiner Partnerschaft. So ist Liebe in dir und deiner Partnerschaft.

Erlaube dir anzunehmen im Hier und Jetzt, dass das, was dir Erfüllung bringt, niemals von außen auf dich zukommen wird, wenn es nicht in dir ist. So gibt es keinen, erlaube erneut die Formulierung, „Traumprinzen" oder keine „Traumfrau", der bzw. die alles für dich regeln würde, der oder die von außen auf dich zukommt, um dich glücklich zu machen. Glücklich zu *sein ist eine Entscheidung des Herzens und frei von äußeren Gegebenheiten. Bitte erlaube dir, dieses in deinem Herzen zu bewegen und zu erkennen. So möchten wir dich einladen, jetzt in Liebe zu sein mit dem, was ist. Das heißt, wir möchten dich bitten, in Liebe zu sein mit deiner Partnerschaft so, wie sie ist, mit deinem Mann, deiner Frau, oder in Liebe zu sein mit der im Augenblick nicht vorhandenen Partnerschaft. Wir möchten dich einladen, im Hier und Jetzt in die Aussöhnung mit deiner Partnerschaft, deinem Partner bzw. mit deinem All-ein-Sein zu gehen. Durch diese Annahme dessen, was ist, kann Partnerschaft beginnen, sich quasi von selbst heraus zu formen, und zwar so, wie deine Seele Partnerschaft leben möchte. Dadurch können sich Partnerschaften, denen du keine Hoffnung mehr geschenkt hättest, neu finden. Die Menschen können sich neu begegnen und neu aufeinander einlassen. Natürlich kann es manches Mal auch sein, dass, wenn sich Menschen neu aufeinander einlassen, sichtbar wird, dass sich ein gemeinsamer Weg teilen wird und eine sanfte Lösung stattfindet, wobei wir hier dich bitten möchten zu erkennen, dass die Betonung auf sanft liegt. Für wieder andere bedeutet das Einlassen auf das, was ist, dem dreidimensionalen Kennenlernen des Partners Raum zu geben. Bitte erkenne, Partnerschaft ist nur möglich, wenn du bereit bist, zu begegnen, bereit bist, dich einzulassen, und zwar so, wie du bist. Das heißt auch, deinen Partner so zu nehmen, wie er ist, in der Gesamtheit seines Seins, und nicht nur einzelne Aspekte von ihm, die dir persönlich am besten gefallen würden. Bitte wisse, Partnerschaft dient dir dazu, dich selbst zu heilen. Und so findest du dich solange in Wiederholungen innerhalb von Partnerschaften wieder, bis du heil bist. Das ist der Grund, warum sich Menschen beispielsweise immer wieder in den selben Typ verlieben und sich von ihm angezogen fühlen.*

Vielleicht ist dir die Aussage: „Ich weiß nicht warum, aber ich verliebe mich immer in den falschen Mann, die falsche Frau!" ver-

traut. Das heißt eigentlich nichts anderes, als dass der Mensch noch nicht die Verletzung in sich erkannt hat, die gelöst werden möchte, und dass diese Heilung nicht von außen kommen wird, sondern nur durch die Liebe zu sich selbst, die Begegnung mit sich selbst möglich wird. Die Folge davon ist, dass dem betreffenden Menschen dann plötzlich ein anderer Typ gefällt, in den er sich verliebt und mit dem er glücklich ist, oder aber, dass er zwar mit der ihm bereits vertrauten Art von Menschen zusammen ist, mit diesem dennoch eine neue Erfahrung kreiert.

Und du weißt auch, dass nach jeder Phase des Verliebtseins eine Zeit der Ernüchterung kommt, wie es oft empfunden wird. Es folgen Zweifel über die richtige Wahl oder Entscheidung, und mit einem Mal siehst du in deinem Partner nicht mehr seine Schokoladeseiten, sondern die bitteren, die salzigen, die nicht so angenehm schmeckenden. In manchen Menschen erwacht dann erneut die Sehnsucht nach einer weiteren Person, die es ja geben muss, die einen erfüllt und rundherum zufrieden stellt, denn der momentane Partner an seiner Seite kann es ja unmöglich sein.

Erkennst du, in welchem Kreis aus sich wiederholenden Erfahrungen sich dieser Mensch bewegt? Verstehst du, dass so Heilung nicht stattfinden kann? Bitte erlaube dir wahrzunehmen, dass das Nach-außen-Projizieren deiner Wünsche nur eine Verschiebung von Energien ist und keine Lösung. Bitte erkenne, dass du zu jeder Zeit deines Lebens mit dem für dich stimmigen Partner zusammen warst, bist und sein wirst. Es gibt keinen „falschen" Partner – verstehst du, was wir damit meinen? Und bitte erkenne auch, dass es selten eine Lösung ist, sondern häufig nur ein Versuch, weiter vor sich selbst davonzulaufen, wenn man sich erneut in einen anderen Menschen verliebt, unabhängig davon, in welcher Lebenssituation man ist, ob man allein oder in Partnerschaft mit jemand anderem lebt, ohne vorher in die Begegnung mit sich selbst gegangen zu sein, um *zu erkennen, was in dir von dir geheilt werden möchte.*

Wir möchten dich bitten, diese Worte in deinem Herzen zu bewegen und mit deinem Herzen zu verstehen, damit du dir Hoffnung und Mut geben und durch die Begegnung mit dir selbst eine Partnerschaft formen kannst, die deinem wahren göttlichen Wesen entspricht und nicht dem Aspekt deines verletzten Inneren Kindes. So atme bitte bewusst und tief ein und aus und erlaube dir, dich zu öffnen, um zu erkennen, dass, wenn eine Partnerschaft im Augenblick nicht zu funktionieren scheint, es nicht bedeutet, dass sich diese nicht mehr verändern kann und wird, sondern vielleicht bisher der Impuls der Heilung noch nicht genutzt wurde.

Wenn du deine Partnerschaft als belastend empfindest, dann ist das möglicherweise ein Hinweis darauf, dass du vielleicht vergessen oder verlernt hast, dir selbst zu begegnen. Deshalb sind wir hier, um dich an die Hand zu nehmen und dich zu dir selbst zurück zu begleiten. Die Begegnung mit dir selbst heißt, ganz bei dir zu sein und deinem Partner keine Erwartungen und Energien, und seien sie noch so gut gemeint, überzustülpen. Dadurch lässt du die Verantwortung für sein eigenes Wohlbefinden und sein Leben bei deinem Partner und gibst ihm auch die Möglichkeit, selbst Entscheidungen fällen zu können. Und für dich bedeutet es gleichzeitig, die Verantwortung für deine Zufriedenheit, für dein Glücklichsein zu dir zu nehmen.

Es ist uns ein großes Anliegen, dass du dieses verstehst, und durchaus dabei aufgefordert bist, das, was dir am Herzen liegt, auszudrücken, zu formulieren und darüber mit deinem Partner zu kommunizieren. Doch die Erfüllung dessen, was du möchtest, ist nicht mehr an deinen Partner geknüpft, ist nicht mehr auf einen bestimmten Menschen bezogen, denn das wäre schon wieder eine Form der Abhängigkeit, und wir sprechen von Freiheit. Es ist wichtig, zu erkennen, dass du selbst dazu bereit bist, dir das, was dir am Herzen liegt, was du für dich ger-

ne erfahren möchtest, selbst zu schenken. Als Bild kannst du dir dieses wie folgt vorstellen:

Du als erwachsener Mensch nimmst dein Inneres Kind an die Hand, begleitest und leitest es. Dann ist es nicht mehr so, wie es häufig noch gelebt wird, dass du nur verletztes Inneres Kind bist, das darauf wartet, dass von außen der „Retter" kommt, um sich darum zu kümmern. Falls du diese Vorstellung in dir trägst, dann ist es an der Zeit, mit deinen Eltern in die Aussöhnung zu gehen, denn dann ist auf dieser Ebene noch Heilungsarbeit notwendig. In der nicht geheilten Dualität ist es in Partnerschaften häufig so, dass sich meist zwei verletzte Innere Kinder begegnen, die gegenseitig voneinander erwarten, dass der andere sowohl Vater als auch Mutterfunktionen übernimmt, das heißt, der andere soll der erwachsene Mensch sein. Somit sind Konflikt, Spannung und Verletzung vorprogrammiert.

Bei dir anzukommen, dir selbst zu begegnen, die Partnerschaft mit dir selbst ist ein wesentlicher Schlüssel dazu, damit mehr und mehr Partnerschaft in der geheilten Form gelebt werden kann. Wir meinen damit, dass du ganz bei dir in deinem Herzen bist und dieses sich dann quasi wie von selbst öffnet und weit ist. Wenn du ganz bei dir in deinem Herzen bist, gibt es nichts mehr, wovor du Angst haben müsstest und würdest. Durch diese Offenheit sind alle deine Schutzfunktionen überflüssig, sie existieren einfach nicht mehr, und so kannst du auch deinen Partner so wahrnehmen, wie er wirklich ist, und nicht nur Ausschnitte seines Wesens. Das ist die Basis für Partnerschaft in unserem Verständnis. Erlaube dir bitte, diese Worte erneut in deinem Herzen zu bewegen und sie, wenn du möchtest, mehr und mehr umzusetzen, zu leben und zu sein.

Zu einem späteren Zeitpunkt werden wir noch mehr über dein Inneres Kind im Zusammenhang mit Rollen, die du in deiner Partnerschaft, und generell in den Begegnungen in deinem Leben spielst, erklären. Jetzt erlaube bitte, dass wir dich unter-

stützen, in die Begegnung mit dir einzutreten, Partnerschaft mit dir zu beginnen bzw. zu vertiefen und zu erneuern.

Auch in diesem Zusammenhang geht es um das Prinzip „Wie außen, so innen". Wenn die Liebe zu dir in dir ist, ist sie auch im Außen. Wenn Partnerschaft in dir und zu dir liebevoll und zärtlich ist, ist sie auch im Außen liebevoll und zärtlich. Du kennst diese kosmischen Gesetzmäßigkeiten, das wissen wir, und wir möchten dich heute dazu einladen, sie mit uns zu leben. Die Heilung deiner Partnerschaft, das heißt, eine Partnerschaft zu erfahren, wie es der Wahrheit deines Herzens entspricht, beginnt durch die Begegnung mit dir selbst.

Wir sind Chamuel. Sei gesegnet. Sei geliebt. Wir danken dir für deine Bereitschaft des Zuhörens. Amen.

Partnerschaft mit dir

Bevor wir dich weiter in die Meditation führen, laden wir, Chamuel, dich ein, dich zu erinnern an den Garten, an den Teich, an die Blüte, in der du immer noch bist und die ihre Farben durch dich strömen lässt.

Mache es dir bitte bequem und nimm einige tiefe Atemzüge, um dich in die Wahrnehmung der Naturwesen zu bringen, die um dich sind und ihren Feenstaub der Freude immer noch durch dich und in dir wirken lassen.

Wir haben viel gesprochen, und nun ist es Zeit, alle Worte wieder ziehen und Entspannung in dir Raum nehmen zu lassen und einfach zu sein. Erlaube dir wahrzunehmen, wie unser Licht dich sanft durchfließt und dich umhüllt wie ein wärmender, nährender Mantel aus Energie. Sei mit deiner Aufmerksamkeit ganz bei dir und in dir.

Und nun betrachte deinen physischen Körper bewusst, indem du mit Hilfe deines Atems von oben bis unten durch ihn *reist und dir so seines Seins vollkommen gewahr wirst.*

Jede Zelle, die dein Körper ist, könnte dir viele Geschichten über dich und dein Leben erzählen. Und so möchten wir dich einladen zu erkennen, dass dein physischer Körper Berührung liebt, und wenn es Teile an ihm gibt, an denen du dich nicht gerne berührst oder auch berühren lassen kannst (von einem Menschen, dem du vertraust), kann dieses ein Hinweise darauf sein, dass es hier in der zellulären Speicherung deines Körpers noch eine Verletzung gibt, die darauf wartet, geheilt zu werden. Das kannst du wiederum durch die liebevolle und sanfte Berührung der betreffenden Stelle Schritt für Schritt erlösen, denn durch die Berührung, durch die Hinwendung an dich selbst, die dieses ist, strömt in die Zellen Vertrauen ein, und das bewirkt eine Veränderung, eine Transformation der Zellinformation. So nimmt Freiheit auch auf deiner physischen Ebene Raum. Das heißt, dass du dich als Folge davon wirklich in deinem physischen Körper zu Hause und wohl fühlen kannst. Dieses wiederum strahlt aus auf alle deine anderen Körperebenen und fördert auch dort Heilung, wenn Bedarf danach ist. Verstehst du, was wir meinen?

Wir bitten dich also, deinen physischen Körper immer wieder bewusst zu berühren, um in den Kontakt und in ein tiefes Verstehen und Mitgefühl mit ihm einzutreten. Falls du in dir den Glaubenssatz noch tragen solltest, dass dein physischer Körper, seine Empfindungen und seine Ausdrucksformen etwas Unreines oder Schlechtes sein sollten, bitten wir dich, dieses nun in das Licht der Liebe, die wir Chamuel sind, zu übergeben. Das sind nur Muster, das sind nur Verengungen und Einschränkungen aus der nicht geheilten Dualität.

Der Weg in die Fünfte Dimension ist ein ganzheitlicher, das heißt, nichts, was du bist, wird bewertet, sondern nur geliebt, und so ist Einheit. Bitte erlaube dir auch, dieses mit und in deinem Herzen zu verstehen.

Wir sind hier, um dich heute mit unserem Licht und unserer

Liebe in Sanftheit zu durchströmen und zu begleiten, damit all das, was dich daran hindert, in die liebevolle, annehmende Begegnung mit dir einzutreten, gelöst wird. Habe den Mut, dich auf dieses Angebot einzulassen und erkenne, welche unendlichen Weiten deines Bewusstseins sich dadurch in dir öffnen. Das heißt, dass dein Leben hier in und mit der Materie an Leichtigkeit, Freude und liebevollem Sein gewinnt.

So laden wir dich jetzt ein, dich dafür zu entscheiden, deinem wunderbaren physischen Körper in Zukunft mehr zu lauschen, um ihn besser zu verstehen, und im Hier und Jetzt, ohne Wenn und Aber, die Vollkommenheit deines wundervollen physischen Seins, so wie es ist, anzuerkennen. Unser Licht ist Liebe, und das begleitet dich dabei und unterstützt dich.

Und nun verweile, eingehüllt in unsere Schwingung, einige Zeit in der Stille, damit du die Möglichkeit hast, mit deiner Aufmerksamkeit weiter durch deinen Körper zu wandern. Halte dabei immer wieder inne und gehe in die Kommunikation mit den Zellen, den Organen, den Ausdrucksformen deines physischen Körpers. Höre ihnen zu und lerne von ihnen. Wenn du möchtest, begleite deine Reise durch deinen Körper mit deinen Händen, die du behutsam über ihn streichen lassen kannst. Lass ihre Bewegung immer wieder anhalten, um einen tieferen Austausch mit dir, deinem physischen Körper, einzugehen.

Was möchte dir die betreffende, berührte Stelle deines Körpers mitteilen? Wie geht es deinem physischen Körper mit dir? Was benötigt dein Körper in der Gesamtheit, die er ist, um sich wohlzufühlen? Was brauchen einzelne Stellen deines Körpers, um in Harmonie zu sein? Lausche auf die Antworten aus dir selbst. Und gib deinem Körper auch Antwort, in und durch Liebe, Mitgefühl und im Einverstandensein mit dem, was ist.

Du kannst deinem Körper auch sagen, was du dir von ihm wünschst, und höre zu, ob es ihm möglich ist, dir diesen Dienst zu erweisen. Vielleicht benötigt er deine Unterstützung dazu, und wenn ja, wird er dir gerne mitteilen, in welcher Form und auf welche Art und Weise. Dein Körper ist ein wunderbares Instrument, ein Gefährt, das dir dient, um dich dorthin zu bringen, wohin deine Seele kommen möchte. Du bist mit deinem physischen Körper ein wunderbares Team, wobei es um Zusammenarbeit geht. Während du mit deinem Körper kommunizierst, stellen wir unser Licht und unsere Liebe, die wir Chamuel sind, weiter zur Verfügung. Wir begleiten dich liebevoll, damit die Selbstannahme und Selbstliebe in dir gefördert werden. Selbstliebe heißt für dich, achtsam mit dir zu sein, in der Kommunikation mit dir zu sein, um wahrzunehmen, was du, das heißt die Gesamtheit, die du bist, immer wieder benötigst, damit Harmonie in dir ist. Selbstliebe ist auch die Bereitschaft, dir das, was dir gut tut, selbst zur Verfügung zu stellen. Und da es ein Ausdruck von Liebe ist, geht es niemals auf Kosten von anderen, sondern nährt diese mit. Bitte erkenne, dass wir dich immer wieder auf dieselben Punkte aufmerksam machen möchten, denn das ist unsere Aufgabe; sie umzusetzen und zu leben ist eure Aufgabe als Menschenkinder in dieser Zeit der Wandlung.

Wir möchten dich nun einladen, deinem physischen Körper ein Geschenk zu machen, und bitten dich, ihn in eine Farbe des Regenbogens einzuhüllen, die dir gerade in den Sinn kommt. Das ist der Beginn einer neuen Freundschaft zwischen dir und deinem physischen Körper, und die Farbe des Regenbogens strömt durch alle Zellen, alle Organe, alle Ebenen und Schichten deines physischen Seins, um diesen Neubeginn zu bestätigen und zu aktivieren im Hier und Jetzt. Und wir, Chamuel, unterstützen dieses mit unserem Sein. Und so ist Begegnung mit dir, so ist Begegnung mit deinem physischen Körper.

Nun möchten wir dich einladen, weiter mit uns in dir zu reisen. Wenn du möchtest, kannst du deine Hände jetzt auf deinen Solarplexus, dein Sonnengeflecht legen. Wir bitten dich, durch eine bewusste Ausrichtung deiner Aufmerksamkeit auf deinen

Emotionalkörper mit diesem in Kontakt zu sein. Wie fühlst du dich in diesem Augenblick? Spüre in dich hinein, auch hier geht es nicht um Bewertung und Analyse, sondern nur um Betrachtung. Wir sind mit dir, und unser Licht beginnt sich in dir auszudehnen, um die Ebenen und Schichten deines emotionalen Seins zu durchströmen. Wir bitten dich, dass du dir in diesem Zusammenhang erlaubst, in deiner inneren Vorstellungswelt einen großen Raum mit unendlich vielen Türen zu kreieren. Das ist ein Bild für deinen emotionalen Körper, das wir jetzt gerne mit dir nutzen möchten, um dir mehr über dich zu erzählen.

Nimm bitte wahr, dass in der Mitte des Zimmers dein Inneres Kind steht. Es begrüßt dich und heißt dich in seiner Welt willkommen. Es bewohnt, behütet, verwaltet diesen Raum und richtet(e) ihn auch ein.

Dein Inneres Kind ist, wie du wahrscheinlich schon weißt, ein sehr wichtiger Aspekt in dir. So erlaube dir bitte nun, dir einige Minuten Zeit zu nehmen, um dich auf die Begegnung mit deinem Inneren Kind, so wie es in diesem Augenblick erscheint und ist, einzulassen. Wie geht es ihm gerade, und was möchte es dir mitteilen? Wir, Chamuel, lassen unser pfirsich-orange-goldenes Licht in den Austausch mit deinem Inneren Kind einfließen, damit er für dich klar und deutlich, fried- und liebevoll ist.

Dann nimmt dein Inneres Kind dich bei der Hand und führt dich durch seinen Raum. Darin sind viele Gegenstände, Dinge, Symbole und vieles mehr. Dein Inneres Kind ist ganz begeistert davon, dass du dir endlich die Zeit genommen hast, dich deinem emotionalen Sein zu widmen. Die Dinge, die du siehst, sind dir teilweise vertraut, und vielleicht ist auch einiges dabei, das du komisch findest oder noch nie gesehen hast. In diesem Moment möchten wir dich bitten, alles einmal zu betrachten. Wenn du dich von dem einen oder anderen Gegenstand besonders angezogen fühlst, so berühre ihn und gehe dadurch in eine Kommunikation mit ihm. Frage ihn, woher er kommt, wofür er steht, wozu er dir dient, was er sich von dir wünscht.

Dein Inneres Kind ist immer noch an deiner Seite und lächelt. Es hat so lange auf diese Möglichkeit gewartet, dir alle seine Schätze zeigen zu können. So nimm dir die Zeit, die du benötigst, um diesen Raum gemeinsam mit deinem Inneren Kind zu erkunden. Alles, was du hier vorfindest, sind Erinnerungen und Erfahrungen aus deinem jetzigen Leben. Manche Dinge stellen aber auch Qualitäten und Fähigkeiten dar, die du aus einer früheren Inkarnation mitgebracht hast und jetzt entwickeln darfst, oder vielleicht auch schon entwickelt hast und lebst. Vielleicht entdeckst du, während du den Raum und seine Gegenstände weiter durchstöberst, ja auch ganz neue Seiten an dir. Lass dich überraschen und schaue dich gemeinsam mit deinem Inneren Kind um.

Wir, Chamuel, sind da und begleiten mit unserer Liebe deine Entdeckungsreise zu dir selbst. Vielleicht erinnert dich das an die Aufregung und die Freude, die Kinder spüren, wenn sie auf dem Speicher ihrer Großeltern in den alten Truhen, die für sie wie Schatzkisten sind, wühlen dürfen. So ähnlich kannst du dir jetzt dein Sein gemeinsam mit deinem Inneren Kind und dein Betrachten der Gegenstände in deinem emotionalen Raum vorstellen. Erlaube dir wahrzunehmen, dass dein Inneres Kind deine Aufmerksamkeit immer wieder neu auf Dinge lenkt, die du bisher noch nicht beachtet hast und die es, aus seiner Sicht, dir jetzt noch gerne zeigen möchte. Auch wenn du nicht alle kennst, nicht immer weißt, wofür sie stehen sollen, und keinen direkten Zusammenhang zu dir im Hier und Jetzt erkennen kannst, möchten wir dich dennoch bitten, sie einfach auf dich wirken zu lassen und dabei tief und bewusst zu atmen.

Wenn wir dich jetzt erneut fragen, wie du dich fühlst, hat sich dann dabei etwas in deiner Wahrnehmung verändert? Oder fühlst du dich gleich wie eben, als wir dir diese Frage zum ersten Mal stellten?

Bitte sieh dich noch einmal mit deinem Inneren Kind in diesem Raum um, ob etwas herumsteht, das du nicht mehr benötigst? Etwas, das du gerne entsorgen und einer kosmischen Müllabfuhr übergeben möchtest? Wenn das der Fall ist, stellen wir dir gerne unser Licht der Liebe als transformierende und verändernde Kraft zur Verfügung. So kannst du gemeinsam mit deinem Inneren Kind Dinge und Gegenstände in deinem Raum so gestalten, wie es für dich stimmig zu sein scheint. Erlaube dir, dieses nun zu tun. Erlaube dir, Schöpfer zu sein.

Wir bitten dich, dich dabei von deiner Intuition leiten zu lassen. Vertraue ihr bitte! Du hast dazu die Zeit, die du benötigst, um deinen Raum so zu formen, dass er dir gefällt und du und dein Inneres Kind sich darin wohlfühlen. Wir, Chamuel, erfüllen den neuen Raum voll Freude mit unserem Licht.

Wenn du und dein Inneres Kind mit eurem Werk zufrieden seid, dann erlaube dir bitte, mit deiner Aufmerksamkeit zu den vielen Türen in diesem Raum zu gehen, von denen wir eingangs sprachen. Wisse, dass jede dieser Türen dich mit einer Energie aus einem früheren Leben verbindet. Hinter jedem Durchgang findest du eine Rolle, die du gespielt, einen Aspekt, den du verkörpert hast. Aus deiner heutigen Sicht gefällt dir einiges, das hinter den Türen liegt besser, anderes findest du nicht sehr angenehm. Doch bitte erkenne, du hast deine Rollen zu jeder Zeit perfekt gespielt, und somit erlaube dir, egal wie auch immer sie gewesen sein mögen, mit ihnen im Hier und Heute im Einverstandensein zu sein. Im Frieden zu sein mit allem, was du gewesen bist, ob es dir, wie gesagt, gefallen oder weniger gefallen hat, denn wenn du ihm Frieden bist, hat nichts mehr Macht über dich. Erkenne und begreife dieses, geliebtes Kind des Lichtes.

Wir sind Chamuel, und wir dehnen unsere Liebe weiter in dir aus. Und nun nimmt dein Inneres Kind dich erneut an die Hand und führt dich zu einigen Türen, die es für dich öffnen möchte, so dass du hindurchblicken kannst.

Schau, was du hinter der Tür erkennen kannst. Vielleicht sind es klare Bilder, konkrete Situationen oder verschiedene Rollen, in denen du dich wiederfindest? Vielleicht ist es aber auch einfach Nebel oder es sind Farben oder Symbole und Zeichen? So, wie es ist, ist es gut. Und wir möchten dich bitten, deine Eindrücke, wie auch immer sie sind, einfach auf dich wirken zu lassen. Jetzt, in diesem Moment, geht es nicht um eine Bewertung, Einteilung und Analyse, sondern nur um das Betrachten dessen, was ist, um dich selbst dadurch näher kennenzulernen.

So erlaube dir bitte, hinter weitere Türen zu blicken und beobachte, was sich dir zeigt und wie es sich dir zeigt. Vielleicht entdeckst du dabei Teile von dir, die du bereits kanntest und die dir vertraut sind, vielleicht aber auch solche, die du bisher nicht in dir vermutet hättest? Erlaube dir, dich von deinem Inneren Kind führen zu lassen, von Tür zu Tür und betrachte das, was ist. Dabei geht es nicht um Veränderung. Es geht nur um Annahme und um das Einlassen auf dich selbst.

Und dann begleitet dein Inneres Kind dich wieder in die Mitte des Raumes zurück. Es lacht, schließt alle Türen wieder, indem es in die Hände klatscht und ruft: „Genug für heute!". Und wir möchten dich bitten, bewusst einige tiefe Atemzüge zu nehmen, um dein Erlebtes nun ganz in dich aufzunehmen. Währenddessen löst sich der Raum mit deinem Inneren Kind vor deinem geistigen Auge sanft auf, und wir, Chamuel, erfüllen dich mit unserem Licht und begleiten dich weiter auf deiner Reise.

Wir möchten dich einladen, mit uns gemeinsam ein neues Bild zu erschaffen und dich dazu mit unserer Energie emporsteigen lassen, höher und höher. Wir tragen dich auf unseren Schwingen hinauf in den Himmel. Dort bringen wir dich zu einem Wolkenmeer aus unzähligen kleinen pfirsichrosa-weißen Wölkchen. Sanft landen wir mit dir darauf.

Erlaube dir, tief zu atmen, und genieße die Weite, die sich hier vor dir öffnet. *Sei voller Vertrauen, du kannst auf dem Wolkenteppich sicher schreiten. Wir möchten dich nun auf dieser Ebene ein bisschen herumführen, damit du sie näher kennenlernen kannst.*

Bitte erkenne, dass wir nun bei deinem mentalen Bewusstsein angekommen sind. Auch hier gibt es einiges zu sehen und zu entdecken. Viele unterschiedliche Bilderrahmen, Käfige und Netze findest du hier. Dabei gibt es große und kleine, bunte und sehr unauffällige Rahmen, neue und alte und auch ein paar defekte. Auch haben die Käfige verschiedene Formen und Größen und sind aus den unterschiedlichsten Materialen gefertigt. Manche haben eine offene Tür, andere wiederum sind fest verschlossen. Die Netze sind teilweise gespannt, an anderen Stellen hängen sie achtlos nach unten. Einige sind sehr gepflegt, andere wiederum zeigen große Löcher.

Diese Rahmen und Käfige stehen für deine Gedanken und Vorstellungen. Alles sind nur Konstrukte. Die Netze zeigen das Potenzial deines mentalen Seins, dich mit allen anderen Ebenen, die du bist, zu verweben, damit harmonischer Austausch und freie Kommunikation in der Gesamtheit, die du bist, sind. Je mehr Netze du spannen kannst, umso weniger Rahmen und Käfige wirst du benötigen. Verstehst du, was wir meinen?

Der Bilderrahmen (oder der Käfig) sind deine Glaubenssätze, und du agierst und reagierst innerhalb des Rahmens und des Käfigs, in dem du dich gerade befindest. Die Rahmen und die Käfige sind gefüllt mit deinen Rollenspielen.

Halte bitte kurz inne, um dir für einen kurzen Moment die Abläufe deines alltäglichen Lebens vor Augen zu führen und dir dabei spontan bewusst zu machen, wie oft du dich, während du deine Aufgaben erfüllst, in verschiedenen Rahmen und Käfigen bewegst, die du auch immer wieder wechselst. Die Rahmen und die Käfige geben dir so vor, wie du dich zu verhalten hast, damit du beispielsweise nicht auffällst, das heißt, sie sind aus kollektiven Glaubenssätzen des Morphogenetischen Feldes geformt. Sie sagen dir, dass du als Mensch, als Frau, als Mann, als Kind, als Freund, als Geschäftspartner, als Vater, als Mutter etc. gewisse Dinge tun darfst und manche auch musst. Sie teilen dir aber auch ganz klar mit, was du in der entsprechenden Funktion nicht tun darfst, unter keinen Umständen, denn sonst gibt es Sanktionen.

Bitte erkenne, dass es uns darum geht, dich einzuladen, häufiger aus dem Rahmen zu fallen und deine Käfige zu verlassen. Dadurch werden sie nämlich ihre Form und ihre Bedeutung verändern, und das ist wichtig in dieser Zeit, denn es sind Einschränkungen, die du weniger und weniger benötigen wirst. Die Netze, von denen wir sprachen, stehen in diesem Bild nicht für bindende Energien, sondern für Lichtbahnen, in die sie sich mehr und mehr verwandeln werden. Diese Lichtbahnen vernetzen, verbinden, vereinen dich mit dir selbst, mit der Erde, mit dem Kosmos, letztendlich mit Allem-was-ist. Je mehr Netze du zu dem einen großen Netz, um dessen Errichtung es letztendlich geht, verwebst, umso weniger Rahmen und Käfige werden in dieser Ebene verbleiben. Wenn du das Lichtnetz gespannt hast und du somit quasi selbst zum Lichtnetz geworden bist, verstehst du viele Dinge, Zusammenhänge, Abläufe etc. viel besser. Du verstehst sie aus dem Zentrum deiner Göttlichkeit heraus, du verstehst sie mit deinem Herzen. All das, was wir innerhalb der letzen Seiten sagten, und all das, was noch folgen wird, dient dir, um genau dieses Lichtnetz zu erbauen und die Rahmen und die Käfige weniger werden zu lassen. Wenn du dich nicht länger in den Rahmen und in den Käfigen bewegst, gibt es keine Einengungen mehr für dich, keine Ängste. Bitte erkenne, dass auch Angst, selbst wenn du sie sehr intensiv fühlst, nur ein Rahmen oder Käfig ist, aus dem du jederzeit heraustreten kannst, wenn du möchtest. Es bedeutet nämlich nur, dass du dich zum Zeitpunkt deines Angstempfindens in dem entsprechenden Rahmen oder Käfig aufhältst, um mitzuspielen. Die Lösung der Identifikation von Erfahrungen bedeutet auf der mentalen Ebene, deine Rahmen und Käfige zu verlassen und sie letztendlich aufzulösen, weil du sie nicht mehr benötigst. Der Kosmische Mensch, das erwachte Bewusstsein, die Einheit mit der Quelle allen Seins, – was du alles bereits bist und wozu du in dieser Zeit immer wieder aufgefordert wirst, dich daran zu erinnern, um es zu leben –, hat keine Rahmen und Käfige. Es braucht keine Vorstellungen, Urteile, Bewertungen, und sie lösen sich auf, wenn du dein göttliches Erbe in Anspruch nimmst, um es zu sein. Das ist Freiheit nach unserem Verständnis.

Es gibt bei euch Menschen einen Spruch, der besagt, dass Freiheit im Kopf beginnt. Das ist richtig, denn es bedeutet, dass du dadurch aufgefordert wirst, in deiner mentalen Ebene deine Rahmen und Käfige aufzulösen. Durch die dabei frei gewordene Energie können deine Netze sich vermehrt verbinden und sich in reines Licht verwandeln. Das Lichtnetz, von dem wir an dieser Stelle immer wieder sprechen, steht für diese Verbindung und fördert auch die Aktivierung deiner beiden Gehirnhälften. Das geht Hand in Hand mit der Auflösung deiner Rahmen und Käfige, die du zuerst schrittweise erweiterst und größer machst, bevor du dir erlauben kannst, sie ganz herzugeben. Du bestimmst dein Tempo deiner Entwicklung in diesem Falle selbst, erlaube dir bitte, das zu erkennen.

Die Energie, die frei wird und bisher dazu diente, den Rahmen oder den Käfig in der entsprechenden Form zu halten, kannst du jetzt nutzen, um dein Lichtnetz weiter zu weben. Das ist quasi das Ziel, und dabei begleiten wir, Chamuel, dich.

So möchten wir dich nun einladen, dir etwas Zeit für dich zu nehmen, um deine Rahmen und Käfige auf dem Wolkenteppich etwas näher zu betrachten. Was bedeuten sie für dich? Für welche Glaubenssätze, die beispielsweise mit „Ich-muss-dieses-oder-jenes-tun" beginnen, stehen sie? Welche Situatio-

nen deines Lebens fallen dir dazu ein?

*Auch hier wiederum kann es sein, dass dir deine Wahrneh-
mung klare Situationen und Bilder zeigt. Es kann aber auch sein,
dass du nur eine vage Vorstellung, eine Farbe, ein Symbol oder
gar nichts bewusst siehst. Aber das ist nicht so wichtig, denn wir
führen dich und begleiten dich auf deinem Weg, und du wirst
ihn wunderbar gemeinsam mit uns gehen. Höre uns weiterhin
einfach zu und lass die Energien fließen. Alles ist so, wie es
ist, und das gilt auch für deine Wahrnehmung, die gut und für
dich stimmig ist so, wie sie ist in diesem Moment. Bitte erkenne,
die Vorstellung, wie deine Wahrnehmung aus deiner Sicht sein
sollte, damit du sie als solche anerkennen kannst, ist auch nur
ein Rahmen oder ein Käfig. Jedes „Ich fühle mich verpflichtet",
„Ich muss dieses oder das erfüllen", „Ich sollte den Erwartungen
von mir und von anderen entsprechen", „Ich muss für andere
dieses oder jenes tun", – sind alle ebenfalls nur Rahmen und
Käfige. Werde dir deines Seins gewahr, und das Erkennen deiner mentalen Konstrukte ist eine Form der Begegnung mit dir
selbst, die in dieser Zeit von großer Bedeutung ist, damit du all
das ablegen kannst, was du auf deinem Weg in die Fünfte Dimension , auf dem du zweifelsohne bist, nicht mehr benötigst.
Wir, Chamuel, sind in dir und bei dir.*

*Wir dehnen unser Bewusstsein aus, wir dehnen unser Licht
und unsere Liebe aus, und wir durchdringen nun, in der Gemeinsamkeit mit dir, jene Rahmen und Käfige, die sich jetzt
verändern, erweitern oder sogar auflösen dürfen. Dabei ist es
wiederum nicht von Bedeutung, dass du klar weißt, wofür die
einzelnen Rahmen und Käfige, die sich jetzt wandeln dürfen,
stehen. Erlaube einfach, dass es ist! Wir, Chamuel, lassen einstrahlen die pfirsich-rosa-goldene Energie, und Heilung nimmt
Raum. So begleiten wir dich nun in eine neue Weite des Den-
kens. Wir initiieren ein neues Bewusstsein in dir, sodass es dir
im Hier und Jetzt und in Zukunft leichter fallen wird, aus den al-*

ten Denk-Kreisläufen herauszutreten, wann immer du glaubst, dass das, was du gerne leben möchtest, nicht möglich ist. Und wisse, dass du diesen Wolkenteppich deiner mentalen Ebene jederzeit mit uns betreten kannst, beispielsweise dann, wenn du erkennst, dass du dich in einem Rahmen und in einem Käfig bewegst, um diesen dort zu finden und zu verändern.

In diesem Falle dehnen wir unser Licht und unsere Liebe aus und transformieren die Enge deiner Rahmen und Käfige, um sie in die Weite zu führen bzw. aufzulösen. Die dabei frei werdende Energie lassen wir dann in die Erweiterung deines Lichtnetzes strömen, das dadurch immer größer, immer strahlender wird, und dein Leben im Alltag dadurch leichter und leichter.

Wir möchten dich ebenso darum bitten, dass du all das, was du verändern möchtest, zuerst anerkennst so, wie es ist. Schenke ihm deine Wertschätzung und deine Bewunderung. Bedanke dich bei ihm für seinen Dienst, den es dir erwiesen hat. Das heißt, wir laden dich ein, dass du, bevor du dich von deinen Rahmen und Käfigen löst, sie zuerst lobst für ihr Sein. Erlaube dir einfach, ihre Einzigartigkeit, ihre Perfektion für das Spiel in der nicht geheilten Dualität, ihre Besonderheit, ihre kunstvolle Ausfertigung zu erkennen, denn alles, was du liebst, verändert sich aus sich selbst heraus. Verstehe dieses erneut in und mit deinem Herzen.

Und nun erlaube bitte, dass wir, Chamuel, noch kurz mit dir auf dem Wolkenteppich verweilen möchten. Dabei strahlen und strömen wir unser Licht und unsere Liebe weiter mit ein. Bitte atme wieder tief und bewusst ein und aus, um so das Gehörte und Erlebte in dich aufzunehmen und in dir wirken zu lassen. Und nun verlasse mit uns diese Ebene deines mentalen Seins wieder, auch wenn es hier noch viele Rahmen und Käfige geben sollte. Denn bitte erkenne, dass dein Weg in die Fünfte Dimension ein liebevoller ist, das bedeutet, dass du jede Veränderung, jeden Neubeginn in der Gesamtheit deiner Körper integrieren „musst". Somit ist es auch in vollkommener Ordnung, im Moment noch einige Rahmen und Käfige zu halten und dir die Zeit zu schenken, die du benötigst. Sie werden im Laufe der Zeit weniger werden.

Abschließend zu deinem mentalen Sein möchten wir dich noch bitten zu erkennen, dass du es lenken und führen kannst und es auch wichtig ist, dieses zu tun. Es geht nicht länger darum, dich in umgekehrter Art und Weise von deinen Gedanken und Vorstellungen beherrschen zu lassen. Und so ist Kontakt und Begegnung mit deinem mentalen Sein.

Wir, Chamuel, hüllen dich erneut mit unserer pfirsichrosa-goldenen Energie ein und tragen dich erneut auf unseren Schwingen. Sanft bringen wir dich aus den Ebenen der Wolken zurück in deinen wunderbaren Körper auf der Erde. Entscheide dich bitte ganz bewusst dafür, dass es Freude bereitet, auf die Erde zurückzukehren, denn wenn du dieses in der Freude tust, werden dir die freudvolle Kreationen auch im Außen begegnen. So kann die Freude in allen Ebenen und Bereichen, innen und außen, wachsen.

Wir wissen, dass du jetzt schon eine weite Reise mit uns hinter dir hast, und doch ist sie noch nicht ganz beendet.

Und deshalb bitten wir dich, dass du noch einmal bewusst mit deiner Aufmerksamkeit in eine Zelle deines physischen Körpers gehst, wobei es nicht wichtig ist, für welche Zelle du dich entscheidest. Gehe einfach in das Innere der Zelle hinein, und dort ist ein Funken Licht. Dieses ist dein göttliches Erbe, das in jeder Zelle ist. Erlaube dir jetzt bitte, in dieses Licht einzutauchen, und erkenne, wie wunderbar es ist, im Licht deiner Göttlichkeit zu baden. Es schenkt dir Vertrauen, und es nährt dich. Alles, was du benötigst, um dich wohlzufühlen im Hier und Jetzt, fließt dir aus diesem Licht zu. Und bitte erkenne, das göttliche Licht einer Zelle deines physischen Körpers reicht dazu aus, um dich mit der Gesamtheit, die du bist, in sich aufzunehmen und zu durchströmen und zu durchdringen.

Um deine eigene Göttlichkeit zu erfahren, brauchst du nicht nach Außen zu gehen. Sie ist in dir, in jeder Zelle deines Seins, auch deines physischen Körpers. Durch diese Annahme wirst du dann auch dein physisches Sein anders wahrnehmen und ihm anders begegnen können, was wiederum der Ausdehnung des göttlichen Lichtes in dir dient. Das ist eine wunderbare Möglichkeit und auch ein Geschenk deines physischen Körpers an dich: deine Göttlichkeit in der Materie zu erfahren.

Und nun nimm wahr, wie sich das Licht dieser einen Zelle mit allen Lichtern in allen Zellen verbindet. Jede Zelle beginnt zu leuchten. Dein Körper beginnt zu leuchten. Du beginnst zu leuchten. Das Licht, das du bist, dehnt sich aus im Hier und Jetzt. Du wirst zu einem Strahlenkranz des Lichtes, denn dein physischer Körper ist eins mit dem Licht. Das Licht wächst weiter und durchdringt und wird eins mit deinem emotionalen und mentalen Sein. Und das Licht dehnt sich weiter aus und eine Lichthülle umgibt dich. Das ist die Ebene deines spirituellen Körpers. Erkenne, dass er alles durchdringt. Er ist nicht losgelöst von deinen anderen Körpern. Sie bilden eine Einheit. Und so erlaube dir, das Licht, das du bist, zu atmen, lass es strahlen und erlaube dir, Licht zu sein. Lass diese Wahrnehmung jetzt bitte auf dich wirken und atme dabei weiter tief ein und aus, solange du möchtest. Erkenne, dass dein Licht gleichzeitig auch so weit ist, dass es dieses gesamte Universum durchdringt, und somit ist es eins mit Allem-was-ist. Durch die Ausrichtung auf das Licht, das du bist, kehrst du ganz zu deinem Ursprung und zu dir zurück, in das Zentrum deiner Göttlichkeit. Wenn du nun in diesem Moment verweilst und in diesem Sein dein Leben betrachtest, nimmst du vielleicht wahr, dass vieles, was du noch vor wenigen Stunden als Problem empfunden hast, jetzt möglicherweise keines mehr ist. Es existiert in diesem Jetzt, in der Einheit mit deinem göttlichen Licht, nicht. So einfach findest du *manchmal eine Lösung für etwas, das dich bedrückt. Erlaube dir, immer wieder und wieder in die bewusste Wahrnehmung deiner Göttlichkeit zu gehen. Erlaube dir, immer wieder und wieder in der Begegnung mit dir selbst zu sein. Und so hast du jetzt eine Ahnung davon erfahren, warum die Begegnung mit dir selbst der Schlüssel ist für so viel Heilung in dieser Zeit.*

Wenn wir von der Begegnung mit dir sprechen, meinen wir damit nicht, dass du dich nur noch um dich kümmerst, dich in Häuser, Burgen oder Türme zurückziehst und dich vom Leben distanzierst. Das weißt du. Die Begegnung mit dir führt dich erst in eine tiefere Liebe, in Mitgefühl und in die Freude am Leben. In der Folge kannst du alles leben, jedes Leben leben. Begreife dieses mit und in deinem Herzen und erkenne, dass wir, Chamuel, heute hier sind, um dich in unser pfirsich-rosa-goldenes Licht einzuhüllen und dir zu sagen, dass die Begegnung mit dir Weite, Öffnung und Einssein ist. Wir sind hier, um dich zu bitten, dich jetzt für dich und dein Leben zu entscheiden und dich liebevoll darum zu kümmern, dass es wächst.

Bitte erlaube dir, dir immer wieder die Zeit und den Raum zu schenken, dir selbst zu begegnen. Je öfter du dieses tust, je besser du dich kennst, umso friedvoller wirst du. Wenn du also beispielsweise einen Konflikt mit anderen Menschen hast, wenn dich etwas belastet, du wütend bist, traurig, ängstlich oder unzufrieden, wenn du für dich in einem Erleben eines persönlichen Mangels bist, dann erlaube dir bitte, in die Begegnung mit dir selbst zu gehen. Dadurch schaffst du Annahme in dir.

Darüber hinaus kannst du, durch die Begegnung mit dir selbst, die Stimme deines Herzens klarer und klarer vernehmen und beginnen, nach ihr zu leben. So wirst du dich mehr und mehr in der Gesamtheit, die du bist, wohlfühlen im Hier und Jetzt, und das strahlt aus und wird die Menschen und alle Wesen, die mit dir sind, berühren und auch deren Weg der Heilung fördern und unterstützen.

Nun erlaube dir bitte, erneut tief und bewusst zu atmen und das Gehörte und Erfahrene in dir wirken zu lassen, solange du möchtest. Nun bist du zu Hause. Du bist bei dir angekommen. Ist das nicht ein wunderbares Empfinden?

Wir danken dir für dein Sein und deine Geduld, uns zu begleiten. Wir sind Chamuel, und wir dienen dir, um die Liebe zu dir selbst wachsen zu lassen, damit Heilung ist. Sei geliebt, sei gesegnet allezeit. Amen.

Dein zweites Chakra

Mache es dir bitte bequem und erlaube dir, einige bewusste Atemzüge zu nehmen, um dich ins Hier und Jetzt zu bringen. Erlaube dir dann wahrzunehmen, dass pfirsich-rosa-farbenes-goldenes Licht beginnt, in den Raum, in dem du bist, einzuströmen und dich einzuhüllen. Es berührt dich ganz sanft, sanft fließt es um dich, und sanft vereinigt es sich mit dir, Ebene für Ebene, Schicht für Schicht. Alles wird und ist erfüllt von diesem Licht, und die Energie von Chamuel nimmt so mit dir Kontakt auf. Chamuel lädt dich ein, sein Licht aufzunehmen mit Hilfe deines Atems in jede Zelle deines Seins. Er lädt dich dazu ein, damit sich dadurch eine tiefe Entspannung in dir ausdehnt und ist. So findet eine Öffnung statt, die Begegnung und Berührung fördert und ermöglicht.

Chamuel lädt dich ein, mit ihm zu reisen. Und er bittet dich, mit ihm gemeinsam einen duftenden Rosengarten zu betreten. Unzählige, unendlich viele pfirsich-, lachs- und rosagoldene Rosenblüten sind in diesem Garten, und sie verströmen den Duft von Liebe und Freude. Erlaube dir bitte, in diesem Rosengarten zu sein, und Chamuel geht mit dir durch diesen Garten. Dabei zeigt er dir die unterschiedlichsten Blüten, und er zeigt dir die Schönheit, die sich in diesem Garten offenbart, weil es ein Garten ist, der in Liebe gepflanzt, genährt und betreut wurde und wird. Und Chamuel sagt zu dir:

„So könnte dein Leben sein!
Und ich möchte dich gerne dabei unterstützen,
dass dieses ist!"

Chamuel bittet dich, ihm zu vertrauen und ihm zu erlauben, nun durch dich wirken zu dürfen und durch dein Sein, durch deine Körper und durch deine Chakren strömen zu dürfen, um diese darauf vorzubereiten, in der Folge mitzuwirken an der Gestaltung deines Gartens, mitzuwirken an der Gestaltung deines Lebens, sodass Freude, Schönheit und Liebe ist. Und Chamuel fließt mit deiner Erlaubnis weiter, tiefer in dich ein, vor allem auf der Ebene deines zweiten Chakras. So nimm bitte wahr, wie das Licht von Chamuel dich sanft im Bereich deines Unterbauches berührt. So können Erinnerungen des Schmerzes und Verletzungen, die in diesem Bereich noch sind, heilen. Das geschieht im Namen der Liebe jetzt in all deinen Zellen, sowohl auf der physischen, als auch in deiner emotionalen, mentalen und spirituellen Ebene. Und Chamuel sagt:

„Erlaube dir, geliebtes Kind, wahrzunehmen, dass dort, wo keine Freude ist, Verletzung ist. Denn es ist dein natürliches Erbe in dir, Freude zu sein. So, wie du göttliches Sein bist, so wie du einfach Liebe bist, bist du in und aus deinem Ursprung Freude. Und wie du manches Mal deine eigene Göttlichkeit nicht wahrnehmen kannst, wie du die Liebe, die du bist, vergessen hast, so ist dieses auch mit der göttlichen Freude, die du bist. Es ist wichtig zu erkennen, dass du dich dann in der Illusion des Getrenntseins bewegst, und zwar beispielsweise aufgrund des Schmerzes, den du in der Vergangenheit erfahren hast. Du trägst ihn immer noch in dir und hältst ihn fest aus der Angst heraus,

er könnte sich wiederholen, und damit versuchst du, dich davor zu schützen. Wir sind in der liebenden Präsenz, in der Sanftheit, die wir sind, hier, um dich zu bitten, dass – wenn Traurigkeit in dir ist, Schmerz, Wut, egal, was in dir ist –, du liebevoll mit dir sein solltest, voller Verständnis, voller Mitgefühl, voller Barmherzigkeit dir selbst gegenüber. Denn es heißt nichts anderes, als dass du hier einst verletzt wurdest, und durch diese Mildtätigkeit dir selbst gegenüber kann diese Verletzung heilen. Das bedeutet, du kannst dir gewahr werden, dass du nur aus dem Versuch heraus, dich vor etwas zu schützen, an der Identifikation mit einer Erfahrung festhältst. So kannst du erkennen, dass du dich in der Illusion der Getrenntheit, von der wir sprachen, bewegst und dieses nicht dein göttliches Wesen ist.

Falls du an dieser Stelle nicht in einer liebevollen Sanftheit dir selbst gegenüber bist und in die Strenge, in die Bewertung, in ein Ich-darf-so-nicht-sein gehst, förderst du letztendlich den Schmerz in deinem Sein. Deshalb erlaube uns bitte, deinen Unterleib zu berühren. Und wir bitten dich erneut, in Mitgefühl mit dir zu sein, nicht in Strenge, und zu erkennen, dass dich dein Körper so, wie er ist, liebt. Er möchte dir etwas mitteilen, mit dir kommunizieren, – und bitte, wertschätze dieses. Sage deinem wundervollen physischen Körper bitte nicht immer, was dir nicht an ihm gefällt, sondern erkenne ihn an so, wie er ist, und nimm an, dass er Liebe ist, und, wie gesagt, auch dich liebt. So begegnest du auch ihm mit Mitgefühl.

Und wir strömen unser Licht immer noch auf die Ebene deines zweiten Chakras ein, denn viele Menschen tragen noch eine unerlöste Energie mit sich, die Angst, es nicht wert sein, geliebt zu werden. Bitte, es ist Zeit, dass es heilen darf. Es ist Zeit, dass das ganzheitliche Wissen in dir wächst, dass du es wert bist, geliebt zu sein und du geliebt wirst. Nimm deinen Wert an, im Hier und Jetzt, geliebt zu sein und zu werden in der Gesamtheit, die du bist. Das ist Heilung!

Unser Licht möge dich weiter begleiten, damit in diesem Moment der Gnade das, was andere im Laufe deines Lebens über dich gesagt und über dich gedacht haben, heilen möge. Vielleicht warst du anders als sie in deinem Aussehen oder in deinem Wesen? Vielleicht sagte man dir, dass du dieses oder jenes nicht kannst, zu dumm, zu klein, noch nicht alt genug oder Ähnliches bist? All das hat deinen Selbstwert verletzt. Und alle diese nicht gelösten Energien sitzen in der Ebene deines zweiten Chakras, sitzen in deinem Unterleib, in dem Bereich, der auch „Sakralchakra" oder deine „orangefarbene Energiestation" genannt wird. Und alle diese Energien, erlaube uns, dieses so zu formulieren, hindern dich immer noch daran, frei den Impulsen deines Herzens zu folgen. Deine Angst sagt: „Wir brauchen diese Erinnerungen noch, denn sonst könnte ein Vorhaben wieder nicht funktionieren, wenn wir nicht entsprechend aufpassen und vorsichtig sind." Sie sagt: „Wir könnten wieder alleine sein oder bleiben, wir könnten irgendetwas verlieren oder auch zu wenig Geld, zu wenig Zuwendung, zu wenig Anerkennung und Ähnliches haben."

Und so erlaube bitte, dass unser Licht jetzt in diesem Bereich wirkt um Segen zu sein, um Heilung zu sein. Und du kannst dieses wieder mit und durch den Fluss deines Atems unterstützen.

Du weißt wahrscheinlich auch, dass dein zweites Chakra mit dem Chakra, das „Kommunikationszentrum", „Hals"- oder „Kehlkopfchakra" (deine blaue Energiestation), genannt wird, im direkten Zusammenhang steht. Falls du immer wieder Schwierigkeiten haben solltest, dich klar auszudrücken, wenn es dir nicht leicht fällt, in Gruppen oder auch in deiner Partnerschaft darüber zu sprechen, was dich wirklich bewegt, dann erkenne, dass es Zeit ist, dein zweites Chakra zu beleben und liebevoll zu berühren, beispielsweise auf die Art und Weise, wie wir es heute gemeinsam tun. Denn die Energie der Heilung, die in dein zweites Chakra einfließt, das Mitgefühl und das liebevolle Sein strömen über diesen Bereich in die Gesamtheit deines Seins aus und bringen auch dort Neuausrichtung auf deinen göttlichen Ursprung. Und so fördert eine liebevolle Zuwendung und eine Stärkung deines zweiten Chakras deine Kommunikation, und dann wird es leicht, dich auszudrücken. Habe den Mut, deinen göttlichen Ausdruck zu erkennen und ihm zu folgen. Und wisse, dass du deine Kreativität neu entdecken kannst und dir vermehrt erlaubst, sie zu leben.

Kreativität in unserem Sinne ist nicht gebunden an äußere Dinge, die du erschaffst oder denen du Form gibst. Kreativität heißt für uns, dass alle Energien in dir frei fließen, es keinen Konflikt, keine Spannung, keinen Widerspruch in dir gibt und du deine Angst verloren hast und dem Weg des Herzens, deiner Liebe, folgst.

Und so werden wir, geliebtes Kind, über und durch dein zweites Chakra weiter in dich einstrahlen. Und dort lassen wir auch den Duft der Rosen aus dem Garten, in dem wir sind, einströmen, damit hier Liebe und Freude am Leben Raum nehmen können, was, wie du weißt, aus unserer Sicht jede Form der Begegnung betrifft: Begegnung mit deinen Körpern; Begegnung mit der Erde; Begegnungen mit anderen Menschen (unabhängig davon, ob sie dir sympathisch oder weniger sympathisch sind, ob sie groß oder klein sind, und so weiter); Begegnung mit den Gegenständen und Situationen deines alltäglichen Lebens.

Alles ist Begegnung, und damit du diese genießen kannst, möchten wir dich einladen, dein zweites Chakra mit Freude zu füllen und uns zu erlauben, dir dabei behilflich zu sein. Jetzt nimm erneut wahr, dass wir weiter einstrahlen mit unserem Licht in und über die Ebene deines zweiten Chakras, was auch eine Form der Heilung der männlichen und weiblichen Energien in dir ist. Und bitte, es ist Zeit, erlaube diese Formulierung *und die Wiederholung, dass du dich entscheidest, der Wahrheit deines Herzens zu folgen. Dabei möchten wir dich begleiten, und dieses tun wir sehr gerne gemeinsam mit den Sternenge-schwistern der spirituellen Venus.*

Dazu reisen wir mit dir in ihren Tempel der Heilung auf die Venus, um in diesem Licht und in dieser Energie mit dir zu ba-den und dich zu befreien von der Vergangenheit in einer Form, die Heilung ist. Denn für uns bedeutet Heilung auch, dass du den Fokus deiner Aufmerksamkeit veränderst und dich so an deine eigene innere Göttlichkeit erinnerst und in ihr und aus ihr heraus lebst im Hier und Jetzt. So löst du die Identifikation mit dem, was war und vielleicht kommen wird, mit deinen Erfahrun-gen, deinen Ängsten und deinen Schmerzen, um einfach (Lie-be) zu sein. So lebst du deine göttliche Ermächtigung und gibst der nicht geheilten Dualität in dir keine Macht mehr über dich, und so bist du nicht länger von ihr abhängig, sondern frei. Das bedeutet: Du lebst im Bewusstsein der geheilten Dualität. Du bist geheilte Dualität. Erlaube dir, diese bitte in und mit deinem Herzen zu verstehen, geliebtes Kind. Und wir begleiten dich weiter und strahlen unser Licht in und über die Ebene deines zweiten Chakras in die Gesamtheit, die du bist, ein, solange du dieses möchtest. So ist Heilung innerhalb deines Systems, da-mit deine Begegnungen mit Allem-was-ist freudvoll sind; damit deine Partnerschaften glücklich sind; damit die Leichtigkeit des Seins im Umgang mit dir selbst ist.

Wir sind Chamuel. Wir umtanzen dich in der Sanftheit, die wir sind, in der Liebe, die wir sind, und in der Freude, die wir sind. Wir danken dir für dein Sein und bitten dich zu atmen. Sei gesegnet. Sei geliebt. Amen.

Die Kraft des Mars

Wir sind Chamuel, wir strömen ein, und wir fließen, wir expandieren unser Sein, damit Liebe ist. Wir sind Ausdehnung, und erlaube, dass wir statt des Begriffs „Freiheit" heute den Begriff „Ausdehnung" nutzen möchten.

So ist Freiheit, in unserem Sinne, ein Bewusstsein der Weite, ein Bewusstsein der Unendlichkeit, ein Bewusstsein der Einheit mit Allem-was-ist. Und so erlaube dir bitte jetzt, selbst Ausdehnung, Expansion von Liebe und von Licht zu sein. Atemzug für Atemzug bist du diese Ausdehnung, bist du Weite, bist du Einheit mit Allem-was-ist. Und die Kraft, die wir Chamuel sind, strömt in Wellen durch dein Sein, um alle Ebenen deines Seins an den Rhythmus des Lebens zu erinnern, damit deine Lebendigkeit, deine Freude und deine Kreativität wieder beginnen in dir zu fließen. Und dieser Rhythmus des Lebens gleicht einem Ein- und Ausatmen, ähnlich wie Ebbe und Flut. So strömt die Energie durch dein Sein, und durch die Erinnerung an den Rhythmus des Lebens, die in dir neu erwacht, ist Expansion, ist Ausdehnung, ist Weite. Ihr habt einen Ausdruck, den ihr die „Konsequenz der Liebe" nennt, und das beschreibt, was wir sind. Erlaube dir, die Bedeutung dieser Worte in deinem Herzen zu verstehen.

Wir möchten über das Denken und das, was diesem Denken meistens folgt, sprechen – und manches Mal ist es auch umgekehrt: ihr sprecht zuerst, bevor ihr denkt: Ihr sprecht von Vergangenem, ihr sprecht von Schmerzen, ihr sprecht in Wertungen, ihr sprecht von Problemen, ihr sprecht von Mangel. Wir möchten euch fragen, warum ihr nicht über die Liebe sprecht? Wo ist dabei die Liebe?

Wir möchten dich daher bitten, mehr zu schweigen, in Gedanken und in Worten, und dadurch ein neues Denken zu entwickeln. Und dann euer Denken zu nutzen, um zu verbinden,

zu loben, um neue Wege der Heilung, des Heilseins zu ma-
nifestieren. So wird euer Denken dazu dienen, Liebe, Freude,
Frieden Raum nehmen zu lassen. Bitte übe dich darin, bevor
du etwas sagst, zu betrachten, ob es etwas Gutes ist, das du
sagen möchtest; ob es dem Leben dient; ob es Heilung bringt;
ob es verbindet; ob es Worte des Verständnisses und der Liebe
sind. Wenn das der Fall ist, dann sprich es aus oder denke es
weiter. Es ist wichtig, in dieser Zeit deine Gedanken vermehrt
zu betrachten und die Form, in der sie gestaltet sind, und zwar
aus vielerlei Gründen:

Ein Grund dafür ist, dass es das Wohlergehen und Wohl-
fühlen innerhalb deines eigenen Seins fördert und somit inner-
halb deiner Partnerschaften, Familien und Gemeinschaften. Ein
weiterer ist, dass es gleichzeitig den Aufbau von Lichtinseln an
den Orten, an denen du lebst und wirkst und von denen an einer
anderen Stelle gesprochen wurde, fördert. Unsere Bitte, mehr
und mehr nur das zu denken und zu sprechen, was Liebe ist,
hat nichts mit Verdrängung und Unterdrückung zu tun, sondern
mit Meisterschaft. Du als Mitschöpfer kannst deine Gedanken
und Worte erschaffen, und dementsprechend formst du dein
Leben. Wir danken dir für deine Bereitschaft des Zuhörens.

Und nun möchten wir gemeinsam mit der Energie der Ve-
nus erneut dein zweites Chakra berühren, um Ausgleich zu
bringen. Erlaube dir wahrzunehmen, dass das Licht, das wir
Chamuel sind, in dir und um dich ist, und betritt nun mit uns
gemeinsam erneut einen Garten. Dieser befindet sich um einen
Tempel der Aphrodite aus weißem Marmor. Im Garten selbst
blühen wieder die unterschiedlichsten Blumen mit zauberhaften
Blüten, die ihren Duft verströmen, der dich willkommen heißt.
Vögel in schillernden Farben spazieren und leben dort. Es ist
ein Ort der Harmonie und der Schönheit, – ein Ort der Hingabe,
ein Ort, um tief durchzuatmen und einfach loszulassen all das,
was an Anspannung ist, all das, was belastet. Und wir bitten

dich, dass auch du, während du durch diesen Garten, durch die Tempelanlage spazierst und wandelst, dies alles loslässt. Atme, und erlaube dir, die Energie zu genießen, die ist, und wahrzunehmen, dass dieser Garten erfüllt ist von der Präsenz des Lebens. Naturwesen, Feen und Elfen sind mit dir genauso wie deine Geschwister aus deinen feinstofflichen Ebenen, die dich immer wieder sanft berühren.

Bitte, lasse dich jetzt intuitiv führen in das Zentrum dieses Gartens. Es ist der Tempel der Aphrodite, und wir bitten dich, durch die Säulengänge, durch die unterschiedlichsten Vorhöfe und Vorräume bis in seine Mitte einzutreten. Dort leuchtet ein strahlendes Licht, und darin ist ein Symbol. Es zeigt ein Herz mit Flügel, das in einem Feuer aus pfirsichfarbener Energie brennt. Spüre, wie die Kraft dieses Symbols ausstrahlt und dich über die Ebene deines zweiten Chakras berührt und sich in der Gesamtheit, die du bist, ausdehnt. Lass die Energien fließen und wirken, damit göttliche Harmonie in dir ist.

Nun möchten wir dich einladen, mit deinem zweiten Chakra zu atmen und dir dabei der Präsenz von Chamuel in deinem zweiten Chakra bewusst zu sein. Und nun dehne das Licht von Chamuel, der wir sind, aus, damit die Energie von Chamuel aus deinem zweiten Chakra in dein Basiszentrum, in dein erstes Chakra, in dein Wurzelchakra, in deine rote Energiestation strömen möge, um sich damit zu vereinen. So wachsen jetzt in dir die Kommunikation, die Begegnung und der Austausch zwischen deinem zweiten und ersten Chakra.

Lasse nun das Licht von Chamuel, der wir sind, durch deinen gesamten Beckenraum, deine Beine und deine Füße, deine Verbindung zur Erde fließen und nimm wahr, dass so deine Kreativität und deine Freude am Sein, deine innere Sicherheit es wert zu sein, zu lieben und geliebt zu werden, miteinströmen über dein Basiszentrum in das Innerste der Erde. Jetzt ist die Zeit der Erschaffung, der Manifestation und der Heilung. Die

Veränderung ist sichtbar in deinem Leben, in deinem alltäglichen Sein. Die Liebe und die Sanftheit, die wir, Chamuel, sind, fördern und unterstützen dieses. Erlaube dir bitte, tief zu atmen, und auch, dass sich die Energien neu ordnen in deinem Körper und in deiner Verbindung zur Erde, in deinem Basiszentrum und in deinem zweiten Chakra.

Wir möchten dich einladen, jetzt in deinem zweiten Chakra eine liegende goldene Acht zu visualisieren und dir mit deiner Aufmerksamkeit dem Schwung der Acht zu folgen, – in deinem Tempo, egal ob es schnell oder langsam ist. Dabei geht es um den Ausgleich der Energien in deinem zweiten Chakra. Und dann erinnere dich an die Verbindung zwischen deinem zweiten und deinem ersten Chakra und darüber zur Erde.

Deine Verbindung zur Erde gleicht einem breiten Lichtkanal, und wir bitten dich nun, dass du die goldene Acht, die du in deinem zweiten Chakra visualisiert hast, mit Hilfe deiner Atmung, mit Hilfe deiner Aufmerksamkeit in dein Basiszentrum wandern lässt, wo sie kurz ruhen bleibt. Dadurch findet auch hier ein Ausgleich statt, durch das Symbol der Einheit, der Ausgewogenheit, des Gleichgewichts, das die goldene Acht ist. Und jetzt atme bitte über dein Basiszentrum durch den Lichtkanal, der dich mit der Erde vereint, die goldene Acht. Schritt für Schritt, Ebene für Ebene, Schicht für Schicht, die die Acht auf ihrem Weg berührt und durchwandert, wachsen Stabilität und Ausgewogenheit in deiner Einheit mit Erde. So erlaube dir wahrzunehmen, dass die goldene Acht durch den Erdkanal bis in das Zentrum der Erde gleitet. Und wir, Chamuel, bitten dich, diese Acht nun im Inneren der Erde durch deine Entscheidung, durch deine Präsenz zu verankern. Auch das ist eine Entscheidung dafür, in Freude auf der Erde sein zu wollen, dieses dein Leben in Freude zu leben und dir selbst und Allem-was-ist in Freude zu begegnen. Darum bitten wir dich nun, geliebtes Kind des Lichtes! Und als Zeichen deiner Bereitschaft setzt du das

Zeichen der goldenen Acht mit Hilfe deiner mentalen Ausrichtung, mit Hilfe eines Gedanken, wenn du dieses möchtest, in das Zentrum der Erde. Wir sind Chamuel, und wir berühren dich in der Sanftheit, die wir sind, und strömen durch dein Sein ein. Dabei weiten wir sanft dein Herz, damit Liebe ist. Und wir sprechen zu deinem Herzen Worte der Weisheit. Wir sprechen über die Kraft des Mars.

Einst war Mars ein Ort voller Leben und voller Lebendigkeit. Auf Mars lebten Wesenheiten, die einen starken Drang in sich verspürten, neue Dinge zu entwickeln und zu erschaffen. Sie taten dieses in klarer Ausrichtung, in Freude und in Liebe. Die Kraft von Mars ist Zielgerichtetheit. Es ist eine Energie des Drängens, um neue Schritte zu setzen, um Neues zu erfahren und Neues zu lernen. Und so ist die Kraft von Mars eine Energie, die dynamisch ist. Doch sie beinhaltet in ihrer Dynamik die Fähigkeit des Empfangens. So erlaube uns bitte, in dir die Erinnerung an die Qualität von Mars zu initiieren. Alle Planeten, alle Sterne, alle Sternzeichen, Alles-was-ist, ist in dir.

Und es ist von Wichtigkeit, dass du das Zusammenspiel von kosmischen Kräften in dir erkennst. Du kannst den Lauf der Gestirne verändern, indem du dieses Zusammenwirken der Sternenkräfte in dir veränderst, beispielsweise in einer Form, dass dadurch das Wohlergehen in dir wächst. So ist Mars zum Beispiel, bezogen auf dein Basiszentrum, die Kraft der Umsetzung, der Manifestation in Liebe. So ist Mars Liebe im tätigen Tun. So ist Mars die Kraft des Neubeginns, was bedeutet, dass du nun leichter, zielgerichteter die Schritte setzen kannst, die du setzen möchtest. Es bedeutet allerdings auch, dass du kraftvoll vergeben kannst dort, wo Vergebung von Nöten ist, dass du vereinen kannst dort, wo Vereinigung wichtig ist, dass du umarmen kannst dort, wo Berührung wichtig ist, dass du lieben kannst dort, wo dieses Einverstandensein mit der Andersartigkeit fördert. Das alles ist Marsenergie, ein Potenzial von unendlicher Kraft.

Und bitte erlaube dir zu erkennen, dass wir früher bereits von Kreativität sprachen und sagten, dass dieses in unserem Verständnis bedeutet, im Fluss zu sein. In der Verbindung mit der Energie von Mars, die in dir ist, heißt das, dass du dem Fluss in dir eine Form, eine Richtung, ein Ziel gibst. Dadurch gibst du auch dir Sinn und Aufgabe und zugleich auch Hoffnung.

Und es ist kein Zufall, dass wir, Chamuel, in manchen Schulungen dieser Sternenkraft zugeordnet sind. Da wir sehr häufig auch mit und über das rosafarbene Licht kommunizieren, könntest du weiter sagen, dass es eine direkte Verbindung zwischen dem rosafarbenen Strahl und der Kraft von Mars gibt, denn die geheilte Form der Marsqualität ist die tätige Liebe.

Aus der Farbenlehre weißt du vielleicht, dass Rot wenn viel Licht hindurchscheint, zu Rosa wird. Das verkörpert wiederum nichts anderes als die geheilte Kraft des Mars. Er ist nicht länger der Zerstörer, sondern der Liebende. Nimm bitte wahr, dass auch wir, Chamuel, in der Ausdehnung unserer Energie Kraft und Sanftheit, Zielgerichtetheit und Hingabe miteinander vereinen. Bitte erkenne über die Kommunikation und die Berührung mit uns, dass das kein Widerspruch ist, sondern eine Ergänzung und Einheit. So möchten wir dich einladen, die Qualität von Mars als dynamische Kraft neu zu erfahren. Nutze die liebende Präsenz, die Mars ist, um zu erschaffen, zu manifestieren.

Weiterhin wird uns, Chamuel, häufig Eisen zugeordnet. Eisen steht für die Kraft der Verbindung und der Einheit mit der Erde. Das rote Licht des Eisens symbolisiert die Liebe zur Erde und die Liebe der Erde zur Schöpfung. Und bitte erkenne, dass die Liebe, von der wir sprechen, eine allumfassende, allerfüllende, alldurchdringende Liebe ist.

Und da alles, was dir begegnet, Liebe ist, bitten wir dich an dieser Stelle, dich darauf einzulassen. So kannst du dich selbst erkennen und dich in der Vielfalt deiner Seele entdecken.

Bitte erlaube dir wahrzunehmen, dass Liebe in und um dich

ist. Sei ein Ausdruck von Liebe im Hier und Jetzt! Sei die Ausdehnung der Liebe in der Dritten Dimension! Die Liebe führt dich ins Leben und in die Einheit mit Allem-was-ist. Wir danken dir für dein Sein. Das Licht und die Liebe, die wir sind, in der Verbindung mit den Kräften, mit denen wir dich berühren, segnen jede einzelne Zelle deines Seins. Wir sind Chamuel, und die Freude am Sein, die Liebe und das Mitgefühl begleiten dich allezeit. Amen.

Vorstellungen loslassen und einfach sein

Wir bereits erwähnt, wirkt Chamuel häufig mit Sanat Kumara[*], einem Meister aus der Weißen Bruder- und Schwesternschaft zusammen, um uns bei der Heilung unserer Emotionalkörper behilflich zu sein. Wenn wir (das ist in diesem Kapitel die Geistige Welt und ich – wir sind uns hier sozusagen einmal einig...☺) von der Heilung unserer emotionalen Felder sprechen, hat dieses immer Auswirkungen auf die Gesamtheit, die wir sind, also auch auf andere Körper von uns. Heilung ist also in unserem Sinne immer ganzheitlich zu verstehen. Die einzelnen Schichten, über die Heilungsenergie einströmt, um dann alle Körper und Bewusstseinsebenen, die du bist, zu durchfließen (so kann beispielsweise der Emotionalkörper eine Schicht sein), dienen unter anderem unserem mentalen Sein, um Zusammenhänge zu verstehen und nachvollziehen zu können.

* Ich möchte kurz einige Worte über Sanat Kumara sagen, falls er dir nicht so vertraut sein sollte: Sein Licht ist pfirsichrosa, und er unterstützt uns dabei, uns mehr und mehr so annehmen zu können, wie wir sind, und uns zu lieben. Er ist eine sehr liebevolle Energie und steht mit der spirituellen Venus in Verbindung. In früheren Botschaften der Geistigen Welt wurde er beispielsweise als Hüter oder als Hohes Selbst der Erde bezeichnet. Falls du mehr über ihn wissen möchtest, kann ich dir die Bücher *Die Erde ist in meiner Obhut* von Janet McClure, Ch. Falk Verlag, und *Wir kommen von den Sternen* von Ava Minatti, Smaragd Verlag, empfehlen.

In dieser Zeit kann es immer wieder hilfreich sein, die E-nergie von Chamuel einzuladen, um den Ort, das Zimmer, das Haus, in dem du gerade bist, damit zu fluten und zu erfüllen. Sein Licht und seine Liebe durchdringen dann alles, was in diesem Raum ist, einschließlich deiner selbst. Dadurch hast du einen Heilungsraum erschaffen. Du kannst dieses, so oft du möchtest, wiederholen, denn mit der Zeit braucht es sozusagen eine Erneuerung der Chamuelenergie, vor allem, wenn sie viel zu tun, sprich zu klären, zu heilen, zu betreuen hat. In dieser Zeit der Wandlung leitet uns unsere Seele immer wieder an, Vorstellungen loszulassen. Erinnere dich bitte an die Meditation mit Chamuel, in der er sagte, dass Vorstellungen nur Bilderrahmen und Käfige, also geschaffene Konstrukte, seien, die es jetzt gilt, in die Freiheit zu entlassen. Unsere Seele konfrontiert uns in unserem Leben mit jenen Themen und Situationen, in denen wir am meisten über uns selbst erkennen können, eben auch über unsere Einschränkungen, um uns immer wieder für die Einheit, für die Weite, für die Transformation, wie auch immer du es nennen möchtest, zu entscheiden.

Ein beliebtes Lernhilfe-Thema unserer Seele ist, wie du ja sicher schon weißt, Partnerschaft. Ein weiteres, nicht minder gern gewähltes, die Herkunftsfamilie und unser Inneres Kind. Die Erlebnisse, Erfahrungen unseres täglichen Lebens und wie wir mit ihnen umgehen und wie es uns damit und dabei geht, sagen eigentlich alles über uns aus, was wir wissen müssen, um unsere Schritte zu setzen und unseren Weg in die Fünfte Dimension klar zu beschreiten.

Unser Leben in der Dritten Dimension im Hier und Jetzt ist Heilung für uns. Alles, was dir begegnet, aktiviert eine Erinnerung in dir, und je nachdem, welche es ist, fühlst du dich dann wohl, ärgerlich, verletzt und Ähnliches mehr. Deshalb kannst du, wann immer dich etwas emotional berührt, wenn du damit in eine besondere Resonanz (sowohl in eine unangenehme als auch in eine angenehme) gehst, erkennen, welcher Art diese Erinnerungen sind.

Wenn du dir deine aktivierten Erinnerungen näher betrachten möchtest, führen sie dich meist zurück in deine Kindheit, manches Mal in eine frühere Inkarnationserfahrung. Auch hier trifft es wieder zu, dass, je besser du dich kennst, je vertrauter dir die Begegnung mit dir selbst ist, deine Antworten umso klarer sein werden. Um deine entsprechenden Antworten zu erhalten, benötigst du meistens keinen stundenlangen Rückzug und stilles Sitzen, sondern lass deine Erkenntnisse einfach auf dich zukommen, wo auch immer du gerade bist.

Ich mache es beispielsweise so, dass ich eine Frage, die mich beschäftigt, in mein Herz nehme und sie dann mit Hilfe meines Atems sozusagen ausatme und dann im Raum stehen lasse. Dann bitte ich die Geistige Welt (und wenn es dir lieber ist, kannst du dich dabei auch ganz klar an deinen Schutzengel, an einen anderen, dir vertrauten Engel oder in diesem Falle an Chamuel wenden), die Frage in ihre Hände zu nehmen und mir die entsprechende Antwort auf eine Art und Weise zufallen zu lassen, die ich verstehen kann. Das geschieht dann innerhalb der nächsten Stunden. So bin ich für mich mit der Geistigen Welt sehr viel im Austausch, in der Kommunikation, ohne dabei still zu sitzen, denn das ist nicht so sehr meine Art. Ich bewege mich, während ich mich mit den feinstofflichen Freunden unterhalte, ich gehe spazieren, ich sauge Staub oder räume auf. Nebenbei flüstert mir die Geistige Welt ihre Antworten zu, und zwar so klar und deutlich, dass ich genau weiß, wer wann mit mir spricht und vor allen Dingen, was sie mir zu meinem Anliegen mitteilen möchten, in Form von Worten als auch von Bildern, die sie mir dabei gleichzeitig zeigen, damit ich es besser verstehen kann.

Vielleicht möchtest du es ja auch einmal auf diese Weise probieren, vor allen Dingen, wenn du den Eindruck haben solltest, dass du in deinen Meditationen oder Übungen zu wenig hörst oder verstehst, was deine feinstofflichen Freunde dir sagen möchten. Der Vorteil dabei ist, – und das ist gleichzeitig auch der Grund für die Deutlichkeit, mit der du dadurch manchmal deine Botschaften empfangen kannst –, dass dein mentales Sein mit etwas anderem beschäftigt ist und deshalb seine Kontrollmechanismen oder seinen Erwartungs-Leistungs-Anspruch nicht leben kann. Beides stellt eine Verengung für dein System dar, und das macht es für die Geistige Welt schwieriger, dich in einer für dich verständlichen Form zu erreichen, denn wenn dein mentales Sein zu sehr damit beschäftigt ist, unbedingt etwas hören oder sehen zu müssen, findet eine Verkrampfung in dir statt, die deine Wahrnehmung einschränkt.

Manchmal reicht die Antwort, die Erkenntnis, die du auf diese Art und Weise zu einer aktivierten Erinnerung, denn davon sprachen wir, erhältst, aus, um dich dann klar entscheiden zu können, ob du eine gewisse Erfahrung wiederholen oder verändern möchtest. Das bedeutet, durch das Wissen um den Ursprung einer Erinnerung, einer Resonanz, kannst du frei wählen, ob du etwas weiterhin so tun, oder bewusst einen anderen Schritt setzen möchtest. Ich werde dir dafür ein Beispiel geben.

Angenommen, du bekommst Besuch von einem lieben Freund, den du gerne magst. Plötzlich überkommt dich ein Gefühl der Traurigkeit, obwohl es dazu keinen äußerlichen Grund zu geben scheint. Du hältst einen Augenblick inne und betrachtest, was in dir die Traurigkeit ausgelöst haben könnte. Dabei erkennst du einen Zusammenhang mit der Schüssel roter, köstlicher Erdbeeren, die auf deinem Esstisch steht. Du fragst dich (dein Inneres Kind), woran dich diese Erdbeeren erinnern. Es stellt sich heraus, dass du als vierjähriges Kind mit deinem großen Bruder am Tage seiner Auswanderung nach Amerika zum Abschied rote Erdbeeren gegessen hast. Du hast ihn geliebt, und er hat dir sehr gefehlt. Bevor du ihn nach längerer Zeit endlich wieder sehen konntest, starb er bei einem Motorradunfall. Seither ist in dir die Erinnerung gespeichert, dass, wenn du mit jemandem rote Erdbeeren isst, den du gerne hast oder liebst, dieses mit einem Abschied für lange Zeit oder für immer gleichzusetzen ist.

Durch diese Erkenntnis hast du nun die freie Wahl: Du kannst jetzt auf den Verzehr von Erdbeeren mit Menschen, die dir wichtig sind, verzichten. Dadurch würde aber keine Heilung stattfinden, denn das bedeutet, dich immer wieder auf neue Erfahrungen einlassen zu können. Ebenso hättest du die Möglichkeit, im Namen deiner ICH BIN Präsenz, als göttliches Wesen, das du bist, dich dafür zu entscheiden, etwas erkannt zu haben und dieses, beispielsweise, in die heilenden Hände der Quelle allen Seins zu legen, um neue Wege ausprobieren zu können. Dadurch würdest du beim Genuss von Erdbeeren mehr und mehr die Angst verlieren, dass dieses für dich mit schmerzhaften Folgen verbunden ist. Du kreierst sozusagen eine neue Zellinformation.

Die Geistige Welt erklärt dazu, dass die Umprogrammierung von Zellen leichter wird, je durchlässiger unsere Körper werden, wie sie es einst zu den lichten Zeiten von Atlantis und Lemurien gewesen sind. Durch das spätere Spiel der nicht geheilten Dualität, wofür wir uns alle begeistert gemeldet hatten, verdichteten sich unsere Körper, so dass Erfahrungen, die darin gespeichert wurden, viel länger in und durch uns wirk(t)en. Gleichsam förderte es das wiederholte Erleben schmerzhafter Situationen und Umstände, was wiederum die Verdichtung der Körper unterstützte. Diesem Kreislauf folgten wir Äonen von Jahren, bis, seit einiger Zeit, verschiedene kosmische Einstrahlungen und das Öffnen von Sternen- und Energietoren zu einer Unterbrechung dieser Entwicklung geführt haben.

Das waren wichtige Schritte auf dem Weg in die Fünfte

Dimension, denn dadurch hat für uns ein neues Zeitalter der Heilung begonnen. Seither sind wir sozusagen wieder rückläufig, das heißt, das, was zuerst dichter und dichter wurde, beispielsweise unser physischer Körper, wird nun wieder leichter und leichter. So verändert sich derzeit die Schwingung der Körper aller Menschen auf dieser Erde, bis sie ihre ursprüngliche Durchlässigkeit erneut erreicht haben werden. Deshalb kommen im Moment so viele ungeklärte Energien ans Licht, und ihre liebevolle Entlassung aus unserem System fördert wiederum die Frequenzveränderung in unseren Zellen. Das wird als Freiheit oder als Heilung bezeichnet. So unterbrichst du nämlich Verhaltensautomatismen, denen du sonst, ohne sie zu hinterfragen, folgst, einfach weil sie wie von selbst der nicht geheilten Zellinformation deiner Erfahrungen entspringen.

Nun erlaube, dass ich dich noch einmal zurück zu der Erkenntnis im Zusammenhang mit dem Verzehr der Erdbeeren führen möchte. Manches Mal wirst du vielleicht wahrnehmen, dass es dir (noch) nicht ausreicht, im Namen deiner ICH BIN-Präsenz eine verengende Energie dem Fluss der Göttlichkeit so zu übergeben, dass für dich vollkommene Heilung, im Zusammenhang mit einem bestimmten Thema, ist. Das ist eine Frage des Vertrauens in dein eigenes göttliches Sein. Dieses wachsen zu lassen, lernen wir gerade wieder.

So ist es möglich, dass du nach dem Erkennen über den Ursprung einer Verengung, einer zellulären Speicherung, den Eindruck hast, dass du beispielsweise ein Ritual oder eine Übung oder etwas Ähnliches benötigst, um es für dich aus deinem System verabschieden zu können, sodass Freiheit in dir wieder zu fließen beginnt. Dann solltest du deinem Impuls folgen und dir den nötigen Rahmen dazu schaffen. So kannst du beispielsweise dir selbst ein Ritual zu einem für dich stimmigen Zeitpunkt gestalten, oder du suchst dir die nötige Unterstützung durch eine Form von Einzelarbeit oder innerhalb einer Gruppe, an der du teilnehmen möchtest. Bitte erkenne dabei, dass es bei der Zuhilfenahme von äußeren Formen, Gruppierungen oder Dingen letztendlich nur darum geht, das Vertrauen in dich wieder zu stärken. Wenn dein Vertrauen in dich groß genug ist, Heilung annehmen zu können, dann findet sie statt.

Damit möchte ich sagen, dass es auch in diesem Fall um die Aktivierung deiner Selbstheilungskräfte geht und nichts im Außen dir dieses abnehmen könnte. Das beste Ritual, der beste Therapeut, das beste Seminar ist nur so wirksam, wie du es zulässt, wie es für dich stimmig ist und wie du bereit bist, selbst Schöpfer deines Lebens zu sein. Das versucht uns die Geistige Welt seit einiger Zeit verständlich zu machen, indem sie sagt, dass die Zeit der Übungen, der Therapien und Ähnliches mehr nun vorüber ist und wir uns einfach an das, was wir sind, – Schöpfer –, erinnern sollen. Und da sind wir auf einem guten Weg, wie ich finde.

Wenn wir in unserem Herzen sind, wenn wir unsere Christuspräsenz leben, wenn wir unser göttliches Licht und unsere göttliche Liebe sind, reicht es aus, in diesem Bewusstsein etwas zu sagen, um Knochen zusammenwachsen zu lassen, um emotionale Wellen und Überschwemmungen zur Ruhe zu bringen, um letztendlich Heilung in einer ganzheitlichen Form zu erschaffen, ohne Kerzen, ohne Duft, ohne esoterische Schnörkel, und zwar im Hier und Jetzt!

Wie gesagt, wir üben!

In der Zwischenzeit braucht es für den einen oder anderen noch kleine Unterstützungs- und Umsetzungshilfen. Das ist einer der Gründe, warum beispielsweise Familienaufstellungen im Moment so gefragt sind, denn Heilung ist im Außen nicht möglich, sondern nur im Innen. Chamuel unterstützt das Ankommen in dir und bei dir, um dich selbst zu erkennen und um dein Inneres Kind in den Arm zu nehmen, damit es Erfüllung findet. Er hilft, Vorstellungen und Erwartungen loszulassen und unterstützt dich dabei, Illusionen abzulegen, um dich an dein wahres göttliches ursprüngliches Sein zu erinnern, und begleitet dich in der Gesamtheit, die du bist, in die Freiheit und ins Hier und Jetzt. Weichheit, Lockerheit und die Auflösung von Verspannungen in jeder Ebene deiner Körper sind eine weitere Folge davon.

Und nun möchte Chamuel dich und dein Inneres Kind gerne zu einer Meditation einladen. Chamuel ist allezeit an deiner Seite, um Bilder und Vorstellungen, die du von dir hast, von deinem Leben, von den Menschen, die mit dir in deinem Leben sind, von Tieren und Pflanzen und vielem mehr einfach loszulassen, um dich immer wieder neu einlassen zu können, um immer wieder zu begegnen, ohne Vorurteile und Bewertungen, frei im Hier und Jetzt.

Meditation für dein Inneres Kind

Erlaube dir zu atmen und ganz bei dir, ganz in deinem Herzen zu sein. Jetzt!

Wir sind Chamuel, und die Kraft, die Liebe und das Licht, das wir sind, dehnen sich aus und strömen in dein Herz und erfüllen dein Herz. Und über dein Herz strahlt unsere Energie aus, um die Gesamtheit, die du bist, zu lieben, willkommen zu heißen und eins mit dir zu sein.

Wir sind heute hier zu dir gekommen, um dich zu berühren, in der Energie der Befreiung, in der Energie der Heilung. Und wir möchten dich jetzt dazu einladen, mit uns zu reisen.

Erlaube dir zu atmen und erlaube, dass unser Bewusstsein dir dient, damit Entspannung in allen Ebenen, die du bist, ist. Und wir durchströmen und durchfließen die Ebene deines Inneren Kindes, um es einzuladen, mit uns zu sein.

Nun möchten wir dich und dein Inneres Kind bitten, uns bei

der Erschaffung eines Bildes in deiner inneren Welt zu begleiten.

Dieses Bild ist eine blühende Sommerwiese, und dort bist
du mit deinem Inneren Kind. Jetzt!

Erlaube dir nun, die Blumen zu sehen, die weit geöffnet sich
der Sonne entgegenstrecken und nicht genug bekommen können von dem Licht, das sie spendet. Und somit sind sie voller
Hingabe und erfreuen sich an den Bienen, an den Schmetterlin-
gen. Dabei verströmen sie einen Duft der Liebe, einen Duft der
Einheit, und du bist, wie diese Blumen, und die Sonne ist das,
was wir die Quelle allen Seins nennen möchten. Die Bienen
und Schmetterlinge sind Bilder für deine Freunde aus den feinstofflichen Ebenen, die vernetzen, vermitteln und so kommen
und gehen.

Wir möchten dich bitten, gemeinsam mit deinem Inneren
Kind über diese Wiese zu laufen und dich an ihrem Sein zu
erfreuen. Und so erlaube dir, zu atmen und die Energie der Wiese ganz in dich aufzunehmen und durch dich strömen zu lassen, und so entsteht mit und durch deinen Atem ein Kreislauf,
der niemals endet, ein Kreislauf des Lebens. Ein Kreislauf von
Geben und Nehmen, ein Kreislauf, der Einheit ist. Und wir begleiten dich und dein Inneres Kind. Wir hüllen dich ein in unser
Licht, und somit führen wir dich.

Und wir führen dich und dein Inneres Kind zu einem See.
Und die Oberfläche dieses Sees gleicht einem Spiegel. Und
du kannst in diesen See blicken, um zu erkennen. In alten Zeiten nutzte man das Wasser als Mittel, um Botschaften aus den
Anderswelten zu empfangen und das zu sehen und sichtbar
zu machen, was sonst im Verborgenen liegt. Und somit ist das
Wasser ein vermittelndes, ein verbindendes Element.

Und wir möchten dich bitten, dass du es dir nun mit deinem
Inneren Kind am Ufer dieses Wassers bequem machst, so dass
du in Leichtigkeit auf die Oberfläche blicken kannst, auf der sich

im Moment noch die Farben des Regenbogens ausbreiten, um miteinander zu tanzen im unendlichen Sein, das ist. Und wir, die wir Chamuel sind, dehnen uns aus und bilden einen Kreis um diesen See, und du bist ein Teil dieses Kreises. Und so laden wir dich ein, auf den See zu schauen, und wir öffnen die Pforten, und wir heben die Schleier. Und so klärt sich deine Sicht, so klärt sich deine Wahrnehmung, jetzt, im Zusammenhang mit dem Wasser, das vor dir ist. Erkenne, dass es uns darum geht, dir dein Leben zu zeigen, indem wir dich einladen, dich im Wasser so zu sehen, wie du jetzt im Moment bist.

Erlaube dir bitte, eine Situation aus deinem Jetzt-Leben wahrzunehmen und erkenne, mit welcher Klarheit du dich dabei selbst betrachten kannst. Auch hierbei geht es nicht um Bewertung, sondern nur um Wahrnehmung, nur um Beobachtung. Aus dieser Situation des Jetzt beginnt dein Leben, sich rückwärts vor dir auszubreiten, so als wäre es ein Film, den du zurückspulst. Und so läufst du durch die verschiedensten Stationen deines Lebens. Und bitte erkenne, es ist nicht so wichtig, diese klar zu benennen. Lass die Bilder einfach ziehen und folge mit deiner Aufmerksamkeit dem Fluss, der in diesen Bildern ist.

Und der Film hält in deiner Kindheit, als du drei Jahre bist. Und so kommst du dort an. Und falls es dir schwer fallen sollte, klare Bilder zu sehen, lass dich nicht aus der Ruhe bringen. Wisse, dass dennoch alles ist und alles geschieht, was geschehen soll, auch Heilung! Und so ist auch ein Nicht-sehen eine Form der Sicht. Erlaube dir, dieses zu erkennen und zu begreifen. Und so atme und erlaube, dass der Fluss der Liebe, die wir sind, ist.

Wir sind mit dir zu diesem Ursprung zurückgekehrt, denn verstehe, das ist der Zeitpunkt, an dem du beginnst, Energien zu Prägungen zu machen, die in späterer Folge Glaubenssätze sind. Als Kind, jünger als drei Jahre, bist du wie ein offenes Gefäß. Du nimmst auf, beobachtest und lässt wieder strömen. Du bist durchlässig.

Ab dem dritten Lebensjahr beginnt sich dieses zu verändern, und du fängst an, eine Form der eigenen Identität zu entwickeln, so dass du dich allmählich aus dem aurischen Feld deiner Eltern zu einem eigenständigen Wesen herauslöst. Bis zu deinem dritten Lebensjahr gibt es kaum einen Unterschied zwischen deinem und dem aurischen Feld deiner Eltern. Die Impulse, die du bis zu deinem dritten Lebensjahr als Gefühle und Gedanken empfängst, sind nicht zu trennen von denen deiner Eltern. Du bildest eine energetische Einheit. Und das ist auch so, wenn ein Elternteil nicht mit dir gemeinsam leben sollte, denn hier gibt es keine Distanz in der Linearität, die diese Verbindung unterbrechen könnte. Du kannst, wenn beispielsweise eine weiterer Mensch als wichtige Bezugsperson in deinem Leben bis zum dritten Lebensjahr ist, deine Einheit mit und durch diese Wesenheit sozusagen erweitern und bist dann auch ein Teil ihrer Wahrnehmungen. Du sammelst in diesen ersten Jahren, und dann beginnst du, ab dem dritten Lebensjahr, zu sortieren, machst Energien zu deinen und beginnst dich zu lösen von den Menschen, mit denen du bisher eins warst, und bildest mehr und mehr ein eigenes Energiefeld. Der Weg deiner Individualität hat begonnen und dauert nun einige Jahre an. Bitte, es ist wichtig, dass du dieses verstehst, und wir werden dir später auch erklären, warum. Es ist wichtig zu begreifen, dass das, von dem wir jetzt sprechen, einen Teil des Weges der nicht geheilten Dualität darstellt. Doch da ihr jetzt in der Zeit des Übergangs seid und euch auch noch innerhalb der nicht geheilten Dualität bewegt, ist es wichtig, euch darüber zu berichten. Das bedeutet, dass euer Leben in der Fünften Dimension, was den Fluss der Energien betrifft, anders sein wird.

Nun sind wir also mit dir an den Ursprung deiner Prägungen zurückgereist, weil dieses auch der Beginn von Glaubenssätzen ist, die du später für dich als allgemein gültige Vorstellungen, Einteilungen, Wertungen betrachtest. Bitte erkenne an *dieser Stelle, dass sie nicht aus dir geboren sind! Und das ist wichtig zu verstehen! Wir sind mit dir in deine Zeit der Prägung zurückgekehrt, damit du, bevor du beginnst, deine Individualität zu leben und Energien zu deinen eigenen Vorstellungen zu machen, erkennst, dass du göttliches Sein bist und es deine Aufgabe ist, göttliches Sein zu leben – und nicht die Rollen weiter zu spielen, die dir vorgespielt wurden. Die Vorstellungen über den Aufbau dieses Universums, – wir sprechen hier von deinem individuellen Universum, die seit dieser Zeit in dir wirken –, sind, erlaube, eine Illusion, ein Konstrukt, das du übernommen hast. Somit kehre zurück in der liebenden Vereinigung mit uns zu deinem Wissen, zu dem Gewahrsein, dass du göttliches Sein bist, zu einem Zeitpunkt, an dem du begonnen hast, dich als eigenständiges Wesen wahrzunehmen. Das ist wichtig zu erkennen – und wir hoffen, dass du verstehst.*

Nun möchten wir in das Bild im Wasser, zu dem dreijährigen Kind, unser Licht fließen lassen. Wir senden es aus in das Herz des dreijährigen Kindes, und darüber strahlt es in die Gesamtheit deines Seins weiter. So ist Heilung, weil die Übernahme von verengenden Vorstellungen nicht stattfindet. Erkenne, dass du als dreijähriges Kind frei bist, dass du als dreijähriges Kind Liebe bist, dass du als dreijähriges Kind Licht bist, dass du Frieden bist, dass du Sonnenschein bist, dass du Spiel bist. Und dass du geliebt bist von der Quelle allen Seins, die dein Vater und deine Mutter ist. Du bist göttliches Sein!

Es ist wichtig, dass du dieses Sein deiner Göttlichkeit in dir, als dreijähriges Wesen, wahrnehmen kannst, dass es dich erfüllen kann, denn so bleibt in der Folge auch dein Inneres Kind in dem Bewusstsein der Fülle. Der Mangel, den dein Inneres Kind erfährt, verdichtet sich ab dem dritten Lebensjahr durch den Weg der Individualität. Auch wenn du vorher Mangel erlebst, kommt es nicht zu einer Prägung und Verengung der Information in deinem Sein, weil du dich immer noch als einen Teil des großen

Ganzen wahrnimmst. Ab dem dritten Lebensjahr sozusagen beginnt der Weg deiner Wahrnehmung des Getrenntseins durch die Individualisierung, und deshalb ist eine Erfahrung, die dich beispielsweise verletzt, ab diesem Zeitpunkt ein Schmerz, denn ab dem dritten Lebensjahr beginnst du, Vorstellungen in dir zu entwickeln, was du glaubst brauchen zu müssen, damit es dir gut geht; was du glaubst brauchen zu müssen, damit du eine glückliche Kindheit hast. Ab deinem dritten Lebensjahr beginnst du zu sagen: Hätte ich dieses oder jenes gehabt, dann... Das existiert vorher nicht in deiner Wahrnehmung der Einheit, denn du fühlst dich rund und satt. Und deshalb möchten wir dich heute, an diesem Tag, begleiten, an die Schwelle sozusagen, an die Tür, an die Pforte, die du mit drei Jahren durchschreitest und durchschritten hast, damit du die Erinnerung der Einheit, die du bist, mittragen kannst und dadurch vieles, was du in späterer Folge, auch nach zehn, zwanzig, dreißig und sechzig Jahren deines Lebens als (Gefühls)Mangel empfindest, erst gar nicht initiiert wird. Wir drehen die Zeit zurück, verstehst du?

Und so erweitern wir dieses Bild nun, denn bitte erkenne, wir sind eins mit dir als dreijähriges Wesen, und wir laden dazu ein die Kräfte der Erneuerung, ausgedrückt durch die Feen und Elfen und die Wesenheiten der Natur, und bitten sie, jetzt zu dir als dreijähriges Wesen zu kommen und durch dich zu wirken, damit das Wissen um die Lebendigkeit, die dein Ursprung aus der Quelle allen Seins ist, bestehen bleibt. Und erlaube dir wahrzunehmen, dass alle Engel, die jemals mit dir durch dieses Universum gereist sind, dass die Meister der unterschiedlichen Farbstrahlen, Raum nehmen und zu dir als dreijähriges Wesen über das Spiegelbild in Kontakt treten. Und wir sagen:

Bewusstsein, das du bist, erlaube dir, deinen Weg des Lebens zu gehen, ohne deine Erinnerung zu verlieren, ohne die Dichte der nicht geheilten Dualität als Illusion des Getrenntseins zu erfahren. Wir sagen zu dir, geliebtes dreijähriges Wesen, dass deine Fähigkeit, eins zu sein, ist und durch all die Jahre bestehen bleibt in einer Form, die dir dient, frei zu sein. Du bist gekommen auf diese Erde, um den Menschen, die dir vorausgegangen sind, Freiheit zu schenken. Diese wächst auf der Basis von Liebe, diese wächst auf der Basis von Anerkennung, diese wächst auf der Basis von Frieden.

Und nun stehst du als dreijähriges Wesen, das du selbst in dem See erblicken kannst und das du bist, unterstützt und eingehüllt von all den Begleitern, die wir nannten, vor einem großen Tor. Es ist dein Tor der Individualität, durch das du einst gegangen bist. Und bitte erkenne, wie oft beschrieben wird, dass auch Kinder durch das Schreiten des ersten Tores, das mit drei Jahren ist, diese Qualität zu vergessen beginnen. Auch deshalb, weil hier, wie gesagt eine Prägung, eine Formung von Glaubenssätzen stattfindet, die das fördert. Wenn wir dich daher heute bitten, mit uns gemeinsam durch dieses Tor deiner Individualität zu schreiten, tust du dieses in der Ausrichtung und in dem Gewahrsein, dass du göttliches Sein bist. Das ist dein Ich, das ist dein Wir, und dadurch wird sich kein Schleier über deine Wahrnehmung legen, und dadurch wirst du auch in der Folge in deinem Hier und Jetzt deine Wahrnehmung erweitern. Wir laden dich jetzt ein, gemeinsam mit uns durch dieses Tor zu schreiten. Tue dieses jetzt! und wisse, es ist ein großer Schritt in deiner Entwicklung auf dieser Erde.

Und nun bist du in der Begleitung in der Einheit mit deinen feinstofflichen Geschwistern hinter der Tür auf der anderen Seite der Pforte angekommen. Und erlaube dir wahrzunehmen, dass vor dir Weite ist. Und diese Weite steht für dein Leben, das du nun ohne einschränkende Glaubenssätze und Vorstellungen leben kannst, ohne zu glauben, dieses oder jenes zu brauchen; ohne zu glauben, dass es wichtig ist, im Leben dieses oder jenes zu erreichen; ohne zu glauben, dass es Menschen gibt, die bestimmte Aufgaben zu erfüllen haben, nur weil sie eine bestimme Hautfarbe oder ein bestimmtes Geschlecht haben. Freiheit ist vor dir, aus deinem göttlichen Sein heraus, deinen Weg zu erfahren. Und so erkenne, dass die Tür sich hinter dir schließt, damit der Neubeginn auf allen Ebenen ist.

Du hast erneut gewechselt und begonnen, den Weg deiner Individualität zu beschreiten. Doch dieses Mal tust du es im Bewusstsein deiner ICH BIN-Präsenz. Erkenne und begreife! Und so bitten wir dich, zu atmen, damit das, was auf deiner mentalen Ebene für dich noch nicht nachvollziehbar ist, dennoch in den zellulären Bewusstseinsebenen deiner Körpers Raum nehmen kann. Und das Licht und die Liebe der Wesen, die mit dir sind, strömen immer noch durch dich, um dir zu dienen, damit du verstehst. Und so setze als göttliches Sein, als ICH BIN, deinen Weg fort bis zum Hier und Jetzt. Und bitte, auch dieses siehst du auf der Oberfläche des Wassers erneut wie einen Film, nur jetzt in die andere Richtung. Er läuft nach vorn. Nimm bitte wahr, dass sich durch dein ICH BIN dein Leben verändert hat und vieles von dem, was du früher erfahren hast, nicht mehr existiert. Erkenne und begreife auch dieses mit deinem Herzen, nicht mit dem Kopf, denn das ist leichter.

Und so begleiten wir dich durch dein Leben als ICH BIN, durch dein Leben in Klarheit, in Frieden, in Liebe, im Einverstandensein bis ins Hier und Jetzt. Und dann stehst du selbst dir gegenüber als Spiegelbild im Wasser, und erkenne dein ICH BIN. Erkenne dein göttliches Sein. Erkenne erneut die Liebe und den Frieden, der du bist.

Und dann erlaube dir wahrzunehmen, dass dieses ICH BIN aus deinem Wasser heraustritt und zu dir, die du, der du am Rande stehst, kommt und ihr euch beide beginnt zu vereinen. Und somit ist göttliches Sein. Und somit erlaube, dass Zelle für Zelle sich zu erinnern beginnt, sich neu auszurichten beginnt, zu sein beginnt, das, was sie ist.

Und so erlaube dir, zu atmen und gewahr zu sein, dass

immer noch die Energien aus den Ebenen deiner feinstofflichen Geschwister, die dich begleitet haben, mit dir und durch dich sind und deinen Neubeginn, deine Erinnerung an dein ICH BIN, jenseits von Vorstellungen, bezeugen. Und so nimm bitte wahr, dass dein Inneres Kind neben dir lächelt und zufrieden ist.

Nun möchten wir dich einladen, noch kurze Zeit für dich selbst in der Stille zu verweilen und dem Klang des ICH BIN in dir zu lauschen, bis er so kraftvoll, bis er so deutlich ist, dass du ihn nie wieder vergisst, erlaube diese Formulierung. Atme und sei! Und wisse, wer du bist, allezeit!

Wir sind Chamuel, und unser Licht dient dir, um Liebe zu sein, Wir segnen dich und dein Inneres Kind. Wir segnen die Erkenntnis, die du bist und die in dir wächst, um zu vereinen das, was vereint werden möchte. Sei gesegnet allezeit. Amen.

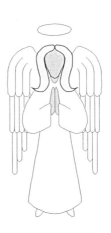

Ariel

Das Licht der Sonne

Ariel wird auch „der Glanz" oder „der Löwe Gottes" genannt. Er steht für Kraft und Stärke. Seine Energie ist sehr solar, das heißt, er bringt das Licht der Zentralsonne mit. Er unterstützt uns in dieser Zeit bei der Erhöhung der Zellschwingung in unseren Körpern. Er schenkt uns Weite und Ausdehnung und erinnert uns immer wieder an unser wahres göttliches Sein, an unser Licht und unsere Liebe, falls wir dieses vergessen haben sollten. Er stärkt unseren Solarplexus, das heißt, er lässt unsere innere Sonne leuchten und regt uns an, vermehrt an uns selbst, an unsere Fähigkeiten und Möglichkeiten, an unsere göttliche Ermächtigung zu glauben. Er baut unser Selbstvertrauen und unsere Selbstsicherheit auf, wobei mit diesem Selbst wiederum unsere göttliche Quelle gemeint ist, die wir sind. Er zeigt sich oft als Phönix aus der Asche, weil er ein Feuer in sich trägt, das reinigen, klären, neu ausrichten, transformieren und bei Bedarf auch verbrennen kann. Mir ist nur ein Buch bekannt, das viele Botschaften von ihm zu unserem Weg in die Fünfte Dimension enthält. Obwohl es schon einige Jahre alt ist, finde ich es immer noch sehr empfehlenswert. Es heißt: „Der Lichtkörper-Prozess" von Tashira Tachi-ren.

Vielen Menschen fällt bei dem Namen Ariel das bekannte Waschmittel dazu ein, was vielleicht kein Zufall ist, wobei ich gestehen muss, dass ich es selbst noch nie ausprobiert habe. Auch der Engel Ariel wäscht in einem gewissen Sinne rein. Ich nehme ihn beispielsweise häufig so wahr, dass er, wenn er gerufen wird, in eine Zelle einströmt und in ihrem Innersten Raum nimmt. Diese füllt er mit seinem solaren Bewusstsein, das sich von innen nach außen auszudehnen beginnt. Die Zelle beginnt dadurch zu leuchten, und all das, was an disharmonischen und verengenden Energien noch in ihr ist, wird von diesem Licht durchdrungen und transformiert, eben rein gewaschen.

In einigen Beschreibungen wird Ariel als ein Engel der Natur und als Kraft bezeichnet, die dich mit der Natur verbindet. Ariel ermutigt dich, das zu sein, was du bist. Er fordert dich auf, dein Licht leuchten zu lassen und es nicht länger zu verstecken, beispielsweise unter dem berühmt berüchtigten Scheffel. Er gibt Konzentration und Ausrichtung, um deinen göttlichen Plan zu erfüllen, und hilft dir, ihn in der Materie umzusetzen. Ariel wird immer wieder eingeladen, auch anderen Menschen zur Seite zu stehen, damit sie sich leichter an ihr eigenes göttliches Sein erinnern können, – und das fördert Heilung auf allen Ebenen. Wenn du dir deines göttlichen Seins gewahr bist, ist Liebe, ist Licht, ist Frieden.

Falls du in deinem Umfeld einen Nachbarn haben solltest, der allen Hausbewohnern einschließlich Kindern, Hunden und Katzen das Leben schwer macht, kannst du ihn im Namen von Ariel segnen, damit dieser ihn sanft berühren möge, so dass er wieder beginnt, sich an sein eigenes göttliches Wesen zu erinnern, denn solch ein Mensch fühlt sich bestimmt selbst nicht wohl in seiner Haut und ist voller Sehnsucht nach der, nach seiner Quelle allen Seins. Ein Mensch, der in sich und mit sich zufrieden ist, lässt auch andere in Frieden.

Ariel unterstützt uns also, uns selbst, unser göttliches Sein, wieder zu entdecken.

Und nun möchte ich dich einladen, ihn selbst näher kennen zu lernen.

Erinnere dich!

Erlaube dir bitte, deine Augen zu schließen und bei dir zu sein, im Hier und Jetzt. Lasse deinen Atem sanft kommen und gehen, und erlaube dir, in dein Herz zu treten, dort zu sein und den folgenden Worten zu lauschen.

Wir sind Ariel, und wir grüßen dich aus dem Zentrum der zentralen Sonne. Wir begegnen dir in Liebe, wir begegnen dir in Licht, in dem solaren Bewusstsein, das wir sind. Und wir laden dich ein, dein eigenes inneres Licht, das in dir ist, sich ausdehnen zu lassen.

Nun möchten wir beginnen, durch dein Sein zu strömen, durch deine Ebenen, die du Körper nennst; durch deine Ebenen, die du Chakren nennst. Bitte erkenne, dass alle diese Ebenen – erlaube, dass wir sie so bezeichnen möchten – gleichzeitig in unterschiedlichen Dimensionen sind. Und somit bist du ein multidimensionales Wesen. Und so strahlen wir in der Begegnung mit dir, im Hier und Jetzt, unser Licht in die verschiedenen Dimensionen, die du bist, ein, damit Begegnung, damit Austausch innerhalb deines Seins in der Unterschiedlichkeit, die du bist, möglich ist. Und dadurch vereinen sich die Kräfte im Hier und Jetzt zu einem Sein. Dieses eine Sein ist die Quelle, die du bist. Und somit erlaube, dass wir einströmen lassen unser Licht durch dein Sein, deine Ebenen, die wir nannten, damit Neuausrichtung stattfindet, Neuausrichtung ist. Lege ab das, was vergangen ist. Und gebäre dich neu im Hier und Jetzt – im Namen des Lichtes, im Namen der Quelle, im Namen der Liebe. Und so initiieren wir in deinem Sein durch das Bewusstsein der zentralen Sonne einen Neubeginn. Bitte erkenne, dass wir die Kraft des Feuers sind, dass Sonne ist, dass solares Bewusstsein ist, und dieses nun nutzen möchten, um dir weiter zu begegnen.

Wir laden dich ein wahrzunehmen, dass dieses Feuer, das

wir sind, durch dich, durch die bezeichneten Ebenen tanzt und lodert und sich ausdehnt und Feuer der Transformation, Feuer der Erinnerung, Feuer der Neuausrichtung ist, und somit wird gelöst all das, was du nicht mehr benötigst und was dir nicht mehr dient, um im Hier und Jetzt frei zu sein, um im Hier und Jetzt dein göttliches Sein zu sein. Das, was Widerstand genannt wird, berühren wir liebevoll und in der Behutsamkeit, die wir sind, möchten wir auch an den tief darin verborgen liegenden göttlichen Ursprung erinnern. Wir erinnern die Disharmonie in dir an ihren ebenso tief in ihr verborgen liegenden göttlichen Ursprung. Wir erinnern die Verengungen in dir an ihren göttlichen Ursprung. Somit wird das Licht, das dadurch berührt wird, im Innersten der genannten Energien, erlaube die Bezeichnung, zu leuchten beginnen, und es wird an Kraft gewinnen und aus sich selbst heraus Veränderung ermöglichen. Dazu ist es manches Mal nötig, etwas in der Geduld mit dir zu sein. Gib dir die Zeit, die du benötigst, denn du hast alle Zeit dieser Welt zur Verfügung, denn Zeit ist nicht existent, also kannst du genauso gut davon ausgehen, dass sie unendlich zur Verfügung steht. Und so bitten wir dich, ganz generell liebevoll mit dir selbst zu sein, in tiefem Verständnis und Mitgefühl dir selbst gegenüber, und somit unterstützt du, das Licht in dir zu erweitern. So unterstützt du auch die Teile und Aspekte in dir, die ihren göttlichen Ursprung vergessen haben, dabei, sich wieder daran zu erinnern. Sie sind auf dem Weg der Erinnerung, und somit erlaube, dass es ist!

Bitte erkenne, dass alles, was du im Außen veränderst, eine Veränderung in dir ist. Alles, was dich im Außen stört, ist ein Teil in dir, der dich stört. Und über das Außen ist es leichter für dich, ihn zu erkennen. Es gibt keine Trennung zwischen dir und dem Außen. Und das Außen ist nur deshalb so, wie es dir begegnet, weil es eine deiner Erschaffungen und eine deiner Manifestationen ist. Und somit erlaube dir, dich immer wieder von dem Außen zu lösen, um mit deiner Aufmerksamkeit zu dir zurückzukehren, um ganz bei dir und in dir zu sein im Hier und Jetzt.

Und in diesem Augenblick, der ist, erlaube dir, der Kraft des Ariel, die wir sind, gewahr zu sein. Erlaube dir bitte, die Kraft des Feuers aus dem Bewusstsein der Zentralsonne, die wir sind, immer wieder einzuladen, um dich zu unterstützen, mit dir zu gehen, so dass Erinnerung und Neuausrichtung in dir sind.

Wir sagten, dass das Bild des Phönix uns vertraut ist, und so laden wir dich ein, dieses Licht, das wir sind, nun zu nutzen, es durch deine Ebenen wirken zu lassen, so dass diese Transformation, die diesem Phönix gleicht, in dir ist. Und so wisse, dass unsere Liebe und unser Licht ein Ausdruck der Quelle allen Seins sind, die geboren wurde und das geboren wurde, um dich zu begleiten. Und gerade in den kommenden Jahren, die du Meisterjahre nennst, sind wir vermehrt an deiner Seite, wenn du möchtest, um dich immer wieder zu unterstützen, im Gleichgewicht zu sein.

Und so erlaube dir jetzt, die Energie, die wir Ariel sind, in dir wirken zu lassen und wahrzunehmen, dass wir zu jeder einzelnen Zelle, zu jeder einzelnen Schicht, zu jeder einzelnen Ebene in allen Dimensionen, in denen du bist, sprechen und sagen:

„Erinnere dich an deinen göttlichen Ursprung!
Erinnere dich an deine göttliche Kraft,
an deine göttliche Liebe, die du bist!

Erlaube dir zu erkennen, dass du nicht mehr und nicht weniger bist als diese Quelle allen Seins!
Und so erlaube dir, zu leuchten und zu strahlen!"

Erlaube dir bitte, dass dieses Bewusstsein sich in dir ausdehnt, erweitert, mit jedem Atemzug mehr und mehr. Erlaube dir, Quelle zu sein, Quelle allen Seins, und erkenne, dass dieses Einheit ist mit Allem-was-ist.

Wir, Ariel, sind an deiner Seite in unserer gesamten Präsenz, in unserer Klarheit, in unserer Zielgerichtetheit, in der Energie auch der Leichtigkeit und der Freude. Wir sind in der Bereitschaft zu begegnen, um dich allezeit an deinen göttlichen Ursprung zu erinnern.

Erlaube dir bitte zu erkennen, dass diese Erinnerung an diesen Ursprung eine wichtige Aufgabe für alle Menschen in dieser Zeit der Wandlung ist, und somit laden wir dich ein, diese Begegnung mit uns zu nutzen, um dich zu erinnern, damit du diese Erinnerung mit hinausträgst in dein Leben. Wenn du dir gewahr bist, wer du bist, wirst du dein Leben neu gestalten. Du wirst Dinge neu betrachten, Menschen neu begegnen und wirst in allem, erlaube, was ist, das Licht erkennen, wobei wir hier den göttlichen Ursprung meinen, was wiederum die Liebe impliziert. Und so erlaube, dass diese Neuausrichtung in dir ist. Dadurch wird freigesetzt im Hier und Jetzt und in deinem alltäglichen Leben Energie, die du Lebenskraft nennst. Und diese nutze, um das zu erfüllen, was Seele erfahren möchte. Erlaube dir, in der Klarheit deiner Wahrnehmung bezüglich deiner Göttlichkeit zu sein und somit wachse erneut und wieder einmal über dich selbst hinaus.

Wir möchten dich damit einladen, zu deinem Ursprung zurückzukehren und dich bitten, dich nicht in Gedankenkonstrukten und emotionalen Verletzungen zu verlieren, sondern Ursprung zu sein und zu erkennen, welche Kraft in diesem Wort ist, und welche Kraft in dir ist, wenn du selbst (dein) Ursprung bist. Und diese Kraft ist unendlich! Diese Kraft ist eins mit der Liebe, und es ist eine Kraft, die erschafft. Und das wiederum nennst du Mitschöpferkraft. Erkenne, die Kreise schließen sich, immer wieder und wieder, und führen dich zu den gleichen Punkten, zu den gleichen Bitten, zu den gleichen Anregungen.

Und wir bitten dich, jetzt die Präsenz, die wir Ariel sind, zu nutzen, damit Erinnerung an dein göttliches Sein ist, im Hier und Jetzt. Und damit fällt mehr und mehr das ab, was du nicht bist, was nur eine Verkleidung, ein Mantel, eine Verpackung ist. Und somit kehrt Frieden in dir ein.

Erlaube dir zu atmen, bewusst und tief, und erkenne, dass es in diesem Moment nichts zu tun gibt, außer zu sein. Und somit erkenne, was und wer du als Quelle bist.

Wir, Ariel, sind allezeit und immer an deiner Seite, wenn du dieses möchtest. Sei gesegnet und sei umtanzt, sei gewärmt mit der Kraft der Sonne.

Wisse, dass wir Licht sind! Wisse, dass wir Liebe sind! Wisse, dass wir Expansion sind! So wie du! Sei gesegnet! Wir sind Ariel.

Eine Reise zur Zentralsonne

Erlaube dir bitte, erneut die Augen zu schließen und bei dir zu sein und in dir. Atme, bewusst und tief, und gehe so mit deiner Aufmerksamkeit in dein Herz und sei ganz in deinem Herzen. Erlaube dir, eins zu sein mit der Erde und eins zu sein mit deinem Hohen Selbst, deinem göttlichen Sein. Eins zu sein mit deinem göttlichen Bewusstsein, mit der Quelle allen Seins, die du bist.

Und dann lade in dein Herz die Energie von Ariel ein und nimm wahr, wie goldenes Licht, das Licht der Sonne, einströmt und dein Herz wärmt, dein Herz durchströmt. Und so spüre, dass Ariel in deinem Herzen ist.

Und nimm bitte wahr, dass sich Ariel dir als Lichtgestalt zeigt; dass er dich begrüßt und willkommen heißt mit seinem Licht und seiner Liebe. Und er lädt dich ein, mit ihm zu reisen. Und somit nimmt er dich an die Hand und führt dich über dein

Herz hinaus, wo ein Strahl der Sonne bereits auf dich wartet, und durch und über diesen Strahl der Sonne reist Ariel nun mit dir. Dieser Sonnenstrahl bringt dich direkt durch die Sonne unseres Universums und führt dich weiter zu der Sonne hinter der Sonne, und somit kommst du auf der Ebene der Zentralsonne an. Jetzt!

Du kannst diese Ebene als große Halle, als Lichthalle, wahrnehmen, wenn du möchtest. Hier, auf der einen Seite, stehen schwarze Lichtgestalten und auf der anderen Seite helle. Sie stehen sich gegenüber – und bitte habe keine Furcht, es geht hier nicht um Gut und Böse, es geht hier nur um die Energie von Vater- und Muttergott, um das Gleichgewicht der Kräfte. Es ist ein Gleichgewicht der Kräfte, die du als weibliche und männliche Energie bezeichnen würdest. Und so nimm bitte wahr, dass dich Ariel durch den Gang hindurchführt, vorbei an den Gestalten des Lichtes, denn das sind sowohl die dunklen als auch die hellen, zu einer großen goldenen Schale, in der ein helles Feuer brennt, so leuchtend, wie du es noch nie gesehen hast. Es funkelt und glüht und verändert sich dabei immer wieder. Und Ariel bittet dich nun hineinzutreten in diese Feuerschale, in dieses Feuer. Habe bitte keine Furcht, denn dieses Feuer belebt und wird dir nichts tun. So trete ein und erlaube dir, dein Herz weit zu öffnen und das Feuer durch dich und in dir zu spüren und wahrzunehmen. Und Ariel steht neben dir und sagt zu dir:

Die Reihe der dunklen Lichtgestalten steht für deine Inkarnationen, die du als Frau auf dieser Erde hattest. Sie steht für deine matriarchale Herkunftslinie, sowohl deiner Mutter, als auch deiner Großmutter väterlicherseits. Die weiße Lichtgestaltenreihe steht für deine männlichen Inkarnationen, die du hier auf dieser Erde lebtest. Sie steht für deine patriarchale Linie, für deinen Vater und auch für die Ahnen deines Großvaters, also des Vaters deiner Mutter. Sieh nun, dass sich diese Lichtgestalten die Hände geben und jeweils der erste der hellen und der dunkleren Gestalten die Schale mit dem lodernden Feuer berührt.

Und nun möchten wir dich einladen, das Feuer, das dich umströmt, auszusenden. Erkenne, dass das Licht der Erneuerung über die Schale durch die einzelnen Wesen, durch die ganze Reihe hindurch, strömt, und sowohl die lichte als auch die dunklere Seite vollkommen durchdrungen wird von der Kraft des ewigen Feuers der zentralen Sonne. Und Ariel sagt erneut:

Habe keine Furcht. Wir werden dir erklären, was nun geschieht. Deine weiblichen Energien, deine weiblichen Ahnen sind deshalb in dunkles Licht gehüllt, weil sie für die aufnehmende Kraft dieses Universums stehen. Schwarz zieht an und empfängt. Die männlichen Ahnen sind deshalb in helles Licht gehüllt, weil das die Energie der Zielgerichtetheit und der Dynamik verkörpert. Weiß strahlt aus und ab. Erinnere dich daran, wir sagten, dass dieses ein Tag des Neubeginns sei. Wir sagten, dass es ein Tag sei, an dem wir dich bitten, Vorstellungen, die du übernommen hast, denen du bisher entsprochen hast und die dir nicht mehr dienen, zurückzulegen. Wir sagten auch, du bist wie Phönix, und genau das findet nun statt. Du bist durchdrungen vom Licht der Erneuerung, das dieses Feuer ist. Und gleichzeitig sind alle Wesen, die dir vorausgegangen sind und die du Ahnen nennst, von dem solaren Bewusstsein nun erfasst.

Bitte erkenne, dass sich in diesen Reihen auch deine eigenen, so genannten Inkarnationserfahrungen, befinden, denn auch in diesem Zusammenhang ist keine Trennung zwischen Innen und Außen möglich. So kannst du auch deine Ahnen nicht wirklich von dem trennen, was du selbst erfahren hast, und umgekehrt. So stehen du und deine Ahnen nun in einer gemein-

samen Reihe. *Erlaube dir wahrzunehmen, dass es uns heute im gemeinsamen Sein mit dir darum geht, dich zu ermutigen, dich von Versprechen und Wiederholungen zu lösen, die ein Ungleichgewicht im Hier und Jetzt, einen Kampf zwischen Hell und Dunkel – was einem Kampf zwischen männlicher und weiblicher Energie gleicht – bestätigen und aufrechterhalten. Und so erkenne, dass das Feuer durch beide Linien, so möchten wir es bezeichnen, strömt und Heilung bringt. Dadurch und dabei werden Energien der Enttäuschung gelöst, die weitergegeben wurden von Generation zu Generation, mit dem Anspruch, dass es die nachkommende besser machen, besser haben sollte. All die Verzweiflung, die Einsamkeit, das Gefühl des Alleinseins, die Energien von Missverstandensein und Missverständnissen, die in dir und deinen Ahnen sind, dürfen nun durch das Feuer geklärt und erneuert werden, so dass Freiheit ist.*

Und so möchten wir auch alle Verletzungen und den Schmerz über verpasste Gelegenheiten und Möglichkeiten aus deinen Ahnenreihen lösen, und somit auch aus deinen eigenen Inkarnationserfahrungen und deinem eigenen Sein im Hier und Jetzt. Und auch die Energie, sich unfähig zu fühlen, dieses oder jenes zu leben oder jemand anderem ein Gefühl der Zuneigung schenken zu können, im Hier und Jetzt gelöst werden darf. Somit erlaube bitte, dass sich Trauer in Freude verwandelt und dort, wo Erstarrung war, Bewegung ist. Bitte spüre, wie das Feuer tanzt und verbindet und löst und klärt, erneuert und weitet.

Und nun beginnen sich die Wesen beider Reihen aufeinander zuzubewegen, um sich in der Mitte zu begegnen. So stehen sich deine Ahnen gegenüber, ein dunkleres Wesen ist nahe vor einem helleren, dein weiblicher Weg ist deinem männlichen nah. Die Wesenheiten innerhalb der eigenen Linie strecken ihre Hände ihrem Gegenüber entgegen, und durch die transformierende Kraft des solaren Feuers können sich die dunkleren und helleren Wesen im Hier und Jetzt die Hände reichen. Jeder von ihnen bildet so mit einem anderen aus der gegenüberliegenden Ahnenlinie ein Paar, das zusammengehört, gleich zwei Seiten einer Medaille. Und allmählich beginnen die beiden Wesen miteinander zu verschmelzen, und getragen und unterstützt durch die Kraft des Feuers, zu einem Sein zu verschmelzen, zu einem Wesen. Und so vereint das Feuer die beiden Linien, die beiden Reihen in der Mitte zu einer einzigen.

Du selbst stehst immer noch im Zentrum der Flammen, und über diese Schale strömt immer noch die Energie von Ariel und das Bewusstsein der Zentralsonne aus, um die eine Linie der nun vereinten Wesen zu durchfließen. Nun haben sie sich dir zugewandt, sodass sie dich alle anblicken können, was sie auch tun. Erlaube dir wahrzunehmen, wie viel Liebe und Güte in ihnen ist, die nun zu dir fließt, um dich zu segnen und um dir zu danken. Und alle diese Ahnen, alle diese Erfahrungen, die zu einem Gleichgewicht zusammengeschmolzen sind, wandeln sich nun zu einem Symbol. Und das kann das Zeichen von Yin und Yang sein. Das kann aber auch ein ganz anderes Symbol für dich sein, wenn dieses für dich eher diese Einheit ausdrückt, die jetzt ist.

Und so lass nun durch das Licht der Zentralsonne, das ohne Anfang und Ende strömt, sich deine Ahnenreihe, deine Vereinigung zwischen deinem männlichen und weiblichen Weg, zu dem einen Zeichen formen, für das du dich im Hier und Jetzt entschieden hast. Dieses Zeichen wird weiter vom Licht des Ariels, der mit dir ist, durchdrungen.

Und nun bitten wir dich, dieses Symbol zu dir, in dein Herz, in die flammende Schale zu atmen und diese Energie der Ausgewogenheit, des Gleichgewichts zwischen Geben und Nehmen, zwischen männlicher und weiblicher Energie, zwischen Hell und Dunkel in dir anzunehmen, in dir wirken zu lassen, in dir sein zu lassen. Und die Kraft, die wir Ariel sind, unterstützt

dieses, denn dieses ist der Zeitpunkt, an dem Phönix sozusa-
gen neu ersteht. Das ist der Moment des Neubeginns!
Nun möchten wir deine Aufmerksamkeit auf das Symbol in
deinem Herzen lenken. Es ist Zeit für Einheit! Es ist Zeit für
Ausgewogenheit. Und so erlaube dir, dieses Symbol in dir er-
neut in und mit und durch die Energie von Ariel, die wir sind, in
jeder Ebene, die du bist, wirken zu lassen. Bitte drehe dich jetzt
innerhalb der Schale, in der du stehst, bewusst um und schau in
die entgegengesetzte Richtung. Das ist deine Bestätigung, jetzt
dein eigenes Leben zu leben, jetzt weniger Fortsetzungen und
Wiederholungen aus deinen Ahnenlinien zu kreieren und zu er-
schaffen, jetzt frei zu sein, um du selbst zu sein, – das heißt,
göttliches Sein, das du bist; um Quelle, die du bist, zu leben.
Wisse, dass die Energien der Vergangenheit dich nicht län-
ger behindern, sondern zum Segen geworden sind durch die
Kraft der Transformation, die wir Ariel sind. Erkenne, dass die
Energie der Zentralsonne, die Energie, die wir Ariel sind, Gleich-
gewicht geschaffen hat. Es ist deine Entscheidung, es anzu-
nehmen oder nicht. Erlaube dir zu atmen und wahrzunehmen,
dass dieses Symbol, je mehr du es integrierst, je mehr du dir
erlaubst, es an- und aufzunehmen, sich in dir, in deinem Herzen
beginnt aufzulösen, bis davon nichts übrig bleibt. Du bist Quelle
allen Seins. Bitte werde dir deiner göttlichen Präsenz, deines
Lichtes, deiner Liebe gewahr im Hier und Jetzt. Und erlaube dir,
wenn du möchtest, ein Pulsieren, ein Vibrieren, ein Prickeln in
deinen Zellen zu spüren, das ein Ausdruck für die Quelle allein
Seins ist, die du bist.
Erlaube dir zu atmen und im Lichte des Ariel zu sein. Erlau-
be dir, im Lichte der Zentralsonne zu sein!
Und jetzt ist der Zeitpunkt, an dem Phönix sich aus der
Asche erhebt. Er ist neu geboren. Und er fliegt! Und dieser Flug
sei ein Symbol für dein Leben, das du jetzt begonnen hast. Er-
laube dir, dieses zu erkennen und zu begreifen. Und so ist Ariel

erneut an deiner Seite. Und er lächelt dir zu und reicht dir seine Hand, damit du nach einem letzten bewussten tiefen Atemzug heraustreten kannst aus der Schale mit dem leuchtenden Feuer. Und bitte tue dieses jetzt! Und Ariel führt dich weiter, führt dich durch die Ebene der Zentralsonne und wisse, es gibt keine Reihen mehr, durch die du schreitest. Alles ist Licht, alles strahlt, alles ist Weite, Unendlichkeit, die dich umgibt.

Und so führt Ariel dich erneut zu einem Sonnenstrahl, der von der Zentralsonne ausstrahlt. Er bittet dich, mit ihm darauf Platz zu nehmen. Und so gleitet ihr gemeinsam auf diesem Sonnenstrahl von der Zentralsonne aus erneut durch die Muttersonne hindurch, weiter durch dieses Universum. Dieser Sonnenstrahl führt dich, gemeinsam mit Ariel, direkt in dein Herz. Und dort erlaube dir anzukommen, im Hier und Jetzt, und dir der Gegenwart von Ariel immer noch gewahr zu sein und der Veränderung, die geschehen ist. Erlaube dir, des Gleichgewichts gewahr zu sein, das ist, und der Lichtschwingung, so möchten wir es nennen, in deinen einzelnen Zellen, Körpern und Ebenen, in allen Dimensionen, die du bist. Wisse, dass du einen Schritt weiter gegangen bist auf deinem Weg zu deiner eigenen Meisterschaft, und so erkenne, dass du dadurch einen Schritt gesetzt hast, der Ausgeglichenheit in allen Bereichen deines Lebens fördert. Ariel, der wir sind, ist immer noch mit dir und in dir und durch dich. Und nimm bitte wahr, wir strömen, wir fließen durch dein Sein im Hier und Jetzt, denn Veränderung ist jetzt! Heilung, Gleichgewicht ist jetzt! Neubeginn und Neuausrichtung deines Lebens ist jetzt! Der Flug des Phönix, der du bist, ist jetzt! Erinnerung an die Quelle allen Seins, die du bist, ist jetzt!

Wir sind Ariel. Wir danken dir von ganzem Sein. Wir sind allezeit mit dir, wann immer du Ausrichtung, Erinnerung an die Quelle allen Seins in dir, benötigst. Sei gesegnet. Das Licht der Sonne ist mit dir. Und das Licht der Sonne erhebt sich neu am

Firmament. Die Sonne deines Lebens leuchtet. Erkenne und begreife. Sei gesegnet erneut. Wir sind Ariel. Amen.

Stärkung deines solaren Bewusstseins

Erlaube dir bitte, deine Augen zu schließen und mit deinem Atem ganz in dich hineinzusinken, ganz in dir anzukommen und zu sein. Erlaube dir, mit jedem Ausatmen aus dir strömen zu lassen das, was dich bewegt und beschäftigt, so dass mit jedem Einatmen mehr und mehr Frieden und Ruhe in dir ist. Folge dabei dem Fluss deines Atems und sei so bei dir im Hier und Jetzt. Und dann erlaube dir, mit deiner Aufmerksamkeit in dein Herz zu gehen und ganz in deinem Herzen zu sein. Dein Herz ist die Einheit zwischen Himmel und Erde in dir. Dein Herz ist die Einheit zwischen Geist und Materie. Und somit erinnere dich in deinem Herzen an deinen göttlichen Ursprung, der du bist. Erlaube dir, Licht und Liebe zu sein, auf dass dein Herz warm und weit wird und ist.

Tauche ein in ein Bild und nimm wahr, wie eine leuchtende Sonne am Himmel scheint. Und sie sendet aus ihre Strahlen, und ihre Strahlen berühren dein weit geöffnetes Herz. Und so nimm mit Hilfe deines Atems wahr, dass nun ein Austausch zwischen dir und deinem Herzen und dieser Sonne ist. Jetzt!

Und das Licht der Sonne strömt ein, um dich zu wärmen. Und das Licht der Sonne strömt ein, um dir in Zärtlichkeit zu begegnen. Und das Licht der Sonne erfüllt dein Herz und dehnt sich über dein Herz aus in die Gesamtheit, die du bist. Jede deiner Zellen wird erfüllt von dem Licht der Sonne. Jede deiner Zellen beginnt zu leuchten und zu strahlen und sich an ihren göttlichen Ursprung, der Licht und Liebe ist, zu erinnern. Und so nimm wahr, dass das Licht der Sonne durch die Gesamtheit, die du bist, wirkt. Jetzt!

Das Licht der Sonne begrüßt dich und bezeichnet dich als Kind der Freude, als Kind der Lebendigkeit, als Kind der Leichtigkeit. Und diese Leichtigkeit ist es, die dir Türen öffnet, Türen auch in andere Welten und Dimensionen, so dass der Kontakt mit der Natur und ihren Wesen leicht ist und klar ist. Nimm einfach wahr, wie das Licht der Sonne mit Hilfe deines Atems durch die Gesamtheit, die du bist, strömt.

Und wir sind Ariel, und in dem Bewusstsein der Zentralsonne nähern wir uns dir. Erkenne, dass dein göttliches Sein der Sonne gleicht, und dass dein göttliches Sein ein unendliches Pulsieren ist, dass es Ausdehnung ist und sich immer wieder aus sich selbst heraus ausdehnt und deshalb niemals endet. Die Geschwister aus der Zentralsonne sind mit dir. Und sie sind sowohl Sternenwesen als auch Wesenheiten, die du der solaren Bruderschaft zuordnen kannst. Und so nimm wahr, dass sie Raum nehmen hinter dir und dich berühren möchten mit ihren lichten Händen.

Und so erlaube, dass eine Übertragung der Energie ist, die hineinreicht in die Ebenen deiner, erlaube, zellulären Kodierungen, die du DNS nennst, damit das, was schläft, neu erwacht, damit sich das, was zueinander gehört, neu verbinden kann und somit eine Aktivierung deines Bewusstseins ist.

Die Kraft der Zentralsonne ist expandierendes Licht, und wir laden dich ein, jetzt, Licht zu sein. Licht ist ein Impuls, der öffnet. Licht ist eine Frequenz, so könntest du es nennen, die in deinen Zellen eine Zellschwingungserhöhung anregt. Und so erlaube, dass wir diese Lichtimpulse jetzt, über die Geschwister aus der Zentralsonne, die mit dir sind und die ihre Hände auf dein Sein legen, zu dir strömen, um sie in dir wirken zu lassen. Und du spürst, wie du von innen heraus, von deinem tiefsten Kern aus, beginnst zu strahlen, zu vibrieren, beginnst zu leuchten und deinerseits Signale auszusenden, die ebenfalls Lichtimpulse sind. Und bitte erkenne, dass dadurch ein Bewusstseinserwei-

terungsschritt gesetzt ist. Denn diese Lichtimpulse, erlaube, aktivieren deine Gehirnrinde und dein Stammhirn und aktivieren deine beiden Gehirnhälften in einem harmonischen Gleichgewicht, das daraus erwächst.

Und so erkenne dich als Licht und habe keine Furcht vor diesem Licht, denn wisse, dass in unserem Kontext Licht göttliches Bewusstsein bezeichnet, und dieses göttliche Bewusstsein ist Liebe. Für uns gibt es keine Trennung zwischen diesen Ebenen, denn, wie wir sagten, meinen wir damit dein göttliches Erbe, und das ist die Quelle allen Seins. Somit ist das die Einheit aller Aspekte, die du bist. Und dieses Licht möchten wir in dir aktivieren, und dieses Licht ist die Schwingung, auf der wir reisen, um dich zu berühren, und so erlaube, dass Begegnung ist. Und so erlaube, dass wir in der Kraft der Sonne nun berühren möchten deinen Solarplexus, und dort lösen wir das, was zu lösen ist. Und das sind teilweise Ängste. Und das sind teilweise Unsicherheiten vor deiner eigenen Größe. Erlaube dir, im Hier und Jetzt JA zu sagen zu dem, was du bist, und wahrzunehmen, dass du heute als ein Repräsentant für viele Menschen mit uns bist, die ähnliche Ängste und Unsicherheiten bezüglich ihrer wahren Größe in sich tragen wie du. Somit ist deine Bereitschaft der Erlösung auch eine Energie der Befreiung, die in das Morphogenetische Feld ausgestrahlt wird, um jenen zur Verfügung zu stehen, die die besagten Themen ebenso in sich tragen, damit auch sie erfüllt sind von Erlösung, wenn sie dieses möchten.

Und das möchten sie, denn die Zeit ist dafür reif. Die Sehnsucht in den Seelen ist so groß nach geheilter Dualität, dass sie jede Möglichkeit dazu nutzen. Und so sei im Vertrauen und habe keine Furcht. Alles, was dir begegnet, dient deinem höchsten Wohl. Und somit tritt heraus aus der Wertung, denn Licht wertet nicht, Licht in unserem Sinne als Ausdruck deiner Göttlichkeit, die du bist.

Und wir lenken hinein in deinen Solarplexus die Kraft, die Energie des Selbstvertrauens, des Gewahrseins um deine göttliche Herkunft. Und somit ist kein Raum, ist kein Platz für Zweifel und Unsicherheiten. Denn bitte erkenne, im bewussten Sein deiner Göttlichkeit gibt es keine Angst, keine Überlegung, etwas falsch zu machen oder etwas falsch gemacht zu haben. Und bitte erlaube, dass deshalb ein neues Selbstverständnis deines selbst in dir Raum nimmt und die Angst vor Abhängigkeit, die Angst vor Manipulation, aufgelöst wird, denn sie hindert dich daran, das zu sein, was du bist. Und so erlaube dir, kraftvoll zu sein, kraftvoll dein eigener göttlicher Ausdruck. Und dieses ist ein Ruhen in dir selbst. Dieses ist ein tiefes Einverstandensein mit Allem-was-ist.

Und so möchten wir mit unserem Licht, mit unserem solaren Bewusstsein deinen Solarplexus wärmen, und wir strahlen ein in die Ebenen, wo du gespeichert hast Vorstellungen über dich selbst. Und es sind jene Vorstellungen, die andere von dir hatten und die du übernommen hast, weil du glaubtest, es zu sein. Und so erkenne, dass wir diese Vorstellungen nun lösen möchten, wie Ketten, die wir öffnen und die so nicht länger bindend sind. Und wisse, dass alles, was geschieht, in Übereinstimmung mit deiner Seele geschieht. Und somit ist es für dich und dein mentales Sein nicht so wichtig, dass du diese Vorstellungen, von denen wir jetzt sprechen, klar erkennen und benennen kannst. Vertraue der Führung deiner Seele, denn wisse, die Erinnerung an dein göttliches Licht, das wir sind und das wir mit dir feiern möchten, bedeutet auch, JA zu sagen zu dir selbst, zu deiner Seele und zu ihrer Führung. Und wisse, dass deine Seele weiß, was sie tut. Und dass wir auch in dieser Zeit als Ariel und als Geschwister der Zentralsonne mit dir sind, um dir behilflich zu sein, das, was Vereinigung deines Seelenplans, erlaube den Begriff, mit deiner Persönlichkeit bezeichnet wird, zu unterstützen.

Und somit ist unsere Bitte, dich berühren zu dürfen, um dich an deinen göttlichen Ursprung zu erinnern, nichts anderes als ein Angebot der Verschmelzung verschiedener Aspekte in dir. Und somit erlaube dir, ganz bei dir zu sein und wahrzunehmen, dass wir gemeinsam mit dir deinen Solarplexus erfüllen und dich einladen, jetzt zurückzunehmen all das, was du ausgesandt hast; wo du Macht und Verantwortung anderen übergeben hast; wo du andere Meinungen, Erwartungen, auch wiederum Vorstellungen, übernommen hast. Wo du im Außen Begründung gesucht, wo du im Außen Energien erkannt und sie eingeteilt hast in gefallen oder nicht gefallen. Erlaube dir bitte, alle diese Aussendungen zu dir in deinen Solarplexus zurückzunehmen im Hier und Jetzt!

Dein Solarplexus ist eine wichtige Ebene für dich, er ist ein Zentrum der Kraft, eine Ebene, aus der du Entscheidungen triffst. Und somit sammle das, was du bist, um sozusagen rund zu sein, um in deiner Mitte zu sein. Sei mit deiner Aufmerksamkeit ganz bei dir. Es geht um dich, und es ist wichtig, dass du dadurch dein eigenes innerstes Wesen, das wir göttliches Sein benennen, erkennst. Und während du in dir ruhst und während du göttliches Sein bist, sendest du die Lichtimpulse aus, von denen wir sprachen. Und so bist du gleichzeitig vollkommen in dir, während du dich ausweitest und ausdehnst. Und das ist kein Widerspruch, das ist ein Gleichgewicht. Und darum bitten wir dich, dieses zu erkennen und es zu sein.

Wir möchten dich nun einladen, mit deiner Aufmerksamkeit zu deinem Basiszentrum zu gehen. In seinem Zentrum leuchtet eine Sonne, und diese Sonne pulsiert. Diese Sonne ist nichts anderes als ein Geschenk aus unseren Ebenen, um dich daran zu erinnern, dass du göttliches Sein bist, du selbst in der Materie und auch all das, was du in Materie erschaffen hast. Und so nimm bitte wahr, dass diese Sonne in deinem Basiszentrum lächelt, denn sie lächelt diesem Leben und der Schöpfung zu.

Somit kann dieses bedeuten, dass du keine Furcht mehr hast, hier zu sein, keine Furcht mehr hast, dieses Leben zu lieben in all seinen Facetten. Dass du keine Furcht mehr hast, dieses im Selbstverständnis deiner Göttlichkeit zu tun.

Und immer noch lächelt die Sonne. Sie lächelt der Erde zu, und die Erde lächelt zurück. Durch alle Ausdrucksformen, die Erde ist, gibt sie dieses Lächeln zurück. Und es ist die Einladung, mit ihr und mit diesen Ebenen, den Pflanzen und den Tieren und den Steinen beispielsweise, die du jetzt zurücklächelnd wahrnimmst, in den Kontakt und in den Austausch zu gehen. Die Sonne, die am Himmel scheint, empfindet eine unendliche Liebe für Alles-was-ist, und deshalb ist ihr Wunsch, zu berühren und zu durchdringen, und das tut sie. Und je mehr sie dieses tut, um so mehr Einverstandensein als auch Mitgefühl und umso mehr Wunsch nach weiterer Begegnung und weiterer Berührung wächst in ihr. Erlaube dir, die Sonne zu beobachten, wie sie ihre Strahlen sendet und nicht bewertet. Wie sie ihre Strahlen sendet und dann die Pflanzen wahrnimmt, denen sie ihr Licht schenkt, und genau weiß, wie sich eine Rose anfühlt. Und genau weiß, wie ein Veilchen ist. Und so weiß sie auch genau, wie Wasser ist oder Erde. Das weiß sie, weil sie sich darauf einlässt, immer wieder und immer wieder!

Und erkenne, du bist nichts anderes. Dein göttliches Sein ist wie die Sonne. Und dein göttliches Sein hat den Wunsch nach Begegnung, nach Berührung und nach Einlassen. Und so ist die Bitte der Zentralsonne, dich einzulassen auf Alles-was-ist. Kehre nicht zurück in den Elfenbeinturm. Kehre nicht zurück in die Einsiedelei. Kehre nicht zurück in deine Studierzimmer, in deine Felsenburgen, und ziehe dich auch nicht zurück in deine Theorien. Erlaube dir zu berühren, erlaube dir zu begegnen, erlaube dir, dich zu erinnern, dass du als göttliches Bewusstsein wie eine Sonne bist und einen tiefen Wunsch in dir nach Ausdehnung hast. Diese Ausdehnung ist Hingabe, ist Einlassen auf

Alles-was-ist. Und so bitten wir dich, dass du die innere Sonne, die wir dir in deinem Basiszentrum schenkten und die lächelt, mit dir nimmst. Und wann immer es dir schwer fallen sollte, dich auf das Hier und Jetzt einzulassen, weil es vielleicht gerade nicht so ist, wie es nach deinen Vorstellungen sein sollte, erinnere dich an dieses Lächeln. Dadurch findet in dir eine Neuausrichtung statt, weil du dich gleichzeitig beginnst, an deinen göttlichen Ursprung zu erinnern und Licht zu sein.

Wir möchten dich einladen, im Hier und Jetzt Erinnerung an dein göttliches Sein zu sein und dabei deinen Kontakt und deine Begegnung mit den solaren Geschwistern, die mit dir sind, zu genießen.

Und wir sind die Kraft des Neubeginns, und wir sind die Kraft der Neugeburt. Und so erlaube, dass wir, Ariel, dich weiter begleiten und unterstützen, wann immer du möchtest. Sei gesegnet im Namen der Sonne, im Namen der Quelle allen Seins, für die diese Sonne steht. Und erinnere dich. Löse dich von alten einschränkenden Energien und sei das, was du bist: göttliches Sein im Hier und Jetzt, allezeit. Amen.

Haniel
Das rosafarbene und türkise Licht

Haniels Name bedeutet „Gottes Gedanken" oder „Ich bin Gott". Er steht für Verzeihen, Annehmen, Freiheit, (Selbst)Liebe, Verständigung, Sanftheit und Zärtlichkeit. Sein Symbol ist eine liegende Acht, die von DNS-Strängen umkreist wird.

Ich habe Haniel vor vielen Jahren als Engel des rosafarbenen Strahls kennen gelernt, und so wird er immer wieder, neben Chamuel als Engel der Lady Rowena, der Meisterin des Tempels der Freiheit, betrachtet.

Der Tempel der Freiheit befindet sich in einer ätherischen Ebene über Südfrankreich. Chamuel empfinde ich persönlich „weicher", was sich auch in der Farbe Pfirsichrosa zeigt, in der er mir immer begegnet.

Haniel ist für mich eine „klare" und „direkte" Energie. Doch am einfachsten ist es an dieser Stelle wieder, dich selbst auf die beiden Engel einzulassen, in dein Herz zu gehen und sie nacheinander einzuladen. Dann wirst du sie auf eine für dich stimmige Art und Weise wahrnehmen, die es dir ermöglicht, sie klar voneinander zu unterscheiden.

Haniel ist für mich ein Engel, den ich einlade, wenn es um die Lösung von belastenden Energien geht, wenn es um Befreiung geht, wenn es um die Erweiterung der Liebe zu mir selbst geht. Ich lade ihn sehr gerne ein, wenn ich mit Kindern zusammenarbeite, um sie zu begleiten, damit sie die Energie von Angenommensein umhüllt.

Ich schätze Haniel auch sehr bei der Heilung für das Innere Kind, aber auch, wenn ich für Tiere und Pflanzen wirke. Haniel hilft, das anzunehmen, was ist, und es zu lieben. Somit unterstützt er uns, in die Aussöhnung zu gehen und Frieden zu schließen. Das bringt uns Weite in allen Ebenen unseres Seins, und das wird häufig als Freiheit bezeichnet. Daraus wächst Liebe, denn Liebe ist ohne Freiheit nicht möglich. Freiheit ohne Liebe allerdings auch nicht.

Doch Haniel wird nicht nur dem rosafarbenen Licht zugeordnet, sondern in manchen Modellen auch als Begleiter von Raphael beschrieben und in diesem Sinne dem Herzchakra zugeordnet. So unterstützt dich Haniel auch bei der Heilung deiner Herzensangelegenheiten und fördert in dir ebenso die Liebe zu dir selbst. In manchen Beschreibungen wird Haniel auch dem türkisfarbenen Strahl zugeordnet. Für mich ist sowohl das rosafarbene als auch das türkise Licht eine stimmige Energie, über die Haniel mit uns in Kontakt tritt.

Wenn du Haniel eingeladen hast, mit dir zu sein, wird es für dich sehr schnell erkennbar sein, welche Zuordnung für dich annehmbar ist. Dann nimm dir bitte die Freiheit, erneut deiner Wahrnehmung und Intuition zu folgen. Das türkise Licht steht für die Kommunikation deines Herzens, – also das zu sagen, was dir am Herzen liegt, und das auszudrücken, was dein Herz dir zeigt. Es ist ein Ausdruck für Kreativität und fördert die Kommunikation zu deinen Sternen- als auch zu deinen Engelgeschwistern. Das türkise Licht führt dich zu deinem atlantischen Erbe zurück, ist aber auch unseren Körpern in dieser Zeit behilflich, mit der Schwingungserhöhung, die stattfindet, leichter umzugehen. Türkis ist also eine sehr unterstützende Energie im Hier und Jetzt für diesen Wandel, der ist, und viele Menschen fühlen sich gerade jetzt zu Türkis hingezogen und dabei unbewusst oder bewusst vielleicht auch zu Haniel.

Aktivierung von Thymus und Herz

Erlaube dir zu atmen und im Hier und Jetzt zu sein. Wir sind Haniel, und wir segnen dich, geliebtes Kind der Erde, geliebtes Kind der Sterne.

Erlaube bitte, dass wir heute Raum nehmen, um dich zu berühren und dass wir dieses im Hier und Jetzt in der Kraft des türkisfarbenen Lichtes tun. Wir möchten mit dir in Kontakt treten, um dich an deinem Thymus zu berühren, wenn du dieses erlaubst.

In deinem Thymus ist sehr viel deines Sternenwissens gespeichert, das du vor deinen Inkarnationen auf der Erde gesammelt hast. Wir sind heute hier, um dieses zu aktivieren, damit in dir eine tiefere Erkenntnis über dich selbst, über Zusammenhänge in deinem Leben, als auch über diese Zeit und die Entwicklung der gesamten Menschheit wachsen kann. Erlaube bitte, dass wir nun, als Wesen des Lichtes, als Wesen der Liebe, die wir sind, deinen Thymus berühren und nimm dabei wahr, dass dadurch türkisfarbenes Licht in deinem Thymus zu tanzen, zu leuchten und zu strahlen beginnt. Im Inneren deines Thymus erkennst du ein Symbol. Es zeigt einen Stern. Und dieser Stern ist ein Zeichen für dein Sternenwissen, das in deinem Thymus gespeichert ist, wie wir bereits sagten. Diesen Stern in deinem Thymus möchten wir nun mit unserer Energie und unserer Präsenz füllen. Dieser Stern hat zwölf Zacken, und bitte nimm wahr, wie er nun zu pulsieren und sich zu drehen beginnt. Während dieser Stern sich dreht, während er in türkisem Licht leuchtet, sendet er über die einzelnen Zacken Lichtimpulse aus, die sich durch deine Körper ausdehnen und die Erlichtung und Erleuchtung einfließen lassen, sodass eine Wiederbelebung der Erinnerung an deine Göttlichkeit, in der Gesamtheit, die du bist, ist. Denn wisse, dass dort, wo du dir der Quelle allen Seins, die du bist, gewahr bist, Liebe und Harmonie sind.

So sind wir heute hier, um dich an deine Göttlichkeit zu er-
innern, damit Liebe und Harmonie in dir wachsen mögen, und
das türkisfarbene Licht möchte dich dabei unterstützen. So sen-
det der Stern seine Impulse aus und erfüllt die Gesamtheit, die
du bist, mit seinem Licht. So fließt türkises Licht durch alle deine
Ebenen, durch alle deine Zellen, durch alle deine Körper. Bitte
nimm wahr, dass so der Fluss der Göttlichkeit in dir Raum nimmt
und sich Erstarrung auflöst, um sich erneut hinzugeben an die
Quelle allen Seins, die du bist. Bitte atme bewusst und tief ein
und aus, um das türkisfarbene Licht zu fördern und durch die
Gesamtheit, die du bist, zu wirken. Gleichzeitig fließt so aus
deinen Körpern all das aus, was dich ängstigt, was dich belas-
tet, was dich sorgt, was dich verengt, was dich schwächt, und
stattdessen wächst in dir die Kraft des Neubeginns, des ewigen
Lebens und der Liebe. Nimm bitte wahr, dass die Gesamtheit,
die du bist, in türkisfarbenem Licht leuchtet.

Und nun möchten wir dich einladen, mit deiner Aufmerk-
samkeit in dein Herz zu gehen. Auch dort wartet ein Symbol
auf dich: Im Zentrum deines Herzens erblüht eine rosafarbene
Rose mit zwölf Blättern. Mit unserem türkisfarbenen Licht be-
rühren wir nun jedes einzelne Blatt dieser Rose.

Nun formt sich auf jedem der zwölf rosaroten Blätter ein tür-
kiser Punkt. Bitte erkenne, dass wir so deine Kreativität, für die
das türkisfarbene Licht in diesem Augenblick steht, mit deinem
Herzen vereinen möchten. Somit verbindet sich dein kreativer
Ausdruck im Hier und Jetzt mit dem, was dir am Herzen liegt,
mit dem, was dir die Stimme deines Herzens mitteilen möchte.
Du nimmst wahr, dass sich durch die Berührung des türkisfar-
benen Lichtes mit der rosaroten Herzensblüte, diese sich zu
wandeln beginnt. Die Blume des Lebens in deinem Herzen be-
ginnt zu wachsen, zu leuchten, zu strahlen. Sie verändert ihre
Blütenblätter in eine Schwingung, die du als diamantfarbenes
Licht bezeichnen könntest. Diese Wandlung der Rosenblüte in

deinem Herzen entspricht einer Wandlung deines Wesens. Das diamantfarbene Licht, in dem die Blüte nun mehr und mehr erstrahlt, steht für den Ursprung deiner Göttlichkeit, die du bist, und ist ein Zeichen der Quelle allen Seins, die du bist, die du in der Materie bist. Die diamantfarbene Rose blüht nun in deinem Herzen und ist von rosarotem und türkisem Licht umgeben. Nun wird diese Blüte von kosmischen Strahlen berührt, die aus den Weiten dieses Universums einstrahlen, ausgesandt direkt von deinen Sternenheimaten, um dir im Hier und Jetzt zur Verfügung zu stehen.

Diese Strahlen leuchten und fließen in das Zentrum deiner diamantfarbenen Herzensblüte ein. Erneut verändert sich dadurch der Energiefluss innerhalb deiner Herzensblüte und erzeugt einen Klang, der direkt auf deine DNS ausstrahlt und eine Öffnung deiner DNS im Hier und Jetzt fördert. Und die Erinnerung an deine Göttlichkeit, an dein göttliches Sein, ist eine Erweiterung deines Bewusstseins. Die Aktivierung deiner 12-Strang-DNS erfolgt durch ein erweitertes Bewusstsein und ermöglicht gleichzeitig die Erweiterung deines Bewusstseins. An dieser Stelle erkenne erneut, wie alles zusammenhängt und ineinander fließt und sich gegenseitig bedingt. Auch die Energie deiner Sternenwege, deiner Sternenheimaten und deines Sternenwissens, das in deine Herzensblüte strömt und über sie in die Gesamtheit deines Seins, als auch das, was in deinem Thymus aktiviert wurde, dient dir, um dich an deine Göttlichkeit zu erinnern. Bitte atme weiterhin bewusst und tief ein und aus und nimm die diamantfarbene Blüte in deinem Herzen klar und deutlich wahr und stelle sie dir so vor, wie du noch niemals etwas leuchten und strahlen gesehen hast. So ist deine Göttlichkeit. So ist dein Licht. Das ist deine Liebe, die du bist. Bitte wisse, dass wir, Haniel, hier sind, um dich an deinen göttlichen Ursprung zu erinnern, denn wenn du weißt, wer du bist, dann ist es leicht anzunehmen, dann ist es leicht, zu erkennen, dann ist *es leicht, frei zu sein, dann ist es leicht, heil zu sein. Verstehst du, was wir damit meinen?*

Somit sind wir an deiner Seite, um dich zu begleiten, um dich an die Quelle allen Seins zu erinnern, die du bist. Das ist der Grund, warum wir dich einluden, die diamantfarbene Blüte, die von türkisem und rosarotem Licht umhüllt ist, in deinem Herzen wahrzunehmen. Und während sie leuchtet und strahlt, bitten wir dich immer wieder, in dir deine eigene innere Stimme, zu vernehmen, die zu dir spricht:

ICH BIN.
ICH BIN Vater-Mutter-Gott.
ICH BIN.
ICH BIN Vater-Mutter-Gott.
ICH BIN.
ICH BIN Vater-Mutter-Gott.

Bitte bewege diese Worte immer wieder in deinem Herzen und in der Gesamtheit, die du bist. Die Blüte deines Herzens strahlt, und das türkise und rosarote Licht ebenso. Bitte lass die Erinnerung an dein göttliches Sein mit jedem deiner Atemzüge mehr und mehr in dir wachsen, damit sich dein Bewusstsein dadurch erweitern mag. Und so aktiviert sich auch, Atemzug für Atemzug, deine DNS. Jetzt! Und das Pulsieren deiner Göttlichkeit ist. Jetzt!

Und so verweile einige Zeit in der Stille, wenn du möchtest, um deinem Rhythmus des Lebens, deiner Liebe und deiner Göttlichkeit zu lauschen. Erlaube dir, dein Sein neu zu erschaffen, in Liebe und in Freiheit. Jetzt!

Wir sind Haniel. Sei gesegnet aus unserer tiefen Liebe und aus unserem tiefsten Sein allezeit. Amen.

Der Tempel der Freiheit

Wir sind Haniel. Sei gesegnet, geliebtes Kind, das du uns bist. Erlaube dir zu atmen und wahrzunehmen, dass wir mit dir und an deiner Seite sind, im Hier und Jetzt.

Nun möchten wir ein energetisches Doppel des Tempels der Freiheit hier in diesem Raum, in dem du bist, errichten. Wir laden dich ein, bewusst in diesen Tempel einzutreten, der jetzt hier ist, und wahrzunehmen, wie viele Engelwesen, wie viele liebende Bewusstseinsformen mit dir sind, die dich willkommen heißen. Dieser Tempel hat sozusagen verschiedene Ebenen, und du findest hier das rosafarbene Licht genauso wie die türkisfarbene Flamme. Du kannst zwischen diesen Ebenen wechseln, so wie es dir gerade dient, um dich zu unterstützen, in das Bewusstsein der Liebe, die du bist, einzutreten; um dich zu unterstützen, dich an die Göttlichkeit, die du bist, zu erinnern. In diesem Tempel brennen viele Feuer, du weißt, dass Feuer immer ein Symbol der Transformation ist, und somit wisse, dass auch im Tempel der Freiheit die Kraft der Transformation an deiner Seite ist, um das zu wandeln, was dich hindert, in die Annahme deines Wesens, was du als Quelle allen Seins bist, zu gehen.

In diesem Tempel der Freiheit sind viele Spiegel, und bitte erkenne, dass diese dazu dienen, um dich zu erkennen. Die Spiegel möchten dir helfen anzunehmen, dass alles, was dir begegnet, ein Teil von dir ist. Wenn du dir erlaubst, die Bilder in den Spiegeln genau zu betrachten, wirst du für dich erkennen, dass es im Grunde nichts gibt, wovor du dich fürchten müsstest, wovor du dich ängstigen müsstest, denn alles hat einen göttlichen Kern in sich, und alles ist ein Spiegelbild deines eigenen Wesens.

Erlaube dir bitte wahrzunehmen, dass wir in diesen Tempel der Freiheit dein Inneres Kind miteingeladen haben, und so erlaube dir wahrzunehmen, dass es viele Kinder in diesem Tempel gibt. Es sind die Inneren Kinder all der Menschen, die auf der ganzen Welt leben und die sich in diesem Augenblick in diesem Tempel befinden. Die Inneren Kinder spielen, tanzen und lachen. Während du in diesem Tempel bist, werden sie um dich herum sein, um sich auf ihre Art und Weise das zu holen, erlaube diesen Begriff, was ihnen gut tut und was sie nährt. So ist der Tempel der Freiheit heute eine große Spielwiese für Innere Kinder. Und sie sind da!

Alle feinstofflichen Wesen, die im engen Kontakt mit deiner Seele sind, haben dich in den Tempel der Freiheit begleitet, um dir zu dienen. Und so möchten wir dich einladen, Annahme zu sein im Hier und Jetzt und dich als einen Teil des großen Ganzen zu erfahren. Die Themen, die du beispielsweise als deine Herausforderungen bezeichnest, sind nicht alleine deine Themen. Du löst sie für viele Menschen als deinen Beitrag für die Entwicklung der Menschheit in dieser Zeit. Du hast dir die Themen gewählt, weil du aufgrund deines Wesens am besten dafür geeignet bist, sie für dich und im Namen aller Menschen zu lösen, in einer Form, die du heilen nennst, wobei es bei und auf dem Weg der Heilung nicht um eine individuelle Heilung geht, sondern um eine kollektive. Das, was du löst, tust du nicht für dich allein, sondern immer für ein Wir, für ein Uns. Es ist uns wichtig, dass du dieses verstehst, weil du dadurch mit vielem leichter umgehen kannst, denn so wirst du einfacher aus der Identifikation mit Situationen und Dingen, die dich beschäftigen, die dich bewegen, die dir begegnen, gehen. Das wiederum hilft, Heilung zu sein.

Erkenne, dass du immer ein Teil einer Familie, die du Menschheit nennst, bist und du deshalb auch niemals etwas alleine umsetzen musst, sondern dabei immer Unterstützung hast. Das ist wichtig für jene unter euch, die immer wieder glauben, die Verantwortung für alles in dieser Welt sitze allein auf ihren Schultern, erlaube diese Formulierung, um zu erkennen, dass es immer jemanden an ihrer Seite gibt, mit dem sie teilen können. Erlaube dir, in der Offenheit zu sein, um dieses zu erkennen, – und du wirst erkennen.

Und somit laden wir dich ein, jetzt in dein Herz zu gehen und dich als Teil des großen Ganzen wahrzunehmen. Und so möchten wir dich nun, als Vertreter der Menschheit, im Hier und Jetzt im Tempel der Freiheit begrüßen, und somit wirst du Freiheit für dich und für alle Menschen erfahren, wenn du möchtest. Bitte amte bewusst ein und aus und lasse die Energien durch dich wirken. Nimm die Wesenheiten, die mit dir sind, das türkise und das rosafarbene Licht, das mit dir ist, wahr. Wir möchten, gemeinsam mit dir den Weg der Freiheit beschreiten und laden dich ein, dich im Hier und Jetzt wahrzunehmen, so wie du bist und wie die Energien in dir sind, ohne Bewertung, einfach um zu beobachten und um zu erkennen. Wir sind Haniel und die Kraft der Befreiung ist in dir und um dich allezeit.

Erlaube, dass wir dich erneut im Namen der Liebe berühren möchten. Erlaube dir wahrzunehmen, dass das rosafarbene und das türkise Licht, das wir, Haniel, sind, immer noch in dich einströmt, um dich zu berühren, um dich zu erfreuen. Du bist immer noch im Tempel der Freiheit. Dein Inneres Kind spielt immer noch mit all den anderen Inneren Kindern und erfreut sich seines Seins. Unser Licht wirkt durch all die Inneren Kinder, und somit erfüllt ihr Lachen den Raum des Tempels.

Erlaube dir wahrzunehmen, dass nun eine Emanation aus unseren Ebenen bei dir ist und dich an die Hand nimmt, um dich in das Zentrum dieses Tempels zu führen, – und wisse, es ist eine große, leuchtende, rosafarbene Flamme, an deren Spitzen immer wieder türkisfarbene Feuerzungen tanzen. Allmählich erscheinen in diesem Feuer Bilder. Erlaube dir wahrzunehmen. Diese Bilder kommen und gehen und wisse, dass es Bilder aus deinem Leben sind, Erfahrungen, Prägungen, Glaubenssätze.

Es sind auch Bilder aus früheren Inkarnationen, die sich dir nun innerhalb dieses Feuers zeigen, weil sie darauf warten, jetzt in die Freiheit entlassen zu werden. Bitte habe keine Furcht vor dem, was du siehst, und erkenne, dass, wenn du auch nichts sehen solltest, nun eine Wandlung geschieht. Es ist nicht wichtig, dass dein mentales Sein alles verstehen, klar erkennen und einordnen kann. Viel wichtiger ist die Bereitschaft deines Wesens zuzulassen, dass Transformation ist von dem, was dich belastet und dich daran hindert, Seele, Liebe zu sein.

Es kann sein, dass du Farben siehst, die sich im Feuer zeigen und wandeln. Es kann sein, dass du Zeichen siehst, und es kann sein, dass du Symbole siehst, denn das, was transformiert wird im Lichte der Liebe, im Lichte der Annahme, im Lichte der Freiheit, kehrt als erlöste Energie zu dir zurück. Es strömt aus dem Feuer heraus in dein Herz, sodass eine Veränderung innerhalb des energetischen Flusses, im Hier und Jetzt, in der Gesamtheit deines Seins, ist. Weite ist in dir, Liebe ist in dir, Einverstandensein und Annahme sind in dir.

Und immer noch befinden sich Bilder, Energien, Farben, Muster und Glaubenssätze in der rosaroten, türkisfarbenen Flamme der Befreiung. Das Bewusstsein deiner Göttlichkeit, die du bist, erstrahlt neu in dir im Hier und Jetzt. Und so möchten wir dich erneut daran erinnern, dass du ein Wesen der Unendlichkeit bist, das du ein Wesen bist, das einfach Liebe ist. Einverstandensein mit dir selbst und mit deinem Sein wächst, je mehr der gewandelten Energie, die aus dem Feuer zu dir, über dein Herz zurückfließt, in dir Raum nimmt. Und während deines alltäglichen Seins kannst du dir immer wieder vorstellen, wie du im Tempel der Freiheit bist und das, was dich belastet, dort, im Feuer der Befreiung, Erlösung findet. Lass dieses in Situationen geschehen, die dich fordern, manches Mal vielleicht auch überfordern.

Wir möchten dich bitten, in den Tempel der Freiheit einzu-

treten, wenn du dich verwirrt, allein, verletzt, wütend oder traurig fühlst, denn in dieser Zeit geht es bei allem, was du erlebst, darum, deine wahre Essenz und dein wahres Wesen zu erkennen, denn die Erkenntnis deiner Göttlichkeit ist Freiheit. Das wiederum fördert die Erweiterung deines Bewusstseins, was die Evolution in der Materie, die du Geburt des Kosmischen Menschen nennst, unterstützt. Dein Sein im Tempel der Freiheit hilft dir, dein wahres Wesen zu erkennen und dich von Identifikationen zu lösen. So geschehen Transformation und Wandlung nun im Namen der Liebe im Hier und Jetzt, und so möchte dich der Tempel der Freiheit einladen, in diesen Zeiten der Verwirrung, in diesen Zeiten der Unruhe in deiner eigenen Klarheit, in deiner eigenen Mitte, in der Gewahrsamkeit deiner Göttlichkeit zu sein. All das, was weniger als dein göttliches Wesen ist, findet nun Lösung im Namen der Freiheit und der Liebe im Hier und Jetzt.

Wisse, dass der Rosenquarz der Stein ist, der uns zugeordnet wird. Wenn du einen Rosenquarz trägst, kannst du dich dadurch selbst immer wieder daran erinnern, jederzeit in den Tempel der Freiheit eintreten zu können.

Wenn dir der Zugang zu Haniel, der wir sind, über den türkisfarbenen Strahl vertrauter sein sollte, hast du die Möglichkeit, auch diesen Kontakt über einen Stein zu fördern. Dazu kannst du einen Türkis tragen oder einen anderen türkisfarbenen Edelstein, der dir gefällt, und so wirst du, durch das Betrachten dieses Steines, auch mit uns und mit dem Tempel der Freiheit in Berührung sein, wann immer du möchtest. Es würde dir wiederum dienen, um das, was belastet, ausfließen zu lassen und die Erinnerung an dein wahres Sein zu fördern. Es ist von Wichtigkeit zu wissen, dass das türkise Licht dich nicht nur unterstützt, um dir deiner Göttlichkeit bewusst zu sein, sondern auch, um diese sichtbar zu machen in deinem alltäglichen Sein, so dass sie erfahrbar ist, beispielsweise auch in den Dingen, die du tust und die du umsetzt. Und so gestalte aus allem, was du tust, einen schöpferischen Akt. Erlaube dir bitte, in jeder Tätigkeit deine Einheit mit der Quelle allen Seins zu sein und zu erfahren und somit alles, was du tust, zu einem Ausdruck der Göttlichkeit in der Materie zu machen.

Das türkise Licht beflügelt dein Sein, um neue Wege zu erkennen. Wann immer du nicht weißt, wie es weiter gehen soll, verbinde dich mit dem türkisfarbenen Aspekt der Befreiung, erlaube, dass wir es so bezeichnen. Er darf durch dich wirken, und du wirst neue Möglichkeiten kreieren. Du wirst über deine Ängste hinaus wachsen und vereinen können, was dir bisher schwer fiel, denn das türkisfarbene Licht möchte dir dienen, um Gegensätze zu einem Sein zu verbinden.

So kannst du dir zum Beispiel auf der Höhe deines Herzens das, was gegensätzlich zu sein scheint, vorstellen. Angenommen, es würde um die Vereinigung deiner Weiblichkeit mit deiner Männlichkeit gehen, so erlaube dir, auf der linken Seite deine Weiblichkeit zu sehen und rechts deine Männlichkeit. Dann flute beide Aspekte mit türkisem Licht und deine Weiblichkeit und deine Männlichkeit mit türkisem Licht, das wir, Haniel, sind, bis die Bereitschaft in ihnen ist, aufeinander zuzugehen. Deine Weiblichkeit und deine Männlichkeit bewegen sich aufeinander zu. Sie treffen sich in der Mitte und beginnen, ihre Energien miteinander zu verschmelzen, bis sie ein Sein sind. All dieses wird unterstützt und begleitet durch den türkisfarbenen Strahl. Somit existiert keine Weiblichkeit ohne Männlichkeit mehr, und keine Männlichkeit ohne Weiblichkeit. Es gibt keine Trennung mehr zwischen diesen beiden Aspekten im Hier und Jetzt, weil sie eins sind.

Diese Einheit deiner Weiblichkeit mit deiner Männlichkeit atmest du nun, vielleicht in Form eines Zeichen, eines Symbols, mit dem türkisfarbenen Licht in dein Herz. Erlaube dir, die vereinte Energie nun in dir wirken zu lassen und dieses mit al-

len Spannungsfeldern zu tun, die du in deinem Leben hast. So kannst du Verstand und Bauch zusammenbringen, so kannst du verschiedene berufliche Ausrichtungen zusammenführen, so kannst du deinen Beruf und dein Privatleben, den Mut für Neues und deine Angst, Altes loszulassen, miteinander vereinen. Das ist Befreiung, das ist Weite. So möchten wir dieses im Namen der türkisfarbenen Flamme mit dir teilen.

Weiterhin ist es wichtig zu erkennen, dass das türkisfarbene Licht in Verbindung steht mit deinem atlantischen Erbe, denn die türkise Kraft bringt dich an deinen atlantischen Ursprung zurück. Wenn du Kristallwissen in dir neu aktivieren möchtest, so hilft dir der türkise Strahl. Wenn du deinen Kontakt zu Sternengeschwistern ausdehnen möchtest, dann tue dieses bitte in der Zusammenarbeit mit dem türkisfarbenen Licht und erkenne dabei, dass jede Form der Kommunikation, jede Begegnung, die stattfindet, eine Erweiterung ist, und Erweiterung ist Freiheit.

Freiheit ist in dir. Freiheit beginnt in dir, das weißt du. Das türkise Licht dient dir dabei.

Und nun möchten wir dich einladen zu erkennen, dass sich die Schwingung deiner Körper im Hier und Jetzt verändert hat. Du bist durchlässig, und so erinnere dich wieder an die rosafarbene Flamme mit den türkisen Spitzen, in denen sich noch immer die Dinge, die dich belasten, transformieren. Spüre den Fluss der Energien in dir und wisse, dass du göttliches Licht bist. Erlaube dir dabei bitte, eine Frage zu stellen und zu beantworten: Welche Energie wartet darauf, von mir angenommen zu werden? Welche Energie ist für mich die größte Herausforderung, angenommen zu werden, damit ich die Göttlichkeit, die ich bin, annehmen kann? Gib dann das, was dir dazu in den Sinn kommt, in die rosarote, türkise Flamme und nimm wahr, wie Transformation und Befreiung sind und die erlöste Energie zu dir ins Hier und Jetzt zurückkehrt. Sei im Fluss der Wandlung, solange du dieses möchtest, und dann lausche weiter un-

seren Worten. Erlaube, geliebtes Kind, das du uns bist, dass wir allezeit in dir und um dich sind, sobald du unseren Namen denkst, und wann auch immer du visualisierst das rosa und/ oder das türkisfarbene Licht um dein Sein. Sobald du eins bist mit unserem Licht und mit unserer Liebe, bist du eins mit Haniel, der wir sind, und mit dem Tempel der Freiheit. Der Tempel der Freiheit ist eine wunderbare Möglichkeit, um mit uns in den Kontakt zu treten, und so erlaube dir, dieses zu tun. Du kannst in diesen Tempel eintreten, wann immer Enge ist, wann immer du die Energie der Annahme und der Liebe für dich benötigst, oder immer wenn du etwas für dich Belastendes wahrnimmst oder als für dich belastend empfindest.

Und so kannst du auch in deinem Wohn- und Arbeitsbereich immer wieder an den Tempel der Freiheit denken und in diesen Räumlichkeiten Tempel der Freiheit erschaffen, indem du beispielsweise Rosenquarze in dieser Ausrichtung in deinen Räumen verteilst. So strömt Freiheit in dein Umfeld, und jedes Mal, wenn du einen Rosenquarz siehst, wirst du dich dabei an den Tempel der Freiheit erinnern, wirst mit dieser Energie in Kontakt sein und Liebe und Annahme können in dir und in deinem Leben wachsen. Freiheit ist Annahme, das heißt, die Räumlichkeiten, in denen sich die Rosenquarze befinden, sind Räume der Annahme. Das bedeutet, dass es dir in dieser Zeit der Wandlung leichter fällt, bei dir, in deiner Mitte zu sein, um so, wie es gerade formuliert wurde, leichter auf den Wellen dieser Zeit zu surfen. Dabei ist es wichtig zu erwähnen, dass nicht nur du von dieser Kraft der Rosenquarze, die Annahme sind, Nutzen trägst, sondern alle Menschen, die mit dir in diesen Räumlichkeiten sind. Wobei es die Bereitschaft der einzelnen Wesen ist, sozusagen der Maßstab, wie weit diese Energie des Rosenquarzes als Unterstützung wahrgenommen werden kann, oder in wie weit diese Energie dazu dient, um Themen zu verdichten, damit du leichter erkennen und Bereitschaft entwi-

ckeln kannst. Denn bitte wisse, je größer deine Bereitschaft der Annahme ist, umso leichter ist diese Zeit. Je weniger Bereitschaft in den Menschen ist, umso dichter werden die Situationen, die kreiert werden, um das ans Licht zu bringen, was in die Heilung gebracht werden möchte. Daher bitten wir dich, immer wieder in dein Herz zu gehen, und das Licht deines Herzens, das letztendlich alle Farben in sich trägt, auszustrahlen, denn dein Herz ist ein Ort der Integration und der Verbindung, ein Ort der Einheit. Begegne daher immer wieder Allem-was-ist in der Energie deines Herzens. Diese Zeit ist eine Zeit der Annahme von Allem-was-ist in dir als auch im Außen.

Die Wesenheiten, die du Geistige Welt nennst, sind an deiner Seite, um dich zu unterstützen, deine Meisterschaft zu entwickeln, wobei du dein Tempo bestimmst und die Art und Weise, wie du lernen möchtest, und somit liegt die Verantwortung für deine Entwicklung in deinen Händen, nicht in unseren. Somit sind es auch deine Entscheidungen, die deinen Weg prägen und nicht unsere. Es ist von Wichtigkeit zu wissen, dass gerade auch die Ebene deines Inneren Kindes im Moment sehr viel Aufmerksamkeit aus unseren Reichen erhält, weil dein Inneres Kind in dieser Zeit, erlaube uns diese Formulierung, sehr gefordert ist, um Erfahrungen, die in dir sind und die dir nicht mehr dienen, ans Licht zu bringen in der Gesamtheit, die du bist, und sie zu verarbeiten, um Neues willkommen zu heißen und Neues zu integrieren.

Das geschieht auch in der Zusammenarbeit mit deinem physischen Körper, was bedeutet, dass auch dieser im Augenblick eine besondere Hinwendung und Zuwendung benötigt. Annahme ist Einverstandensein.

Wir möchten dir ein Symbol für diese Annahme geben, einen Schmetterling. Stelle ihn dir groß und leuchtend, in schillernden Farben, erneut auf der Ebene deines Thymus vor. Dieser Schmetterling steht für deine Verbindung zum Kosmos, für die

Leichtigkeit, wie du dein kosmisches Wissen in dir entdeckst,
und für die Leichtigkeit, mit der du es zum Ausdruck bringen
kannst. Er steht aber auch für die Leichtigkeit des Annehmens
und für Freiheit.

Stell dir nun diesen Schmetterling ganz genau vor – wie er
voller Freude ist, voller Begeisterung zu fliegen, um zu vernet-
zen, um zu vermitteln und um Neues kennen zu lernen. Und so
ist es auch mit dir, denn je mehr du in der Wahrnehmung deiner
Verbundenheit bist, je mehr du dir der Einheit mit Allem-was-ist
gewahr bist, umso leichter wirst du auch Freiheit in dir wahrneh-
men und Freiheit sein.

Wir stellen nun diesem Schmetterling unser türkises und
rosafarbenes Licht zur Verfügung, damit er glitzert, damit er
funkelt, damit er leuchtet. Und so ist dieses ein Symbol des
Lebens, das dein Leben ist. Trauere nun nicht mehr dem nach,
was vergangen ist, denn es ist vorbei. Das, was zählt, ist das
Hier und Jetzt. Somit sei im Hier und Jetzt, sei frei und lasse
dich ein auf das, was ist, ohne Angst, ohne Vorurteil, ohne Be-
wertung. Das ist die Freiheit, die wir dich lehren möchten. Das
ist die Freiheit des Kosmischen Menschen. So nimm wahr, dass
sich dein Schmetterling beginnt zu bewegen. Er fängt an, seine
Flügel auszubreiten. Das ist ein Zeichen für dein Bewusstsein,
das nun beginnt, sich auszudehnen, um neue Dimensionen und
neue Horizonte zu erfassen. Dabei unterstützen wir dich in einer
Form, dass deine Ängste keine Macht mehr über dich haben,
– genauso wenig wie deine Zweifel und deine Unsicherheit und
das, was du Vergangenheit nennst. Und wisse – es reicht, an
uns zu denken, es reicht, unsere Kräfte über die Farben Rosa
und Türkis zu visualisieren, und wir sind bei dir, um dich auf
die genannte Art und Weise zu unterstützen, sodass Freiheit,
Neuausrichtung, kosmisches Bewusstsein und Einheit mit Al-
lem-was-ist in dir wachsen.

So erlaube, dass wir dich in der Leichtigkeit, die wir sind, dass wir dich in der Liebe, die wir sind, berühren. Und so entscheide dich heute dafür, dass dein Weg der Freiheit, dein Weg der Liebe, dein Weg der Annahme deines eigenen Wesens ein Weg der Leichtigkeit ist. Somit dehnt sich die Liebe in dir aus und die Erinnerung an dein göttliches Sein. Und nun lass diese Worte bitte in dir wirken.

Nun möchten wir dich bitten, mit dem Schmetterling in deinem Thymus in die Kommunikation zu treten. Höre ihm zu, was er dir mitteilen möchte, was du an Sichtweisen und Wahrnehmung verändern kannst, damit die Freiheit, die ist, in dir erfahrbar wird. Gehe jetzt in diesen inneren Dialog, solange du möchtest, während das türkise und das rosafarbene Licht immer noch um dich ist. Und so kannst du immer, wenn du in der Unsicherheit bist, wenn du den Eindruck hast, von irgendetwas zu wenig zu bekommen, dir vorstellen, wie unser Licht und unser Sein dich umgeben, um dich zu nähren, um dich zu füllen. Haniel ist an deiner Seite, um ein neues Bewusstsein der Fülle zu initiieren, ein neues Bewusstsein davon, dass alles möglich ist. Haniel ist an deiner Seite, um dich am Abend in den Arm zu nehmen und mit dir den Tag, der vergangen ist, zu betrachten. So strömt die Liebe ein, was auch immer du an diesem Tag erlebt und erfahren hast, und somit kannst du im Namen der Liebe einschlafen und am Morgen wiederum in Liebe zurückkehren in diese Dimensionen und wirst deinen Tag in Liebe verbringen können. Somit bist du ein Teil der Liebe, die keinen Anfang und kein Ende hat. Wir, Haniel, sind an deiner Seite, um all das zu segnen, was deiner Segnung und deiner Liebe bedarf, und bitte, wir tun dieses gemeinsam mit dir, wann auch immer du es möchtest. Berühre dich selbst im Namen der Liebe, berühre die Menschen in deinem Leben im Namen der Liebe. Erlaube, dass so die Liebe wächst, und erkenne, dass die Liebe zu dir sich auch durch und über die Liebe zu anderen ausdehnt, weil es zwischen dir und anderen Menschen keine Trennung gibt.

Du kannst die Liebe in dir und zu dir nicht zum Blühen bringen, indem du dich von anderen zurückziehst. Wenn du also die Liebe zu anderen in dir wachsen lässt, geschieht dieses automatisch in einer Form, durch die auch die Liebe zu dir selbst erweitert wird.

Bitte erkenne, wir sprechen von Liebe und nicht von Missverständnissen, die als Liebe bezeichnet werden und ein Ausdruck von Abhängigkeit sind. Und nimm bitte wahr, dass wir in der Verbindung mit der Wesenheit, die du Chamuel nennst, in dieser Zeit, die eine Heilung der Emotionalfelder ist, ebenso in die morphogenetischen Schichten einströmen, um den Menschen im Namen des rosafarbenen und des türkisen Lichtes zur Seite zu stehen, damit die Liebe zu Allem-was-ist wachsen kann.

Liebe ist in deinem Herzen, und Liebe strömt durch deine Hände. Liebe ist in deinen Fußsohlen, und du segnest somit im Namen der Liebe auch alles, was du mit deinen Füßen berührst, wenn du dich daran erinnerst und dein göttliches Sein bist. Wir sind Haniel, und bitte wisse, dass alles bereits gesagt wurde. Es gibt keine neuen Informationen in dieser Zeit innerhalb dieses Universums. Es gibt nur Liebe, und es geht nur darum, diese Liebe zu sein, an dem Ort, an dem du im Hier und Jetzt bist. Das ist der Schlüssel zur Meisterschaft, das ist der Schlüssel, der dich zum Kosmischen Menschen macht, der du im Grunde deines Wesens schon längst bist, denn du bist Liebe.

Und so erlaube, dass wir, Haniel, dich einladen, bewusst zu atmen, um dich zu erinnern, dass du Liebe bist und dass diese Liebe Freiheit ist. Und Freiheit ist Liebe. Beides ist in deinem Herzen, und deshalb erlaube dir bitte, in deinem Herzen zu sein.

Wir sind an deiner Seite, allezeit, wann auch immer du dieses möchtest, um dich zu unterstützen, in deinem Herzen zu sein. Und so lebe in deinem Herzen! Und lebe aus deinem Herzen heraus, und treffe aus deinem Herzen heraus deine Wahl!

Bitte erlaube, dass wir nun, in der Gemeinsamkeit mit dir, Liebe sind und dich nun, auch im Namen der Liebe, segnen. Erlaube dir, bewusst und tief zu atmen und erkenne, dass wir nun die Energien des Tempels der Freiheit wieder auflösen möchten. Du kannst den Tempel jederzeit erschaffen, du kannst ihn allezeit betreten. Erlaube dir bitte, bei dir und in dir zu sein, in deinem Herzen, in deiner Liebe. Erlaube dir, eins zu sein mit der Göttlichkeit, die du bist. Jetzt!

Wir danken dir für dein Sein. Wir sind Haniel. Sei gesegnet allezeit. Amen.

Manchmal fällt es uns nicht so leicht zu erkennen, was uns schwer fällt anzunehmen. Dazu kann ich dir wundervolle Karten empfehlen, die es sehr einfach und wieder einmal auf spielerische und humorvolle Art und Weise auf den Punkt bringen: *Die kleinen Teufel – Wirf Licht auf deinen Schatten* von Simon Buckstone und Robert Warstone, Neue Erde Verlag.

Berührung

Erlaube dir bitte, dich bewusst und sanft mit deinen Händen zu berühren, während Haniel dir die folgenden Botschaften schenken möchte. Gehe in dein Herz und sei ganz im Hier und Jetzt, um erneut das rosafarbene und türkise Licht wahrzunehmen, das dich umhüllt und dich durchströmt. Erlaube dir, einfach zu sein, so – wie du bist.

Wir sind Haniel. Sei gesegnet, geliebtes Kind des Lichtes, geliebtes Kind der Sterne. Erlaube, dass wir dich so nennen möchten, denn du bist ein Kind der Sterne.

Erkenne, dass auch Gaia, die Erde, ein Sternenwesen und somit eine deiner Sternenheimaten ist. Bitte atme bewusst ein

337

und aus und lass das Licht der Liebe und das Licht der Freiheit strömen.

Wir möchten dich einladen, dieses Licht, diese Liebe und diese Freiheit über dein Herz weiterzutragen und über deine Hände in den Menschen fließen zu lassen, den du berührst, und auch in dich selbst fließen zu lassen. Dadurch wächst die Liebe zu dir selbst.

Erlaube dir jetzt, in der Hingabe der Begegnung zu sein. So wachsen auch Freiheit und Weite in dir. Spüre den Fluss der Liebe und bitte erkenne, dass du ein Ausdruck der Quelle allen Seins bist. Du repräsentierst Alles-was-ist, jetzt, in diesem Moment!

So berührst du nun dich selbst, Alles-was-ist und gleichzeitig auch die Quelle allen Seins. Und so erkenne, wie wichtig und wie heilsam Berührung ist.

Dein Weg, den du den Aufstieg in die Fünfte Dimension nennst, ist ein Weg der Einheit, der Verbindung, des Austausches und somit ein Weg der Begegnung. Aber du gehst diesen Weg nicht alleine, sondern als Teil des großen Ganzen. Somit sind viele Aspekte des großen Ganzen mit dir an deiner Seite. Du bist niemals allein und erhältst immer Bestätigung, erhältst immer Unterstützung, wann immer du sie benötigst. Wir möchten dich einladen, dich dafür zu öffnen. Wir möchten dich einladen, dein Herz dafür zu öffnen und den Fluss der Liebe fließen zu lassen, indem du dir erlaubst, in der Begegnung zu sein. Erlaube dir, in der Begegnung mit dir selbst zu sein, indem du anderen begegnest und durch die Begegnung mit anderen dir selbst begegnest. So ist unendlicher Fluss der Liebe ohne Anfang und ohne Ende der Quelle allen Seins.

Wir sind Haniel und erneut laden wir dich ein, zu erkennen, dass der Tempel der Freiheit, der Tempel der Liebe allen Seins, mit dir ist, wann auch immer du an uns denkst, wann auch immer du mit uns verbunden bist, wann auch immer du mit uns in

Berührung und in Begegnung ist. Sowohl das rosafarbene als auch das türkise Licht ist in deinem Herzen, und über dein Herz kannst du es in der Gesamtheit, die du bist, ausdehnen, so wie du möchtest. Erkenne dich selbst in Allem-was-ist. Gehe in die Aussöhnung mit dem, was dir begegnet, und erkenne, dass es nichts außerhalb von dir gibt. Alles, was dir begegnet, begegnet dir deshalb, weil es von dir erkannt, weil es von dir geliebt, weil es von dir in den Arm genommen werden, weil es mit dir in die Annahme, in die Aussöhnung, in die Integration gehen möchte, weil es mit dir in die Energie des Verzeihens und der Vergebung eintreten, weil es mit dir Liebe sein möchte. Und so erlaube dir, dich selbst und dein Leben nun durch die Liebe ein Stück weit mehr anzunehmen im Hier und Jetzt!

Und so setze deinen Weg fort und wisse, dass alles, was du dazu benötigst, immer in dir und um dich ist. Und so bleibt uns in diesem Moment nichts anderes, als dir zu sagen, dass du geliebt bist, dass du vollkommen bist, dass du angenommen bist und dass wir dich einladen möchten, dieses mit dir selbst auch zu tun, – dich anzunehmen. Unser Segen strömt durch dich und ist bei dir. Erlaube dir, bewusst zu atmen und die E-nergien wahrzunehmen. Und erlaube dir, dich bei dir selbst zu bedanken, dass du bist, so wie du bist.

Dann kehre mit deiner Aufmerksamkeit zurück ins Hier und Jetzt und sei präsent in deinem Herzen. Sei eins mit dir und der Unendlichkeit, die du bist. Wir sind Haniel. Sei gesegnet. Möge dein Weg ein Weg der Liebe sein, allezeit. Amen.

Melchisedek

Obwohl Melchisedek mit mir nicht so viel „spricht" wie andere Engel, nehme ich seine Anwesenheit oft wahr und schätze seine Gegenwart sehr. Das ist auch ein Grund, warum er für mich unbedingt mit in dieses Buch gehört, wenngleich er nicht so viel sagen wird wie andere.

Er ist der Engel der kosmischen Gerechtigkeit, wobei dieses über das menschliche Verständnis hinausgeht. Ich nehme Melchisedek meist als weiß-goldenes Licht wahr, das sehr klar, deutlich und kraftvoll ist. Er möchte dich unterstützen, um deine Ermächtigung als göttliches Wesen, das du bist, zu erkennen, anzunehmen und für das Wohl des großen Ganzen zu leben.

Seinen Namen fand ich mit „König der Gerechtigkeit" übersetzt, wobei mir persönlich „Gerechtigkeit Gottes" besser gefällt, was aber, da ich keine Sprachwissenschaftlerin bin, nicht belegt ist.

Melchisedek hilft dir, um deine eigene, innere Führerschaft zu entdecken und ihr zu folgen. Er ist ein Engel der Weisheit und des Lehrens, auch von kosmischen Zusammenhängen. Er ist eine Hüterwesenheit und kann dich in die unterschiedlichen Chroniken dieses Universums führen, wenn du möchtest.

Eine bekannte Chronik ist beispielsweise die Akasha Chronik. In manchen Schulen wird sie auch Palmblattbibliothek genannt. Aus ihr kannst du die Fülle der Möglichkeiten an Erfahrungen, die du in der Dritten Dimension machen kannst, lesen, aber auch deine Sternenwege und eine Art „Spielplan" deiner Seele sehen, was sie sich für dieses Leben an Qualitäten und Herausforderungen mitgebracht hat. Diese Chronik sagt dir etwas über das Reisegepäck, das sich deine Seele mit auf diese Erde genommen hat.

Eine andere bekannte Chronik sind die Smaragdtafeln. Wenn du darin schmökern möchtest, erhältst du beispielsweise Informationen über Heilungsmöglichkeiten, die dir für eine ganzheitliche Heilung zur Verfügung stehen. Doch es gibt noch viele andere Chroniken in diesem Universum, in die dich Melchisedek führen kann. Man sagt, dass Melchisedek an der Erschaffung unserer physischen Körper mitgewirkt habe und an der Erstellung ihres Bauplans maßgeblich beteiligt gewesen sei. Vielleicht kennst du auch den Begriff „Orden der Melchisedek". Das ist eine Gemeinschaft von Lichtwesen und Menschen, die eng mit Melchisedek zusammenwirken und seine Botschafter hier auf der Erde sind.

Ermächtigung

Erlaube dir, einige bewusste Atemzüge zu nehmen und zu wissen, wer du bist. Erlaube dir, eins zu sein mit deiner göttlichen Unsterblichkeit. Wir sind die Kraft der Weisheit, die du Melchisedek nennst. Wir grüßen dich und möchten dich einladen, uns zu folgen im Hier und Jetzt. Spüre unsere Gegenwart und erkenne unser Licht in allem, was Leben ist. Wir sind der göttliche Plan der Erschaffung, der in allem ist. Wir sind die göttliche Ordnung, die in allem zu erkennen ist.

Und nun stell dir bitte vor, dass du in einer Sandwüste stehst. Sieh die Unendlichkeit, die sich vor dir offenbart. Nimm ein Sandkorn in deine Hände und erkenne, dass auch in diesem einen Korn die Unendlichkeit enthalten ist. In, über und durch dieses Sandkorn kannst du mit uns in Begegnung gehen, denn es enthält die Information des gesamten Lebens, das hier auf der Erde ist. Wir durchdringen jedes einzelne Sandkorn, und so erfüllen wir die ganze Wüste. Erlaube dir, einen bewussten Atemzug zu nehmen und erkenne, dass wir in allem, was Odem hat, was Atem ist, zu dir sprechen und dir begegnen, um dich die kosmischen Weisheiten und Ordnungen zu lehren.

Alles ist in vollkommener Harmonie. Jedes Blatt eines Baumes hat seinen eigenen Platz innerhalb des großen Ganzen, das der gesamte Baum ist. So hast auch du deinen Raum innerhalb der Entwicklung dieses Universums in dieser Zeit, die deiner Bestimmung gleicht und die du erfüllen wirst.

Wir lehren dich, über die Begrenzung hinaus zu blicken, um die Freiheit zu sehen, die Göttlichkeit zu spüren. Wir laden dich ein, wann immer du etwas über den Aufbau des Lebens wissen als auch größere kosmische Zusammenhänge erfahren möchtest, mit uns zu sein. Dann werden wir dich an die Hand nehmen, um dich zu führen, dich zu lehren, dich zu unterweisen. Erlaube, dass wir dich nun bitten möchten, deine eigene, innere Führerschaft anzuerkennen und zu aktivieren. Dazu laden wir dich ein, erneut mit uns in ein Bild einzutreten.

Du siehst dich unter einem alten Olivenbaum sitzen. Der Olivenbaum ist ein Zeichen der Kraft, denn er wächst auch auf kargen Böden. Er ist ein Symbol der Weisheit. So setze dich nun unter den Olivenbaum. Da wir Klarheit lieben, möchten wir dich auffordern, die Kleider, die du trägst, abzulegen und dir ein weißes Leinengewand überzuziehen. Dadurch legst du den begrenzten Geist deines alltäglichen Seins ab, um dich auf die Unendlichkeit aller Möglichkeiten einzulassen. Das bedeutet, du wirst aufgefordert, all das, was du bisher als richtig oder nicht richtig betrachtet hast, abzulegen. Das weiße Gewand symbolisiert deine Bereitschaft, dich frei, unvoreingenommen und neu einzulassen auf das, was ist im Hier und Jetzt. Ohne Vorurteile und ohne Bewertungen. Bitte wisse, dass es die Geistige Welt liebt, über einfache Bilder mit dir zu sprechen, denn ein Bild sagt mehr als tausend Worte, wie ein Spruch lautet, den du wahrscheinlich kennst. Das machen wir uns zunutze. So sprechen wir durch Gleichnisse und Symbole zu dir. Dieses gesamte Universum ist wie ein Gleichnis.

In diesem Zusammenhang möchten wir den Begriff Gleich-

nis näher betrachten. Er bedeutet, dass alles gleich ist, im Gleichgewicht, gleich-wichtig ist. Es ist ein Ausdruck der geheilten Dualität.

Erlaube dir nun, in deinem weißen Gewand an diesem Ort bei dem Olivenbaum zu sein, und wisse, dass dieses weiße Gewand auch ein Symbol für deinen Lichtkörper ist. Das heißt, dass du ihn im Hier und Jetzt aktivierst und dein Bewusstsein erweiterst, wenn du dieses weiße Kleid trägst. Der Ort, an dem du bist, ist ein heiliger Platz. Du kannst ihn aufsuchen, wann immer du nicht mehr weiter weißt, um Erkenntnis zu erhalten.

Nun nimm bitte die mächtigen Berge wahr, die ihn umgeben. Sie sind erhaben und drücken das Bestreben auch der Menschen aus, sich ihrer Göttlichkeit zu erinnern. Die Spitzen der Berge berühren den Himmel, und darüber fließt die Weisheit des Universums in die Materie. Du erkennst, dass du an diesem Ort nicht alleine bist. Es ist Leben, das dich umgibt. Erlaube dir wahrzunehmen, dass die Steine um dich Leben sind und es kleine Tiere gibt, die du nicht siehst und die dennoch hier sind, die Leben sind.

Nun begibt sich ein alter Mann mit weißen langen Haaren und einem ebenso langen Bart zu dir. Auch er trägt ein weißes Gewand. Seine Augen funkeln, so dass er dennoch zeitlos wirkt. Er lächelt dich an und setzt sich neben dich. Er berührt dich mit seiner Hand, und dann beginnt er zu dir zu sprechen:

„Geliebter Bruder, geliebte Schwester. Es freut mich, dich hier begrüßen zu dürfen. Ich habe lange auf dich gewartet. Ich möchte dich einladen, zu erkennen, dass alles, was du hier erblickst, deine Schöpfung ist. Erlaube dir, die Schönheit darin zu sehen. Ich möchte dich bitten, dein Herz zu öffnen und die Ehrfurcht vor dem Leben in dir neu zu erfahren. Wisse, dass ich älter bin als die Zeit und seit der Erschaffung dieses Universums existiere. Ich stehe für deine innere Weisheit und bin dein innerer Lehrer und innerer Führer, wenn du erlaubst. Jeder deiner

Schritte, den du gesetzt hast, war ein Teil des großen Planes. Oft habe ich mich mit dir unterhalten und dir meine Sicht der Dinge offenbart – in deinen Träumen, durch deine Eingebungen und deine Intuition. Manches Mal hast du darauf gehört, manches Mal nicht. Du hast deine Erfahrungen gesammelt, und dafür danke ich dir und möchte dich einladen, dir selbst ebenso zu danken. Sie sind so gewesen, wie sie waren, nicht mehr und nicht weniger, und so gibt es keinen Grund für dich, sie oder dich zu bewerten. Es war deine Freiheit, deine Entscheidungen und Wege zu wählen, so wie du es tatest und lebtest.

Nun möchte ich dir gerne ein Geschenk überreichen."

Währenddessen öffnet er seine zweite Hand, in der eine blau-silbrig-perlmuttschimmernde Energie leuchtet und funkelt:

„Erlaube dir, geliebter Bruder, geliebte Schwester, wahrzunehmen, dass mein Geschenk an dich Güte ist. Ich möchte dich einladen, mit dir selbst mitfühlend zu sein. Ich möchte dich einladen, mit dir selbst gütig zu sein, denn wisse, dass du selbst die Ermächtigung in dir trägst, dein Leben zu gestalten und du dieses auch tust. Wenn du respektvoll behandelt werden möchtest, so sei du selbst respektvoll mit Allem-was-ist. Wenn du möchtest, dass dir liebevoll und friedlich begegnet wird, dann sei mit dir und Allem-was-ist liebevoll und friedvoll. Du bist auf dem Weg deiner Meisterschaft!

Auf diesem Weg wirst du verschiedene Lektionen lernen und dabei erkennen, dass du dir selbst mit offenem Herzen begegnen darfst, auf welche Art und Weise du auch immer deine Aufgaben löst. Somit wirst du allen anderen Wesen, die ihre Lektionen lernen, in Liebe begegnen können, und sie werden dir in Liebe begegnen. Dadurch schließt sich der Kreis der Liebe. Bitte sei dir bewusst, dass du immer Teil eines großen Ganzen bist. Ich möchte dir dieses immer wieder nahe bringen.

Jedes Blatt, das auf diese Erde fällt, beispielsweise von einem Baum im Herbst, tut dieses auf seine ganz eigene Art und Weise, und dennoch bildet es in der Gesamtheit mit allen anderen Blättern, dort wo es liegen bleibt, eine vollkommene Harmonie, die wir göttlichen Plan nennen möchten. So ist dieses auch mit jeder einzelnen Schneeflocke. Und du als Mensch bist wie ein Blatt oder eine Schneeflocke innerhalb des großen Ganzen, dessen Teil du bist. Du bist in vollkommener Harmonie eingebettet in Alles-was-ist. Je nachdem, wie deine Einstellung zu deinem Wesen, deinem Ausdruck, deinem Weg, deiner Art und Weise zu lernen und zu wachsen ist, wirst du dich dabei mehr oder weniger wohlfühlen. Doch es ändert nichts an der Tatsache, dass du ein Teil des großen Ganzen bist. Verstehst du, was ich dir damit sagen möchte?

Ich möchte dich bitten, nun für einen kurzen Moment die Augen zu schließen, um in dein Herz zu gehen und meine Worte in deinem Herzen wirken zu lassen und dich im Hier und Jetzt als Teil des großen Ganzen wahrzunehmen. Du bist eine Einheit mit dem, was du trägst, mit dem, worauf du gerade sitzt oder liegst, mit den Dingen in deinem Raum, mit der Natur, die diesen umgibt. Dehne dein Bewusstsein aus und erlaube, dass es die Sterne berührt, denn auch mit diesen bist du verbunden, und das, was auf Sirius stattfindet in diesem Moment, berührt dich genauso wie das, was auf der Zentralsonne ist, genauso wie dein Atem auch die Energien, Wesenheiten anderer Sterne bewegt. Das ist Einheit. Kannst du das verstehen? Das ist eine kosmische Ordnung, ein kosmisches Gesetz, nach dem alles wirkt.

Erkenne bitte auch, dass deine Gedanken und deine Vorstellungen Form geben. Du erschaffst damit ständig neue Wirklichkeiten und Realitäten, und diese durchdringen sich. So ist dieses Universum aufgebaut.

Ich möchte dich bitten, über etwas nachzudenken. Was war zuerst, die Henne oder das Ei? Was ist zuerst, dein Gedanke oder das, was von außen auf dich zu kommt, das du erkennst *und worüber du dir dann deine Gedanken machst? Beides ist zur gleichen Zeit. Beides fließt ineinander über und ist ein Ausdruck deiner Mitschöpferkraft. Bitte begreife dieses, denn es gibt dir die Möglichkeit, dich als das zu erkennen, was du bist: Quelle allen Seins. Du bist weder Opfer noch Täter, du bist weder Frau noch Mann, du bist keine einzige der Rollen, die du spielst. Du bist das unendliche, göttliche Wesen, das alles durchdringt und immer ist. Du bist der Ursprung und das Ziel. Verstehst du, was ich damit sagen möchte?*

Ich möchte dich erneut bitten, diese Worte in deinem Herzen zu bewegen und zu begreifen im Hier und Jetzt. Durch dieses Wissen und durch diese Erkenntnis sei mit dir und mit Allem-was-ist mitfühlend, und mit dir und mit Allem-was-ist gütig. Und diese Güte möchte ich dir nun überreichen. Möge sie in deinem Herzen sein allezeit, auf dass du dich selbst und Alles-was-ist mit den Augen der Güte betrachten kannst."

Während er dieses sagt, fließt, strömt und wandert die blau-silbrig-perlmuttschimmernde Energie in dein Herz. Bitte nimm einen tiefen und bewussten Atemzug. und spüre, wie sich die Energie der Güte über dein Herz in der Gesamtheit, die du bist, ausdehnt und in jeder Zelle verankert im Hier und Jetzt.

Dann spricht der weise Mann weiter:

„Erlaube dir wahrzunehmen geliebter Bruder, geliebte Schwester, dass sich durch das Geschenk der Güte dein Herz öffnet, und somit kannst du in jedem Bereich deines Lebens sehen, was wirklich ist. Deine Antworten findest du nicht in Büchern, sie sind in deinem Herzen. Ich bin immer hier an diesem Ort, und du kannst ihn jederzeit aufsuchen, wenn du Rat oder Klarheit benötigst, wenn du eine Entscheidung treffen und wissen möchtest, wie dein Weg weiter gehen soll, was dein nächster Schritt ist. Ich bin da, um dir zuzuhören, und ich werde dir antworten im Hier und Jetzt.

Ich bin wie ein innerer Berater. Ich kenne dich. Ich weiß

um jeden Schritt, um jeden Weg, den du gegangen bist. Sei dir gewiss, dass ich dir zur Seite stehe für alle Bereiche deines Lebens, zu denen du Fragen hast und Antworten finden möchtest. Was du benötigst, um sie klar und deutlich vernehmen und auch annehmen zu können, ist das Vertrauen in deine innere Stimme, das Vertrauen in deine Kraft. So erlaube bitte, dass ich dich nun, in diesem Zusammenhang, mit diesem alten Kraftstab in meinen Händen auf der Ebene deines Solarplexus berühre."

Wie aus dem Nichts liegt ein alter geschwungener, mit Kristallen besetzter Stab in der Hand des alten Mannes, in der zuerst sein Geschenk der Güte war. Während er den Kraftstab zu deinem Solarplexus bewegt und diesen nun sanft berührt, kommt es dir vor, als würde der Stab lebendig sein, als würde er sich kurz bewegen. Dabei spürst du eine Energie der Wärme, der Liebe und der Kraft, die deinen Solarplexus durchdringt und sich in ihm und über ihn ausdehnt.

Der weise Mann lächelt.

„Ja, dieser Stab ist wie ein Schlüssel, und ich habe deinen Solarplexus damit berührt. Bitte erkenne, dass dieses die Aktivierung deiner inneren Sonne, deiner inneren Weisheit gewesen ist. Nun kann beides zu strahlen und zu leuchten beginnen. Ich werde dich dabei unterstützen und begleiten, wenn du dieses möchtest, und somit lade ich dich erneut ein, diesen Ort der Begegnung, sooft du möchtest, aufzusuchen. Ich segne dich in der Kraft der Liebe und der Weisheit, die ich bin. Ich segne dich als dein innerer Lehrer und deine innere Führung, die ich bin. Mögen sich deine Ängste vor deiner Kraft in Liebe auflösen. Möge deine Ermächtigung strahlend und kraftvoll sein und sich mit dem Licht deines Herzens verbinden. Diese Zeit braucht klare, kraftvolle und mutige Menschen, die anderen voranschreiten, die andere an die Hand nehmen, die anderen hilfreich zur Seite stehen, um sie zu lehren, ihre eigene Wahrheit und ihren eigenen Weg zu finden. Du gehörst zu diesen *klaren, kraftvollen und mutigen Menschen, denn sonst würdest du nicht diese Zeilen lesen. Du bist dein eigener Meister. Durch die Begegnung mit mir hast du dich dafür entschieden, deine Meisterschaft weiter zu entwickeln und zu leben im Hier und Jetzt.*

Und so erlaube, dass ich dich in der Verbindung mit Melchisedek bitten möchte, deine göttliche Kraft, die Liebe und Weisheit ist, nicht mehr herzugeben, sondern sie in Anspruch zu nehmen, sie zu nutzen, zu leben und zu sein, im Hier und Jetzt, zum Wohle aller und zum Ruhme der Quelle allen Seins. Ich bin deine innere Stimme, die Weisheit deines Herzens und die Ermächtigung deines Seins. Wann immer du möchtest, erlaube dir, in den Kontakt und in die Kommunikation mit mir zu gehen. Ich bin da. Ich bin an deiner Seite. Sei gesegnet, geliebter Bruder, geliebte Schwester."

Während der weise Mann spricht, lächelt er immer noch, und seine Liebe fließt zu dir über und durchströmt die Gesamtheit, die du bist. Nun bittet er dich, von jetzt an mehr auf deine innere Weisheit zu vertrauen und somit mehr und mehr zu einem bewussten Mitschöpfer deines Lebens zu werden und es zu sein. Wir sind Melchisedek. Dieser heilige Ort ist gleichzeitig außerhalb von dir und auch in dir. Betrete ihn, wann immer du dir selbst begegnen möchtest. Wir haben ihn gesegnet, und unsere Präsenz wird über diesen Ort allezeit mit dir verbunden sein. Bitte erlaube dir, von nun an Schöpfer zu sein, da du deine Ermächtigung, deine innere Weisheit und deine Liebe als kosmisches Wesen und als Quelle allen Seins zu dir zurückgenommen hast im Hier und Jetzt. Wir danken dir für deine göttliche Kraft. Wir danken dir für deine Weisheit und deine Liebe, die du bist. Wir segnen dich allezeit. Sei gesegnet. Wir sind Melchisedek. Amen.

☆☆☆

Nimm die Energien in dir wahr und spüre ihnen nach, solange du möchtest. Lass sie abfließen, bedanke dich bei ihnen und entlasse sie aus deinem Sein. Erlaube dir, der Einheit mit der Erde, die du bist, gewahr zu sein. Erlaube dir, zentriert zu sein und erlaube dir, präsent zu sein im Hier und Jetzt!

Die Reise zur Akasha Chronik

Nun geliebtes Kind des Lichtes, erlaube, dass wir dich an die Hand nehmen und führen möchten. Sei gesegnet. Wir sind Melchisedek, wir sind die Kraft des Wortes. Erlaube dir, bewusst und tief zu atmen und Entspannung zuzulassen.

Nun möchten wir dich bitten, in dein Herz zu gehen, das so groß ist, dass du in der Gesamtheit, die du bist, darin Platz hast. Somit wird alles, was du bist, durch und mit dem Licht und der Liebe deines Herzens bestrahlt und durchflutet. Alles wird von dem Licht und der Liebe deines Herzens angenommen und geliebt. Dein Herz bewertet nicht. Alles, was du bist, was du warst und sein wirst, ist willkommen im Hier und Jetzt.
Erlaube dir zu erkennen, dass dein Herz göttliches Sein ist. Erlaube dir, das Licht und die Liebe deines Herzens, deines göttlichen Seins, das du bist, leuchten zu lassen. Erkenne, dass es die Gesamtheit, die du bist, durchdringt. Alle Körper, alle Ebenen, alle Energiezentren, jede Zelle deines Seins erstrahlt nun im Licht und in der Liebe deines Herzens, deines göttlichen Seins. Du bist Energie, Pulsieren, Strahlen, Fließen – ein Tanz des Lichtes bist du im Hier und Jetzt.
Bitte atme bewusst und tief ein und aus und beobachte, was du bist: Licht und Liebe deines Herzens, göttliches Sein.
Wir, Melchisedek, möchten dich nun berühren. Wir, Melchisedek, sind an deiner Seite und dehnen unsere Energie aus,

um sie um dich und durch dich strömen zu lassen. Das, was wir sind, möchten wir mit dir teilen. Somit erlaube uns, mit dir gemeinsam, Weisheit und Gleichgewicht der Energien zu sein.

Reiche uns nun deine Hand, denn wir möchten dich führen. Wir begleiten dich und tragen dich empor. Wir steigen mit deinem Bewusstsein höher und höher in eine Ebene, die jenseits von Zeit und Raum existiert.

Unser Weg führt uns durch zwölf energetische Tore, die in unterschiedlichen Farben leuchten. Eines nach dem anderen durchschreiten wir gemeinsam mit dir, im Hier und Jetzt. Während wir dieses tun, legst du immer mehr das ab, was du deine Persönlichkeit nennst, was du deine Erfahrungen nennst, was du deine Überzeugungen und Meinungen nennst. Das, was dabei bleibt, was sichtbar wird, was leuchtender und kraftvoller wird, ist dein göttliches Sein. Erlaube dir, bewusst zu atmen und dir dessen gewahr zu sein. Wir, Melchisedek, möchten dich weiter führen und emportragen. Dein Bewusstsein ist weit!

So betreten wir nun gemeinsam eine unendliche Halle des reinen Lichtes. Erlaube dir, mit uns dort zu sein und wahrzunehmen, wie groß, wie strahlend dieser Raum ist. Hier sind unzählige weitere Gänge, die in andere Hallen führen, in denen weitere Gänge sind, die in weitere Hallen führen.

Du nimmst viele liebevoll und sanft wirkende Lichtwesen wahr. Sie erfüllen ihre Aufgabe innerhalb des großen göttlichen Plans als Hüter der Chroniken, wie sie bezeichnet werden. Diese Wesen des Lichtes nehmen jeden deiner Gedanken auf und antworten darauf, indem sie dir auch auf telepatische Art und Weise die entsprechenden Informationen zukommen lassen oder indem sich eines der Wesen des Lichtes dir zuwendet, um dich zu führen oder zu begleiten. Die Lichtwesen haben bereits vernommen, dass du heute hierher gekommen bist, um in den Bereich der Akasha Chronik einzutreten.

Nun kommt eines der Wesen auf dich zu. Es heißt dich

durch seine Liebe willkommen und umarmt dich mit seiner Liebe und hüllt dich darin ein. Als es vor dir steht, erhebt es seine Hand und berührt dich mit einem seiner Lichtfinger an deiner Stirn, um dich zu begrüßen, zu segnen und dir zu sagen, dass es sich über dein Sein freut. Erlaube dir bitte, erneut einen tiefen und bewussten Atemzug zu nehmen und die Energien, die um dich sind, wahrzunehmen und auf dich wirken zu lassen. Das Wesen lädt dich ein, ihm zu folgen.

Es führt dich durch einen der zahlreichen Gänge in eine weitere Halle. Dort macht es eine fließende Handbewegung, und schon erscheint vor dir ein schillerndes Portal aus goldener Energie. Es öffnet sich sanft, das Wesen tritt zur Seite und lächelt dir zu. Es bittet dich einzutreten. Wisse, dass vieles in diesem Universum einer Übersetzung bedarf, um es beispielsweise in der Linearität begreiflich zu machen. Somit erkenne, dass wir nun den Bereich, der Akasha Chronik genannt wird, betreten. Du kannst sie dir als eine unendlich große Bibliothek vorstellen, in der die Bücher und Schriftrollen Licht und Energie sind. Sie können sich wandeln, während du sie betrachtest. Sie können sich bewegen und ihren Inhalt verändern. In diesem Raum ist ein ewiger Fluss der Energien, es ist nichts Starres oder Festes hier.

Nun gib dir bitte ein bisschen Zeit, um dich umzusehen und anzukommen. Dabei wird dir bewusst, dass du auch in diesem Raum nicht alleine bist. Wieder sind Wesenheiten des Lichtes hier, um dir bei Bedarf hilfreich zur Seite zu stehen. Und es sind auch andere Bewusstseinsformen mit dir hier, – jene Seelen und Seelenaspekte, die irgendwo in diesem Universum leben und zur gleichen Zeit wie du ihr Bewusstsein ausdehnten, um in der Akasha Chronik zu schmökern.

Nachdem du dich ein wenig mit deiner neuen Umgebung vertraut gemacht hast, nehmen wir, Melchisedek, eines der Bücher, um es dir zu überreichen. Bitte betrachte es genau, und *vielleicht kannst du bereits seinen Titel lesen. Das ist das Buch deines Lebens. Dieses Buch lesen zu lernen, wie auch alle anderen Bücher in diesem Raum zu lesen, kannst du mit einer Schule auf der Erde vergleichen. Je mehr du übst, je öfter du es probierst, umso flüssiger wirst du lesen können. Erlaube dir nun, in aller Ruhe und solange du möchtest, in deinem Buch zu lesen, betrachte es, blättere darin und erlaube dir wahrzunehmen, welche Erkenntnisse über dein Sein sich dir darin offenbaren.*

In deinem Lebensbuch kannst du etwas über deine Sternenwege und Sternenheimaten erfahren oder erkennen, was sich deine Seele als Plan und als Qualität und Potenzial für diese, deine jetzige Inkarnation, mitgebracht hat. Gleichzeitig findest du darin auch jeden deiner Gedanken, jedes deiner Gefühle und jede Handlung, – also alles, was du bisher gelebt hast. Du siehst die Auswirkungen und Zusammenhänge innerhalb des großen göttlichen Ganzen, dessen Teil du bist.

Werde dir bitte bewusst, dass alles, und somit auch die Möglichkeit, klar und deutlich in deinem Buch zu lesen, eine Frage des Bewusstseins ist. Es ist die Bereitschaft, zu begegnen, dich auf etwas ganz einzulassen, denn dadurch fließen Austausch und Kommunikation.

Und nun blättere in Ruhe in deinem Buch. Falls du etwas nicht verstehen solltest, kannst du dich an ein Lichtwesen in diesem Raum wenden mit der Bitte, es in eine für dich verständliche Form zu übersetzen. Wenn du genug in deinem Buch gelesen hast, gibt es uns bitte zurück, wir werden es wieder an seinen Platz stellen.

Wisse, dass du in diesem Raum zu jedem Ereignis, das jemals auf dieser Erde stattgefunden hat, ein entsprechendes Buch finden kannst. Du kannst es selbst suchen oder ein Lichtwesen bitten, es dir zu zeigen oder zu geben. Darin wirst du Hintergrundinformationen erhalten und wahre Zusammenhän-

ge erkennen können. *Wir möchten dich auch in diesem Fall dazu ermutigen, es einfach auszuprobieren und jederzeit nach hier zurückzukehren, wann immer dir danach ist, denn der Zugang ist frei. Wir, Melchisedek, begleiten dich, wann immer du erlaubst.*

Wenn es für dich stimmig ist, bedanke dich und gehe durch das goldene Portal zurück in die Halle, in der das Wesen des Lichtes, das dich hierher brachte, immer noch auf dich wartet.

Nachdem du wieder zu ihm gekommen bist, macht es noch einmal eine Bewegung mit der Hand, und so leicht, wie sich das Portal formte, so einfach löst es sich auch wieder auf. Das Wesen lächelt dir zu und lädt dich ein, ihm wieder zu folgen. Es führt dich erneut durch einen Gang zurück in die Halle, die du zuerst betreten hast. Bedanke dich auch hier bei deinem Begleiter, stellvertretend für alle Wesen und Energien dieses Raumes, und nimm dann einen bewussten und tiefen Atemzug. Wir, Melchisedek, nehmen dich wieder an die Hand, um dich zurückzuführen in dein Hier und Jetzt. Wir durchschreiten mit dir erneut die zwölf Tore, durch die wir gekommen sind, eines nach dem anderen. Und so erlaube dir, nun mit uns gemeinsam in deinem Herzen zu sein. Erlaube dir, die Einheit, die du mit der Erde bist, die Einheit, die du mit deinem göttlichen Sein bist, allezeit zu erkennen. Wir segnen dich und laden dich ein, die Eindrücke auf dich und in dir wirken zu lassen. Wir sind allezeit bereit, dich zu lehren, dich zu begleiten, wann immer du dieses möchtest. Sei gesegnet in der Kraft des Wortes, die wir Melchisedek sind. Amen.

Metatron

Obwohl Metatron ja selbst schon einiges erzählt hat, möchte ich an dieser Stelle dir noch einige Dinge über sein Wesen erzählen.

Metatron ist für mich eine liebende Kraft und Präsenz, die alles durchdringt. Er ist für mich schon viel mehr ein Bewusstsein der Liebe als eine „Person", wie es beispielsweise Michael für mich noch ist. Ich beobachte an mir, dass ich zum Beispiel die Engel, die den Elementen zugeordnet sind, häufig rufe und einlade, um mich bei materiellen, dreidimensionalen, physischen Angelegenheiten zu unterstützen. Diese Engel können durch ihre Verbindung zu Erde, Luft, Wasser und Feuer in der Materie sehr gut wirken.

Engel wie Haniel, Chamuel und Zadkiel bitte ich gerne um Mithilfe, wenn es um den Ausgleich von emotionalen und mentalen Themen geht. (Wobei in der Praxis natürlich alle Ebenen ineinander fließen und zusammen gehören, das ist schon klar.)

An Ariel, Melchisedek und Metatron wende ich mich gerne, wenn es sich um geistige, spirituelle und kosmische Fragestellungen handelt.

Doch auch in diesem Zusammenhang ist es am einfachsten, in dein Herz zu gehen, die einzelnen Engel einzuladen und sie kennen zu lernen. Dann findest du selbst sehr schnell heraus, zu wem du eine leichte und klare Verbindung hast. Dein Herz wird dir dann auch deutlich sagen, an welchen Engel du dich, in welchem Zusammenhang, wenden sollst, was für dich am stimmigsten ist. Wie gesagt, der Kontakt zu den Engeln ist ganz einfach, probiere es aus, wenn du möchtest. Sie sind immer und überall um dich. Sie sind Wesen der Liebe, die uns auf unserem Weg begleiten.

Immer wieder erzählen Menschen, dass ihnen Engel begegnet sind. Manche Texte sagen sogar, dass Metatron auf der

Erde inkarniert gewesen sein soll. Ich persönlich glaube, dass es bei den Erzählungen über Begegnungen mit und Inkarnationen von Engeln häufig zu einer Verwechslung mit Sternenwesen gekommen ist. Beide kamen für die Menschen vom Himmel und fielen beispielsweise durch ihre Größe und Andersartigkeit auf. Das heißt für mich, dass viele der Geschichten und Berichte über Inkarnationen und Erscheinungen von Engeln sich eigentlich auf den Kontakt mit Sternengeschwistern, wie beispielsweise den Og Min, beziehen. Erich von Däniken hat in seinen zahlreichen Büchern immer wieder über Menschen geschrieben, die Erlebnisse mit Engeln und/oder Sternengeschwistern gehabt haben. Du kannst dir also selbst eine Meinung bilden.

Doch nun zurück zu Metatron. Sein Name bedeutet „Deinem Thron nahestehend" oder „Gegenwart Gottes". Er hilft uns, ein tieferes Verständnis von spiritueller, allumfassender, kosmischer Liebe zu entwickeln, denn er ist göttliche Liebe. Manche Menschen sehen ihn in magentafarbenem, in weißgoldenem oder auch in rosafarbenem Licht. Er ist der Engel, der Mutter-Gott zugeordnet wird und aus dessen empfangender und gebärender Kraft dieses Universum geformt wurde.

Er ist für mich ein Engel, der als Bewusstsein der Liebe alles durchströmt, alles liebt, alles nährt und neu erschafft. So wird Metatron auch als Engel, der dich die Liebe zur Schöpfung und zu Mutter-Gott lehrt, bezeichnet, und er soll auch der Engel der Schönheit, des Gesangs und des Tanzes sein – also ein Engel der kreativen Kräfte, die dazu dienen, um die Göttlichkeit dieses Universum, die dieses Universum ist, zu lobpreisen.

Wenn ich mich mit ihm unterhalte, spricht er immer über die Liebe, denn die Liebe ist das, was ist.

Einladung

Wir sind Liebe. Wir sind Licht. Wir sind Metatron. Sei gesegnet, sei geliebt, du funkelndes Juwel dieses Universum, das du und deine Schöpfung bist. Wir sind hier, um dich zu berühren und dir zu sagen, dass du Liebe bist. Um dir zu sagen, dass wir dich als Liebe, die wir sind, unendlich lieben!

Bitte erlaube dir, einen bewussten Atemzug zu nehmen und mit deiner Aufmerksamkeit ganz in dein Herz zu gehen. Nimm wahr, dass dein Herz verschiedene Räume, verschiedene Ebenen in sich trägt.

Es gibt das Herz, das für deinen physischen Körper von Wichtigkeit ist und das im Rhythmus deines Lebens pulsiert. Es gibt das Herz, das Erfahrungen in sich trägt, das manchmal mutig ist, das manchmal traurig ist, das manchmal weit ist, und manchmal versucht, sich zu schützen und sich zusammenzieht. Es gibt das Herz, das deine persönliche Liebe ist, in der die Menschen, Tiere und Pflanzen und die Wesen sind, mit denen du als Mensch in einer liebenden Einheit bist. Es gibt das Herz, das dein kosmisches Wesen ist, das die Quelle allen Seins ist, die du bist, das die allumfassende Liebe ist, die du bist. Wenn wir nun dein Herz berühren möchten, so durchdringen wir alle diese Ebenen, die wir nannten, im Hier und Jetzt.

Wir möchten dich einladen, in dieser Zeit immer wieder in deinem Herzen zu sein, dich immer wieder daran zu erinnern, dass du Liebe bist, und diese Liebe auszudehnen und mit anderen zu teilen. Liebe heilt. Liebe ist. Liebe ist die Energie, die es jetzt, in dieser Zeit der Wandlung, benötigt, um die letzten Schritte auf dem Weg zur Vollendung, auf dem sich die Menschheit befindet, zu setzen. Liebe ist Hoffnung. Liebe ist Mut. Liebe ist in dir. Erlaube dir, Liebe zu sein, und begegne dir selbst in dieser Liebe. Jeden Tag aufs Neue betrachte dich mit den Augen der Liebe, und all das, was für dich an diesem Tag ist, segne in Liebe. Liebe ist Weisheit. Liebe ist Kraft. Liebe ist Ermächtigung im Hier und Jetzt. Liebe schenkt dir die Erfüllung deiner Wünsche, die in deinem Herzen ruhen.

Erlaube dir, dich zu lieben, erlaube dir, mit der Liebe zu dir selbst zu beginnen, und dann wird sie sich ausdehnen und ihre Kreise ziehen, so wie ein Stein, der ins Wasser fällt und dabei den ganzen See berührt. So bist du. Das ist deine Aufgabe. Dazu laden wir dich ein. Dabei begleiten wir dich. Liebe dich selbst im Hier und Jetzt. Sage dir selbst häufig etwas Liebevolles. Und erlaube dir bitte, dich immer wieder und immer wieder für die Liebe zu dir selbst zu entscheiden. Liebe ist bedingungslos. Und in dieser Form erlaube dir, dich selbst in den Arm zu nehmen, dich zu halten, dich zu tragen, dich zu trösten, dich zu motivieren, dich aufzufangen, dich zu nähren. Erkenne, dass du es wert bist, dich selbst zu lieben. Und so tue dieses jetzt und allezeit!

Wir sind Metatron. Wir sind Liebe. Wir lieben dich und segnen dich im Namen der Liebe. Erlaube dir, dich zu lieben. Jetzt! Wir danken dir für dein Sein. Amen.

Engel und Kinder

Die Anregungen im Folgenden sind eine Zusammenfassung der entsprechenden Kapitel aus den Büchern „Die Kinder der Neuen Zeit" und „Praxisbuch für die Kinder der Neuen Zeit", denn gerade auch im Umgang mit unseren Kindern stehen uns die Engel hilfreich zur Seite.

Wenn ich den Eindruck habe, dass es meinen Kindern nicht so gut geht, bitte ich deren Schutzengel, ihnen die Energien zur Verfügung zu stellen, die sie gerade benötigen, damit ein Ausgleich und eine Harmonisierung in ihnen Raum nehmen kann, so dass sie sich wieder wohl fühlen in der Gesamtheit, die sie sind. Wenn ich auf Reisen bin, oder auch meine Kinder unterwegs sind, bitte ich immer ihre Schutzengel, auf sie zu achten, damit sie in dieser Zeit behütet sind.

Als Kind hat mir meine Mutter immer meinen eigenen Schutzengel mit auf den Weg gegeben. Damals war das für mich so „normal", dass ich mir weder etwas dabei dachte, noch irgendwelche Fragen dazu stellte. Diese kamen erst viel später, als mir bewusst wurde, was bzw. wen meine Mutter mir da eigentlich mitgeschickt hatte. Und so habe ich es von ihr übernommen.

Bereits während der Schwangerschaft kann man mit dem Schutzengel des Ungeborenen Kontakt aufnehmen, um ihn zu fragen, was der neue Erdenbürger benötigt, damit er sich leicht entwickeln und sanft landen kann. Später dienen uns die Engel, um Spielzimmer, Kindergärten und Schulklassen mit der Energie von Liebe, Harmonie, Freude und Friede zu füllen, auf dass jeder, der darin ein und ausgeht, davon umhüllt und durchdrungen wird und sich davon nehmen kann, was er benötigt und was für ihn gerade stimmig ist.

Jetzt möchte ich dir noch einige Engel vorstellen, die du für deine Kinder rufen kannst und die euer gemeinsames Sein bereichern können.

- Den Engel der Liebe kannst du beispielsweise einladen, um deine Kinder in rosafarbenes Licht einzuhüllen. Er gibt ihnen das Gefühl, geliebt zu werden und zu sein und unterstützt die Auflösung von Spannungsfeldern und Konflikten.

- Der Engel der Fülle hilft in Kindergruppen, damit die Wahrnehmung von „Ich-bekomme-zu-wenig" oder „Ich-komme-zu-kurz" aufgelöst wird. Er unterstützt Geschwister, damit beispielsweise Eifersuchtsenergien geheilt werden können.

- Der Engel der Freude und der Leichtigkeit unterstützt uns, damit wir das Zusammenleben und das Hiersein auf dieser Erde freudiger erleben können. Er hilft uns, vieles nicht so schwer zu nehmen und Probleme nicht überzubewerten und steht uns zur Seite, um unseren Blick vermehrt auf unsere Qualitäten und Stärken zu lenken. Außerdem begleitet er Menschen, die sich in Übergangsphasen, wie beispielsweise der Pubertät, befinden, damit diese leichter gelebt werden können.

- Der Engel der Geborgenheit hilft Babys beim Ankommen auf dieser Erde und allen Familienmitgliedern, sich einfacher auf die veränderte Lebenssituation einzustellen. Er vermittelt Kindern das Gefühl des Angenommenseins, so dass sich Verhaltensauffälligkeiten verändern und beruhigen können.

- Der Engel der Harmonie steht uns zur Seite, um Energien auszugleichen, sowohl innerhalb unserer Kinder, als auch in den Familien und in äußeren Räumen.

- Erzengel Gabriel fördert die Konzentration und die Klarheit und hilft so beim Lernen. Gleichzeitig begleitet er unsere Kinder, damit sie leichter bei sich bleiben und aufgenommene Energien wieder abfließen lassen können.

- Erzengel Michael lässt die Kommunikation fließen und hilft so, vor Menschen zu sprechen und sich auszudrücken.

- Erzengel Raphael gleicht physische Disharmonien aus, beispielsweise fördert er die Auflösung von Blähungen und Verdauungsstörungen bei Kleinkindern.

- Erzengel Uriel unterstützt unsere Kinder, um ihre Ängste zu transformieren und ihren Mut zu entwickeln.

Diese Liste ist natürlich nicht vollständig, sondern soll dir wieder einmal nur als Impulsgeber dienen. Viele Kinder lieben es, mit Engelkarten zu spielen oder auch selbst welche zu gestalten und zu malen.

Vielleicht möchtest du mit deinen Kindern ja auch einmal einen Brief an die Engel schreiben, in dem all das steht, was du dir so sehnlichste wünschst und zu dessen Erfüllung du die Engel einladen möchtest? Oder du und deine Kinder haben Lust, eure Schutzengel zu malen, um die Bilder dann in eurer Wohnung aufzuhängen? Probiere es einfach aus, – aus meiner Erfahrungen heraus kann ich dir sagen, dass es nicht nur den kleineren Menschen Freude bereitet...

Ein Engel für alle Fälle

Gerade wenn du viel mit Engelkarten gespielt hast, weißt du, wie viele Engel es gibt, die dir zur Verfügung stehen und sich freuen, mit dir sein zu dürfen.

Ich persönlich schätze in diesem Zusammenhang sehr die Engelkarten von Findhorn aus dem Greuthof Verlag. Es sind sehr kleine Kärtchen, mit einem süßen Engel und einem Begriff dazu, wie beispielsweise Heilung, Licht, Liebe, Freiheit etc. Wenn ich wissen möchte, welcher Engel mich in nächster Zeit begleitet, welche Qualität ich entwickeln sollte und kann, dann ziehe ich eine Engelkarte und bekomme so die entsprechende Antwort darauf. So gibt es für jeden Anlass und für jede Gelegenheit einen zuständigen Engel, wenn du so willst. Ich möchte dir dazu ein paar Beispiele nennen.

- Wenn du mit dem Auto unterwegs bist, kannst du den *Engel des Parkplatzes* vorausschicken, um dir einen, für dich passenden, frei zu halten bzw. bis du kommst, frei zu machen. Das funktioniert wirklich sehr gut, auch in Innenstädten und ähnlichen Gegenden, in denen immer viel los ist und günstige Autoabstellplätze heiß begehrt sind.
- Du kannst den *Engel des Mutes* einladen, dich zu begleiten, damit du mehr und mehr in allen Situationen deines Lebens zu dem stehen kannst, was dir wirklich am Herzen liegt.
- Der *Engel der Gelassenheit* und der *Engel des Humors* dienen dir, um alltägliche Begebenheiten leichter annehmen zu können.
- Der *Engel der Motivation* hilft dir, Dinge anzugehen oder abzuschließen, die gerade zu erledigen sind und die dich vielleicht etwas Überwindung kosten.

- Der *Engel der Freiheit* wiederum hilft dir zu erkennen, dass die wahre Freiheit nicht von äußeren Umständen abhängig ist, sondern eine Wahrnehmung in dir, die er dir hilft zu entdecken.
- Der *Engel der Dankbarkeit* lenkt deine Aufmerksamkeit gerne auf alle Geschenke, die du vom Leben bereits erhalten hast und unterstützt dich, Zufriedenheit und Frieden in dir zu finden.
- Der *Engel der Zielstrebigkeit* dient dir, um etwas abzuschließen, was du dir vorgenommen oder begonnen hast. Er fördert deine Konzentrationsfähigkeit und Zentriertheit, um deinen Weg klar und konsequent gehen zu können.
- Der *Engel der Geburt* hilft bei jeder Form des Neubeginns, der Wandlung und des Übergangs in eine neue Welt, eine neue Dimension.
- Der *Engel der Hingabe* lehrt uns, alles so anzunehmen, wie es ist, und darauf zu vertrauen, dass es einem göttlichen Plan folgt, und hilft uns einfach, im Jetzt zu sein.

Weitere Engel, die dich auf diese Art und Weise begleiten können, sind beispielsweise der *Engel der Zuversicht*, der *Engel des Selbstvertrauens*, der *Engel des Mitgefühls*, der *Engel der Geduld*, der *Engel der Flexibilität* und der *Engel der Zärtlichkeit*.

Wie du siehst, kannst du dich wirklich für jeden Bereich deines Lebens an deine Engelgeschwister wenden. Es gibt nichts, was du sie nicht fragen oder wofür du sie nicht um Unterstützung bitten könntest. Probiere es einfach aus und erlaube dir, deine eigenen, engelhaften Erfahrungen mit ihnen zu machen!

Erzengelkristalle

Wenn ich mit Engeln zusammenarbeite, tue ich dieses häufig über und mit Kristallen. Ich persönlich nutze dazu hauptsächlich Kiria Deva Erzengelkristalle.

Kiria Deva ist ein atlantischer Kristalldeva, der zu Neumond, im Seminarzentrum Lichtgarten in Innsbruck (siehe Kontaktadresse am Ende des Buches), Bergkristalle mit einer speziellen Schwingung programmiert.

Zusätzlich zu dieser Kiria Deva Schwingung besteht die Möglichkeit, im Vorfeld eine Engelenergie in den Kristall zu speisen. Wenn du dich speziell für diese Kiria Deva Erzengelkristalle interessieren solltest, bitte ich dich an dieser Stelle, dich an Antan oder die Blaue Lichtburg zu wenden bzw. das Buch „Kiria Deva und das Kristallwissen von Atlantis" von Antan Minatti, das auch im Smaragd Verlag erschienen ist, zu lesen.

Ich liebe diese Kristalle, und sie sind mir sehr vertraut. Zusätzlich schätze ich an ihnen, dass ich sie nicht mehr zu reinigen brauche, was sehr hilfreich ist. Während ich dieses Buch schrieb, nahm ich zur Einstimmung für jedes Kapitel den entsprechenden Kiria Deva Erzengelkristall zur Hand. Dabei verband ich mich mit seiner Energie und ließ sie durch und über mich fließen.

So halte ich auch während Einzelsitzungen oder meinen Seminaren sehr gerne einen Engelkristall in der Hand. Das hilft mir, in der klaren Ausrichtung und der direkten Kommunikation mit der Geistigen Welt zu bleiben, wobei du dir beispielsweise Bergkristalle auch selbst mit der von dir gewünschten Engelenergie programmieren und sie so auf die vorgestellte Art und Weise nutzen kannst.

Dazu ist es wichtig, dich von dem Kristall, den du programmieren möchtest, finden bzw. dich von deiner Intuition zu ihm führen zu lassen, denn jeder Stein hat seine spezielle Aufgabe, und manche stellen sich zur Verfügung, um mit bestimmten E-nergien programmiert werden zu wollen. Wenn du ihn gefunden hast, dann reinige ihn bitte.

Nimm dazu einige bewusste Atemzüge und gehe in dein Herz. Dann rufe beispielsweise Gabriel und lade ihn ein, mit seinem Wind der Klarheit durch dein Herz und deine Hände zu dem Kristall und durch ihn zu wirken, bis er ganz rein und leuchtend und bereit ist, die Energie aufzunehmen, die du ihm gerne übergeben möchtest. Dann bedankst du dich bei Gabriel und entlässt ihn sozusagen wieder aus deinem Sein.

Dann bitte den Engel, mit dem du den Stein füllen möch-test, in dein Herz und lasse die Energie erneut über dein Herz und deine Hände in den Kristall fließen. Wenn dir deine Wahr-nehmung, wie auch immer diese ist, vermittelt, dass der Kristall „satt", er also vollkommen programmiert ist, bedankst du dich bitte auch bei diesem Engel und entlässt ihn aus deinem Sein. Abschließend kannst du dich noch bei deinem neuen Engelkris-tall bedanken und ihn segnen, und dann erde und zentriere dich bitte auf eine dir vertraute Art und Weise.

Dieser Stein behält die Information nun solange, bis du ihn, beispielsweise mit Hilfe von Gabriel, wieder reinigst, um ihn dann neu zu programmieren. Es gibt Menschen, denen es leicht fällt, Steine kraftvoll und klar mit bestimmten Programmie-rungen zu füllen. Ich gehöre nicht dazu. Ich kann es zwar, so wie jeder andere auch, doch meine Steine werden nie die Klar-heit der Information beinhalten, die sie haben können, wenn sie von jemanden programmiert werden, dessen Seele sich zum Beispiel diese Aufgabe gestellt hat und der auch das entspre-chende Potenzial mit sich bringt. Meine Qualitäten liegen woan-ders, und deshalb arbeite ich lieber mit bereits programmierten (Kiria Deva) Kristallen.

Wenn du nun einen mit Engelkräften programmierten Kris-tall trägst, egal ob du ihn selbst programmiert hast oder ob es ein anderer für dich übernommen hat, fördert dieses deinen Kontakt zu dem entsprechenden Engel und zu seinen Qualitäten.

Du kannst einzelne Engelkristalle auch in Räumen aufstellen und verteilen, sodass sich ihr Licht und ihre Schwingung darauf übertragen und ausdehnen, was nach Größe und Form des Kristalls ein bisschen unterschiedlich ist. Ich nutze beispielsweise Erzengelkristalle gerne für den Aufbau von Kraftfeldern (wiederum kannst du dir deine Kristalle dafür auch selbst programmieren). Dazu nehme ich am liebsten vier kleine stehende (Kiria Deva Erzengelkristall) Spitzen. Meist setze ich sie in Form eines Vierecks, je nachdem, wie groß ich das Kraftfeld bilden möchte, weiter voneinander entfernt oder enger zusammenstehend. Du kannst ein Kraftfeld zum Beispiel um deinen Schreibtisch errichten, in einem Raum in deiner Wohnung oder über dein gesamtes Haus. Während du den letzten Stein setzt, dehnt sich die Energie des Engels, dessen Kraft in den Kristallen ist, in dem Feld aus. Zusätzlich kannst du das Kraftfeld noch mit deinen Bitten, Anliegen, konkreten Anweisungen füllen. Das geschieht auch, während du den letzten Stein setzt.

So könntest du um dein Bett ein Raphael Kraftfeld mit der zusätzlichen Programmierung für einen harmonischen Schlaf und ein leichtes Erwachen am nächsten Morgen errichten. Oder du kannst ein Gabriel Kraftfeld um deinen Schreibtisch legen, mit der ergänzenden Programmierung, dass du leicht und konzentriert arbeiten und lernen möchtest. Oder du kannst ein Raphael Kraftfeld um deine Massagebank aufbauen, mit der zusätzlichen Programmierung, dass eine ganzheitliche Harmonisierung und Heilung aller Körper gefördert werden soll. Oder du bildest in einem Klassenzimmer ein Michael Kraftfeld mit der Programmierung, eine friedliche und kreative Kommunikation zu fördern. Du hast unzählige Möglichkeiten, mit und über Kraftfelder(n) zu wirken.

Ein Kraftfeld bleibt solange bestehen, solange du die Kristalle so stehen lässt, wie du sie beim Aufbau platziertest. Sobald du einen Stein entfernst, löst sich das Kraftfeld auf und du kannst es neu bilden. Dabei beachte bitte Folgendes: Wenn du beispielsweise Freude oder Frieden fördern möchtest, indem du ein Kraftfeld mit der entsprechenden Ausrichtung aufbaust, können in den Menschen, die sich darin bewegen, zuerst jene Aspekte ans Licht kommen, die in diesem Falle der Freude oder dem Frieden entgegenwirken. Das heißt, es kann zuerst zu einer Verstärkung der Energien kommen, die dich und den Menschen bisher hinderten, in die Freude und in den Frieden einzutreten. Das kannst du ein bisschen mit einer Erstverschlimmerung bei der Heilung mancher Disharmonien vergleichen. Falls nach kurzer Zeit keine Beruhigung und kein Wohlbefinden eintreten sollten, löse das Kraftfeld wieder auf.

Bitte denke daran, du bist verantwortlich für die Energien, die du aussendest, und folglich auch für die Kraftfelder, die du setzt. Deshalb tue dieses immer im Kontakt mit und unter der Führung deines Herzens. Wenn du dir diesbezüglich unsicher sein solltest, dann hole dir den Rat eines dir vertrauten Menschen, der deine Wahrnehmung bzw. dein Vorhaben bestätigen und überprüfen kann. Es geht in diesem Zusammenhang immer wieder um das Thema Ethik, wobei jeder Mensch seine eigene Ethik hat und diese auch entwickeln „muss", darf und soll. In der Verbindung mit deinem Herzen weißt du genau, was du wann tun kannst und sollst und wann nicht. Höre auf die Stimme deines Herzens, dann passt es auch für alle anderen Wesen in diesem Universum.

Wie wichtig es ist, deine Entscheidung mit deinem Herzen zu prüfen und aus deinem Herzen zu treffen, da man nichts verallgemeinern sollte, kann dir vielleicht das nächste Beispiel verdeutlichen.

Eine Freundin probierte ein Kraftfeld für friedliches Einschlafen und leichtes Erwachen aus. Da sie sehr sensibel auf Kristallenergien reagiert, konnte sie in dieser Nacht noch weniger schlafen als sonst.

Eine weitere Anwendungsmöglichkeit für ein Kraftfeld ist, dass du dadurch einen geschlossenen Raum errichten kannst, aus dem eine Energie nicht ausstrahlen kann. Das kannst du beispielsweise bei einem Stromleitungsmast oder einer Mikrowelle ausprobieren, indem du ein Gabriel oder ein Michael Kraftfeld darum errichtest. Falls du ein Kraftfeld nicht direkt am betreffenden Ort errichten kannst, hättest du die Möglichkeit, es auch zu Hause bei dir auf deiner Fensterbank aufzubauen. In der Mitte der Kristalle würde dann ein Blatt mit dem Namen des Ortes oder ein Bild davon liegen. Während du die Kristalle darum aufstellst, kannst du sowohl die Größe des Kraftfeldes angeben, was sich alles darin befinden soll, also sozusagen eine zusätzliche Programmierung hineingeben. Wie lange du ein Kraftfeld stehen lassen möchtest, hängt von deiner Absicht und deiner Intuition ab. Ich persönlich arbeite, wie gesagt, viel mit Kraftfeldern und deshalb spüre ich auch deutlich ihre Wirkung. Aber sicher gibt es auch Menschen, die damit nicht so viel anfangen können, für die das Wirken mit Kraftfeldern nicht stimmig ist und die dementsprechend weniger dabei wahrnehmen. Probiere es einfach aus, kann ich an dieser Stelle nur wieder einmal sagen, und dann kannst du dich selbst entscheiden, ob es dir Freude bereitet, mit und über Kraftfelder mit Engelkräften zu arbeiten oder nicht. Ein Versuch lohnt sich allemal!

Engeltore und Lichtsäulen

An dieser Stelle möchte ich dir noch ein leichtes, alt bewährtes Handwerkszeug mit auf den Weg geben: Engeltore und Lichtsäulen.

Ich wende diese gerne in meinen Wohnräumen an, um sie zu harmonisieren auf eine Art und Weise, die für mich und meine Familie, aber auch für die Naturwesen und für den Ort selbst, an dem wir leben, stimmig ist. Wie man Lichtsäulen erstellt, habe ich bereits im Buch *Kinder der Neuen Zeit* beschrieben, das ebenso im Smaragd Verlag erschienen ist.

Engeltore sind vor allen Dingen bei Fenstern, Türen und Eingängen beliebte energetische Unterstützungen. Du errichtest sie mit der Hilfe der folgenden Meditation:

☆☆☆

Bitte erlaube dir, dich zu entspannen, zentriere dich und sei dir deiner Einheit mit der Erde bewusst. Nun gehe mit deiner Aufmerksamkeit in dein Herz, so wie du es schon von unzähligen anderen Anregungen her kennst. Als nächstes lädst du die Energie des Engels, den du bitten möchtest, das Engeltor zu errichten, zu dir in dein Herz ein. Wenn du ein Friedenstor aufbauen willst, könntest du Michael bitten, für ein Tor der Freude Chamuel, für eine Tür der Transformation Zadkiel usw.

Wenn du die Anwesenheit des Engels in deinem Herzen wahrnimmst, lasse seine Energie zu der betreffenden Tür bzw. zu dem Fenster strömen. Dabei gibst du der Engelenergie deinen Auftrag weiter, das heißt, du sagst ihr, wo sie bitte Raum nehmen soll und für wie lange. So bittest du Michael beispielsweise, zwei seiner Emanationen zu deiner Bürotür zu entsenden. Wenn du nun wahrnimmst, dass die Engel (einer an der linken Seite der Tür und der andere an der rechten) ihren Platz eingenommen haben, bildet sich dadurch ein Energiebogen, ein Energiefeld, durch das jeder Mensch und jedes Wesen, der und das durch diese Türe geht, schreitet. Jeder kann sich dabei von der Engelenergie „nehmen", was er gerade will, benötigt und was ihm gut tut. Nun hörst du auf, die Energien zu fluten, bedankst dich bei dem Engel und entlässt ihn wieder aus deinem Herzen. Abschließend erdest und zentrierst du dich auf eine dir vertraute Art und Weise, um wieder vollkommen präsent im Hier und Jetzt zu sein.

Welchen Engel du für das Tor wählen möchtest, kannst du durch und über die Führung deines Herzens und deiner Intuition entscheiden. Ich persönlich liebe es, die Engelenergie in der Materie noch einmal mit der Hilfe von zwei Kristallen zu verankern, die ich jeweils links und rechts bei der Tür und dem Fenster positioniere. Das kannst du natürlich auch tun, ist aber nicht nötig. Ich wähle dafür am häufigsten Kiria Deva Erzengelkristalle. Du kannst dazu aber auch beispielsweise zwei Bergkristallspitzen nehmen, die du dir selbst, mit der entsprechenden Engelenergie, programmiert hast. Du hast weiterhin die Möglichkeit, dir dafür zwei der Steine zu wählen, die dem Engel zugeordnet werden, das heißt, du könntest zum Beispiel bei deinem Michaeltor zwei kleine blaue Topase hinlegen.

Nun zu den Lichtsäulen: Sie können sehr hilfreich sein, um die Energie der Harmonie oder auch des Friedens oder der Liebe, der Freude etc. in einem Raum gleichmäßig einfließen zu lassen. Sie eignen sich beispielsweise für Wohnzimmer, Schlafräume, Geburtszimmer, Aufenthaltsräume, Besprechungszimmer, Klassenzimmer, Krankenhäuser oder andere öffentliche

Einrichtungen, mit denen du im Kontakt und in der Berührung bist. Du baust die Lichtsäulen mit Hilfe der folgenden Meditation auf:

☆☆☆

Erlaube dir bitte, einige Male bewusst zu atmen, erde und zentriere dich und dann gehe mit deiner Aufmerksamkeit in dein Herz. Dann lädst du bitte wieder die Energie, die du für die Errichtung deiner Lichtsäule nutzen möchtest, zu dir in dein Herz ein. (Im Anschluss findest du noch einige Beispiele dafür). Wenn du wahrnimmst, dass die Energie in deinem Herzen angekommen ist, lasse sie mit Hilfe deines Atems über dein Herz und deine Hände dorthin fließen, wo du die Lichtsäule errichten möchtest. Erlaube dir dabei, die Lichtsäule so groß oder klein, hoch oder tief zu machen, wie du es willst. Wenn sie kraftvoll steht, leuchtet und strahlt, bedankst du dich bitte bei der Energie, mit der du sie errichtet hast, hörst auf, sie zu fluten und entlässt sie über deine Hände und dein Herz wieder vollkommen aus deinem System. Abschließend erdest und zentrierst du dich bitte wieder auf eine dir vertraute Art und Weise, um vollkommen im Hier und Jetzt zu sein.

☆☆☆

Wenn du die Lichtsäule nicht fixierst, löst sie sich nach einiger Zeit wieder von selbst auf. Wenn du das nicht möchtest, kannst du vor dem Erden und Zentrieren mit einem mentalen, zielgerichteten Gedanken eine goldene Acht auf den Boden in die Mitte der Lichtsäule setzen. Dadurch bleibt sie bestehen, bis du die goldene Acht wiederum durch einen klaren Gedanken und deine dementsprechende Absicht zurückziehst und auflöst. Welche Energie du für die Errichtung einer Lichtsäule nutzen möchtest, entscheide bitte wieder in der Einheit und unter der Führung deines Herzens.

Das könnte beispielsweise grünes Licht und Meister Hilarion für Harmonie und Heilung sein, Meister Kuthumi und gelbes Licht für Freude, rosafarbenes Licht für Selbstliebe, Gabriel für Klarheit und Konzentration, Michael für Frieden etc.

An dieser Stelle liegt es mir am Herzen, noch einmal kurz etwas über Ethik zu sagen: Je mehr Wissen du hast, desto größer ist auch deine Verantwortung. So bist du auch für die Energien, die du aussendest oder mit denen du etwas errichtest, verantwortlich. Deshalb solltest du dir bewusst sein, was du tust. Damit dir das gelingt, dient dir der klare Kontakt zu deinem Herzen, zu deinem göttlichen Sein, zu deinem Hohen Selbst, wie auch immer du die Quelle allen Seins in dir bezeichnen möchtest. Dein Herz, dein göttliches Sein, gibt dir klare Anweisungen, was stimmig ist und was nicht, wann etwas zu tun und wann etwas sein zu lassen ist, und zwar zum Wohle aller Beteiligten. Wenn du die Stimme deines Herzens verstehen kannst, gibt es auch keine Angst und Unsicherheit, keine Zweifel, keine Manipulation oder Ähnliches. Wenn du in der Führung deines Herzens bist, ist alles ganz einfach.

Es ist die Aufgabe eines jeden Menschen in dieser Zeit, sich mehr und mehr auf die Impulse der eigenen Göttlichkeit einzulassen, sie wahrzunehmen und ihnen zu folgen, und uns allen fällt es einmal ganz leicht, und manchmal braucht es vielleicht ein paar Anläufe, bis wir sie wirklich klar vernehmen und ihnen auch Vertrauen schenken können und wollen. Dass es uns bei anderen Menschen immer viel leichter fällt, zu erkennen, was ihre göttliche Stimme ihnen mitteilt, ist, glaube ich, vielen von uns bekannt. Zumindest muss ich gestehen, dass ich bis dato noch niemanden getroffen hätte, einschließlich mir selbst natürlich, bei dem es anders gewesen wäre. Falls du dir mit und im Kontakt mit deinem Herzen deines Hohen Selbst noch nicht sicher sein solltest und dir die Anregungen dazu aus diesem Buch nicht genügen, kannst du in meinen „Altwerken" nachblättern, in denen du Übungen und Impulse findest, um die Stimme deines Herzens besser wahrzunehmen. Doch es gibt natürlich auch genügend andere Bücher oder Seminare zu diesem Thema. Finde deinen Weg der Liebe und gehe ihn!

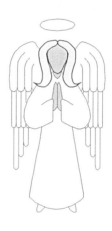

MMM (Melchisedek-Metatron-Michael)

MMM heißt in diesem Fall nicht *Mars macht mobil*, wie du es vielleicht aus der Werbung kennst, sondern Melchisedek-Metatron-Michael.

Vielleicht hast du schon von der kraftvollen Energie gehört, die die Vereinigung dieser drei Engel zugeschrieben wird. Sie stehen für Weisheit, Liebe und Ermächtigung. Somit fördern sie den liebevollen Gebrauch deiner Kraft, deiner Vollmacht und den weisen Ausdruck deiner Liebe. Gemeinsam bilden diese drei Engel so etwas wie ein Kraftfeld, das dir dienen möchte. Ich glaube, dass ich das erste Mal vor fast zehn Jahren in einem Buch von Solara von diesen drei Engeln bzw. von ihrer gemeinsamen Kraft gelesen habe. Seither begleiten sie mich immer wieder in dieser Verbindung. Sie bilden eine Triangulation, die beispielsweise deinen Solarplexus stärkt, um das zu sein, was du bist. Sie helfen dir auch, diesen mit deinem Herzen zu vereinen.

Das ist für einige Menschen nach wie vor in dieser Zeit ein wichtiges Thema, wenn sie immer noch Angst vor ihrem Licht, ihrer Größe und ihrer Stärke haben oder das Gegenteil davon leben, immer nur auf sich bedacht sind, aus der tiefen Unsicherheit heraus, ihr Herz erneut zu öffnen, denn sie könnten dadurch wieder verletzt werden.

Nun folgen einige Anregungen, wie du die Energie dieses Kraftfeldes der drei Engel für dich nutzen kannst. Wenn drei Kiria Deva Erzengel Kristalle oder drei Bergkristalle, die du selbst mit der Energie von Melchisedek, Metatron und Michael programmiert hast, in deiner Nähe sind, ist es möglich, diese als ein Dreieck aufzustellen und dich in die Mitte zu setzen. Dadurch baut sich, wie du ja wahrscheinlich schon weißt, ein Kraftfeld mit diesen Energien auf. Während du in diesem Engelenergiefeld bist, kannst du nun einen tiefen und bewussten

Atemzug nehmen, dich entspannen und in dein Herz gehen. Erlaube dir, dass die Weisheit, die Liebe und die Ermächtigung der Engel durch dich fließen und dich stärken, ausgleichen und harmonisieren dort, wo du diese Energien im Hier und Jetzt benötigst.

Erlaube dir wahrzunehmen, wie Melchisedek, Metatron und Michael um dich sind und lasse ihr Licht durch dich wirken, solange du das möchtest. Auch dieser Energiefluss fördert deine Erinnerung an und deine Ausrichtung auf dein göttliches Sein.

Du kannst jetzt auch weiter in den Kontakt mit anderen Engeln gehen, denn gleichzeitig ist die Verbindung von Melchisedek, Metatron und Michael wie ein Tor in das Engelreich, durch das du jederzeit eintreten kannst. Wenn du in dem Kraftfeld dieser drei Engel bist, ist es so, als wärest du in einem Raum, in den du nun andere Engel einladen kannst, um sich mit dir auszutauschen.

So ist es beispielsweise möglich, dass du zuerst die drei MMMs durch dich fließen lässt, solange du möchtest. Dann nimmst du einen weiteren bewussten Atemzug und lädst einen anderen Engel zu dir ein, dessen Liebe du um Unterstützung bitten möchtest. Das kann dein Schutzengel sein, Haniel, Raphael, Uriel etc.

Nimm bitte auf deine eigene Art und Weise wahr, dass dieser Engel zu dir in deinen Raum kommt und dich begrüßt. Nun kannst du mit ihm in einen Dialog gehen und deine Bitten und Anliegen übergeben. Wenn es für dich stimmig ist, bedankst du dich bei ihm und entlässt ihn wieder aus diesem Kraftfeld.

Wenn du deinen Kontakt mit den Engeln lieber über Engelkarten vertiefen möchtest, kannst du dieses auch ausprobieren, indem du dich vorher in das Melchisedek-Metatron-Michael-Kraftfeld setzt, deine Karten zur Hand nimmst und sie entsprechend zu deinen Fragestellungen ziehst, um so in den Austausch mit den Engeln zu gehen. Gestalte deine Kommunikation mit den Engeln so, wie es dir vertraut ist und dir den Zugang und den Kontakt erleichtert.

Und, wie gesagt, ist es natürlich auch möglich, „nur" die drei MMMs auf und durch dich wirken zu lassen, solange du möchtest. Folge auch in diesem Falle deiner Intuition und der Führung deines Herzens. Wenn du dich rund und satt fühlst und es für dich stimmig ist, dann bedankst du dich bitte auch bei den drei Engeln und löst das Kraftfeld auf, indem du die Kristalle zur Seite stellst. Im Anschluss daran erde und zentriere dich bitte auf eine für dich bewährte Art und Weise. Bitte wisse, dass Geerdetsein, Zentriertsein, Präsentsein im Hier und Jetzt auch Ausdruck für übernommene Selbstverantwortung und gelebte Selbstliebe sind, denn das vergessen einige Menschen immer wieder, die dann nach den Meditationen und den Berührungen mit der Geistigen Welt nicht gerne zurückkommen. Das ist nicht der Sinn der Sache, wie es so schön heißt, wenn du verstehst, was ich meine.

Eine andere Möglichkeit, mit der ich häufig mit Melchisedek, Metatron und Michael „spiele", ist die folgende, die mir hilft, leichter bei mir (in meiner Mitte, in meinem Herzen) zu bleiben und bei Bedarf wieder schneller zu mir zurückzukommen. Sie unterstützt mich, in mir Klarheit zu schaffen, um klar zu sein und mich auf meinen Weg, mein Ziel, meine Vision des Herzens auszurichten. Sie schenkt Selbstvertrauen und Selbstsicherheit.

☆☆☆

Dazu möchte ich dich einladen, es dir jetzt noch einmal bequem zu machen und dich zu entspannen. Erlaube dir, einige bewusste Atemzüge zu nehmen und gehe mit deiner Aufmerksamkeit in dein Herz. Nun erlaube dir bitte, vor dir, auf der Höhe deines Herzens und deines Solarplexus, ein goldenes Dreieck mit der Spitze nach oben zu visualisieren. An jedem Eckpunkt kannst du dir noch ein großes, gold leuchtendes M vorstellen oder auch den Namen des Engels, wobei es egal ist, welcher Engel an welcher Spitze steht. Nun atme das Dreieck in dich ein. Lasse es bitte ausstrahlen und wirken und nimm dabei wahr, dass sich die Energie und die Qualitäten, das Licht und die Liebe der Engel in der Gesamtheit, die du bist, ausdehnen, um dich wiederum zu stärken und zu harmonisieren, wo auch immer du dieses benötigen solltest. Je mehr du die Weisheit, die Liebe und die Ermächtigung der Engel in dir aufgenommen und integrierst hast, umso mehr löst sich das goldene Dreieck in dir auf. Wenn es nicht mehr ist, spüre bitte der Veränderung in dir nach, bedanke dich bei Melchisedek, Metatron und Michael und komme mit deiner Aufmerksamkeit vollkommen ins Hier und Jetzt zurück, was bedeutet, dass du dich bitte wieder, auf eine dir vertraute Art und Weise, erdest und zentrierst.

Du kannst dir dieses goldene Dreieck, mit den Engelnamen an den Ecken, oder einfach nur MMM, natürlich auch auf ein Blatt Papier malen und es an einer Stelle in deinem Umfeld befestigen, wo du es häufig siehst. Jedes Mal, wenn dein Blick darauf fällt, kannst du kurz innehalten, bewusst durchatmen und die Energie, wofür es steht, in dich aufnehmen und wirken lassen. So erinnerst du dich im Hier und Jetzt ganz einfach an deine göttliche Ermächtigung und an deine Liebe, die du bist. Auf diese Art richtest du dich während deiner Arbeit, während Gesprächen, während alltäglicher Erledigungen und Ähnlichem mehr, immer wieder auf dein wahres göttliches Wesen aus. Probiere es einfach aus, wenn du möchtest. Es hilft in dieser Zeit des Umbruchs, um dich immer wieder als das liebevolle und ermächtigte, göttliche Bewusstsein zu erfahren, das du tief in dir bist.

Engel begleiten die Seele

Engel sind bei jedem Übergang und Neubeginn anwesend, um die Seele zu begleiten. Das heißt, wenn ein Kind geboren wird, sind immer Engel mit im Raum, und genauso, wenn eine Seele sich entschließt, diesen Körper zu verlassen.

Welche Engel es, außer dem Schutzengel, noch sind, ist unterschiedlich und hängt davon ab, zu welchen Engeln die Seele am meisten Nähe verspürt.

Wenn du nun wahrnimmst, dass eine Seele sich von ihrem physischen Körper verabschieden möchte, kannst du ihr noch zusätzlich weitere Engel zur Seite stellen. Wenn ich davon weiß und darum gebeten werde, bei diesem Übergang zu helfen, bitte ich häufig Michael, diesen Menschen zu begleiten, damit er noch abschließen kann, was auch immer für ihn noch zu vollenden ist, er dadurch Frieden findet und zu dem, für seine Seele stimmigen Zeitpunkt, sanft wechseln kann. Zusätzlich bitte ich Michael dann meist auch noch, Partner, Kinder, Angehörige, Verwandte und Bekannte dieses Menschen ebenso zu unterstützen, damit sie mit ihm ebenfalls abschließen können, was noch offen ist, sie ihn leichter gehen lassen können und der Schmerz des Abschiedes nicht zu groß ist, weil sie erkennen dürfen, dass es letztendlich keine Trennung gibt.

Michael ist für mich also der Engel, der auf diese Reise vorbereitet. Wenn ich wahrnehme, dass der Aufbruch ganz nahe ist oder vor kurzem gerade stattgefunden hat, lade und bitte ich Raphael und Metatron mit hinzu, um die Seele zu begleiten. Raphael stellt dabei sein grünes Licht der Heilung zur Verfügung, sodass vor allen Dingen in diesem Fall, in dem Emotionalfeld des Menschen, noch Heilsames geschehen kann. Metatron umarmt ihn einfach und liebt ihn.

Nachdem eine Seele den physischen Körper verlassen hat, verbleibt sie meist noch einige Zeit in seiner Nähe. Falls sie sich dann nicht selbst davon lösen kann, um weiter ins Licht zu reisen, lade ich, in Absprache mit meinem Herzen und der Geistigen Welt, die Elohim und Seraphim ein, einen Lichtkanal zu bilden, in den ich die Seele mit den vorher genannten Engeln bitte einzutreten.

Die Elohim und Seraphim sind Engel des Übergangs und zeigen sich mir immer im weißen Licht. Wenn die Seele nun gemeinsam mit den Engeln in diesem Lichtkanal aufgestiegen ist, bedanke ich mich bei den Elohim und Seraphim und entlasse sie wieder in ihr Reich. So kannst du erdgebundene Seelen aus der unteren Ebene der vierten Dimension in die lichte begleiten.

In der lichten Ebene der vierten Dimension trifft die Seele auf ihre Geistführer, feinstofflichen Geschwister, Aufgestiegene Meister und andere Engelwesen. Gemeinsam mit ihnen entscheidet sie dann über ihren weiteren Weg beispielsweise ob sie so schnell wie möglich wieder auf diese Erde kommen oder an einem anderen Ort in diesem Universum ihre Erfahrungen sammeln möchte. Dementsprechend reist sie dann über die vierte Dimension weiter hinaus.

Die vierte Dimension ist eine Durchgangsebene. Jede Seele, die auf diese Erde kommt oder von dieser Erde geht, wandert durch die vierte Dimension. Wenn eine Seele als erdgebunden bezeichnet wird, so bedeutet dieses, dass sie mit ihrem emotionalen Körper an der Materie festhält, beispielsweise weil ihre Persönlichkeit noch nicht erkannt hat, dass sie bereits in eine andere Dimension gewechselt ist. Es kann aber auch sein, dass die Seele noch eine Botschaft oder Aufgabe zu erfüllen hat. Manches Mal brauchen diese Wesen dann Starthilfe, um weiter reisen zu können, und deshalb helfen ihnen Menschen immer wieder, beispielsweise in Zusammenarbeit mit den Elohim und Seraphim, ins Licht zu gehen, da sie es aus sich selbst heraus häufig nicht mehr können würden. Das ist eine Form der Heilungsarbeit innerhalb und für die vierte Dimension, die auch zu unserem Weg des Aufstiegs in die Fünfte Dimension gehört.

Einige Menschen haben es sich zur Aufgabe gemacht, als Teil ihres Seelenplans erdgebundene Seelen ins Licht zu begleiten bzw. an der Heilung der vierten Dimension mitzuwirken. Falls du immer wieder in der Begegnung mit verstorbenen Menschen (außerhalb deines eigenen familiären Umkreises) sein solltest, könnte dieses der Hintergrund dafür sein. Falls du dich dabei nicht sicher oder wohl fühlen solltest, lasse dich bitte entsprechend informieren und schulen, denn es gibt genügend Möglichkeiten dafür und keinen Grund, ängstlich zu sein. Seelen in dieser oder jeglicher anderen Form zu begleiten, ist eine sehr erfüllende Tätigkeit, falls es deine Bestimmung sein sollte.

Die Engel Michael, Raphael und Metatron begleiten natürlich auch Tiere oder andere Lebewesen bei ihrem Wechsel in andere Dimensionen.

Bitte folge auch hier wieder der Stimme deines Herzens und vertraue deiner Intuition, welcher Engel wem zur Seite stehen kann, damit es zum Wohle aller Beteiligten ist. Wenn du dir dessen nicht ganz sicher sein solltest, dann hole dir durch den Austausch mit einem anderen Menschen die Bestätigung, die du benötigst und die dir gut tut.

Fragen und Antworten

Warum muss ich wissen, welcher Engel wofür zuständig ist? Warum kann ich nicht einfach sagen, dass sich derjenige, der am besten für das jeweilige Anliegen geeignet ist, sich darum kümmern soll?

Wenn dir das lieber ist, so hast du die Freiheit, es so zu tun. Es gibt Menschen, die es genau wissen möchten, wer wofür zuständig ist, weil das in ihnen das Vertrauen in die Erfüllung ihres Wunsches stärkt. Die Engel an sich tauschen sich untereinander ohnehin aus, ergänzen und unterstützen sich gegenseitig bei der Umsetzung menschlicher Bitten. Gestalte die Kommunikation mit den Engeln so, dass sie für dich stimmig, leicht und einfach ist.

Ist mein Schutzengel beleidigt, wenn ich mich lieber mit einem anderen Engel unterhalte?

Nein, das ist er nicht. Engel haben kein emotionales Kleid wie wir Menschen und fühlen deshalb auch nicht in dieser Form. So kennen sie keinen Neid und keine Konkurrenz und Ähnliches mehr. Dein Schutzengel liebt dich bedingungslos, egal, mit wem du kommunizierst und sprechen möchtest.

Gibt es die Möglichkeit, dass ein verstorbener Mensch zu meinem Schutzengel wird und mich als Schutzengel begleitet?

Es kann sein, dass dich ein verstorbener Mensch, aus Liebe zu dir, weiter begleitet und dich weiter unterstützen möchte. Du kannst seine Energie als sehr liebevoll und hilfreich wahrnehmen, und deshalb erinnert er dich an einen Schutzengel.

Unabhängig davon hast du einen Schutzengel aus den Engelreichen an deiner Seite, der dich weiterhin durch dein Leben begleitet, selbst wenn du ihn nie bewusst wahrnehmen solltest. Dein Schutzengel wird durch die Erweiterung deines feinstofflichen Teams durch die Seele des verstorbenen Menschen nicht entlassen und arbeitslos. Die Seele nimmt auch nicht seinen Platz ein, sie ergänzen sich, um gemeinsam an deiner Seite zu sein und dich zu unterstützen.

Hatten die Erzengel Inkarnationen auf dieser Erde?

Darüber scheiden sich die (menschlichen) Geister. Wähle für dich die Antwort, die für dich stimmig ist.

Ich persönlich habe noch keinen inkarnierten Erzengel getroffen, wohl aber Engel, die sich manifestiert, Körper verdichtet und geformt und wieder aufgelöst haben. Lasse dich von scheinbaren Widersprüchen nicht verwirren, sondern erkenne die Einheit in Allem-was-ist und höre darauf, was dein Herz im Hier und Jetzt als für dich stimmig erachtet. Jedes Buch, jede Aussage ist auf eine bestimme Zielgruppe und auf eine bestimmte Zeitqualität bezogen. Es kann hilfreich sein, zu erkennen, für wen eine Botschaft bestimmt ist.

Weiterhin spricht die Geistige Welt in Bildern, über Symbole und durch sehr viele Gleichnisse mit uns. Auch an dieser Stelle möchte ich dich bitten, nicht an den Worten festzuhalten, sondern darauf zu achten, was sie aussagen möchten, was hinter den Worten, Bildern und Symbolen ist. So wirst du, auf den zweiten Blick, viel mehr Übereinstimmungen zwischen unterschiedlichen Botschaften erkennen als auf den ersten.

Kann ich anderen einen Engel senden, ohne sie zu fragen?

Wenn es für dein Herz stimmig ist und du ihnen dadurch einen Impuls der Heilung, der Liebe, des Friedens oder der Harmonie zur Verfügung stellen möchtest: Ja, weil so die anderen ihren freien Willen behalten, selbst zu entscheiden, ob sie das Angebot annehmen möchten, wie viel davon und in welcher Form. Das heißt, du stellst einen Engel lediglich zur Verfügung, was der betreffende Mensch daraus macht, oder auch nicht, liegt nicht in deiner Hand.

Was ist ein Landschaftsengel?

Das ist ein Wesen, das einem sehr großen Deva, also einem Wesen aus dem Reich der Natur, gleicht. Er hütet einen bestimmten Landstrich, wie beispielsweise eine Bucht oder etwas Ähnliches.

Was ist mit dem Krieg, der zwischen den Engeln sein soll und in einigen Büchern erwähnt wird?

Er ist vorbei, das betont die Geistige Welt immer wieder. Für mich stehen diese Erzählungen stellvertretend für die Entwicklung dieses Universums, das sich mehr und mehr in der Dichte und in der nicht geheilten Dualität erfahren wollte. Der Kampf zwischen Gut und Böse fand auch in den Engelreichen seine Entsprechung. In den Engelreichen ist schon lange wieder Frieden. Je weiter wir Menschen den Weg der geheilten Dualität gehen, umso mehr wird auch bei uns, auf der Erde, der Friede wieder sichtbar und gelebt.

Wenn die Einteilungen der Engel sozusagen willkürlich sind, warum ist es dann nicht egal, welchen Engel ich beispielsweise welchem Element zuordne?

Im Grunde tragen alle Engel alle Elemente in sich, das ist richtig. Wenn viele Menschen das gleiche denken, wenn viele Menschen beispielsweise Michael dem Element Wasser zuordnen, bekommt dieses innerhalb des Morphogenetischen Feldes eine bestimmte Prägung, eine bestimmte Gewichtung und Ladung. Dadurch kommt eine große Menge an Energie zusammen, die du als Kraft bezeichnen kannst. Da du ein Teil des Morphogenetischen Feldes bzw. mit ihm verbunden bist, hast du zu diesem Kraftpotenzial, das sich aufgebaut hat, freien Zugang, sobald du Michael auch mit dem Element Wasser in Verbindung bringst. Wenn du nun eine Zuordnung wählst, die nicht so häufig benutzt wurde, steht dir, über das Morphogenetische Feld, nicht so viel Energie zur Verfügung, denn diese würde sich erst über einige Zeit, durch einen regelmäßigen Gebrauch aufbauen. Das gilt auch für Symbole, Rituale, Texte etc., was Auswirkungen auf ihre Wirksamkeit hat. Wenn du nun ein Symbol für dich nutzen möchtest, ist es in dieser Zeit der noch nicht ganz geheilten Dualität, um es einmal so zu formulieren, empfehlenswert zu betrachten, wofür es bisher angewandt wurde, denn diese Informationen fließen über das Morphogenetische Feld mit ein, wenn du dich mit dem Zeichen beschäftigst und damit wirken möchtest. Das ist einer der Gründe, warum es manchmal doch (noch) hilfreich und sinnvoll ist, allgemein gültige und altbewährte Zuordnungen und Anregungen zu übernehmen, was uns jetzt gleich zum nächsten Kapitel führt.

Übersicht

Weil unser mentaler Körper Übersichten und Einteilungen liebt, möchte ich ihm an dieser Stelle etwas Gutes tun, indem ich den jeweiligen Engel nenne, der den sieben Strahlen zugeordnet ist.

- Der erste Strahl ist blau. Michael dient ihm, dessen Name „Wer ist Gott?" bedeutet. Seine Eigenschaften sind die Verinnerlichung von Glauben, Frieden und den Willen Gottes zu erkennen und zu leben. Sein Tag ist der Sonntag, und sein Planet die Sonne. Das Metall, das ihm zugeordnet wird, ist das Gold und seine Steine sind der blaue Topas, der Aquamarin, der blaue Saphir und der Coelestin.
- Der zweite Strahl ist gelb, ihm wird Jophiel zugeordnet. (Ein Engel, mit dem ich ganz wenig Kontakt habe, wie dir wahrscheinlich schon aufgefallen ist, denn sonst hätte er sich in den vorangegangenen Seiten zu Wort gemeldet.) Sein Name bedeutet „Gott ist meine Wahrheit". Seine Qualitäten sind Beständigkeit, Weisheit, Fortschritt und Erleuchtung. Sein Tag ist der Montag, sein Planet der Mond und sein Metall das Silber. Seine Edelsteine sind der Goldtopas, der Citrin und der Bernstein.
- Der dritte Strahl ist rosa, ihm wird Chamuel (und manchmal auch Haniel) zugeordnet. Chamuel bedeutet „Gott ist mein Ziel". Seine Eigenschaften sind bedingungslose Liebe, Freiheit, Mildtätigkeit, Barmherzigkeit und Mitgefühl. Sein Tag ist der Dienstag, sein Planet Mars, sein Metall Eisen. Sein Stein ist der Rosenquarz.
- Der vierte Strahl ist weiß. Gabriel dient ihm. Sein Name bedeutet „Gottes Kraft". Seine Qualitäten sind Hoffnung, Reinheit, Erneuerung, Klarheit und die Vermittlung von Botschaften. Sein Tag ist der Mittwoch, sein Planet Merkur, sein

Metall Quecksilber. Die Steine, die ihm zugeordnet werden, sind der Diamant und der Bergkristall.

- Der fünfte Strahl ist grün, und Raphael dient ihm. Sein Name bedeutet „Gott heilt". Seine Qualitäten sind Heilung, Wahrheit und der Weg des Herzens. Sein Tag ist der Donnerstag, sein Planet Jupiter und sein Metall Zinn. Seine Edelsteine sind Smaragd, Malachit und grüner Turmalin.
- Der sechste Strahl ist rubinrotgold, und Uriel dient ihm. Sein Name bedeutet „Feuer Gottes". Seine Qualitäten sind Liebe im tätigen Tun, Selbstlosigkeit und Gnade. Sein Tag ist der Freitag, sein Planet die Venus und sein Metall Kupfer. Seine Edelsteine sind der Rubin, der Granat, der Karneol und der Feueropal.
- Der siebte Strahl ist violett, und Zadkiel dient ihm. Sein Name lautet „Wohlwollen Gottes". Seine Eigenschaften sind Transformation, Befreiung, Gerechtigkeit und Ausgleich. Sein Tag ist der Samstag, sein Planet der Saturn, sein Metall das Blei. Seine Edelsteine sind der Amethyst, der Sugilith und der violette Fluorit.

Metatron und Melchisedek, Ariel und meist auch Haniel werden innerhalb dieser Sieben-Strahlen-Lehre keinem Strahl zugeordnet. Dafür gibt es wieder andere Modelle, in denen sie ihren Platz haben. Dennoch hoffe ich, dass du aufgrund der vorangegangenen Kapitel Möglichkeiten der Begegnung und der Kontaktaufnahme zu Metatron, Melchisedek, Ariel und Haniel finden kannst, falls sie dich ansprechen sollten, auch wenn du sie hier in dieser Aufzählung nicht entdecken kannst.

Strahl	Farbe	Engel	Bedeutung des Namens	Eigenschaften	Tag	Planet	Metall	Steine
1.	Blau	Michael	Wer ist Gott?	Verinnerlichung von Glauben, Frieden und den Willen Gottes zu erkennen und zu leben.	Sonntag	Sonne	Gold	blauer Topas, Aquamarin, blauer Saphir, Coelestin
2.	Gelb	Jophiel	Gott ist meine Wahrheit	Beständigkeit, Weisheit, Fortschritt, Erleuchtung.	Montag	Mond	Silber	Goldtopas, Citrin, Bernstein
3.	Rosa	Chamuel (Haniel)	Gott ist mein Ziel	Bedingungslose Liebe, Freiheit, Mildtätigkeit, Barmherzigkeit, Mitgefühl.	Dienstag	Mars	Eisen	Rosenquarz
4.	Weiß	Gabriel	Gottes Kraft	Hoffnung, Reinheit, Erneuerung, Klarheit, Vermittlung von Botschaften.	Mittwoch	Merkur	Quecksilber	Diamant, Bergkristall
5.	Grün	Raphael	Gott heilt	Heilung, Wahrheit, der Weg des Herzens.	Donnerstag	Jupiter	Zinn	Smaragd, Malachit, grüner Turmalin
6.	Rubinrotgold	Uriel	Feuer Gottes	Liebe im tätigen Tun, Selbstlosigkeit, Gnade.	Freitag	Venus	Kupfer	Rubin, Granat, Karneol, Feueropal
7.	Violett	Zadkiel	Wohlwollen Gottes	Transformation, Befreiung, Gerechtigkeit, Ausgleich.	Samstag	Saturn	Blei	Amethyst, Sugilith, violetter Fluorit

Was mir noch eingefallen ist

Nun sind wir fast am Ende dieses Buches, und deshalb möchte ich an dieser Stelle noch einige Ergänzungen einbringen, die mir noch wichtig sind.

Alle diese Seiten sind nur ein Anregung und ein kleiner Ausschnitt aus den unzähligen Möglichkeiten der Begegnung und des Kontakts mit Engeln. Ich hoffe, du kannst das eine oder andere für dich nutzen, um deinen ganz persönlichen Austausch mit den Engeln zu vertiefen und zu erweitern.

Wichtig ist, dass du dich bei der Kommunikation mit den Engeln wohl fühlst. Falls dieses einmal nicht so ist, warum auch immer, hast du die Freiheit, um Danke zu sagen, die Energie zu entlassen, dich zu erden und zu zentrieren und die Unterhaltung zu einem späteren Zeitpunkt fortsetzen.

Bitte höre auf deine Intuition und sei dir bewusst, dass du der Meister und die Meisterin deines Systems bist. Das bedeutet, du selbst bist für den Fluss der Energien in dir verantwortlich und niemand sonst. Achte bitte darauf und höre auf deine innere Stimme. Folge deiner eigenen Wahrheit!

Viele Botschaften, die uns die Geistige Welt zu dieser Zeit mit auf den Weg gibt, behandeln gleiche bzw. ähnliche Themen, nur sind die Angebote und die Anregungen, wie wir mit ihnen umgehen können, unterschiedlich, sodass für jeden von uns etwas Passendes dabei ist. Menschen haben unterschiedliche energetische Vorlieben, und somit erhält jeder von dem Engel oder dem Meister die nötige Unterstützung für seine Schritte, die für ihn stimmig ist und die er annehmen kann. Bitte beachte, das Hier und Jetzt ist der einzige Augenblick, der „wirklich" ist. Im Hier und Jetzt ist Heilung, Veränderung, Begegnung, Erkenntnis, Frieden, bewusstes Sein und vieles mehr. Und wisse, auch die Fünfte Dimension beginnt und ist im Hier und Jetzt.

Eine weitere, wie ich finde sehr spielerische Art und Weise, um mit Engeln zu kommunizieren, ist, ihnen am 21.12. einen Brief zu schreiben. Das ist ein Engeltag, und ich nutze ihn, um, gemeinsam mit meinen Kindern den Engeln unsere Bitten und Wünsche für das kommende Jahr zu übergeben. Im Anschluss daran verbrennen wir den Brief, um unsere Anliegen den Engeln der Manifestation und der Umsetzung anzuvertrauen.

An dieser Stelle möchte ich mich ganz herzlich bei allen Engeln aus den feinstofflichen Welten bedanken, die mich begleiten und bei der Fertigstellung dieses Buches dienten. Ebenso bei all den dreidimensionalen Engeln, die um mich sind und mit mir sind, allen voran den Engeln vom Smaragd Team für ihre Geduld und die Leichtigkeit der Zusammenarbeit. Möge die Liebe uns alle segnen. Und da dieses ein Engelbuch ist, dachte ich mir, dass ich darauf verzichte, das letzte Wort haben zu müssen, was mir nicht immer leicht fällt, wie viele Menschen aus meinem Umfeld bestätigen können...☺.

So möchte ich jetzt gerne ein Channeling wiedergeben, das zwar schon einige Jährchen alt ist und dennoch nichts an Aktualität verloren hat. Es geht dabei um das Feiern von Geburtstagen in einem neuen Bewusstsein. Es ist ein Impuls, den ich dir gerne noch mit auf den Weg geben möchte, um dich immer wieder daran zu erinnern, dich selbst und dein Leben im Hier und Jetzt zu feiern. Auch wenn diese Botschaft sich auf den Geburtstag bezieht, so gibt es dennoch die Möglichkeit, jeden Tag Geburtstag zu feiern, jeden Tag einen Grund zum Feiern zu finden und es zu tun. Dass uns dieses gelingen möge, wünsche ich mir aus der Tiefe meines Herzens heraus, denn ich glaube, dass dieses Liebe, Frieden und Freude wachsen lässt, all das, wonach viele von uns sich sehnen. Vielleicht ist die folgende Botschaft eine kleine Anregung dazu.

Bitte erlaube dir, es dir bequem zu machen, atme einige Male bewusst ein und aus und dann erlaube dir, in deinem Herzen zu sein, im Hier und Jetzt:

Wir sind Uriel, in der liebenden Vereinigung mit Gabriel und Michael. Wir nehmen Raum und grüßen dich, geliebtes Menschenkind. Wir segnen dich im Namen der Quelle allen Seins, welche Liebe ist. Wisse, es geht darum zu erkennen, dass Geburtstagsfeste eine, über die Verbindung zum Morphogenetischen Feld, kollektive Prägung haben. Es ist wichtig, dass ihr Feste feiert, doch wir möchten euch einladen, dieses in einem neuen Bewusstsein zu tun. Feste zu feiern ist ein Ausdruck der Freude und erhöht eure Schwingung. Bitte erlaubt euch zu erkennen, dass wir euch einladen möchten, das Festefeiern zu verändern, um neue Energien in das Morphogenetische Feld einzuspeisen, auf dass es sich neu ausrichte und euch auf eurem Weg der Entwicklung zum Kosmischen Menschen unterstütze. Wir möchten euch dieses, anhand eurer Geburtstagsfeier, näher erklären.

Euer Geburtstag ist ein sehr wichtiger Tag für euch, denn es ist ein Zeitpunkt, der für euren Mut, in die Materie und in diese Form zu springen, steht. Das ist ein Grund für ein großes Freudenfest, und das sollte auch gefeiert werden. Aber es geht dabei nicht darum, zu feiern, wieder ein Jahr über die Runden gebracht zu haben, älter geworden zu sein, reifer geworden zu sein, denn das ist eine Illusion. Dein wahres Wesen kann nicht altern, es ist außerhalb von Zeit und Raum. An eurem Geburtstag solltet ihr die Freude am Hiersein feiern, eure Bereitschaft auf dieser Erde zu sein, eure Annahme des Lebens bekräftigen. Wir möchten euch an dieser Stelle erneut das Symbol des immerwährenden Frühlings ans Herz legen, der für euren Geburtstag steht. Diesen solltet ihr an euren Geburtstagen feiern. Er ist in eurem Sein, in eurem Herzen, er ist zeitlos und immerwährend.

Wir möchten den Frühling deshalb in diesem Kontext als Bild wählen, weil es einem Frühlingserwachen gleicht, wenn ihr euch als Geistwesen in die Materie ergießt, wenn ihr sozusagen wie Krokusse oder Schneeglöckchen im Frühling aus der Erde kommt, sprießt und blüht. So ist dein Geburtstag, und das darfst und sollst du immer wieder aufs Neue feiern, denn das stärkt auch deine Selbstwahrnehmung, dein Selbstvertrauen und deine Selbstannahme.

Wir möchten dich einladen, in diesem Sinne dich selbst zu feiern und dich feiern zu lassen und mit anderen deine Ankunft auf dieser wunderbaren Erde zu zelebrieren. Dabei ist es unwichtig, wie alt du innerhalb der linearen Zeitrechnung bist. Es ist unwichtig, ob du dreißig, vierzig oder sechzig Jahre bist, denn erneut, es ist nur eine Illusion! Und solange diese Zahlen mit entsprechenden Informationen aus dem Morphogenetischen Feld gefüllt sind, bitten wir dich, ihnen nicht mehr so viel Bedeutung zu geben und nicht länger darauf zu achten, wie alt jemand ist oder wird und wie alt du bist und wirst. Dazu möchten wir dir ein Beispiel geben.

Eine Frau fühlt sich wie fünfunddreißig, feiert nach eurer Zeitrechnung heute ihren sechzigsten Geburtstag. Ihr fragt nach ihrem Alter, ihr fragt nicht, wie alt sie sich fühlt. Ihr beginnt zu bewerten, sieht sie, für ihr Alter, nun jung oder alt aus. Ihr verbindet euch mit dem Morphogenetischen Feld, mit den Ängsten, die dort im Zusammenhang mit sechzig Jahren gespeichert sind. Welche Disharmonien werden nun beginnen? Was werdet ihr selbst mit sechzig noch schaffen, und was wird nicht mehr möglich sein? Und während ihr denkt und überlegt, bestätigt ihr alle diese Beschränkungen erneut in euch als auch in dem Menschen, dem ihr gerade zu seinem Geburtstag gratuliert. Versteht ihr, was wir damit meinen? Ihr erlaubt dem anderen nicht, fünfunddreißig zu sein, sich so zu fühlen, wenn er, laut eines Planes, schon sechzig sein sollte. Ihr gebt zuviel Macht an die lineare Zeitrechnung ab. Somit wird diese Frau durch jede Frage nach ihrem Alter und den damit verbundenen Gedanken und Energien, die auf sie einwirken, wahrscheinlich sehr schnell vergessen, dass sie für sich selbst eigentlich erst fünfunddrei-ßig war. Plötzlich wird sie ihren Körper anders wahrnehmen und Fähigkeiten, die vorher ganz selbstverständlich waren, werden nachlassen, wie beispielsweise die Sicht ihrer Augen.

In eurem Morphogenetischen Feld sind zu jedem Alter die entsprechenden Informationen der nicht geheilten Dualität gespeichert und strömen euch zu, sobald ihr euch für ein bestimmtes Alter entschieden habt. Deshalb möchten wir euch bitten, aufzuhören nach dem Alter zu fragen, denn dein göttliches Bewusstsein hat kein Alter. Bewusstsein ist immer gleichwertig, egal, ob es sich drei Jahre, zehn Jahre oder sechzig Jahre in der linearen Zeitrechnung bewegt(e). Somit hört bitte auf, nach dem Alter zu fragen, denn dadurch hört ihr auch auf, zu bewerten, was ihr tut, wenn ihr euch die Zahlen eurer Jahre auf der Erde nennt. Manchmal ist dann das, was ein Mensch mit sechs Jahren sagt, nicht mehr so wichtig wie die Meinung eines Drei-ßigjährigen. Somit möchten wir euch erneut einladen, aufzuhören nach den Jahren zu fragen, aufzuhören einzuteilen und zu bewerten und euch einfach als das göttliche Bewusstsein zu erkennen, zu begrüßen und zu begegnen, das ihr seid, und dieses ist unendlich und zeitlos.

Somit feiert an eurem Geburtstag euer Hiersein auf der Erde, feiert eure Ankunft, feiert die Schönheit der Schöpfung, die Materie ist. Wir danken euch dafür. Wir segnen euch im Namen der Liebe, die wir, Uriel, in der liebenden Vereinigung mit Michael und Gabriel sind. Seid gesegnet. Amen.

Abschließende Worte von Metatron

Dieses ist Metatron, sei gesegnet in der Kraft der Liebe, sei gesegnet aus den Reichen der Engel und wisse, dass wir Raum genommen haben und dich bitten, uns zu erlauben, dein Herz zu berühren und den Samen der Liebe, der darin bereits ruht, zu berühren im Hier und Jetzt. Dieses ist die Liebe, die dich umgibt, die Liebe, die dich dazu bewog, in dieses Universum einzutreten, die Liebe, die deine Evolution förderte, durch all die Inkarnationen hindurch, bis zu deinem Sein im Hier und Jetzt. Du selbst bist Liebe, du bist ein Ausdruck der Liebe, der Quelle allen Seins. Du bist immer in Liebe und mit der Liebe verbunden.

So möchten wir dich einladen, mit uns gemeinsam nun im Hier und Jetzt in das Bewusstsein der Liebe einzutreten und Liebe bewusst zu sein.

Erlaube dir bitte wahrzunehmen, dass Liebe durch dich fließt. Erlaube dir bitte wahrzunehmen, dass die Kraft der fließenden Liebe, dass die Hingabe, die Liebe ist, jetzt aus deinen Chakren, aus deinen Körpern, aus deinen Zellen, die Erfahrungen des Getrennt-seins in jeder Hinsicht und Form herauslöst.

Denn, geliebte Kinder des Lichtes, Trennung ist eine Illusion und kann nun aufgehoben werden. Die Schleier dieser Illusion können nun durchtrennt werden kraft der Liebe, und so bitte ich dich, dir nun zu erlauben, in den Tempel der Liebe einzutreten, der in deinem Herzen ist und in dem du allezeit verweilen kannst. Dazu reiche ich dir meine Hand, um dich zu führen in die Weiten dieses Universums, das Liebe ist und das aus Liebe erschaffen wurde.

Erlaube dir bitte wahrzunehmen, dass es im Ursprung allen Seins nichts anderes gibt als Liebe und Alles-was-ist aus dieser Liebe gekommen ist. Du bist ein Teil dieser Liebe.

Und nun nimm bitte wahr, dass der Samen der Liebe in dei-

nem Herzen wachsen und blühen kann und sich mit der Liebe, die in allem ist, vereint. So nimmt Liebe in der Gesamtheit, die du bist, Raum. Liebe durchströmt dich. Liebe erfüllt jede deiner Zellen, jeden deiner Körper. Liebe durchflutet deinen wunderbaren physischen Körper.

Bitte nimm einen tiefen und bewussten Atemzug, um die Liebe in dir zu erkennen, in deinen Zehenspitzen bis zu deinen Haarwurzeln, in jeder kleinsten Zelle deines Wesens, und wisse, dass dein Körper, so wie alles, was Materie ist, Liebe ist; dass alles, was du berührst, Liebe ist; dass alles, was du atmest, Liebe ist; und alles, was du isst und trinkst, Liebe ist. Denn dieses gesamte Universum und dieser Erdenstern ist Liebe. Es gibt nichts außerhalb der Liebe, denn alles entspringt der unendlichen Quelle allen Seins, die Liebe ist.

Wir bitten dich, dich an die Liebe, die du bist und die alles ist, zu erinnern. Erlaube dir, den Klang der Liebe, den Klang der Einheit, in deinem Herzen neu erklingen zu lassen, im Hier und Jetzt. Erlaube dir bitte wahrzunehmen, dass sich dieser Ton der Liebe durch dein gesamtes Sein ausdehnt und dich in Schwingung versetzt. So fließt die Liebe von innen nach außen und von außen nach innen. Erlaube dir wahrzunehmen, wie die Liebe durch die Gesamtheit, die du bist, fließt und dich mit der Erde und mit dem Kosmos vereint. Und die Liebe, die du bist, ist ein Segen für Alles-was-ist.

Und somit erlaube dir, deine Liebe fließen zu lassen, über deine Hände, über dein Herz, über die Gesamtheit, die du bist, um Situationen und Begebenheiten, die dieses benötigen, mit der Energie der Liebe, die du bist, zu segnen. So beginnst du, dich selbst und Alles-was-ist mit den Augen der Liebe zu betrachten. Alles, was du im Namen der Liebe, die du bist, segnest, beginnt sich zu wandeln und auszurichten und sich an die Liebe, die es selbst ist, zu erinnern.

So erschaffst du neues Bewusstsein, somit gestaltest du den Neuen Morgen. Denn Liebe ist!

Erlaube dir zu erkennen, dass Liebe auch hinter schmerzhaften Bildern und Erfahrungen ist, und wir möchten dich bitten, auch diese im Namen der Liebe, die du bist, zu segnen, um die Liebe in ihnen sichtbar werden zu lassen. Erlaube dir, alles im Namen von Vater-Mutter-Gott zu segnen, der und die Liebe ist. So ist Erleuchtung und Erlösung. Du bist Liebe. Jetzt!

Wir sind Metatron, und im Namen der Liebe segnen wir dich allezeit. Amen.

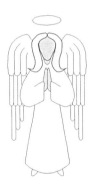

Um den Kontakt mit den einzelnen Engeln aufzubauen, zu halten oder zu intensivieren (siehe Kapitel *Erzengelkristalle*, Seite 363), bieten Ihnen der Lichtgarten (für Österreich) und die Blaue Lichtburg (für Deutschland) Kiria Deva Kristalle (Obelisken) mit den wunderbaren Energien der einzelnen Engel an (Kontaktadressen siehe Seite 398).

Buchempfehlungen

Andersens, Hans Christian: *Engelmärchen*, Smaragd Verlag

Auer, Ingrid: *Engel lieben Kinder – Kinder lieben Engel*, Silberschnur Verlag

Avalon, Claire: *Wesen und Wirken der Weißen Bruderschaft*, Smaragd Verlag

Bader, Silke: *Aus unserer Quelle für dich*, Windpferd Verlag

Bessen, Barbara: *Kryon – Neue Botschaften des Lichts*, Smaragd Verlag

Bessen, Barbara: *Kryon – Der Mensch in seiner Meisterschaft*, Smaragd Verlag

Buckstone, Simon/Warstone, Robert: *Die kleinen Teufel. Wirf Licht auf deinen Schatten*, Neue Erde Verlag

Donaldson, Fred: *Von Herzen spielen*, Arbor Verlag

Findhorn: *Engelkarten*, Greuthof Verlag

Gill, Anjana: *Du und dein Engel – ein himmlisches Team*, Smaragd Verlag

Gill, Anjana: *Hotline zum Himmel*, Smaragd Verlag

Lackner, Ferry: *Das Licht der Engel*, Windpferd Verlag

Madan, Dr. Kataria: *Lachen ohne Grund*, Via Nova Verlag

McClure, Janet: *Die Erde ist in meiner Obhut*, Ch. Falk Verlag

McLean, Penny: *Kontakte mit Deinem Schutzgeist*, Erdverlag

Mendizza, Michael: *Neue Kinder – Neue Eltern*, Arbor Verlag

Minatti, Antan: *Kiria Deva und das Kristallwissen von Atlantis*, Smaragd Verlag

Minatti, Antan: *Kiria Deva und Elyah, Kristallwissen – der Schlüssel von Atlantis*, Smaragd Verlag

Minatti, Antan: *Kiria Deva und Elyah, Der Lebensschlüssel - Kristallwissen von Atlantis*, Smaragd Verlag

Minatti, Ava: *Die Kinder der Neuen Zeit*, Smaragd Verlag

Minatti, Ava: *Praxisbuch für die Kinder der Neuen Zeit*, Smaragd Verlag

Minatti, Ava: *Die Kinder des Drachen,* Smaragd Verlag
Minatti, Ava: *Elfen, Feen und Zwerge,* Smaragd Verlag
Minatti, Ava: *Heilung für das Innere Kind,* Smaragd Verlag
Minatti, Ava: *Wir kommen von den Sternen,* Smaragd Verlag
Mohr, Bärbel/Hörner, Dieter M.: *Der Wunschfänger-Engel,* Hörbuch, Edition Sternenprinz
Rohr, von Wulfing/Winter, Gayan S.: *Die Kraft der Engel, Engelkarten,* Urania Verlag
Rütting, Barbara: *Lachen wir uns gesund!,* Herbig Verlag
Sautter, Christiane: *Dein Engel und du,* Ch. Falk verlag
Solara: *Dein Sonnenengel und wie du ihn erweckst,* Ch. Falk Verlag
Solara: *An die Sterngeborenen,* Ch. Falk Verlag
Tashira Tachi-ren: *Der Lichtkörper-Prozeß,* Edition Sternenprinz
Taylor, Terry L.: *Lichtvolle Wege zu deinem Engel,* Goldmann TB Verlag
Taylor, Terry L.: *Warum Engel fliegen können,* Goldmann TB Verlag
Titze, Michael: *Die heilende Kraft des Lachens,* Kösel Verlag
Tolle, Eckhart: *Jetzt!,* Arkana Verlag
Uber, Heiner/Mondhe, Papu P. M.: *Länder des Lachens. Reisen zu heiteren Menschen,* Frederking & Thaler Verlag
Virtue, Doreen: *Das Heilgeheimnis der Engel,* Ullstein Verlag
Virtue, Doreen: *Das Heil-Orakel der Engel,* Heyne Verlag
Vödisch, Barbara: *Einssein mit Gott,* Smaragd Verlag
Vödisch, Barbara: *Sananda. Frieden jetzt!,* Smaragd Verlag
Wallimann, Silvia: *Erwache in Gott,* Bauer Verlag
Weizenhöfer, Sybille: *Das Tor zum goldenen Zeitalter,* Ch. Falk Verlag
Witte-Henriksen, Ines: *St. Germain – die violette Flamme der Transformation,* Smaragd Verlag

Witte-Henriksen, Ines: *Einweihung in die türkise Flamme von Atlantis,* Smaragd Verlag
Witte-Henriksen, Ines: *Hilarion – Flamme der Wahrheit,* Smaragd Verlag
Zera An: *11:11 Engelkarten,* Ch. Falk Verlag
Zurhorst, Eva-Maria: *Liebe dich selbst, und es ist egal, wen du heiratest,* Goldmann Verlag

Kontaktadressen

Smaragd Verlag
In der Steubach 1
D-57614 Woldert (Ww.)
Tel.: 0049-2684-978808
Fax: 0049-2684-978805
e-mail: info@smaragd-verlag.de
www.smaragd-verlag.de

Blaue Lichtburg (Seminare & Vertrieb)
In der Steubach 1
D-57614 Woldert (Ww.)
Tel.: 0049-2684-978808
Fax: 0049-2684-978805
e-mail: info@blaue-lichtburg.de
www.blaue-lichtburg.de

Lichtgarten
Antan Minatti
Dr. Glatz Straße 27
A-6020 Innsbruck
Tel./Fax 0043-512-361985
e-mail: office@lichtgarten.com
www.lichtgarten.com

Ava Minatti
Tel./Fax 0043-512-379204
e-mail: ava.minatti@utanet.at

Nachrichten für die Neue Zeit

Liebe Leserinnen und Leser,

wir freuen uns, Ihnen einen neuen Service des Smaragd Verlags anbieten zu können:
Auf unserer Internetseite www.smaragd-verlag.de finden Sie Nachrichten für die Neue Zeit, die so wichtig sind, dass sie nicht warten können, bis ein neues Buch erscheint.

Dazu gehören:

· Gechannelte Texte aus der Geistigen Welt zu wichtigen Ereignissen oder Themen;
· Neue Begriffe, die als Folge von Durchsagen aus der Geistigen Welt für das Verständnis dessen, was zur Zeit geschieht, wichtig sind;
· Nachträge zum Lexikon für die Neue Zeit (1. Auflage erschienen im Juni 2005);
· Hinweise auf Meditationstermine;
· Hinweise auf Seminare und ihre Themen;
· Weitere wichtige Informationen für die Neue Zeit.

Diese Seite im Internet wird nach Bedarf regelmäßig aktualisiert.
Sollten Sie kein Internet haben, werden wir Ihnen gerne die Nachrichten per Fax oder per Post zukommen lassen.

Ava Minatti
Wir kommen von den Sternen
Begegnungen mit den Geschwistern von der Venus
280 Seiten, broschiert, ISBN 3-934254-85-3

Jeder Mensch ist ein Sterngeborener und trägt dieses Erbe in seiner DNS. In der jetzigen Zeit erwacht das tiefe Wissen darüber als Sehnsucht in uns, nach mehr Austausch zu Sternenenergien, -völkern und -rassen. Das ist ein Grund für die vermehrten Begegnungen mit unseren Sternengeschwistern und kosmischen Eltern. Sternenwesen der spirituellen Venus und Aufgestiegene Meister erklären, wie leicht der Kontakt mit anderen Wesen ist und bereiten darauf vor. In den Meditationen und Botschaften laden unsere feinstofflichen Geschwister zu einer Heilung des Emotionalkörpers ein, und so sind wir alle liebevoll von der Energie des Angenommenseins, der Wärme und der Geborgenheit der spirituellen Venus begleitet.

Mara Ordemann
Lexikon für die Neue Zeit
176 Seiten, gebunden, mit Lesebändchen
ISBN 3-934254-92-6

Von 2012, Aufstieg oder die fünf neuen Chakren, über Indigo-, Kristall und Regenbogen- Kinder , Lichtkörperprozess, Toröffnung, Weiße Bruderschaft bis Zentralsonne werden klar und verständlich Begriffe erklärt, die für die stetig wachsende Zahl von Menschen, die sich für spirituelle Themen interessieren, unverzichtbar sind und ein wichtiges Hintergrundwissen darstellen. Wer oder was ist die Weiße Bruderschaft, wer oder was sind Aufgestiegene Meister, (u.a. Sananda, El Morya, Sanat Kumara), wer ist KRYON? Was sind ihre Aufgaben, und was hat es mit Channeling oder den zwölf göttlichen Strahlen auf sich. Also kein übliches Esoterik-Lexikon, sondern ein Ratgeber aus kompetenter Hand, mit dem das Verständnis für die Neue Zeit immens erleichtert wird. Das „Who is Who" der Geistigen Welt!

Anjana Gill
Hotline zum Himmel – Dialog mit einem Engel
128 Seiten, geb., mit wunderschönen farbigen Abbildungen
ISBN 3-934254-98-5

Nach ihrem Erfolgstitel (bereits in 3. Auflage) Du und deine Engel – ein himmlisches Team legt Anjana Gill nun ihr zweites Engelbuch vor. Sie hat sich ein Herz gefasst und „ihrem" Engel Salomon die Fragen gestellt, die sie schon immer den Engeln stellen wollte und die für jeden Menschen wichtig sind. In dem tief greifenden, aber dennoch heiteren und liebevollen Dialog, der sich dabei entwickelt, geht es um Antworten zu Themen wie Vergeben, Liebe, Vertrauen, Hindernisse oder die Stimme des Herzens, die uns an das erinnern, was wir im „Getriebe des Alltags" vergessen haben: Das Glück, die Fröhlichkeit und die Leichtigkeit des Seins. „Wir trösten und inspirieren, wir helfen, wann immer ihr uns braucht. Menschen und Engel gehören zusammen."